兒童輔導原理
從理論到實務

王文秀、田秀蘭、王櫻芬、刑志彬 —— 著

心理出版社

作者簡介

王文秀（第一～七章、第十～十一章、第十二章第二節、第十三章
　　　　第一節）

現職：國立清華大學教育心理與諮商學系兼任教授
　　　沐光心理諮商所諮商心理師
學歷：美國賓州州立大學諮商師教育博士
經歷：社團法人中華民國諮商心理師公會全國聯合會理事長
　　　台灣輔導與諮商學會理事長
　　　臺灣遊戲治療學會理事長
　　　國立新竹教育大學教育心理與諮商學系副教授、教授、系主任、教
　　　　務長、副校長

田秀蘭（第八～十一章、第十二章第三節、第十三章第二節）

現職：國立臺灣師範大學教育心理與輔導學系教授兼教育學院院長
　　　心田心理諮商所諮商心理師
學歷：美國愛荷華大學諮商師教育哲學博士
經歷：美國馬里蘭大學心理學系諮商心理學程 Fulbright 訪問學者
　　　國立臺灣師範大學健康中心心理衛生組組長、學生輔導中心主任、
　　　　副學務長
　　　國立屏東師範學院初等教育學系教授、副教授、學生輔導中心主任

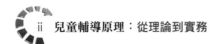

王櫻芬（第十二章第一節、第十三章第三節、第十四章）
現職：國立臺灣師範大學教育心理與輔導學系教授
　　　心田心理諮商所諮商心理師
學歷：美國伊利諾大學香檳校區教育心理系諮商心理組博士
經歷：國立臺中教育大學諮商與應用心理學系助理教授、副教授、學生事
　　　務處心理輔導組組長
　　　國立東華大學臨床與諮商心理學系助理教授、心理諮商輔導中心資
　　　源發展組組長
　　　曾任國小教師多年

刑志彬（第八～九章、第十二章第三節、第十三章第二節）
現職：國立高雄師範大學諮商心理與復健諮商研究所副教授
學歷：國立臺灣師範大學教育心理與輔導學系諮商心理學組博士
經歷：輔仁大學心理學系助理教授

作者序

　　本書的前身是 1997 年由王文秀、田秀蘭、廖鳳池共同撰寫的《兒童輔導原理》，出版後頗獲好評，先後於 1998 年出了第二版、2011 年出了第三版（2022 年出版第九刷）。這二十多年來，國內的輔導生態以及與學校輔導工作相關的法規和制度均有極大轉變，因此本書以舊有的章節為基礎，重新調整作者陣容，依據學校輔導工作的現況、最新的相關法規與未來趨勢更新內容，並將書名改為《兒童輔導原理：從理論到實務》，以饗讀者。

　　近十多年來，國內的政治、經濟、社會與教育等方面均有極大變化，而影響教育與兒童輔導工作者最大的部分，應是家庭和婚姻結構改變、少子化現象，及其趨勢所帶來的衝擊。雙生涯家庭的夫妻雙方都忙於經營事業或是謀生而無暇管教子女、隔代教養或是新住民子女的家庭也漸漸成為常態，再加上不同教育理念與法令規範的介入而禁止體罰，教師動輒怕被家長提告，而變得不知如何管教學生，因此有愈來愈多老師感慨學生一年比一年更難管教。

　　學校的輔導與諮商工作旨在透過預防的概念，協助學生經由初級預防、次級預防與三級治療的介入，以便認識自己、接納自己、學習尊重他人、學習如何有效學習，以及規劃自己的生涯。家庭教育是兒童人格養成與良好習慣培養的基石，學校輔導工作則是讓學生各方面適應與發展更加順利的重要環節，這些均有賴從事輔導工作者具備充足的知能，方能妥善規劃與推動。

　　兒童有其發展潛力，然而受限於認知能力、口語表達能力與社交技巧未臻成熟，以及情緒管理、問題解決能力、挫折容忍力均待培養；再者，兒童在法律上屬於「未成年」，無法行使諸多權利，生活上亦需成人的照顧與教導，因此與兒童有關之輔導或教育工作者，更應竭盡心力為兒童營

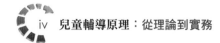

造適合成長與發展之環境。本書之目的即在協助兒童輔導工作者、教師及家長，強化其對於兒童的了解與提供必要的協助。

　　本書內容已大幅改寫，除了相關法規、制度、心理測驗與統計數字均更新之外，諸多章節均統整最新之理論架構、研究發現，以及作者本身之實務經驗。全書共分成十四章，在緒論之後，首先介紹輔導行政、兒童輔導工作者與專業倫理，其次分別介紹與兒童輔導有關的諮商與心理治療理論、兒童諮商的歷程與技術、遊戲治療、團體輔導與班級經營、心理測驗、個案研究、諮詢服務，之後再介紹較常見的特殊議題，包括出現攻擊行為、遭受性侵害和目睹家庭暴力的兒童，以及特殊處境的兒童，包含隔代教養、新住民和受安置兒童之輔導，最後介紹兒童輔導工作之評鑑。相信讀者閱讀完本書之後，對於兒童輔導工作必有全面性的了解，對於如何進行兒童輔導工作也必有更深刻的體認。

　　本書能夠完成，感謝心理出版社林敬堯副總經理溫柔而堅持的提醒與陪伴，以及編輯團隊的協助。整本書篇幅甚多，疏漏之處在所難免，尚祈讀者不吝指正，以供修改為荷。

王文秀、田秀蘭、王櫻芬、刑志彬　謹識

2023 年 10 月

v

目次

各章參考文獻

各章參考文獻
請於心理出版社網站「下載區」下載
https://www.psy.com.tw
解壓縮密碼：9786267178788

第一章

兒童輔導緒論

王文秀 ///

　　人類和許多動物不同之處在於從母親懷胎到出生，一直到發育成熟以及能獨立為止，需要極為漫長的時間，且無論生理、語言、認知、情緒、道德或社會化的發展歷程都是循序漸進，這段時間的個體需要周遭成人提供大量生理、心理及各方面協助才能成長茁壯，整個成長歷程也都會經歷許多高低起伏，遇到困境時，有些人可以靠自己突破，有些人可以藉著親朋好友或師長協助，有些人則需要更多專業資源介入才能跨越逆境。

　　兒童輔導工作即是指成人（包含家長、教師及助人者）為了讓兒童有最大化的發展與成長，對兒童所提供的各項協助。本章介紹廣義的輔導概念和應用於兒童之情形、簡介美國和我國的輔導工作發展史、學校輔導工作模式，並說明從事兒童輔導工作時，針對兒童的生活、學習與生涯輔導所蘊含的三級預防內涵，讓讀者對輔導工作有基本與全貌性的理解。

第一節　輔導概念

　　孟子有云：「惻隱之心，人皆有之。」「利他」是人類的天性之一，但「助人」涵蓋的層面很廣，涉及「誰」於「何時」透過「什麼」方式幫助「誰」、幫助「什麼」，以達到「什麼」目的。以下分別從輔導的定義、目的與功能闡述國小輔導工作。

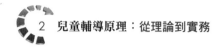

壹、輔導的定義

望文生義，「輔導」（guidance）即輔助與引導，英文 guidance 是 guide（引導、指引）的名詞。《韋伯字典》（2023）對 guidance 的定義 包含「指引的行為或歷程，以及由引導者提供的方向，或是提供學生升學 或就業的建議」；從中英文來看，均有協助引導方向之意。

根據《張氏心理學辭典》（張春興，2007，頁 334）的定義，輔導 「是一種教育歷程，在輔導歷程中，受過專業的輔導人員，運用其專業知 能，協助受輔者了解自己、認識世界，根據其自身條件（如能力、興趣、 經驗、需求等），建立其有益於個人與社會的生活目標，並使之在教育選 擇、生涯規劃及人際關係等各方面的發展上，能充分展現其性向，從而獲 得最佳的生活適應」。黃政昌（2022，頁 8）認為：「輔導是一種專業的 助人過程，透過輔導員與當事人建立信任的合作關係，輔導員將協助當事 人增進自我了解，有效解決問題，充分適應環境，以邁向自我成長與自我 實現的境界。」周新富（2019，頁 4）統整中外一些學者的定義指出，輔 導是一種助人專業，是由受過專業訓練的輔導人員運用專業方法或技術， 協助當事人探索自我、接納自我、解決困惑或問題的歷程。在協助過程 中，輔導人員要與當事人建立良好的專業關係，並要尊重其自由意願。

綜上學者的看法，輔導蘊含的要素包含由受過專業訓練且具備專業知 識和技巧的「輔導工作者」、或許有／或許沒有困擾的「當事人」、良好 的「專業關係」，以及透過助人「歷程」，協助當事人達到探索與接納自 我，且在人際、學習、生涯與問題解決各方面充分發展的「目標」。

以國小輔導工作來說，輔導即是透過受過訓練且了解兒童身心發展的 成人，協助兒童認識、了解與接納自己，認識自己所處的環境，以及在日 常生活、自我概念、人際關係、學業學習與生涯探索等方面有妥適的發 展，並且學習到如何解決各方面遇到的困難；在此過程中，兒童可能原本 沒有什麼困擾，但透過輔導可以讓他們「無病強身」，對自己與周遭的一 切抱持更清楚與更樂觀的看法，像打預防針一樣，避免日後碰到困境時措

手不及；而有些兒童可能在家庭或學校生活中曾經或正在遭遇一些困擾，在此情況下，輔導工作可協助這些兒童更了解困擾的性質，並以正向的方法謀求因應（即「有病治病」），讓困擾不至於惡化，甚至影響後續各方面的發展和成長。這整個輔導歷程強調輔導工作者與兒童建立良好的關係，並且不是「幫」兒童解決困擾問題，而是「教導或引導」兒童如何理解面臨的困境以及找出突破困境的方式付諸實行，並從實行的過程中不斷修正調整而更臻成熟，也就是「教孩子釣魚，而不是幫孩子捕到魚」。

貳、輔導的目的

輔導的意義在協助與引導，但是個體需要被協助的面向或時機點因人而異，故輔導之目的可分成發展性、預防性和治療性（周新富，2019）。以下就兒童輔導工作分述之，並以性別平等（平權）議題為例說明。

一、發展性目的

學校輔導工作是以全體學生為對象，絕非一般人常有的迷思：「去輔導室（處）的人都是有問題的人」。由於身處不同發展階段的兒童，在生理、認知、情緒、語言、人際、道德、自我概念與行為等方面的發展特徵與限制都有所不同，輔導工作即在協助不同發展階段的兒童順利渡過與進入下一個發展階段。舉例來說，協助低年級學生認識與接納自己的身體、尊重與自己不同性別（性取向）的他人、不用性別歧視的字眼，以及突破僵化的性別刻板印象；協助中年級學生認識並尊重多元性別、消除性別歧視；針對高年級學生則是協助其認識自己與不同性別者在青春期的生理、心理特徵，並且悅納自己的性別與性取向。若輔導工作能達到發展性目的，則絕大多數兒童將能清楚自己身處的各層面發展階段，並能順利愉快渡過，再往下一個發展階段邁進。

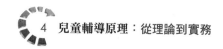

二、預防性目的

　　由於每個兒童先天的個別差異與所處環境不同，某些兒童在上述各層面的發展若未能順利渡過，很可能帶給自己或周遭人士困擾，輔導工作的預防性目的，即在於「早期發現，早期處理」。舉例來說，導師發現班上幾位低年級學生常用帶有性別或性取向歧視的髒話罵同學、中年級學生在傳閱黃色漫畫，或是高年級學生在瀏覽色情網站或對網路交友有興趣等。在這些情況下，輔導教師可結合導師了解事件始末，了解兒童這些行為的背後動機，協助兒童了解這些行為帶給自己與他人的影響，並轉而以合適的行為滿足原本需求；必要的話，對於受到傷害的同學也給予及時的關注和協助，讓其不再受對方這些言行所苦。這些介入若及時且適當，對行為者與受到傷害的人都是很好的學習，也不會讓負向影響更為擴大。

三、治療性目的

　　個體若在發展過程中受到阻礙之際能接受及時的協助，多半可在跌撞之餘盡快回歸正軌，步入下一階段；但若是上述發展性與預防性目的之兩個階段都未能妥適發展，且未能接受適時的協助與引導，則可能帶給自己或周遭人士的負向影響會更為巨大也更持久，此時輔導的介入強度和深度都會比前述兩個階段更高，耗費的時間和心力可能也更甚。舉例來說，某些學生會對自己的身體意象很負向，有厭食或暴飲暴食的情形，或是性霸凌同儕，或是沉迷於色情網站，或是從事性交易。個體的這些行為有可能傷害到自己或周遭人士，師長要介入協助的難度也可能更高；但若未能及時協助，對這些學生進入中學或成人階段的影響將更大，也可能會傷及他人，因此仍需在此階段接受適當的輔導與介入，此即輔導的治療性目的，希望個體的困擾議題不再擴大或惡化，亦希望個體經過此階段能學習到未來碰到類似困境，可以如何以更建設性的方式因應，而不要重蹈覆轍。

參、輔導的功能

家庭教育、學校教育及社會教育對兒童的正向發展與成長缺一不可。學校教育期望透過各種形式的運作與潛移默化的境教，讓學生五育均衡發展，輔導工作是學校教育的其中一環，有效運作即可發揮以下功能。

一、自我認識、自我悅納與培養自信

透過學校輔導工作，兒童可逐漸認識自己的個性、興趣、價值觀、優勢、弱點與成長背景對自己各方面的影響；知道自己並非完美，但仍喜歡自己、接納和珍惜自己的獨一無二性；知道如果想要強化自己某些方面，並非否定自己這個「人」；即使遇到挫折，也相信自己能努力克服逆境。兒童的自信展現在願意盡其在我之表現，即使遇到挫折或逆境，也不會自我否定，而是釐清狀況，靠自己或尋求其他人的協助，以突破此困境。

二、覺察、認識、表達與調節情緒

許多兒童的人際困境在於無法辨識與表達自己的情緒，不是「過」（易怒、愛哭或焦慮等），就是「不及」（害羞、壓抑或退縮等）。透過輔導工作，可讓兒童理解人的情緒有哪些，知道這些情緒無對錯好壞，都是想要保護自己，讓自己不受到傷害；兒童可以學習到如何覺察自己和他人此時此地的情緒，能辨別、理解自己或他人為何有此情緒，並接納之；且能以適當方式向對方表達自己的真實情緒，能因時因地調整情緒，讓自己不會因為失控或不斷自我否認或壓抑而衍生更多的問題。

三、培養挫折容忍力與因應壓力

適度的壓力與挫折可讓個體學習克服逆境而展現復原力，對自己負責，願意接受挑戰，讓生命更有韌性，也更多采多姿。輔導工作者可同理兒童遭逢的壓力挫折，協助其理解挫折困境的由來並做適當歸因，以渡過這些挫折或壓力，培養其挫折容忍力並有所成長。

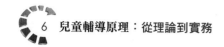

四、學習問題解決

當兒童面臨來自內在或外在的困境時，輔導工作者除了同理其無助與挫折，更要協助其理解困境的脈絡與可能原因，並學習如何藉助自己與／或外界的力量解決問題，讓困境不再是困境。如此將有助於兒童未來碰到困境時不會卡住、放棄、怨天尤人或是等著別人伸出援手，而是自己能定下心來釐清問題癥結並謀求因應之道，願意嘗試改變，並做為往後碰到困境的問題解決基礎。亦即，輔導工作能協助兒童「學習如何學」，以及如何看待與突破困境。

五、了解與尊重他人

學校輔導工作可協助兒童了解並尊重每個人的獨特性，練習有效的溝通方式，了解並同理他人的感受，學習尊重並關懷弱勢族群，以及學習如何建立、維持、經營與結束一份關係，這些經驗讓兒童在成長的路上不孤獨而能彼此滋養，亦能處理好家人關係、未來的職場關係與親密關係。

六、培養好奇與關懷之心

透過生命教育的輔導工作，兒童對自己和周遭人事物都抱持好奇與開放的態度，不會僅以單一價值或標準論斷自己或他人的一切，能欣賞與珍惜整個地球環境的生命，並以實際行動探索與關懷這個世界，在「給與取」之間找到平衡點，而非僅侷限在自己的小小天地而自怨自艾地活著。

七、樂於學習並知道如何學習

透過「學習輔導」的輔導工作，兒童能建立良好的學習習慣和心態，知道如何學習、能創新思考、融會貫通，亦能享受學習帶來的樂趣，而非僅著眼於考試分數或班級排名，未來脫離學校生涯，仍能終身學習，引領或跟上時代的脈動，讓自己永遠保持對學習的熱愛而非排斥。

肆、教育、輔導、諮商與心理治療

　　許多人難以區隔教育、輔導、諮商或心理治療之不同，四者均為專業助人活動，從事的工作者均須受過完整專業訓練，包含接受專業督導的見習與實習；四者間有所重疊，非可截然切割，目的都是期望協助服務的對象在認知、情緒與行為等方面有更佳的適應，並能發揮個人最大的潛力。圖 1-1 和表 1-1 分別說明四者之不同（吳武典，1998；邱珍琬，2015）。

　　教育、輔導、諮商與心理治療的關聯，就服務對象與困擾程度而言，以教育的涵蓋人數最多，遍及全體受教者，就像義務教育或各種學制的教育，只要是其中的學習者均可受益，偏重知識性的傳授；輔導的對象可等同於教育的對象，亦可略少，偏重心理 / 社會 / 情緒 / 學習 / 生涯的介入；諮商是針對上述輔導各方面有輕微適應不良者；心理治療則是針對經過諮商介入仍無法解除其困擾議題，或是錯過前述的各種介入而情況逐漸惡化者，人數更少，但困擾程度最深，要達到原有的功能更費時，甚至難以達到預期效果。絕大多數人一生可能只接受教育或加上輔導的服務。

　　就工作者與工作場域而言，教育工作者是領有教師證書及其他專長領域證書之正式或代理教師；廣義的輔導工作者包含校長及一般的教師，狹義的輔導工作者則是兼具教師與輔導人員資格的專 / 兼任輔導教師；諮商工作者是領有心理師證照之諮商或臨床心理師；至於心理治療工作者，則可以是諮商或臨床心理師，也可以是精神科醫師。

　　教師和輔導工作者的服務場所通常是在校內，諮商的工作場域可能包含學校的駐校心理師（視學校班級數而定），或是各縣市學生輔導諮商中心、身心科診所及醫院的心理師；而心理治療的服務場所除了涵蓋前述的心理師場域，也包含校外的身心科診所及醫院的精神科醫師。這四類專業人員的受訓背景、應考資格、考證方式要求、執業場所、執業範圍、執業之倫理與法律規範，以及管理的單位均不同。

　　就功能而言，教育和輔導是初級預防，但教育更偏向透過融入教學與學校的生活常規管理等方面，教導學生待人處事的道理，而輔導的初級預防是透過全校性或班級輔導，讓學生對心理 / 社會 / 情緒 / 學習 / 生涯各方面有更清楚的認識，能知能行，或是消除不良適應的症狀，以順利邁向

圖 1-1 四種助人專業之關聯

表 1-1 四種助人專業之比較

專業 向度	教育	輔導	諮商	心理治療
服務 對象	所有學生	一般人	生活、學習、生涯或人際有困擾者	人格、情緒或行為有嚴重困擾者
工作者	家長、教師	導師、專任、兼任輔導教師	諮商心理師、臨床心理師或其他專業人員	精神科醫師、身心科醫師、心理師或其他醫療人員
功能	傳道、授業、解惑	發展與預防	早期發現，早期介入	補救、修復與重整
廣度與 深度	涵蓋範圍最大，最廣泛	⟶		單一個人，最深入
內容	認知與外在行為	⟶		內在認知與感受
方式	教學、學校活動	演講、影片欣賞、班級輔導活動等	個別與結構或非結構小團體諮商	個別與結構或非結構小團體諮商
目標	成為具有國家意識與國際視野之現代化國民	重視個別差異，利己與利人	以當事人為中心，以當事人之需求為首要目標	協助當事人修復生活功能及重整人格

下一個發展階段。對少數無法從教育與輔導受益的學生而言，適時介入諮商的次級預防，可協助其回歸常態。更少數學生則可能需要三級預防的心理治療，助其盡早回歸原本的生活，或是減少因為適應不良而帶給自己或他人的困擾。一般而言，初級預防涵蓋的範圍約為總學生人數的 85% 至100%，次級預防服務人數約為全體學生的 10% 至 15%，而三級預防的服務人數則約為全體學生的 3% 至 5%。若初級預防推動得宜，不管是時間、經費或人力的投資報酬率均是最高。

　　就廣度與深度不難看出，教育及輔導所涵蓋的層面與服務對象的範圍最廣，可涵蓋學校所實施的整體教育、輔導計畫與活動；而到了諮商或心理治療，不只服務的人數減少，也愈往個體的內在意識、潛意識或認知、情緒和行為探究，甚至涉及人格重組，因此深度也愈深。

　　就內容而言，雖然四類專業均有涉及個體的認知、情緒及行為等心理層面與社會層面，但是就程度而言，教育和輔導較偏向協助個體認識或改變自己的認知層面與外在行為，愈到諮商或心理治療，對內在情緒或是對內在核心認知體系的探究也就愈深。

　　就方式而言，教育的介入方式包含各科教學與學校生活常規（如早自習、掃除、升降旗典禮、晨會、午休等）、制度（如獎懲、考試、導師制度等）、各項教學／非教學活動（如校慶、校外教學、課外活動、才藝或體育競賽、科展或競選自治會幹部等），或是環境教育（如生態池）等各項靜態或動態方式，讓學生浸淫在學校有形、無形環境中學習；輔導工作可以包含全校性（或不同學年）的大型演講、影片欣賞或主題週（如生命教育、性別平權、反霸凌、網路成癮等）、各班的班級輔導活動、小團體輔導、座談會或透過輔導信箱等方式，也可配合學校原本安排的其他活動（如製作母親節／父親節賀卡、邀請傑出校友返校演講、性教育衛教宣導，或班親會）進行相關活動，這些多半是結構式，有完整的規劃，包含宣導、事前籌備與事後的經費核銷和整理成果等；諮商及心理治療則多半是以小團體或個別／家族的方式進行，結構或非結構的方式都有，近年來由於新冠肺炎疫情的影響，也有愈來愈多線上進行的方式。

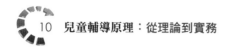

第二節　輔導發展史

任何專業領域之興衰均與當時的政治、社會、經濟、專業組織與立法背景有關，輔導工作亦然；我國的學校輔導工作受到美國輔導工作發展的影響至巨，本節分別簡要說明美國和我國的輔導工作發展情形。

壹、美國的輔導發展

一百年前促成美國輔導運動興起的主因包含：(1) 進步主義的教育思潮強調個體發展、興趣與自主權等在教育上之積極意義；(2) 精神醫學和精神分析心理治療（心理學的第一勢力）由歐洲傳到美國，促成美國心理健康運動發展；(3) 行為學派心理學以客觀、可測量的科學化實驗方法研究人類行為，促使心理測量運動與行為改變技術興起，影響教育與輔導甚巨（心理學的第二勢力）；(4) 人本心理學基於對前述兩大勢力之反動而崛起，帶動學校與民間追求自我成長的熱潮（心理學的第三勢力）；(5) 工業化社會引發社會劇烈變動，社會弱勢族群的聲音需要被聽到與關注（宋湘玲等人，2000）。若以心理學的第四勢力——後現代、多元文化，及第五勢力——社會正義的趨勢而言，目前的輔導工作亦反映出尊重多元與倡議（advocacy）的特質。以下以時間軸說明一百多年來對美國學校輔導工作興革的影響因素（邱珍琬，2020；Fox, 2021; Guidance and School Counseling, 2023; Gysbers, 2021; Romano et al., 2005）。

一、1900 年代

美國的輔導工作始於中學的職業輔導課程，當時由於 1890 年的社會改革運動，有鑑於學生在職場被剝削、工作環境極糟，J. B. Davis 擔任中學校長時，有系統地對全校學生進行「職業與品德輔導」的職業輔導課程，期望學生就業時能具備技術與品德，造福社會。此外，被稱為「職業輔導之父」的 F. Parsons 於 1909 年在波士頓創設職業局，協助勾勒公立學校的職業輔導體系。

二、1920 年代

此時期心理衛生及心理計量學興起，學校輔導工作的重心由注重經濟的職業輔導轉為協助個體個人與社會適應的心理輔導。

三、1930 年代

1929 年的經濟大蕭條，導致學校輔導工作的經費被大量縮減，一直到 1936 年頒布《George Deen 職業教育法》（George Deen Vocational Education Act），由聯邦政府補助各州公立高中及大學職業教育的經費。此時期的學校服務由單一課程到心理輔導，又逐漸轉變成學生人事服務的組織架構（泛指在學校中對學生提供的各種服務，涵蓋輔導、心理、健康、出勤、社會工作等，以及對從事這些工作者的訓練）。此過程亦有學者稱為「服務模式」，其輔導工作重在協助學生做好就業的準備，但仍較少顧及學生的內在心理／情緒或外在社會等層面。

四、1940 至 1950 年代

此時期正逢第二次世界大戰，由於國家需要在短時間篩選與分派兵源，團體智力測驗需求大增，心理計量學和心理測驗蓬勃發展，也影響到校園的心理測驗工作。1946 年，聯邦政府制定《職業教育法》（Vocational Education Act），將學校的職業輔導納入正軌。1957 年，蘇聯發射第一枚人造衛星，美蘇兩國展開太空競賽，為了急起直追，美國於 1958 年通過《國防教育法案》（National Defense Education Act, NDEA），聯邦政府大幅增加中學及大學科技教育經費，訓練科學、數學及外國語文等與國家安全有關領域的人才，以發展尖端科學，提高國家在科技上的競爭力，其中也包含學校諮商師的培育，這些都更強調對學生提供諮商服務的質與量。上述改變也促成教育輔導工作蓬勃發展，期望協助學生更適應學校生活，輔導的重點由離校後的職業輔導轉向於在校期間之輔導，對學校輔導諮商人員的需求也更殷切。

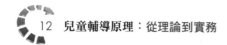

五、1950 年代

1952 年成立美國學校諮商師學會（American School Counselor Association, ASCA）的專業組織，結合學術界與實務工作者的力量，讓學校輔導與諮商工作更上軌道。

六、1960 年代

1946 年通過的《職業教育法》，促成中小學的輔導工作有所區隔，到 1960 年代，輔導工作逐漸在小學生根而更趨穩固。

七、1960 至 1970 年代

此時期諮商與心理治療界的各諮商學派蓬勃發展，學術界和實務界對學校輔導工作的定位爭論不斷，究竟該以諮商的直接服務為主，或是以廣義的教育本質為主，亦即是否除了諮商之外，還要顧及其他層面，例如：提供訊息、評估、就業安置與畢業後的追蹤等。此外，學校輔導工作也開始轉換成更全面性的方案形式。除關照校內一般的學生，美國於 1975 年立法通過《殘障兒童教育法案》（Education for All Handicapped Children Act, EAHCA），重視學習不利的障礙學生受教權，強調回歸主流的教育理念，以及個別化教育計畫（Individual Educational Plan, IEP），這些轉變均讓學校輔導工作與服務對象的涵蓋範圍更具全面性。

八、1970 至 1980 年代

這十年亦著重學校的生涯教育和學校諮商人員扮演的角色，以及推出結合理論與實際的「綜合性輔導和諮商方案」（comprehensive guidance and counseling programs），讓學校輔導工作更加多元化。

九、1980 至 1990 年代

學校諮商師的角色和功能愈來愈受到關注，許多州發展各州學校諮商方案的模式。此時期學者的爭論點仍在學校輔導工作者是應該被視為是人類發展的專家，或是被視為主要的改變者（change agent），雖

然普遍都有共識的是輔導工作者的角色包含 3C——協調、諮商與諮詢（coordinating, counseling, and consulting），但是究竟學校輔導工作應被稱為輔導，或輔導與諮商，或學校諮商，仍難有定論。

十、2001 年

聯邦立法逐漸將原本的輔導諮商師（guidance counselor）轉變成學校諮商師（school counselor），更重視小學的學校諮商師角色。2001年，美國國會通過《沒有孩子被落後法案》（No Child Left Behind Act, NCLB），聯邦政府提供經費至各教育機構，以推展輔導與諮商方案。

十一、2003 年至今

美國學校諮商師學會（ASCA）於 2003 年發展全國性的學校諮商方案（The ASCA National Model），各州分別採用（2005 年的第二版加上理論模式；2012 年及 2019 年的第三及第四版則是呼應美國的教育現況），有關學校輔導工作應該重視學生的學業（學習輔導）、職業（生涯輔導）或社會／情緒（心理健康），或是採取三者兼顧的整體觀；甚至學校諮商方案應著重在成為主動的倡議者，或是協調合作者，或是提供直接／間接服務的比例，或是要更強調以數據資料為依歸，從學生的需求著手等，均仍難有定論。甚至這十年來另有一股呼聲強調應透過評量來證明輔導工作的效能，即績效責任（accountability）。雖然政府不斷透過立法、建立制度、倡議或發展專業，來改善學校輔導工作，但近年來美國校園槍擊命案、網路成癮、吸毒、未婚懷孕或霸凌事件等仍未嘗止息，這也帶給政府、民間、校方或學校輔導工作者極大的挑戰與未來努力的動能。

貳、我國學校輔導工作的發展

我國的學校教育一向強調課業學習與升學，以及外在行為的規範與服從，一直到 1968 年實施九年國民義務教育，將「指導活動」列入學科領域，並在學校的行政編制中，視學校班級數而決定是否設置輔導室（處），自此將輔導工作列為學校的重點工作之一。

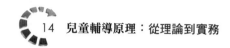

我國輔導工作的起源有兩類說法（邱珍琬，2020）：一個是 1917 年在上海成立的「中華職業教育社」對職業輔導的推動，後來因戰亂動盪，輔導歷史留下二十餘年的空白（周新富，2019）；另一說法是從 1954 年教育部僑民教育委員會號召僑生回國升學，所推展的僑生輔導工作。

綜合學者的整理，我國學校輔導工作的發展大致分為以下幾個時期（王文秀，2018；田秀蘭、盧鴻文，2018；宋湘玲等人，2000；邱珍琬，2020；張植珊，2015；溫怡梅、陳德華，1990；葉一舵，2013）。

一、起源期（民初至 1954 年）

從職業輔導、職業教育著手，這個發展類似美國的職業輔導重點，均著眼於學生畢業後的工作。

二、試驗期（或稱萌芽或開拓期）（1954 年至 1967 年）

此時期教育部僑教委員會協助並輔導僑生回國升學，除了強調僑生輔導，亦著重培訓輔導人員、組成中等學校巡迴輔導團實驗與傳遞輔導理念，亦籌辦「東門方案」（在臺北市東門國小辦理結合心理衛生與教育的輔導方案實驗）。這些試驗除了有政治因素，另一方面則是逐漸重視輔導理念，但是此時期的輔導理念較偏向指導。1958 年成立中國輔導學會（2008 年更名為台灣輔導與諮商學會），發行輔導期刊、叢書，引進國外輔導新知與觀念，培訓輔導人員，橫向結合其他專業學術團體，以專業組織引領專業發展，對國內輔導工作影響深遠。此外，1968 年推動九年國民義務教育，擬定國民中學「指導活動」課程標準，並成立「輔導工作推行委員會」推動全校性的輔導工作，此亦為之後輔導工作的發展奠定極重要的基礎。雖然有這些發展，但是或許文化或社會風氣使然，輔導工作一直未受到重視，直到社會、政治、經濟變化，衍生許多學校與社會問題，加上有許多優秀的學生到國外留學，引進西方諸多諮商理論與教考訓用等制度，學校輔導工作才有更穩定的發展與成長（邱珍琬，2020）。

三、制度建立期（1968 年至 1980 年代）

就各級學校的發展而言，國小輔導工作始於 1975 年教育部頒布《國小課程標準》，增列「國民小學輔導活動實施要領」，將輔導概念融入課程。但是直到 1996 年，國小中高年級才開始有了每週一堂的輔導活動課；1979 年公布《國民教育法》，明訂國小應設輔導室人員，1984 年第一批甄試合格的國小輔導主任開始負責推動學校輔導工作。在國高中方面，1968 年開設國中指導活動科，每週排定一節課，同時擬定課程標準、編輯指導活動學生手冊和教師手冊、各校成立「指導活動推行委員會」，系統性且全面性地推動學校輔導工作。1981 年公布《高級中學學生輔導辦法》，1984 年修正頒布《職業學校規程》，明訂高級職業學校輔導工作之範圍及員額編制等。至於大學，則是教育部於 1976 年通令大專校院設置學生輔導中心或心理衛生中心。亦即從 1968 年的國中開始，到 1984 年推動高中高職輔導工作，以十多年的時間逐步完備從小學到大學的輔導體制。除了建立這些制度，此時期的進展尚包含大學開設諮商與輔導相關系所，例如：1968 年臺灣師範大學成立教育心理學系（現為教育心理與輔導學系）、1971 年臺灣省立教育學院（現為彰化師範大學）成立輔導學系（現為輔導與諮商學系），有系統地培育輔導與諮商人才；培育各級學校輔導人員；努力與國際輔導學術接軌；由政府或民間社會輔導機構推動輔導工作，例如：1969 年救國團成立「張老師」，或在社會及醫療機構設置各縣市社區心理衛生中心、生命線，這些均逐步拓展輔導工作在學校與社區之影響力。

四、推展期（1980 年代至 2000 年）

前述各項組織與制度逐漸建置之後，各級學校輔導工作次第展開，修訂後的國中輔導活動課程標準以「輔導」取代「指導」，輔導評鑑制度也逐漸完備。為因應逐漸嚴重的青少年犯罪、中輟與藥物濫用等問題，1991 年教育部開始推動「輔導工作六年計畫」及之後的「青少年輔導工作計畫」，包含：針對中輟或不升學學生的「璞玉專案」、針對司法機關登記有案學生問題行為輔導的「朝陽方案」、針對藥物濫用的「春暉專案」，

以及由一般教師或民間社區共同投入的「認輔制度」及「攜手計畫」等，即以「舒緩青少年問題的嚴重程度」及「逐步建立輔導體制」為主要推動方向，結合家庭、學校與社會資源，建立全面性的輔導體系，改善輔導工作各項措施，並提升與輔導有關人員的專業知能；因應教育改革，1998年教育部推動的「教訓輔三合一」方案，也帶入三級預防的概念。

五、專業效能提升時期（2000 年以後）

此時期的學校輔導工作因著教育改革、師資多元化、社會劇烈變遷，在制度和組織上都有極大的改變。在輔導課程方面，1998 年教育部公布《國民教育階段九年一貫課程綱要總綱》，2003 年公布《國民中小學九年一貫課程綱要》，改分科為七大學習領域，原有的國中「輔導活動科」課程被納入「綜合活動學習領域」課程，與童軍及家政兩科分別或協同進行教學。影響更深遠的是透過立法（2001 年通過《心理師法》、2014 年通過《學生輔導法》、2017 年通過《偏遠地區學校教育發展條例》，以及 2019 年修正《教師法》等），設置各縣市學生輔導諮商中心、強化中小學次級與三級的專業人力、讓心理師與社工師均能進駐校園、強化偏遠地區的專輔人力，以及建立教師諮商輔導支持體系等。在專業組織方面，台灣輔導與諮商學會於 2022 年修正之《輔導與諮商專業倫理守則》，以及 2023 年通過之《專業督導認證辦法》，均讓專業人員有所依歸。

第三節　學校輔導工作模式

學校輔導工作是全面性的全人輔導工作，希望透過學校輔導人員的專業服務，讓所有學生都能適才適所的成長與發展；至於要如何有效推廣，就要有一套系統性與全面性的輔導模式來引導。本節簡單介紹美國學校諮商師學會（ASCA）的綜合性學校諮商方案模式（comprehensive school counseling programs, CSCPs）（ASCA, 2021）及我國生態合作取向的學校三級輔導體制 WISER 模式（王麗斐等人，2013），並從學校輔導工作的三大領域：生活輔導、學習輔導及生涯輔導簡要舉例說明。

壹、ASCA 的綜合性學校諮商方案模式

多年來，美國學校諮商師的角色與功能隨著社會變遷、人力資本需求、州政府和聯邦政府的政策，以及心理學和諮商專業的發展而有所不同（Studer, 2015）。早期美國學校輔導工作是由學校諮商師單打獨鬥，主要是負責少數有困擾學生或是學生畢業後的生涯輔導工作（Dollarhide & Saginak, 2017; Gysbers, 1997; Olsen et al., 2021），到 1960 年代逐漸演變成包含心理支持、社工與出缺勤等工作的綜合性學生事務方案，各州亦開始發展其學生輔導方案。最早是由 Gysbers 提出綜合性的學校輔導方案（Gysbers & Moore, 1981），但及至引領美國中小學學校諮商師的專業團體——美國學校諮商師學會（ASCA）發展出綜合性學校諮商方案模式，以全校學生為服務對象，服務範圍涵蓋學生的學業成就、生涯探索、社會／情緒發展，以及準備進入大學生涯（ASCA, 2003, 2005, 2012, 2019），近二十年來對美國學校輔導工作的開展影響極大，到了 2019 年全美國已有 45 州採行此模式（Savitz-Romer, 2019）。

ASCA（2019）的這個整合模式（如圖 1-2 所示）分為四大要素，分別是定義（define）、管理（manage）、傳遞（deliver）與評估（assess）。「定義」是說明學校的輔導計畫、勾勒出學生及學校的特性，以及指引學校輔導工作的基礎專業準則[1]，呈現的是「什麼」（what）（Fye & Rainey, 2021）。「管理」是指協助學校諮商師建立起輔導工作良好基礎的組織策略（如確定學校的願景與宗旨）與工具〔如行動計畫、輔導活動課程綱要、學校諮商師一週的工作時間分配表、輔導室（處）的年度（季、月、週）工作計畫、輔導工作委員會和校內／處室內行政會議等〕，藉此傳遞服務給學生，呈現的是「需求」（need）。「傳

---

[1] 例如：「ASCA 學校諮商師專業標準與能力」（ASCA School Counselor Professional Standards and Competencies）（ASCA, 2019），或是《ASCA 學校諮商師倫理守則》（ASCA Ethical Standards for School Counselors）（ASCA, 2022a）。

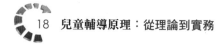

圖 1-2　美國學校諮商師學會（ASCA）的綜合性學校諮商方案模式

註：引自 ASCA（2023）。

遞」是指學校諮商師透過直接服務（如個別諮商、小團體諮商、教學、測驗評估、個別學生計畫）與間接服務（如系統合作、親師諮詢或轉介）所傳遞的活動和服務，呈現的是「如何」（how），例如：學校諮商師一週至少有 80% 的工作時間是用在直接與間接服務，服務內容是針對學生在發展階段或轉換階段面臨的社會／情緒／學業／生涯等會妨礙其順利成長與發展的議題。至於「評估」，則是著重在蒐集、分析資料與提出報告，以了解整個輔導方案的效能及待改善之處，同時學校諮商師每年也要自我評估自己的心態與專業表現，並向上級主管說明（ASCA, 2022b）。

　　整體而言，ASCA 的模式是以量化資料為基礎的做決定模式，有系統地針對全校學生，配合其發展階段設計課程，讓學生的心智與行為能在國中畢業後順利銜接到高中階段，縮短學生學業成就和升學／就業間的差距，進而改善學生的學業成就、出缺席和行為表現；根據 ASCA 研究，整理出「250 位學生：1 位學校諮商師」的師生比例（ASCA, 2022b）。

ASCA 推出此綜合性學校諮商方案之後，許多研究肯定該方案可增進學生的學習成就（如 Chandler et al., 2018; Wilkerson et al., 2013），或是降低學生的行為困擾問題（Carey et al., 2012），也有一些研究整理出會影響學校諮商師效能的因素，包括：個案量、學生的年級別、學區與學生人數、學校行政的支持度，以及被指派從事非諮商專業工作的時間比例等（Brasfield et al., 2021; Lane et al., 2020; McCoy-Harless, 2015）。

貳、生態合作取向的學校三級輔導體制 WISER 模式

多數人一生都身處各系統中，Bronfenbrenner（1979）提出生態系統理論（ecological systems theory），將個體成長過程的人際關係分成四套相互依存的同心圓環境系統（如圖 1-3 所示）。以個體（兒童）為中心，四個系統從最小到最大分別是小系統（microsystem）：直接環境（家庭、學校、友伴、安親班或社區）；中間系統（mesosystem）：由直接環境之間的聯繫構成（如兒童的家和學校、住家所屬的社區或是友伴的相互影響）；外系統（exosystem）：兒童未直接參與，但是會間接有影響的外部環境（如家長的工作場所、體制內或外的教育環境、學區特色、社區資源或網路影響）；大系統（macrosystem）：較大的文化背景（如東西方文化、社會階級、國家經濟、政治、文化、法律、習俗、次文化、教育的意識形態、國際局勢或疫情等）。

除了上述四個系統，Bronfenbrenner（1995）又加上第五個：時間系統（chronosystem）（李佩珊，2019），把時間作為探討個體成長過程中，心理變化的參考體系。該系統強調環境事件與生活方式的改變，時間也是影響因素之一，亦即要探討兒童的發展，必須將兒童的發展階段變化和兒童所處的環境一起納入考慮，這是個動態歷程，例如：兒童在嬰幼兒階段係以自己的哭聲和外界互動，以喚起主要照顧者的注意，及至兒童逐漸成長，其反應會受到外界環境的影響（如主要照顧者疏於照顧，讓兒童不舒服而哭鬧），也會影響到外界環境（如兒童習慣性哭鬧，讓主要照

圖 **1-3**　Bronfenbrenner（1979）的生態系統模型

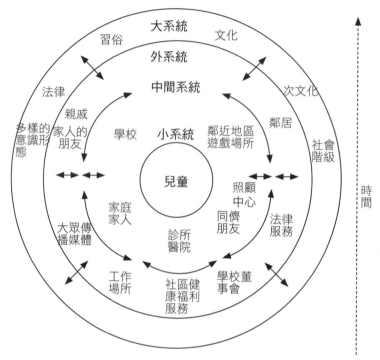

註：引自謝美香（2006）。

顧者或學校老師挫折或不耐）。這些互動再隨著個體的成長階段放大來看[2]，亦皆會與其外在系統產生互動與變化。

　　系統觀強調個體在系統中，不同系統間相互影響，無法截然切割，因此輔導工作者在從事輔導工作時，一定要將所有層次的系統納入考量，從系統觀點來探討兒童的困擾問題，不能只著眼於兒童的內在或家庭系統，且要以系統觀點連結整個系統的資源，以規劃及執行學校輔導工作。

---

[2]　例如：幼兒園入學、大學畢業、就業、結婚生子、中年危機、退休等常態的過渡期，或是如搬家、父母離婚、親人去世、天災人禍等非常態的過渡期。

　　國內目前較為人知的是王麗斐等人（2013）所提出的 WISER 模式，此模式主要是奠基於生態系統觀進行跨專業合作整合。WISER 是五個概念英文字的縮寫，其中：W 為 whole school，即須以校長為領導者，帶領全校教職員工推動全校性的初級發展性輔導工作，全體教職員工對於推展學校輔導工作是人人有責，不是一般狹隘認為的「那是輔導室、輔導教師的工作」。I 代表對個案的個別化介入（individual intervention）；S 是指對個案的系統性介入（system intervention）；E 則為評估（evaluation），這三個英文字母是屬於二級介入性輔導工作的重點，主責單位為學校輔導室（處），輔導室（處）不僅需針對個案進行相關評估，研擬並進行適切的輔導策略，同時也須將個案之生態系統（如家庭、師生與社區等）納入輔導工作，並非僅著眼於跟個案的個別諮商而已；這整個輔導介入之成效需不斷進行評估，隨時釐清個案與所屬系統之需求，適時調整輔導策略，有效協助問題解決，並讓個案增能。最後的 R（resource integration）則代表三級處遇性輔導工作，強調校內各處室、校方與家長，以及結合校內外之跨專業系統合作，亦即當面對較棘手的個案問題與系統問題時，輔導室（處）藉由引入與整合校內外相關資源，彼此分工合作，以全面改善個案問題及對個案造成負面影響的系統問題。整個 WISER 的運作模式如圖 1-4 所示。

參、生活輔導、學習輔導與生涯輔導之三級預防

　　學校輔導工作者若能事先針對學區的特性（如大都市或漁村或偏鄉）、學生家長的普遍社經地位，以及學生在生活（人際／情緒／自我概念）、學習及生涯領域的需求，規劃全校性的三級輔導工作並落實執行，針對適應困擾之學生，也能早期發現、早期介入，此將有助於學生適性發展以及防範困擾問題愈趨嚴重。以下以表 1-2 說明生活輔導、學習輔導與生涯輔導之三級預防工作內涵（王文秀等人，2011；周甘逢等人，2003；周新富，2019；邱珍琬，2015，2020；張植珊，2015）。

圖 **1-4**　WISER 2.0 版之學校三級輔導工作模式架構圖

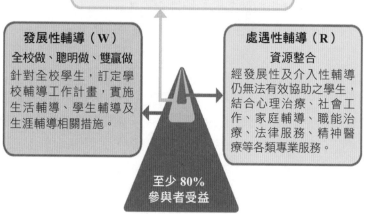

介入性輔導（ISE）
個別化介入、系統合作、持續性評估
經發展性輔導仍無法有效協助之學生，依
其個別化需求訂定輔導方針，提供諮詢、
個別諮商及小團體輔導等措施，並提供評
估轉介機制，進行個案管理及輔導。

發展性輔導（W）
全校做、聰明做、雙贏做
針對全校學生，訂定學
校輔導工作計畫，實施
生活輔導、學生輔導及
生涯輔導相關措施。

處遇性輔導（R）
資源整合
經發展性及入性輔導
仍無法有效協助之學生，
結合心理治療、社會工
作、家庭輔導、職能治
療、法律服務、精神醫
療等各類專業服務。

至少 80%
參與者受益

註：引自王麗斐等人（2013）。

　　從表 1-2 可看出國小輔導室（處）的工作，絕大多數著重在初級預
防，涵蓋全校六個年級的學生，且以生活輔導為主。輔導室（處）要執行
如此龐雜的工作，勢必要有縝密而周延的計畫，且負責各工作的導師、專
兼輔教師或輔導組長、特教組長及輔導主任（或小校的教導主任）均須各
司其職，再加上跟家長與校外的專業資源合作，才能落實輔導工作。

表 1-2　生活輔導、學習輔導與生涯輔導之三級預防

輔導重點	三級預防	工作內涵
生活輔導	初級預防	・校園生活適應：新生始業輔導、轉學生輔導、認識與接納自我、適應團體生活及團體規範、養成良好生活習慣及衛生習慣、意外事件的預防及危機處理、親師溝通。 ・人際關係：如何開展、建立、溝通與維繫、衝突化解與結束關係；如何說「不」；如何同理及尊重他人。 ・休閒生活輔導：培養正當休閒娛樂、發展終身適用之休閒運動技能、學習有效時間規劃與管理。 ・品德教育：道德兩難困境討論、新聞時事機會教育、法律常識、正確價值觀、抗拒誘惑、培養道德勇氣。 ・性別平等教育：認識與尊重自己／他人的生理性別、尊重多元性別差異、消除性別歧視、尊重與欣賞多元文化。 ・生命教育：有柔軟的心，不做傷害生命的事；具備適切的人性觀、自我觀及人生觀；透過生活美學體驗，豐富生活美感，培養對美善的欣賞；樂於行善與助人，關懷弱勢族群；關注公共議題並積極參與社會活動；關懷自然生態與人類永續發展；具備國際化視野，主動關心全球環境與人權、文化議題。
	次級預防	・外向性行為輔導與諮商：說謊、偷竊、反抗、破壞、暴力、逃學逃家、網路霸凌、網路成癮、考試作弊、自我傷害、中輟或中輟之虞、人際衝突、衝動、濫用酒精或毒品。 ・內向性行為輔導與諮商：分離焦慮、退縮孤立、焦慮、過度依賴、害羞、自卑、哀傷、憂鬱、過度敏感、冷漠、情緒障礙。
	三級預防	・外向性行為諮商：上述次級預防之行為強度、頻率或影響層面更大者。 ・內向性行為諮商：上述次級預防之困擾強度、頻率或影響層面更大者。
	可介入方式	心理測驗、同儕輔導、個別諮商、小團體輔導與諮商、班級團體輔導、全年級（全校）講座、主題活動週、輔導活動信箱、紙本（電子）刊物、學習單、海報。

表 1-2　生活輔導、學習輔導與生涯輔導之三級預防（續）

輔導重點	三級預防	工作內涵
學習輔導（教育輔導）	初級預防	· 了解自己的學習能力、性向、興趣、專長、學習風格，提供適切的學習及表現機會。 · 培養良好的學習態度與習慣。 · 妥善運用考試技巧。 · 了解各科學習之適當方法。 · 學習時間規劃、擬定個別學習計畫。 · 學習結果歸因及自我酬賞。 · 培養獨立學習能力、主動觀察問題和主動思考、創造力。 · 營造班級學習氣氛。 · 能夠終身學習、樂於學習且知道如何學。
	次級預防	· 學習診斷與輔導。 · 鑑別在學習上需要特殊幫助的學生，提供輔導與安置。 · 針對學生之學習需求，提供學習扶助。
	三級預防	· 針對有特殊學習困擾者轉介至校外醫療單位。 · 身心障礙：學習障礙辨識與介入。 · 學習診斷與諮商。
	可介入方式	視學生之需求調整學科範圍及內容；個別輔導與諮商；特定族群（如低成就、文化弱勢學生）之小團體輔導與諮商；個別或團體心理測驗；建置資源教室；抽離式教學；提供課外活動內容；圖書館及網路資訊；小班學習扶助；個別化教學；教導學習策略；發掘個人興趣與特長；電腦輔助教學；減少作業量或調整作業方式（如對書寫障礙學生以錄音方式取代）；多元評量方式。
生涯輔導	初級預防	· 形成生涯規劃的藍圖，從過程中培養自己做抉擇的能力。 · 提供機會自我覺察與覺察社會和經濟的脈動及趨勢。 · 認識教育與職業機會。 · 強化生涯認知（自我發展、人生目標、價值觀）。 · 培養生涯決策、工作態度、工作技能（謀職、受僱、繼續工作）、工作意義與價值認知。
	次級預防	· 調整錯誤或扭曲之生涯或工作價值觀。 · 調整錯誤或扭曲之自我認知及價值觀。

表 1-2　生活輔導、學習輔導與生涯輔導之三級預防（續）

輔導重點	三級預防	工作內涵
	三級預防	・特殊個案學生之安置。 ・個案資源運用與整合。
生涯輔導	可介入方式	生活本位（生活技巧、社會技巧、生涯輔導與準備）；工作導向（自我認知、教育與職業探索、生涯規劃）；個人 SWOT 分析；班級或團體輔導（融入各科教學活動、建立生涯檔案、虛擬互動式探索）；團體活動；成長營；實地參訪；現場實作；現身說法；生涯博覽會；心理測驗；參訪職訓局或勞工局。

關　鍵　詞

✦ 學校輔導　　　　　✦ 教育、輔導、諮商與心理治療
✦ 輔導發展史　　　　✦ 綜合性學校諮商方案模式
✦ WISER 模式　　　　✦ 生活輔導、學習輔導與生涯輔導
✦ 三級預防

問題討論

1. 請為「輔導」下一個定義並加以說明。
2. 請說明對國小而言最重要的輔導功能為何。
3. 請說明教育、輔導、諮商與心理治療之異同。
4. 請說明我國學校輔導工作發展史各階段之重點與特色。
5. 請說明 ASCA 的綜合性學校諮商方案模式和 WISER 模式之重點與特色。
6. 請說明針對霸凌議題可進行的三級預防工作。

第二章

輔導行政

王文秀 ///

　　「行政」（administration）是執行任務的表現，可視為行動或歷程，是在執行公眾事務，而非在制訂政策（韋伯字典，2023）。「學校行政」是學校依據教育之原理原則及相關法令規章，運用有系統及經濟的方法，對於學校組織相關的人、事、物、財等要素，作系統化的經營管理，藉以促進教育進步，達成學校教育目標的歷程（鄭彩鳳，2008，頁4）；至於「輔導行政」，則是透過健全的輔導組織，結合輔導有關人員，依據學校整體目標，擬定有效可行之輔導工作計畫，統整校內外資源及人力，以達成輔導目標（張德聰等人，2004），亦即是輔導組織透過計畫、執行、評鑑等過程，以達成輔導目標之途徑（宋湘玲等人，2000）。

　　很多助人者不喜歡行政工作，認為要處理這些人、錢與事都很複雜與麻煩，希望只顧好手邊的個案或帶好團體即可。但從系統觀來看，許多個案的困擾問題是受到其家庭或學校環境影響，若能從廣義的制度、法令、規章與行政作為介入，或許更事半功倍。且行政也是一種助人工作，是在服務，而非高高在上地指揮控制與享受權力，因此助人者宜對輔導行政之內涵及運作有更清楚的概念，才能更稱職地發揮輔導功能。本章分別介紹國小輔導行政組織與職掌、專任輔導教師（以下簡稱專輔教師）與兼任輔導教師（以下簡稱兼輔教師）、學生輔導諮商中心（以下簡稱學諮中心）與專業輔導人員（以下簡稱專輔人員），以及輔導室（處）的空間規劃、經費與工作計畫，讓讀者對國小輔導行政及相關人員有全貌性的理解。

第一節　國小輔導行政組織與職掌

　　國小輔導室（處）之設置及人員編制原本是依據《國民教育法》（教育部，2016b）第 10 條：「……國民小學及國民中學應設輔導室或輔導教師。輔導室置主任一人及輔導教師若干人，由校長遴選具有教育熱忱與專業知能教師任之。輔導主任及輔導教師以專任為原則。……」而來，及至 2014 年通過《學生輔導法》，《國民教育法》於 2023 年又再據以修訂。本節簡介國小輔導室（處）之行政組織以及相關人員之職掌。

壹、輔導組織與業務範圍

　　組織是為實現目標而結合人力與物力的方法，包含：建立組織架構、釐訂各種角色之職掌、人員聘用、資源分配等（宋湘玲等人，2000），輔導組織是否健全、業務職掌及分層負責是否清晰，以及相關人員是否各司其職，既能分工又能合作，這些均是決定學校輔導體系能否運作良好的關鍵因素。以下先說明整體而言的「輔導工作人人有責」概念、輔導室（處）的任務與功能，其次說明國小行政組織和輔導工作委員會。

一、輔導工作人人有責

　　依據《國民教育法施行細則》（教育部，2016c）第 13 條：「國民小學及國民中學之學生事務及輔導工作，應兼顧學生群性及個性之發展，參酌學校及學生特性，並依相關法令之規定辦理。校長及全體教師均負學生之學生事務及其輔導責任。」此除了說明國中小之學務及輔導工作目標（兼顧學生群性及個性之發展）與原則（參酌學校及學生特性並依法辦理），亦如《學生輔導法》（教育部，2014）第 7 條：「學校校長、教師及專業輔導人員，均負學生輔導之責任。……」所言，均強調從校長到全體教師均應負責，只是每個角色所負責的內涵及程度有所不同。

　　以分工而言，《國民教育法》（教育部，2023a）第 21 條：「……學校應由專責單位或專責人員推動學生輔導工作。輔導專責單位為一級單位者，置主任一人，二級單位者，置組長一人，各置專任輔導教師若干人。輔導主任、組長由校長遴聘具有輔導熱忱及專業知能教師擔任之。輔導主任及輔導教師以專任為原則。專任輔導教師及專任專業輔導人員之員額編制，應依學生輔導法規定。」另依《學生輔導法》（教育部，2014）第 12 條：「學校教師，負責執行發展性輔導措施，並協助介入性及處遇性輔導措施；高級中等以下學校之輔導教師，並應負責執行介入性輔導措施。學校及主管機關所置專業輔導人員，負責執行處遇性輔導措施，並協助發展性及介入性輔導措施；……」此即說明不同人員之專業分工。

　　實務現場常見一旦學生出現困擾問題，例如：某學生上課時干擾同學，甚至暴走衝出教室，許多導師會認為自己需照顧到其他同學的受教權，因此會希望輔導室（處）協助入班處理或是到校園尋找學生，注意其安全；輔導室（處）會認為這涉及學生的行為，應該是學務處要協助介入；學務處則認為學生有此行徑是心理層面的問題，即使學務人員出動也只是約束學生行為，治標不治本，既然最終仍要轉到輔導室（處），為何不一開始時就請輔導室（處）協助？在此情況下，似乎三方都在互踢皮球。但事實上，三方各有其責，導師平日的班級經營、與家長的關係及師生關係均很重要，若學生干擾教學，導師要能評估該生的狀況及需求，設法讓該生回到常規；若學生真的失控，導師的確需要外力支援，一般而言，學生的外在行為要請學務處協助，若學生情緒暴走（如哭泣、極端憤怒等），則可請輔導室（處）協助，之後再評估請導師或其他處室，甚至請家長後續適當的介入。這些介入的目的都是在讓該生能夠自我控制與課業學習，若僅憑任何一方，均難以照顧到全體學生的所有狀況。

二、輔導室（處）的任務與功能

　　依據《學生輔導法》（教育部，2014）第 9 條：「學校應由專責單位或專責人員推動學生輔導工作，掌理學生資料蒐集、處理及利用，學生智力、性向、人格等測驗之實施，學生興趣成就及志願之調查、輔導及諮商之進行等事項。……」以及《國民教育法施行細則》（教育部，

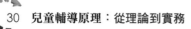

2016c）第14條：「……國民小學及國民中學各處、室掌理事項，得參照下列各款辦理：……四、輔導室（輔導教師）：學生資料蒐集與分析、學生智力、性向、人格等測驗之實施，學生興趣成就與志願之調查、輔導及諮商之進行，並辦理特殊教育及親職教育等事項。……」

　　上述二法均闡明輔導室（處）的業務範圍包含蒐集學生資料，實施並分析心理測驗，協助學生了解自己的智力、性向、人格、興趣、成就及升學志向，同時也要進行發展性的全校性輔導工作，以及介入性的個別或團體諮商；除此之外，施行細則還多加上「辦理特殊教育及親職教育」，亦即服務的對象涵蓋全校學生，並須顧及學生的家長。

三、國小行政組織

　　為了發揮上述功能，須有健全的行政組織及人員來依法行政。細查法源依據，1995 年版的《國民教育法施行細則》第12 條：「國民小學及國民中學之行政組織，除依本法第十條及國民小學與國民中學班級編制及教職員工員額編制標準之規定外，依左列各款辦理。一、國民小學行政組織：（一）十二班以下者設教導、總務二處及輔導室或輔導人員。……（二）十三班至二十四班者設教務、訓導、總務三處及輔導室或輔導人員。……（三）二十五班以上者設教務、訓導、總務三處及輔導室。……輔導室得設輔導、資料二組。……」上述條文清楚規範不同學校規模應建置之行政組織，然目前 2016 年之版本已無此條文，惟各地方政府對所屬各校之行政編制，大抵仍沿用此條文，只是設有特殊教育班級者，另得增設特教組或其他特殊教育組別。而依《國民教育法》（教育部，2023a）第 21 條，則清楚說明國小輔導行政組織層級與組成人員之聘用原則。

四、輔導工作委員會

　　輔導工作人人有責，若輔導室（處）或其他處室都只是各自為政，如此易事倍功半，或各處室都在做類似的工作〔例如：學務處和輔導室（處）都在辦理母親節慶祝活動〕，但是資源無法整合或浪費，形成各人自掃門前雪的窘境，也讓全校師生或家長搞不清楚究竟哪些工作是由誰負責。在此前提下，學校有必要設置一個跨處室的全校性輔導工作委員會。

　　如《學生輔導法》（教育部，2014）第 8 條所規範：「高級中等以下學校應設學生輔導工作委員會，其任務如下：一、統整學校各單位相關資源，訂定學生輔導工作計畫，落實並檢視其實施成果。二、規劃或辦理學生、教職員工及家長學生輔導工作相關活動。三、結合學生家長及民間資源，推動學生輔導工作。四、其他有關學生輔導工作推展事項。前項學生輔導工作委員會置主任委員一人，由校長兼任之，其餘委員由校長就學校行政主管、輔導教師或專業輔導人員、教師代表、職員工代表、學生代表及家長代表聘兼之；任一性別委員人數不得少於委員總額三分之一。但國民中、小學得視實際情況免聘學生代表。……」

　　依據《學生輔導法》第 8 條，國小設置學生輔導工作委員會能統整校內外的人力、物力、財力資源，落實全面性的學生輔導工作。委員會若運作得宜，可讓各處室及教師均了解並配合輔導室（處）推動之輔導工作，能透過期初會議宣導該學期將推動之各項工作，於期末時整體檢討輔導工作成效，讓各處室對輔導工作更有參與感。實務上，雖然多半學校均按規定開會，但有些學校流於形式，在期末召開其他（如校務）會議之前或之後，利用很短的時間開會，甚至將議程附在校務會議的資料內，相關人員順便簽到即視同已開會，這樣的委員會能發揮的功能即相當有限。

貳、國小輔導室（處）各組職掌

　　輔導室（處）之業務包含由輔導主任統籌之綜合性業務、與輔導諮商相關之輔導組業務、與學生綜合資料相關之資料組業務，以及與特殊教育業務相關之特教組業務，由各縣市各校依據自身學區、家長社經地位、學生素質及學校之重點特色而訂定與執行。以下綜合不同學校規模的國小輔導室（處）主任及各組之運作加以說明。

一、輔導主任

輔導主任之綜合性業務包含擬定年度輔導工作計畫、行事曆及章則；主持輔導工作會議、個案研討會；出席校內外輔導會議、校務會議；執行輔導工作委員會決議事項；協助輔導室（處）各組及有關人員；規劃輔導室（處）設施與設備；整編及執行輔導室（處）預算；彙報各項輔導業務統計資料；協助導師解決學生困難問題；與校內各處室協調，解決輔導工作執行上的困難；整合並協助執行友善校園學生事務與工作計畫；培訓輔導志工；辦理「學校日」或主題週活動；配合學校及社區特殊需要，從事各種輔導工作；聯繫社會資源人士或單位爭取輔導支援；評鑑輔導工作績效。有的學校還包含組織及承辦「學生申訴評議委員會」或「性別平等教育委員會」業務。

以往一般人不了解輔導室（處）應有之功能，曾戲稱輔導主任是「涼」主任，但是以上述之職掌來看，輔導主任責任重大，除了擬定年度工作計畫、統整並督促處室內各組之工作，以及擔任輔導工作委員會執行秘書並執行決議事項外，更須顧及校內其他處室橫向聯繫，連結社區資源，同時評鑑輔導工作之績效，故除需具備輔導專業知能，更須有行政能力，要能扮演規劃者、統籌者、協調者、執行者與資源連結者之角色。

二、輔導組

輔導組長之職責包含擬定輔導工作章則、協助教師早期發現適應欠佳學生實施個別或／及團體輔導、從事學習輔導並規劃班級輔導活動課程、提供學校行政人員、教師及家長輔導專業諮詢服務、策劃與實施小團體輔導、輔導專欄、新生或轉學生定向輔導、畢業生或個別諮商結案學生之追蹤輔導、校園三級輔導工作、親職教育、家庭教育活動及議題宣導、特殊節日（如母親節）活動、性別平等教育、生命教育、家庭暴力性侵害防治之教學與輔導活動、對生活適應困難兒童提供諮商服務與個案研究，必要時進行轉介、輔導信箱之設置與信函處理、家庭訪問、規劃並執行認輔工作以及推展學校志工、訓練愛心小老師、辦理課後照顧服務班活動、辦理特殊氣質審議、填報作業，以及辦理教師輔導知能研習等。

　　從上述職掌來看，輔導組長也是身負重任，依照編制，只有組長一人，底下沒有組員，但是要負責的初級預防（發展性）與次級預防（介入性）輔導工作涵蓋面極廣，要協助的對象包含教師、行政人員、全校學生、特殊困擾學生、志工及家長，從學生入學到畢業的所有生活、學習與生涯輔導都要顧及，幾乎都是在處理行政工作，因此和輔導主任一樣，也須同時具備輔導專業知能與行政長才，同時也要能針對學校特色或需求而規劃並執行適當的輔導活動。

三、資料組

　　資料組長負責之業務包含學生輔導資料的蒐集、整理、建檔、分析、保管、移轉及提供教師參考、中輟生資料建檔及追蹤、親職教育資料蒐集及分發、實施及分析學生智力、性向、人格等測驗、推動學生輔導資料e化工作、學生無故缺席通報、記錄及協助聯絡、輔導專案網頁製作維護、會議資料記錄及彙整、保管及提供輔導活動有關之工具與融入教學資料、畢業生追蹤調查、出版輔導刊物、輔導室（處）圖書管理、布置輔導室（處）、諮商室、編製輔導圖表、聯繫家長會及社區機構、推行各項社區活動、辦理學習型家庭、協助班級特殊學生之安置、編班、家庭及社會資源聯繫、協助教師建立並有效運用學生資料，以及整理輔導室（處）各項活動成果、評鑑並檢討輔導工作。

　　從資料組長之業務來看，主要是負責蒐集、整理與分析全校學生各項輔導資料、測驗資料，進而提供給相關人士參考，並針對特定對象，如中輟生、畢業生或特教學生，建檔及追蹤資料，以及協助網頁製作或學生輔導資料之e化等，包含紙本與電子資料之管理。若能逐年運用這些數據資料進行大數據分析，例如：分析歷年來全校或不同年級、性別或社經背景學生的智力測驗分數；個別輔導或團體輔導學生之困擾議題與輔導成效；中輟生之家庭背景、學業表現與智力；畢業生之升學或就業情形等，這些資料均可作為輔導主任和輔導組長規劃下一學年度輔導重點之重要依據。做為輔導室（處）對外窗口的網站或網頁，亦可定時或不定時提供與家長、學生困擾議題有關之文宣，例如：網路成癮、性別平等、家庭暴力、親子關係、親職教養能力，或如新冠肺炎疫情期間之安心文宣等資訊，供教師、家長或社會人士參考，這些均可拓展輔導工作之影響力。

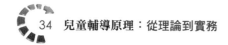

四、特教組

至於特教組之業務，則是包含訂定特殊教育計畫及章則、協助特教班教師教學及輔導、辦理特教班學生之甄選鑑別、身心障礙學生之安置、教學輔導及個案管理、鑑定及安置各類資賦優異學生、辦理資賦優異學生縮短修業年限及資優教育方案、特教班畢業生追蹤輔導、學生個案研究與輔導、協助教師從事各班特教學生之教育與輔導、建立並整理特教班學生資料、鼓勵教師參加特教研習、擔任校內特殊教育推行委員會執行秘書、評鑑並檢討特教工作績效、辦理特殊教育校園宣導活動、特教學生之親職教育、特殊教育普查工作、特教班財產清查及管理、辦理特教月活動、申請特教班輔具及教材教具、召開特教相關會議、特教班 IEP 會議、辦理特教教師之教學研究及輔導、申辦無法自行上下學特教學生交通車接送及交通補助費、辦理特教學生育樂營、才藝表演及競賽活動、視障學生課本及教材購置與製作、申請身心障礙學生各項獎助學金、教育代金補助、辦理特教學生通報、調查及就學輔導、以及規劃推動特殊教育實施方案。

簡而言之，特教組之設置係依據《特殊教育法》之相關規範而來，特教組長之職責均與特殊教育有關，不管是任何障礙類別或是資賦優異學生，從鑑定到安置，從入學到畢業，從學生到一般教師或特教教師以及家長，均在業務範圍之內。

五、其他處室

除了輔導室（處）本身各組之職掌，其他各處室亦均與輔導工作有直接或間接之關聯。舉例來說，教務處註冊組對中輟生（含新生未到校註冊，或轉學未報到者）或有中輟之虞學生轉出、轉入資料之處理，或是保護性個案於社政體系中之追蹤處理、轉出轉入，均有其責；設備組協助保護性或經濟弱勢個案之課本索取或費用減免。學務處和輔導室（處）的接觸最密切，從生教組的行為規範、衛生保健組協助學生維持身體健康，到一些個案可透過訓育組參與社團，或是體育組參與校隊，讓他們有舞臺與歸屬感。總務處則能協助辦理輔導活動之器材、經費核銷、發放薪資或是公文收發等，若能集合跨處室之力，更能強化輔導功能。

　　雖然《國民教育法》（教育部，2023a）第 21 條明訂：「……輔導主任、組長由校長遴聘具有輔導熱忱及專業知能教師擔任之。……」但是，除了教師兼特教組長，需具備特教專業知能之外，教師兼輔導主任、輔導組長或資料組長，有許多並不具備完整的輔導專業知能，通常是校長從全校教師挑選人格特質或工作經驗適合擔任輔導行政工作者，請其協助，有時流動率亦高，這對推動學校輔導工作頗為不利。

　　不管本身是否具有輔導專業知能，教師兼輔導主任或組長均面臨龐大的工作負擔，例如：陳詩蓉（2018）訪談 9 位新北市國小輔導主任與輔導組長，探討其工作內容與現況、工作壓力來源及面對工作壓力時採取之因應策略，發現壓力源包含工作負荷（如輔導行政工作繁雜，要輔導也要行政；學生家庭問題最為棘手）、專業知能（如輔導專業人力仍不足）、上級壓力（如過多上級交辦之額外業務，造成行政負擔壓力；輔導訪視和評鑑太多且內容缺乏整合）、角色肯定（如協調過程成功與否，影響輔導人員士氣；「輔導無效論」打擊輔導人員信心），這些均是辛苦之處。

第二節　國小專兼任輔導教師

　　依據《國民教育法》（教育部，2023a）第 21 條：「……輔導主任及輔導教師以專任為原則。專任輔導教師及專任專業輔導人員之員額編制，應依學生輔導法規定。」本節分別說明國小專兼任輔導教師之聘任與職掌、立法至今的研究與實務之發現，及顯現之困境。

壹、聘任與職掌

　　國小專輔教師係指，「符合高級中等以下學校輔導教師資格，依法令任用於高級中等以下學校從事學生輔導工作者」（《學生輔導法》第 3 條；教育部，2014），專兼輔教師資格的法源依據是《學生輔導法施行細則》（教育部，2015）第 2 條：「國民小學輔導教師之資格如下：

一、專任輔導教師：（一）於一百零一學年度至一百零五學年度，應具有下列資格之一：1. 輔導、諮商、心理相關系所組畢業（包括輔系及雙主修）且具國民小學合格教師證書，或同時具輔導（活動）科或綜合活動學習領域輔導活動專長教師證書及國民小學合格教師證書。2. 國民小學加註輔導專長教師證書。（二）自一百零六學年度起，應具有國民小學加註輔導專長教師證書。二、現任校內合格教師兼任輔導教師，應依下列專業背景之優先順序選任：（一）具備擔任專任輔導教師資格。（二）修畢輔導四十學分。（三）修畢輔導二十學分。」

　　從上述專輔教師資格之規範來看，101 至 105 學年度間，必須是大學輔導、諮商、心理學系畢業，且具有合格教師資格，或是當時同時具有國小合格教師資格與輔導（活動）科或綜合活動學習領域輔導活動專長教師證書者；或是雖非具有上述兩個專長教師證書，但是有去補修學分，取得國民小學加註輔導專長教師證書者，這應是考量 101 至 105 學年度對專輔教師之需求殷切，以及尊重現職教師願意轉任專輔教師者，故同時開放三種條件來申請。但從 106 學年度起，則不管是以任何管道應徵，均需具有國民小學加註輔導專長教師證書，這也是對此專業的強化要求。

　　為了確保不同地區或班級數的學校均有專輔教師提供專業服務，依據《國民小學與國民中學班級編制及教職員員額編制準則》（教育部，2018）第 3 條：「……第一項第五款有關專任輔導教師之配置規定，學校應自中華民國一百零六年八月一日起，於十五年內逐年完成。完成前，由符合學生輔導法施行細則第二條第二款規定之教師兼任。……」亦即到 2032 年，全國國小均應完成專輔教師之配置，這段時間若因故未能聘足，校方可請兼輔教師協助。

　　自從專輔教師制度開始運作，許多學校會認為既然可以多聘一位合格教師，希望專輔教師也能比照其他專任教師授課，甚至兼任行政職，這讓許多想全神投注於專輔教師工作者感到苦惱，亦讓校方為難。此外，也有專輔教師認為應該要多上課，才能多接觸學生，甚至可以支領超鐘點費。對此教育部除了在《學生輔導法》（教育部，2014）第 13 條明訂：「……專任輔導教師不得排課。但因課務需要教授輔導相關課程者，其教學時數規定，由各該主管機關定之。」亦針對此現象擬定《國民中小

學教師授課節數訂定基準》（教育部，2016a），其中第 5 點：「輔導教師……其授課時數，規定如下：（一）專任輔導教師不得排課。但因課務需要教授輔導相關課程者，以不超過教師兼主任之授課節數排課。（二）兼任輔導教師之減授節數，……國民小學教師以二節至四節為原則。」

　　亦即，專輔教師原則上不排課，若因學校特殊需求，至多比照主任授課節數（通常是四節課），兼輔教師則以每週減授二至四節為原則，將專輔教師之本職定義為從事初級和二級的輔導工作，以與一般教師之職責有別，而兼輔教師亦只能減授二至四節，主要仍是擔任一般教師。此制度剛開始運作時，多數學校教師和行政人員都很不適應，認為同樣都是教師，又不是行政人員，都領同樣的薪水，為何專輔教師可以不用授課，每天坐在辦公室，偶而進去小房間（進行個別諮商或團體諮商）即可。但是這幾年下來，多數學校教師對專輔教師常常要進行危機處理，或是手邊有許多二級或三級的棘手個案，都漸能理解其角色與職責之特殊性。

　　專輔教師若要授課，如同《學生輔導法》（教育部，2014）第 13 條所規範：「高級中等以下學校應依課程綱要安排輔導相關課程或班級輔導活動，並由各該學科專任教師或輔導教師擔任授課。……」亦即可上輔導相關課程，例如：依據《性別平等教育法》（教育部，2023d）第 18 條：「……國民中小學……每學期應實施性別平等教育相關課程或活動至少四小時。……」專輔教師可針對全校學生進行每學期四小時的性別平等教育課程或活動，或是針對各年級分別設計不同主題（如情感教育、自我探索、生命教育、人際關係、家庭教育或生涯規劃等）的班級輔導活動，每學期輪流入班授課，藉此讓專輔教師有機會系統性地推廣心理健康資訊，達到初級預防的目的，亦可早期發現可能需要介入二級輔導的學生，同時也能讓全校學生都有機會認識專輔教師，減少學生對輔導室（處）的陌生感與汙名化〔到輔導室（處）去的都是有問題的學生〕。

　　學校若要聘任兼輔教師，應依下列專業背景之優先順序選任：(1) 具備擔任專任輔導教師資格；(2) 修畢輔導 40 學分；(3) 修畢輔導 20 學分；授權學校得依據校內輔導工作之需而決定是否聘任兼輔教師，兼輔教師每週得減授二至四節課，且各縣市立國小之兼輔教師減授課節數應一致。

　　另外針對小班小校者，依據《教育部國民及學前教育署補助公立國

民中學及國民小學置輔導教師實施要點》（教育部，2023c）第11點：「……（一）專任輔導教師及兼任輔導教師不得由學校主任、組長兼任。但國民小學六班或國民中學三班以下之學校，報直轄市、縣（市）政府同意者，不在此限。（二）專任輔導教師，不得兼任行政職務。但有下列情形之一，報直轄市、縣（市）政府同意者，不在此限：1.國民中學：班級數為八班以下，因校務運作需要者。2.高級中等學校附設國民中學部：專任輔導教師兼任輔導主任。……」目的均在明訂專輔教師之角色定位，以及能提供專業輔導資源給所有學生。

至於專輔教師之工作職掌，《學生輔導法》（教育部，2014）第12條僅是提供原則性的指示：「……高級中等以下學校之輔導教師，並應負責執行介入性輔導措施。……」以下參考各縣市針對專輔教師及兼輔教師訂定之工作職掌加以說明。

專輔教師以負責二、三級預防工作為原則，依據《學生輔導法》（教育部，2014）第6條：「……二、介入性輔導：針對經前款發展性輔導仍無法有效滿足其需求，或適應欠佳、重複發生問題行為，或遭受重大創傷經驗等學生，依其個別化需求訂定輔導方案或計畫，提供諮詢、個別諮商及小團體輔導等措施，並提供評估轉介機制，進行個案管理及輔導。……」亦即其服務對象是適應欠佳、重複發生問題行為，或遭受重大創傷經驗等學生。專輔教師須評估這些學生之個別狀況，決定要提供諮詢、個別諮商或團體輔導，必要時進行轉介。整體而言，其職掌包含：

1. 班級輔導：評估學生或班級需求，或是因應班級突發或危機事件，實施班級團體輔導。
2. 個案輔導：以二、三級個案為主，三級轉介時為學校之個案管理者，撰寫並建立個案紀錄及相關資料，依需要進行個案之家庭會談。每週服務個案數以 8 至 12 人為原則。
3. 輔導活動：協助推動學校之發展性輔導活動，例如：心理衛生宣導或主題週等。
4. 對高關懷、脆弱家庭學生及中輟生進行家庭會談及追蹤輔導。
5. 小團體輔導：每學期至少帶領一團，每團以 6～8 節課為原則，並負責小團體輔導工作，含規劃、執行及成果製作。

6. 測驗與解釋：針對個案及全校學生之需求實施個別與團體心理測驗及解釋測驗結果。

7. 個案研討：協助規劃個案研討會議，以及視需要提供個案報告，兼輔教師並應參與會議。

8. 親師諮詢：提供家長與教師輔導及管教相關知能之諮詢服務、輔導資訊及輔導策略。

9. 輔導網絡資源的聯繫與運用：與專輔人員、社政、警政、司法及精神醫療等單位合作，進行輔導、追蹤、通報或轉介。

10. 協助辦理學生輔導工作之評鑑。

11. 校園危機及重大事件後之輔導介入。

12. 進修與督導：每年至少參加 18 小時以上之專業知能研習；定期參加專業團體督導，提出個案報告進行研討。

　　兼輔教師主要是負責實施二級預防的個別輔導，撰寫並建立個案紀錄及相關資料，依需要進行個案之家庭會談，每週服務個案數以實際減授課時數除以 2 之人數為原則。

　　從前述專兼輔教師之職掌可發現，專輔教師主要仍是負責二級預防的工作，對象除了全校一般學生，也包含特殊困擾的學生；此外，教師及家長諮詢也是重要的一環，所負責的工作包含個別輔導、小團體輔導、班級團輔（包含授課）、心理測驗實施和解釋、建置輔導網絡、危機處理、輔導室（處）評鑑，以及本身的專業進修及接受督導。以學期或學年度來看，專輔教師的工作內容似乎不多，但若每項工作都要做得夠專業與周延，每週 40 小時的工作時間仍是相當忙碌，若能妥善分配時間，並且針對所服務學校的社區、家長及學生特性來規劃在地化的輔導計畫，應能有效協助教師、行政人員，以及學生和家長。至於兼輔教師有自己的主要工作角色與職責，兼輔工作僅是進行每週一至二位學生的個別輔導，甚至專輔教師若已足夠，或校方依據教師職務整體考量，也可不聘任兼輔教師。

貳、實務發現與困境

　　許育光（2011）針對 30 位有接案之國小兼輔教師，進行兩個各四次、每次 160 分鐘之督導團體，整理團體成員之督導需求。讓這些團體成員困擾之實務問題，包括：學生特定議題的處理（如危機辨識與憂鬱自傷、偏差行為、情緒與精神問題、人際溝通與情感議題、發展障礙與學習問題處理）、諮商輔導歷程實務（如個案問題評估與安置轉銜、輔導目標設定、輔導方式與介入策略、輔導倫理與價值困境、個案紀錄撰寫、結案與成效評估、團體輔導與諮商）、家長與教師諮詢工作（如家庭失能與介入困境）、體系建構與團隊資源議題（如輔導定位與行政協調困境）、個人專業發展狀態（如自信與意願低落、角色衝突等），有些議題即使對專輔教師仍屬棘手。

　　就目前專輔教師制度的運作情形而言，浮現以下幾個困境：

1. 國小 24 班以下的學校（平均一個年級四班以下），若無專輔教師協助，只能仰賴兼輔教師或輔導室（處）的行政人員執行輔導工作，補足輔導人力的缺口，或是由縣市層級的專輔人員以巡迴輔導方式到各校協助，或是學校單位以需求陳報，局端再派人到校進行二級或三級輔導工作（王勝忠，2018）。事實上，許多偏鄉小校的學生來自經濟或文化弱勢家庭，例如：父／母不詳或失功能（酗酒、毒癮、智能障礙）或必須辛苦工作以求營生，無心無力或無暇顧及孩子的教育；或是隔代教養；或是家中子女眾多，靠社會福利救助，孩子平日缺乏家長生活或情緒上的照顧，因此不管生活、學習、人際關係、行為或情緒方面均需學校更費心，甚至有的專輔教師或專輔人員不諱言，一些這類的學校學生，可能一半以上都符合開案的條件，但礙於法規與實務限制，無法得到專輔教師的協助。

2. 即使有法定的人員編制，但是因為少子化，學校怕學生人數遞減、教師超額，因此不敢聘任專職的專輔教師；或是因為地處偏遠，一直聘不到合格的專輔教師，因此必須長期聘請代理教師，而代理教師若流動率高，學生也是一直處於動盪的狀態。

3. 許多有心理或行為、情緒困擾的學生，可能有特教學生的身分，或

疑似特教學生，若校內無特教資源，而專輔教師又缺乏特教背景與知能，可能無法提供及時且適切的協助；或是有些學校有特教資源，但是疑似特教學生的家長不同意孩子送鑑定，專輔教師與特教教師的分工有時很難拿捏。

4. 學生的困擾問題若介於二級與三級之間，或是明顯已屬三級個案，但是學生或家長不同意轉介；或是已經轉到三級，但是專輔教師在校內常常跟這些學生接觸，因此和學生的關係界線很難維持。

5. 在倫理議題方面，專輔教師身兼教師與輔導人員之雙重角色，有時跟學生也很難避免會有多重角色的衝突，對這些未成年學生個別諮商的保密與保密例外，也很掙扎。

上述這些困境，仍須由法令與制度，以及強化倫理教育等方面著手，才能讓更多學生受惠。

第三節　學生輔導諮商中心與專業輔導人員

關於專輔人員，《國民教育法》（教育部，2023a）第 21 條規範：「……專任輔導教師及專任專業輔導人員之員額編制，應依學生輔導法規定。」而在《學生輔導法》（教育部，2014）第 4 條，明確規範各縣市學諮中心之定位、任務與其他行政事項，本節介紹學諮中心之任務和功能，以及專輔人員之聘任與職掌。

壹、學生輔導諮商中心

學諮中心是為了強化三級預防之處遇性輔導所設置，依據《學生輔導法》（教育部，2014）第 14 條：「……高級中等以下學校主管機關應設學生輔導諮商中心，其任務如下：一、提供學生心理評估、輔導諮商及資源轉介服務。二、支援學校輔導嚴重適應困難及行為偏差之學生。三、支援學校嚴重個案之轉介及轉銜服務。四、支援學校教師及學生家長專業諮

詢服務。五、支援學校辦理個案研討會議。六、支援學校處理危機事件之心理諮商工作。七、進行成果評估及嚴重個案追蹤管理。八、協調與整合社區諮商及輔導資源。九、協助辦理專業輔導人員與輔導教師之研習與督導工作。十、統整並督導學校適性輔導工作之推動。十一、其他與學生輔導相關事宜。學生輔導諮商中心之建置規劃、設施設備、推動運作及與學校之協調聯繫等事項之規定，由高級中等以下學校主管機關定之。」

由上述學諮中心任務看來，前面八點都跟學校輔導室（處）與專輔教師的角色功能類似，只是對象非一般適應困難的學生，而是更棘手的嚴重適應困難及行為偏差學生，但後面幾點則是站在全縣市的高度，規劃並辦理專輔人員及專輔教師之研習與督導，以及適性輔導等業務；也因為各縣市幅員遼闊，有城市、鄉村、山區、海邊等不同地區特色，這對學諮中心要協助各校推動上述工作，又要執行本身原有的工作而言，是極大挑戰。

全國 22 個縣市的學諮中心成立至今，雖然依循的母法相同，但是依據各地方政府主管機關所制訂的辦法、人員編制、薪資福利、行政組織與運作方式都各有殊異，某些縣市運作已上軌道，但某些縣市仍在搖擺。

貳、專任專業輔導人員

雖然諮商或臨床心理師並不屬於學校體系，但是心理師進駐校園最早可追溯到 1997 年教育部為了改善國中輔導工作，在國中擇校試辦設置專輔教師或專輔人員，以加強輔導行為偏差及適應困難學生（林家興、洪雅琴，2001），同年又在臺北市、高雄市、臺灣省推動為期兩年的「國民中學試辦專業輔導人員方案」計畫，讓臨床心理師與社會工作之心理專業人員進駐學校。之後於 2002 年納入精神科醫師駐點學校方案，以及 2004 年臺北市政府教育局試辦「諮商心理師國小校園駐區服務方案」，由資深的諮商工作人員駐區在國小校園提供服務（陳婉真等人，2018）；還有 2005 年高雄市學生心理諮商中心正式成立，由有心理師證照的教師擔任兼任心輔人員，協助提供中小學輔導與諮商服務。2006 年，教育部於「友善校園計畫」新增「專業諮商心理人員參與國民中小學學生輔導工作

方案」，補助每一縣市至少設置一中心（教育部，2014），這些歷史沿革讓學諮中心逐漸成為學校輔導體制中不可或缺的一環。

　　《學生輔導法》（教育部，2014）第 3 條提到：「……專業輔導人員：指具有臨床心理師、諮商心理師或社會工作師證書，由主管機關或學校依法進用，從事學生輔導工作者。……」這三類專業人員均非屬教育系統，是屬衛生福利部管轄，其中兩類心理師屬於醫事人員。就編制而言，無論依據《國民教育法》（教育部，2023a）第 21 條，或是《學生輔導法》（教育部，2014）第 11 條，均規範：「高級中等以下學校得視實際需要置專任專業輔導人員及義務輔導人員若干人，其班級數達五十五班以上者，應至少置專任專業輔導人員一人。……」直轄市、縣（市）政府（或《學生輔導法》所規範的「高級中等以下學校主管機關」）「……應置專任專業輔導人員，其所轄高級中等以下學校數合計二十校以下者，置一人，二十一校至四十校者，置二人，四十一校以上者以此類推。……」

　　亦即，每個縣市的中小學校數累計起來，以 20 班為一個基數，若某縣市加起來 164 校，就可以有 9 位專輔人員；若該縣市有 10 間中小學的班級數滿 55 班，則可再增加 10 位專輔人員，累積起來該縣市共可聘用 19 位專輔人員，這其中諮商心理師、臨床心理師或社工師各有幾位，則由該縣市依據學校需求而開缺；上述的 10 位專輔人員統一隸屬該縣市的學諮中心，而 9 位因為 55 班以上而聘任的專輔人員，有的縣市就放在該校，有的縣市則集中到學諮中心工作，只是每週有幾天到該校服務。

　　至於專輔人員之職掌，《學生輔導法》（教育部，2014）第 12 條僅是規範原則：「……學校及主管機關所置專業輔導人員，負責執行處遇性輔導措施，並協助發展性及介入性輔導措施；……」而在第 6 條，則是闡述三級處遇性輔導之工作內涵：「……三、處遇性輔導：針對經前款介入性輔導仍無法有效協助，或嚴重適應困難、行為偏差，或重大違規行為等學生，配合其特殊需求，結合心理治療、社會工作、家庭輔導、職能治療、法律服務、精神醫療等各類專業服務。」有的縣市（如臺北市）尚包含外展（視需要至學生時常聚集之場所訪查，了解其生活環境與交友情形）及心理衛生推廣等。由上述條文可知，專輔人員要協助的對象，通常係已經過學校的教師或輔導教師協助而未能達成實效，或是其學校或生活

適應，或是行為困擾程度均已較為嚴重，也需要更多的專業支援之學生，因此對專輔人員的挑戰都較大，也更強調專輔人員的專業性。

依據《高級中等以下學校及各該主管機關專業輔導人員設置辦法》（教育部，2020）第 17 條：「……專業輔導人員之服務內容如下：一、學生及幼兒學習權益之維護及學習適應之促進。二、學生及幼兒與其家庭、社會環境之評估及協助。三、學生及幼兒之心理評估、輔導諮商及資源轉介服務。四、教育人員、教保服務人員、父母、監護人或其他實際照顧學生與幼兒之人，其輔導學生與幼兒之專業諮詢及協助。五、學校及幼兒園輔導諮詢服務之提供。六、其他由學校主管機關指派與學生及幼兒輔導或兒童少年保護相關之工作。……」

整體看來，專輔人員的工作範圍包含學生的學習輔導、個案之評估與諮商、轉介、親師諮詢，以及接受地方政府及中心督導之指揮。國內的心理師依據《心理師法》，只有諮商及臨床心理師二類，並無次專科之分類，但是亦有學者將服務於學校系統的心理師稱為「學校心理師」（刑志彬等人，2020）。由於專輔人員負責的個案可能跨越轄區內很大的區域，除非是駐校服務，或是請個案到學諮中心，否則不管駐點、駐區、駐校或是工作場域在學諮中心，均需東奔西走，一旦接受學校轉介來的個案，從開案到實際接案，都還要跟家長與校方密切合作，若還要轉介校外單位，如精神科、社政或司法單位，亦需發揮溝通協調之功能。

此外，為了照顧偏鄉及弱勢學生，《教育部國民及學前教育署補助高級中等以下學校及直轄市與縣（市）政府置專業輔導人員實施要點》（教育部，2022b）第一點，亦敘明依《學生輔導法》第 11 條第 4 項、《國民教育法》第 10 條第 8 項及《偏遠地區學校教育發展條例》第 11 條第 5 項規定，來補助服務於偏遠地區學校之專輔人員。

學諮中心及專輔人員之制度運作至今，所面臨的困境包含：

1. 各縣市學諮中心由於歸各地方政府管轄，組織編制及專輔人員之權利義務均不盡相同，有些較不上軌道的中心，連年換主任、場地不見得理想、專輔人員流動率大，又必須承擔許多工作，因此影響工作士氣及到校直接服務的效能。

2. 專輔人員有關學校體制、青少年困擾問題評估與診斷，以及親師諮

詢等議題之受訓背景不足，對學校系統的了解有限，頂多只有修過一些與學校輔導相關的課程，或是有兼職或全職實習的經驗，因此一旦進到學諮中心工作，適應期可能會比較長，且因為所接的個案相對棘手，因此亦有捉襟見肘之感，對個案的協助成效有限。

3. 由於專輔人員屬於約聘人員，薪資福利待遇都無法比照專輔教師，而工作難度又高，因此許多諮商心理師剛拿到心理師執照，工作經驗不足，或許因為喜歡跟兒童、青少年工作，或是想磨練經驗而來求職，等到做了一、兩年經驗較足夠，一些人就想離職去當行動心理師，或是有的諮商心理師同時也具有專輔教師資格，就選擇到學校任職，造成許多縣市每年都在招募諮商心理師。

4. 專輔人員因為是「校外人士」，對學校系統與生態不熟，工作時有時難融入學校系統，在進行親師諮詢時，不易取得其信任。

5. 學校場域的倫理議題，包括保密與保密的例外，或是多重角色的困擾，例如：駐校心理師在進行班級輔導或心衛推廣活動時，可能會碰到已結案或正在接的個案，或是不易釐清自己在學校應扮演的角色，是否要協助輔導室（處）的工作，或是純粹擔任校外心理師。

第四節　輔導室（處）的空間規劃、經費與工作計畫

本章前面幾節分述攸關輔導工作推動的輔導組織與相關人員，本節分別說明國小輔導室（處）空間規劃之設置與設備、經費規劃和工作計畫之擬定，讓整個輔導行政更完備。

壹、輔導室（處）的設置與設備

依據《學生輔導法》（教育部，2014）第 16 條：「學校應設置執行學生輔導工作所需之場地及設備，執行及推動學生輔導工作；其設置基準，由中央主管機關定之。」另外，《國民小學及國民中學設施設備基

準》（教育部，2019）第 3 點：「本基準係考量教育性、前瞻性及可行性，擬定各項空間與設備之規範。」在第 7 點的行政區設計原則內，規範輔導室（處）：「得規劃辦公室、觀察室、生涯發展資料室、學生資料檔案室、個別諮商室、團體輔導室、輔導設備及器材室及儲藏室。學生資料檔案室應注意保密性；個別諮商室應注意隱密性、舒適性及隔音效果，並設置警鈴與緊急照明設備，及符合心理諮商所設置標準之規定；團體輔導室宜鋪設木地板或軟墊；輔導專科教室與輔導室宜毗鄰設計。」

　　上述這些空間規劃符合《國民教育法》及《學生輔導法》對輔導工作的要求，但是「觀察室」之規範與實務工作之需求不太能銜接，有的學校可能會將生涯發展資料室與學生資料檔案室合併使用。另外，由於有專兼輔教師及專輔人員要進行個別諮商，有時社工會到校與主責的個案晤談，或是有時專輔人員要跟家長或教師、行政人員會談或諮詢，或是導師想找個隱密的空間跟班上學生討論，但能和學生晤談的時間可能都集中在早自習或午休時間，因此個別諮商室不宜只有一間，否則會不敷所需，造成個案的不穩定性並影響效能；對中低年級的兒童而言，遊戲治療的效果可能優於一般的談話治療，因此宜建置遊戲治療室，若空間不允許，可將遊戲室與其中一間個別諮商室合併，但這樣安排，管理上要比較費心，正在進行個別諮商的兒童可能會被滿屋的玩具和媒材干擾。上述的設備基準所要求的個別諮商室是朝向符合《心理諮商所設置標準》（衛生福利部，2004）設置心理諮商所的規範，這會讓來接案的諮商心理師有合法的執業場所，但是一般小學不見得都能符合這樣的要求，因此盡量顧及上述的要求即可。另外，有的學校亦會規劃會議室，以及小型的親師接待區，讓輔導室（處）的功能更齊備。

　　若學校空間許可，團體輔導室可以考量設立兩間，一間約一般教室的一半或至少三分之一大小，可以進行 10 人以下的小團體諮商活動，另外一間約一般教室大小，可作為容納全班的團體輔導室；若空間不足，可建置一間大的團體輔導室，一旦要帶小型團體輔導，就用這個空間的一個角落，只是空間太大，有些兒童會容易「不安於座」，團體領導者可在每位兒童的座位上放一塊坐墊或巧拼，讓兒童有邊界的感覺。

　　上述之基準亦針對不同班級數的學校規模，教育部規範至少要有的空

間配置，如表 2-1 所示，且「輔導專科教室與輔導室宜毗鄰設計」，如此便於整體規劃與利用。這些規範都是最低標準，有些學校重視輔導工作、輔導主任能據理力爭，或是因少子化減班而多出學校空間，因此空間寬裕許多；有的學校則基於各種原因，空間安排很窘迫，甚至變成一大間「多功能」教室，用來進行個別諮商、小型團體輔導或班級團體輔導，甚至拿來當成檔案資料／閒置器材儲存室，這些均不利於推動輔導工作。

表 2-1　國民小學輔導室（處）數量

名稱	數量（間）					備註
	6 班以下	7～12 班	13～24 班	25～36 班	37～48 班	
辦公室	1/2 ～ 1	1	1	1	1	設教導處者，可與教務處或學生事務處合併設置
學生資料檔案室		1/2	1	1	1	依據《學校輔導工作場所設置基準》（教育部，2016d）設置
遊戲治療室	1/3	1/3	1	1	1	
個別諮商室	1/3	1/3	2/3	1	1	
團體輔導室	2/3	2/3	1	1	1	
心理測驗室	依實際需要設置					

（最左欄跨列標示：輔導室（處））

貳、經費規劃

《學生輔導法》（教育部，2014）第 20 條：「各級主管機關及學校為推動學生輔導工作，應優先編列所需經費，並專款專用。」經費一般分為經常門與資本門，前者是指一般的行政支出，包含：人事、業務、旅運、材料與維護費等；後者是指各項建築及設備（單價一萬元以上）所需之費用。輔導室（處）的經費來源大致如下（王麗雯，2020）：

1. 校內年度計畫

可編列年度預算，並透過學校行政會議或相關會議，向校長及其他處室主管說明編列這些經費之用途，以爭取年度之預算；或是透過學校的輔導工作委員會，討論全校性的輔導工作計畫所需之經費，再依決議決定從哪些經費項下支出。

2. 教育部補助或委託

可參考《教育部補（捐）助及委辦經費核撥結報作業要點》（教育部，2022a）申請補助案，例如：申請特教經費補助、10萬元以下設備補助，或學諮中心之設備補助；或是接受教育部（局）委辦之計畫案，如友善校園各項計畫。

3. 公部門之計畫案

公部門的計畫均有特定對象與特定目標，例如：各縣市家庭教育中心或新住民家庭服務中心每年會舉辦一些活動或有經費補助、教育優先區計畫是針對偏鄉弱勢學生而訂定，或是教育部與內政部跨部會的全國新住民火炬計畫等。上述這些計畫有的是主辦單位會發公文到縣市政府，請主管機關轉知轄下所屬各級學校申請，有的計畫是輔導室（處）同仁自行搜尋到而去申請，這些經費若能申請到，可大大挹注輔導室（處）之經費。

4. 民間團體

像有些基金會或非營利組織，會針對弱勢或有特殊需求之學生提供經濟或學習上之協助，輔導室（處）擬申請這些經費時，要先具體了解這些計畫之性質，考量學校是否有充足的人力、空間與自籌款可以相對配合。

5. 家長會

許多學校會善用家長的人力、財力資源，輔導室（處）若需要家長贊助遊戲治療之媒材、其他設備，或聘請校外心理師，或是需要熱心且有能力的志工家長協助兒童學習輔導或安心陪伴，均可善用此資源。在邀請家長擔任認輔家長時，宜考量從招募、訓練到督導等環節之適切性。

參、輔導工作計畫

任何工作計畫均涉及「為何」要進行、對象「為誰」、要於「何時」，以及要「如何」執行。輔導室（處）訂定的年度輔導工作計畫能讓輔導室（處）各組同仁清楚未來一年的工作重點，此計畫也可作為輔導室（處）自我評鑑的依據。輔導室（處）的計畫可分為總計畫（長程計畫）、年度計畫與專案（分項）計畫（馮觀富，1997a，1997b）；年度工作計畫可以生活輔導、學習輔導及生涯輔導之三級預防為經，對象（不同年級、性別之學生／家長／教師／社區）為緯，再配合輔導室（處）各組之職掌，由組內協調而成。通常年度輔導工作計畫包含以下各項：

1. 依據

如《國民教育法》、《學生輔導法》、《特殊教育法》、《國民中小學九年一貫課程綱要總綱》、《十二年國民基本教育課程綱要總綱》，或是「友善校園學生事務與輔導工作計畫」等相關法規、法令或計畫，以及校內之校務發展計畫。

2. 目標

有依據之後，要根據「依據」以及學校特色、各組職掌、學生／教師／家長需求，決定整年度工作計畫的目標。例如：

(1) 協助兒童了解自己的能力、性向、興趣及人格特質。

(2) 協助兒童認識並適應自己所處環境，使其由接納自己、尊重別人，而達群性發展。

(3) 協助兒童養成良好的生活習慣與樂觀進取的態度，以增進其身心健康。

(4) 協助兒童培養主動學習之態度與方法、強化思考、創造與問題解決的能力。

(5) 協助兒童認識正確的職業觀念與養成良好的工作習慣。

(6) 協助特殊教育兒童適應環境，以充分發揮潛能。

(7) 整合校內外輔導資源，建立輔導網絡，提升輔導效能。

(8) 提升教師特教與輔導專業知能，熟稔相關法規。

(9) 推展親職教育，協助家長增進親職知能，強化親師溝通效能。

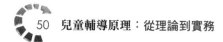

3. 工作項目

有了「依據」與「目標」之大方向為指引，接著工作項目係以輔導室（處）不同組別，針對不同年級學生、家長、教師之三級預防需求來擬定工作，例如：建立輔導組織〔包含學生輔導委員會、輔導室（處）工作會議〕；擬定全年度工作計畫與各項子計畫；建立、移轉與運用學生資料；實施心理測驗與特教鑑定；生活輔導；學習輔導；生涯輔導；特殊兒童輔導；教師進修與專業知能成長；家庭教育推廣；擴充設備；推動友善校園學生事務與輔導工作；推動中輟、性別平等、生命教育、毒癮防治等業務；績效評鑑。這些工作項目又細分每個項目之工作要點、實施對象、辦理時間、主辦與協辦單位、預期成效等。整體來看，就能清楚了解輔導室（處）一整個學年度各組在不同時期預計要推動的業務，亦可彙整這些資訊，列出各組之重要職掌，如此輔導主任更易掌握各組之工作狀況。

4. 經費

說明經費來源，例如：「本計畫所需經費由學校年度預算相關項下及各專案申請經費支付」。

5. 獎勵

針對執行計畫之有功人員，可予以獎勵，例如：「辦理本計畫有功人員依（校內或校外）獎懲辦法及上級機關函示予以敘獎」。

6. 年度計畫之通過與修正機制

例如：「本計畫經校長（或輔導工作委員會）核准後實施」。

輔導計畫要以全校學生為核心，納入全校教職員、家長、社區，要務實、切中要點、具體可行，且要有延續性（馮觀富，1997a）。輔導主任與各組組長、專輔教師及（駐校）專輔人員針對年度工作計畫與可用經費、空間與人力，循序展開各項嘉惠學生、家長、教師、社區之活動。年度終了時，輔導主任針對本年度各項計畫執行情形加以檢討，作為調整下年度工作計畫之依據，如此輔導室（處）之行政運作將更順暢、有效能。

關 鍵 詞

+ 輔導工作委員會　　　+ 輔導組
+ 資料組　　　　　　　+ 特教組
+ 專任輔導教師　　　　+ 專業輔導人員
+ 學生輔導諮商中心

問題討論

1. 請說明《國民教育法》第 21 條以及《學生輔導法》通過，對國小輔導工作之影響。
2. 請論述「輔導工作，人人有責」的概念。
3. 請論述專輔教師是否應該授課，以及是否應該兼任行政人員。
4. 擔任學諮中心的專輔人員，應該具備的專業知能包含哪些？這些專業知能與擔任專輔教師應具備之專業知能有何異同？
5. 請針對任何一類班級規模大小（12 班以下、12 至 24 班、25 至 36 班、37 至 48 班、49 班以上者）之學校，擬定該校之輔導室（處）年度工作計畫、設置與設備、年度經費。

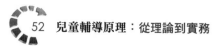

第三章

兒童輔導工作者
與專業倫理

王文秀

　　兒童輔導工作者是指以兒童為輔導及協助對象的工作者。兒童由於各方面的發展及其法律上的地位、需求均與成人迥異，從事兒童輔導工作者，不論所受的訓練、資格、須具備的特質、須著重的專業倫理規範，均與服務其他年齡層的對象有所不同。本章分就兒童輔導工作者的角色定位、養成訓練、自我省思、人格特質，以及常涉及的專業倫理規範加以說明，以下以助人者、治療師、輔導人員、輔導工作者、諮商師或專輔教師等概稱；而被協助的人則分別以個案、當事人、求助者或案主等稱之。

第一節　何謂兒童輔導工作者

壹、不同層級的助人者

　　不同學者將助人者分成不同的層級，例如：Okun 與 Kantrowitz（2014）將助人工作分為三個層級：第一個層級「非專業的助人者」，是指日常生活中所見的助人者，像是親友或甚至陌生人之間的相互幫忙，其所牽涉的協助可能是基於人性中的「利他性」，或是基於血緣或朋友之

間的情誼，多半提供自己的個人經驗或看法給求助者參考，不需要任何的專業訓練，亦多半不需負任何法律上的責任。

　　第二個層級是「一般人類服務工作的助人者」，這些人本身的工作可能伴隨或獨立於助人工作之外，例如：在學校、養護機構、戒毒中心、監獄或軍隊等機構服務，擔任教師、教誨師、觀護人、機構主管或督導等，這些人有其本身的專業，其專業訓練與要求則和諮商專業不盡相同。

　　至於第三個層級的「專業的助人者」，則是指受過某領域完整訓練（包括課程、實習）、有實務工作及被督導的經驗，且通過某些資格檢核或檢定考試而取得證書或執照者，這些人通常會隸屬於某些專業團體或公會，其專業行為須受這些組織約束，例如：美國有照的學校諮商師（National Certified School Counselor [NCSC], 2021），若要取得學校諮商師執照，須先具有諮商師資格（National Certified Counselor [NCC], 2021），亦即至少擁有教育相關系所碩士或諮商相關博士學位，修習過至少 48 至 72 小時「諮商與相關教育方案認證委員會」（Council for Accreditation of Counseling and Related Educational Programs [CACREP], 2021）規範之九大核心領域課程（包含實習），研究所畢業後兩年內至少要有 100 小時被督導的經驗、獲得一位專業人士的推薦，以及畢業後兩年內至少 3,000 小時的諮商實務經驗、符合美國認證諮商師委員會（National Board for Certified Counselors, NBCC）的專業倫理守則，且通過筆試。

　　取得上述 NCC 的資格後，若要取得學校諮商師的執照，尚須修習過「學校諮商概論」，以及以下五門課程的其中三門：諮詢與方案發展；家庭諮商；兒童、青少年與/或高風險青少年諮商；成癮諮商；創傷、暴力與受虐諮商。除此之外，至少需有六學期學校諮商實習之被督導經驗、畢業後至少有 100 小時被督導的實務經驗、一位專業人士的推薦、遵守 NBCC 的專業倫理守則、畢業後 20 個月或兩年內有 3,000 小時在學校諮商的實務經驗，亦要通過筆試。

　　專業助人者無論是隸屬美國心理學會（American Psychology Association, APA）或美國諮商學會（American Counseling Association, ACA），專業行為均須遵守該學會之倫理規範。若違反，小則被警告，

重則被撤銷會籍，或訴諸法律制裁，這對其名譽或生計均影響至巨。

除了 Okun 與 Kantrowitz（2014）所提及的三種助人者，Nelson-Jones（2015, pp. 3-4）則將助人者分成六個層級，分別是：(1) 非正式助人者（如家人或同事之間的協助）；(2) 同儕協助或支持團體（如同志或匿名戒酒團體）；(3) 自願工作助人者（如生命線、張老師的志工）；(4) 在其工作中有運用到諮商或助人技巧者（如教師、律師、牧師、社工人員或醫療人員等）；(5) 半專業或準專業助人者，雖然已接受許多的專業訓練，但是並未獲得該專業的證照；(6) 專業助人者。

許多半專業助人者一旦隸屬於某些社會服務機構，其服務範圍及品質的把關受其隸屬的服務機構所規範，自然也要為其助人工作承擔起部分的倫理或法律責任；但由於其所接受的助人專業訓練並非完整，加上其本身在助人領域的專業背景不足、服務時間有限，通常不適合處理較棘手或較複雜的個案，且在整個提供服務的過程中均應有充分的被督導經驗，如此才不致造成對其本身、求助者與機構的傷害。

總之，不同層級的助人者服務對象有所不同（愈專業的助人者所協助的當事人，其困擾情形往往愈嚴重）、所受的專業訓練深淺及完整性不同、所受之規範或約束及所隸屬的專業團體亦有所不同。要充分發揮助人工作的有效性，助人者須了解自己是屬於哪個層級、所應擔負的責任及所應具備的知能與技巧各為何。舉例來說，身為小學的導師或任課教師，若是在求學期間或畢業後未曾修過足夠的輔導課程專業學分，在校服務期間被賦予重責大任要去輔導較嚴重的適應不良學生，即為不適當之處理方式，因為這些教師的專長是教書而非專業的輔導工作，且在輔導學生的過程中又缺乏專業人員的督導，因此很容易造成一些反效果，如此對提供服務的教師以及受輔導的兒童而言，可能會造成兩敗俱傷的窘境。

貳、國內從事兒童輔導工作者

輔導工作一般分為初級預防、次級介入與三級治療。Caplan（1964）是最早提出三級預防概念者，但是後續有學者提出批判（Baker & Shaw,

1987），認為除了初級的層次可稱作預防，另外二級均已有補救的概念。《學生輔導法》（教育部，2014）則以（初級）發展性輔導、（次級）介入性輔導、（三級）處遇性輔導來區隔。國小的初級與次級預防是由輔導室（處）負責規劃與執行。在初級預防方面，依據《國民教育法施行細則》（教育部，2016）第 13 條：「國民小學之⋯⋯輔導工作，⋯⋯校長及全體教師均負學生⋯⋯輔導責任。」以及《學生輔導法》（教育部，2014）第 12 條：「學校教師，負責執行發展性輔導措施，並協助介入性及處遇性輔導措施；⋯⋯」。廣義的兒童輔導工作者，包括：校長、導師、任課教師、修過 10 或 20 個輔導學分，或是接受過半專業機構助人技巧訓練，或是擔任「認輔制度」或「攜手計畫」等工作之教師或家長。這些教師或家長多少都具備輔導知能，且與學生接觸頻繁，能發揮陪伴及傾聽等功能，亦能協助輔導室（處）辦理相關的輔導活動；但是若服務的兒童困擾問題已較為嚴重，則其具備的諮商專業知能顯然不足，需進行下一階段的處理，如轉介，否則對自己或受輔學生均可能是事倍功半。

負責次級預防的輔導工作者應具備更完整的專業知能，其工作性質應為專職的兒童輔導工作，例如：輔導室（處）的輔導主任、輔導組長與專兼任輔導教師，負責規劃及執行有關學生生活、學習與生涯方面之輔導工作，本身應具備更嚴謹的專業性。誠如《國民教育法》（教育部，2023）第 21 條所規範的：「⋯⋯輔導主任、組長由校長遴聘具有輔導熱忱及專業知能教師擔任之。⋯⋯」，以及《學生輔導法》（教育部，2014）第 12 條：「⋯⋯高級中等以下學校之輔導教師，並應負責執行介入性輔導措施。⋯⋯」依上述規定可看出政府對於輔導人員專業性之重視。

可惜自 1995 年開始，依據《國民中小學校長主任教師甄選儲訓及介聘辦法》（教育部，2020）第 5 條之規定：「國民小學現職合格教師，實際服務滿五年，並符合下列資格者，得參加國民小學主任甄選：⋯⋯一、曾任組長二年或導師三年以上，成績優良。二、曾任組長一年導師二年以上，成績優良。三、曾調用或支援教育行政機關及所屬機構服務二年導師二年以上，成績優良。⋯⋯」亦即依照此項規定，國小的輔導主任只要具備數年之組長或導師資格，甚至曾調用或支援教育行政機關者，即有資格參加教師甄選，而不必考慮其是否為輔導本科系或具備多少的輔導專

業知能，因此極有可能造成「外行領導內行」之情形，這對輔導工作的專業性要求是一大諷刺，亦與《國民教育法》對「專業知能」之規範有著矛盾之處。

　　至於三級介入之專業人員，係如醫院的兒童心智科或兒童心理衛生中心的心理師、精神科醫生、遊戲治療師等專業性較高的輔導工作者，協助兒童身心症狀的診斷及治療；必要時亦需由社會工作者介入，協助兒童及其家屬之安置、經濟補助與社會救助等。原本最早僅有臺北市與高雄市推動「諮商心理師國小校園駐區服務方案」（趙曉美等人，2006），由體制外的諮商心理師到各國小協助輔導室（處）進行個別諮商，並提供家長與教師之諮詢；直到《國民教育法》（教育部，2023）修正公布第 21 條，以及《學生輔導法》（教育部，2014）第 12 條：「……學校及主管機關所置專業輔導人員，負責執行處遇性輔導措施，並協助發展性及介入性輔導措施；……」，至此透過立法終於將學校輔導工作的三級預防體制完整建置，包含人員聘任與執掌。

第二節　兒童輔導工作者的養成

　　美國的諮商師培育制度很早即建立，1940 年代大約已經有八十多所大學及學院開設訓練學校諮商師的課程（Sweeney, 2001）。英國也是約在 1960 年開始有負責培育諮商人員的大學（Johns, 1998, p. 5）。我國最早培育中等學校輔導人員的訓練機構是臺灣師範大學的教育心理學系（1968 年），之後彰化師範大學輔導學系與高雄師範大學輔導諮商所陸續成立；至於小學輔導師資之培育，歷來主要係由九所師範專科學校（後改制為師範學院）之初等教育學系底下的心理輔導組負責，2005 年六所師範學院更名為教育大學，另外三所則與鄰近大學合併為一般大學；至目前為止，除了國立臺北教育大學與臺中教育大學之校名仍維持「教育大學」，其餘七校均已與鄰近學校合併為一般大學，僅保留教育學院，下設教育心理與諮商相關學系（有些學校係歸屬在其他學院）。這些學校也

有針對在職教師提供正式的碩士學位課程或是短期的學分班課程，供其進修；除此之外，因應教師多元化，亦有數十所公私立大學設置師資培育中心，開設幼兒教育、特殊教育及中小學教育學程，亦提供加註輔導專長之課程，以符合國中小專輔教師之資格。另外，因應《心理師法》通過，目前國內約有二十多所大學開設具有諮商心理師應考資格之系所。

　　輔導工作要能落實，除了有健全的組織與制度，輔導人員素質的良窳亦屬關鍵，而稱職輔導人員的培育，又視整套養成訓練計畫從規劃、執行至考核是否確實且有效。《心理師法》於 2001 年的通過與推動，對於提升諮商工作者的素質有極大影響，而《學生輔導法》於 2014 年之通過，則是讓國中小專輔教師與專輔人員之角色定位與功能更加明確。

　　各級學校的輔導工作推動中，國小輔導工作起步最晚，也最被忽視（王文秀，1999；王麗斐，2002），主要是因國小多年來不像國中有輔導活動課、無輔導教師編制、輔導主任或組長不要求具備輔導知能，以及採包班制，學生的生活或學習輔導都由導師負全責，故小學輔導工作或輔導室（處）往往聊備一格。為了解決長久以來的輔導人力不足，教育部於 2011 年修正《國民教育法》第 10 條，一直到 2014 年《學生輔導法》通過，依照學校班級數配置專輔教師，以及依照班級數和校數聘任專輔人員，各校行政人員、導師、家長和學生從對專輔教師之角色與功能原本陌生，甚至誤解，到現在逐漸理解，並能多加利用，進展不可謂不大。

　　本節說明一般養成機構之職責、對照美國 CACREP 核心課程要求的訓練計畫內容，以及專輔教師與諮商心理師之培育。以下除非特指某一個職稱，否則以「輔導人員」泛指專輔教師與諮商心理師。

壹、養成訓練機構之職責

　　英國諮商學會（British Association for Counselling, BAC）強調，為了培育專業的諮商與輔導人力，各養成訓練機構除了必須確立本身之訓練宗旨及目標，亦需依此妥善規劃整個訓練過程之課程、實習與其他訓練計畫（Dryden et al., 1995）。準諮商師進入機構前，該機構必須知會其有關機

構的性質、歷史發展、訓練方向、課程內容及要求、完成訓練後的展望、甄選的標準或程序等；機構的整套訓練計畫須同時兼顧學科能力、訓練諮商技巧、測驗與評估診斷能力、自我省思與成長機會、研究能力，同時要能孕育一個良好的諮商師訓練環境，加上充分的被督導經驗，讓準諮商師在此環境的薰陶下，具備良好的專業知能與素養。準諮商師須清楚了解自己所具備的知能是否符合機構的要求，如果未能達到這些要求，是否有任何補救的計畫，以及對於其升級或是被淘汰的影響各是如何。

除此之外，機構尚須遵守有關這個專業領域內的所有專業倫理守則、規範及責任，也需針對準諮商師、教職員及機構本身設計一套完整的評鑑計畫，以考核這套系統的有效性，並達到績效責任的要求。

貳、訓練計畫之內容

在培育兒童輔導工作者之養成訓練計畫中，師資、課程、學生、實習及督導等環節缺一不可。Hazler 與 Kottler（2005）指出，諮商師的訓練計畫無論是能力本位或以體驗為本位均應包含數要素：(1) 知識的獲得；(2) 技巧的純熟；(3) 有小團體經驗；(4) 個人成長的經驗；(5) 透過督導經驗發展個人的諮商風格；(6) 透過各種形式的回饋，修正準諮商師的諮商處遇能力。以下分別說明知識性及技巧性的課程、實習及督導的連貫性。

一、知識性

由美國諮商學會（ACA）發展的 CACREP 是美國最具規模的審核諮商機構資格認證組織。CACREP（2021）規範八大領域為核心課程的範圍，這八大領域若套用在兒童輔導工作的範疇分別說明如下。

（一）專業定向與合乎倫理的實務

每一個專業領域均有其特有文化，為了讓諮商與輔導領域之受訓者有充分的準備以進入此殿堂，整套訓練計畫一定要涵蓋諸如歷史沿革、哲學理念、專業角色、功能、和其他專業之關係、在全國性或地方性的災難事件中所扮演的角色與責任、專業倫理、證照資格、進修管道、專業組織，

以及和法律規範等有關此專業之概念，讓受訓者具備（與各專業連結的）橫向與（歷史）縱向的寬廣視野，理解此專業與自己的關聯。

就兒童輔導工作者的培育而言，訓練機構必須讓受訓者了解國內外兒童輔導工作的發展源流與脈絡、兒童人權的概念與歷史演變、與兒童輔導諮商有關的其他專業特色、與兒童有關的專業組織、專業倫理、證照資格、進修管道與相關法律等。

（二）社會與文化的多元性

了解不同文化脈絡底下的關係面向、其他議題，或是多元文化社會下的趨勢，讓受訓者熟悉相關之理論、認同發展或社會正義等概念、體驗不同文化之態度和價值觀、具備與不同文化族群工作之能力等。此領域即在協助受訓者熟悉有關社會或文化的有關議題，以期受訓者對來談者的背景有所認識並試著尊重與接納，例如：兒童輔導工作者理解來自單親家庭、不同族群、外籍配偶家庭、隔代教養家庭或是由同志組成的家庭等之兒童，其所經歷的世界，以及具備能與這些兒童及其家屬共事的能力。

（三）人類成長與發展

這方面的課程強調了解個體一生中各階段的發展過程及其特色，例如：行為、情緒、認知、道德等方面對個體造成的影響。兒童輔導涵蓋的課程，包括：發展心理學、兒童的（行為、情緒、認知、道德）發展心理，以及有關創傷事件與兒童大腦發育的相關知識等，受訓者能了解兒童各層面的特性，以及提供處遇策略，最終促成兒童潛能最適當的發展。

（四）生涯發展

有鑑於職業分工更加精細，以往「克紹箕裘」的傳統職業觀念現已不再適用，愈來愈多人重視生涯探索與生涯規劃之概念，期望讓自己的才能和興趣充分發展，並為自己的生命歷程負責。在此趨勢下，即使是針對小學生，受訓者亦宜確實了解與生涯發展有關領域之知識，在適當的機會協助小學生從自我探索，了解自己的興趣、能力與性向，了解整個社會環境與其未來生涯發展之關聯，並能具體協助小學生處理有關之問題。

（五）諮商與助人關係

此領域是協助受訓者能熟悉運用所學的諮商理論與技巧於助人關係中，非常強調技巧的演練，以及來自授課教師、同學或督導的回饋。在學習過程中須透過多種方式以便確實掌握對技巧的精熟度，例如：錄音、錄影、謄寫逐字稿、角色扮演、觀看影片或個案討論等；除此之外，對於危機處理、諮詢之嫻熟或是採用系統觀看待兒童所處的世界等，均為此範疇之重點，尤其兒童這個族群與其他年齡層的族群迥異，受訓者更須熟悉與兒童工作之理論與技巧。

（六）團體諮商與團體工作

針對小學階段的學生，透過小團體或班級輔導來從事輔導工作，是相當經濟又有效的媒介，因此受訓者應經由團體輔導、兒童團體諮商、班級經營等課程，學習如何規劃、進行與評估有關團體工作的技巧。

（七）評估與測驗

診斷及評估個案的困擾程度、蒐集相關資料、決定評估工具、運用並解釋評估工具，以及運用這些資訊形成對個案的假設和處遇計畫等，這些均是受訓者在養成訓練計畫中，非常需要學習的知能。

（八）研究及方案評量

在學術領域中，理論與實務的配合相當重要，例如：一位國小輔導教師與經由某導師轉介而來輔導室的該班同學進行談話，發現這位同學因為經常被其他同學欺負，並被恐嚇不得聲張而日漸退縮消沉，輔導教師決定教導這位同學自我肯定的技巧，之後這位同學之人際行為有顯著改善；輔導教師決定以此類似情形從事「自我肯定」的有關研究，以嘉惠更多有類似困擾之學生，並將其研究發表到學術期刊，此即理論與實務配合之實例。受訓者應具備與研究有關的專業能力，讓自己在此專業上不斷求進步，並且能與學術社群的人共享實務與研究成果。

二、技巧性

受訓者應精熟的個別與團體諮商技巧，除了一般輔導人員應具備的，

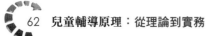

例如：場面構成、同理心、引導、問題解決與面質等技巧，在面對表達能力及認知思考能力等尚未發展成熟的兒童時，更需具備之能力包括藝術治療、讀書治療、遊戲治療、說故事、行為改變技術、診斷、蒐集與個案有關之資料、與學生互動之能力、親師溝通與諮詢、家族治療、特殊個案之診斷及處遇、運用同儕輔導、生涯輔導、低成就學生輔導、轉介、危機處理，以及社區資源網絡之建立和運用等。這些技巧不但能提升國小輔導人員的專業性，更可增進受訓者之諮商效能。

三、實習及督導

實習及督導是受訓者邁向專業的最後一哩路：實習可讓受訓者將課堂所學的在實習場所實際驗證並調整；督導則是一方面能確保個案之福祉，二方面可協助受訓者個人及專業上的成長，三方面更是為此專業工作把關，以確保專業品質。實習一般分成校內課堂（如諮商實習或團體工作實習）與校外場所之駐地實習，不同場所之實習工作內涵不盡相同，例如：校外場所之駐地實習，所著重的是受訓者能在專業人員的督導下，將課堂上所學的與實際情形相驗證。

參、專輔教師與諮商心理師之培育

依據《學生輔導法施行細則》（教育部，2015）第 2 條所規範之國民小學輔導教師資格，必須同時具備本科系學歷〔輔導、諮商、心理相關系所組（含輔系及雙主修）的大學或研究所畢業〕，加上具有國小教師資格，再加上有加註輔導專長之 24 學分資格之證明，才符合聘任資格。

至於加註輔導專長的 24 個學分，依教育部於 2011 年發布、2022 年修正的《國民小學教師加註各領域專長專門課程架構表實施要點》（教育部，2022）所附之「國民小學教師加註輔導專長專門課程架構表」，師資培育生加註之 24 輔導學分，分別為國小輔導倫理與態度素養（最低 4 學分）、國小輔導知識素養（最低 10 學分）、國小輔導技能素養（最低 10 學分）；較特別的是必須具備國小合格教師之資格，這也讓一些專輔

教師不論是對自己，或是校內師生對專輔教師的專業認同，都難以清楚區隔專輔教師是「教師」還是「輔導人員」。

謝耀任（2019）論及國小專輔教師之培育困境，包含：師資生需同時修習教育學分及輔導學分；輔導與教育雙重實習的負擔與壓力；國小學校輔導專業要求高，需要師資生更多的磨練；師資生缺乏對學校生態系統的理解；自己生涯未定向等，均是師資培育機構需著眼之處。

至於諮商心理師之養成，依據《心理師法》（衛生福利部，2020）第2條：「公立或立案之私立大學、獨立學院或符合教育部採認規定之國外大學、獨立學院諮商心理所、系、組或相關心理研究所主修諮商心理，並經實習至少一年成績及格，得有碩士以上學位者，得應諮商心理師考試。……」另依據《心理師法施行細則》（衛生福利部，2011）第1-2條：「本法第二條第二項所稱實習至少一年成績及格，指在經教學醫院評鑑通過，得辦理諮商心理實作訓練之醫療機構，或中央主管機關指定之諮商心理師執業機構，完成第一條之五所定項目及週數或時數之實作訓練，經考評及格，並持有該機構與就學學校共同開立之證明。」第1-5條：「本法第二條第二項所定實習，應包括下列各款之實作訓練：一、個別、婚姻或家庭諮商及心理治療。二、團體諮商及心理治療。三、個案評估及心理衡鑑。四、心理諮詢、心理衛生教育及預防推廣工作。五、諮商心理機構或單位之專業行政。六、其他諮商心理有關之自選項目，包括精神官能症之心理諮商與心理治療、危機處理或個案管理等。……」

再依據《專門職業及技術人員高等考試心理師考試規則》（考選部，2018）第7條：「……自中華民國一百零五年一月一日起，前項所稱相關心理研究所主修諮商心理，須在就讀碩士以上學位期間，修習課程包括下列七領域各課程，每一領域至少修習一科，每一學科至多採計三學分，合計至少七學科，二十一學分以上，並由所畢業大學校院出具主修諮商心理學程證明書者，始得應諮商心理師考試：一、諮商與心理治療理論領域課程……二、諮商與心理治療實務領域課程……三、諮商倫理與法規領域課程……四、心理健康與變態心理學領域課程……五、個案評估與心理衡鑑領域課程……六、團體諮商與心理治療領域課程……七、諮商兼職（課程）實習領域課程：就讀碩士以上學位在學期間（非全職實習）之諮商兼

職實習等相關課程科目。……」

　　無論是專輔教師或諮商心理師，在養成過程均需修習不同領域之專業課程、通過實習及筆試，才能取得資格或執照。專輔教師另需有合格教師資格，而諮商心理師若要在國小服務，另需具備與國小學童相關之專業知能，方能勝任。

第三節　兒童輔導工作者的自我省思

　　為了讓助人工作更有效，輔導人員首先要能對自己有充分的了解與覺察，除了了解自己是屬於哪一個層級的助人者、了解自己的助人動機、了解影響助人效果的因素之外，更要清楚自己所具備的特質對於助人工作會有哪些影響。以下分別說明之。

壹、助人者的動機

　　常言「為善最樂」，但有沒有想過自己為何要從事助人工作？是如孟子所言「惻隱之心，人皆有之」？或是基於其他因素？想從事輔導工作者不妨整理一下自己的助人動機。一般而言，助人動機可分為以下幾種（Corey & Corey, 2006），每一種動機均有其特點，但是亦可能有其盲點，有興趣從事輔導工作者，宜仔細地自我整理與省思。

一、想拯救生靈，是一種利他主義

　　這種人或許是受宗教信仰的感召，或是天生即有悲天憫人的襟懷，因此極願以助人工作為職志；有此胸懷者當然是很好，但要小心不要過度投入個案的困境中，使自己亦深陷不可自拔，或是汲汲營營於使個案解除其困境，而強迫其接受自己的宗教信仰或價值觀，甚至養成其依賴感。

二、受精神感召，起而效之或是想回報

這種人通常是受歷史偉人或名人傳記（如甘地或史懷哲）影響，或是在最脆弱困頓時，曾受過某人的協助而渡過難關，因為心存感激而起而效之或是想回報。如此的動機自是無可厚非，只是通常若將助人視為專業，所憑恃的絕不只是這種感激之心，尚須接受許多訓練，亦須衡量自己的人格特質是否合適；要回報的方式有許多種，不一定只能從事助人工作。

三、習慣扮演助人者的角色

有些人時常扮演「傾聽者」，周圍的人有什麼不如意的事均習慣性地找他／她傾吐，這些人亦能恰如其分地讓傾訴者能夠一吐胸中塊壘。這些人或許是天生的助人者，但是若不會區分自己與他人的界線何在，很可能會讓自己透支太多，即使自己陷入困境也無法向別人求助（一來不願增加別人的麻煩，二來會認為自己應是扮演助人者的角色，怎麼可以表現出脆弱的一面，且別人不見得像他／她這麼能助人），或是當自己無法幫忙時會自責；另一個後遺症即是易剝奪他人解決自己問題的能力。

四、想透過助人來解決自己的問題

每個人的成長經驗不同，有人曾經歷過不愉快的事件而影響其人格的發展，例如：一位幼時被性虐待或生長在雙親酗酒家庭的孩子，長大後力求突破，想透過助人專業訓練，使自己不再活在這些陰影下；一旦自己的問題解決後，進而去協助其他有類似困境或不同困境的人。

這些人對求助者的經歷較能感同身受，加上已從自己的經歷走出來，較能讓求助者信服；但若是在助人過程中，自己的問題尚未釐清而干擾到助人歷程，或是太急於想將自身經驗複製到求助者身上，若督導又未能及時介入，除了易使助人工作無效，更易傷害到助人者與來談者雙方。

五、需要「被需要」

「隸屬感」是人類的基本需求之一，大部分的人都有「被需要」的需求，期望被所屬團體認可與接納，藉此證明自己的重要性與在人群中的相

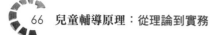

對地位；但是助人者若是在諮商過程中過於強烈想滿足此需求，渴望得到個案的接納與讚美，不能忍受個案表達出對助人者的失望、不滿或憤怒，這份諮商關係可能會有一些暗流出現，比如助人者可能百般討好個案，或是不讓個案終止諮商關係，這些現象對個案極可能造成傷害。

六、想證明自己的能力

就像有的汽車修理人員所誇口的：「沒有什麼故障是我不能修理的！」持這種心態的助人者勇於接受各種挑戰，碰到愈棘手的個案問題愈興奮，躍躍欲試地想從解決個案的疑難雜症中肯定自己的能力；要注意個案並非助人者實驗的「白老鼠」，可讓助人者為所欲為，若助人者同意個案有其基本人權，需要被尊重、需接受最適當的處遇，則助人者須先了解自己的專長與極限，若是個案的問題性質已超過自己能力所及，則應迅速與督導討論或是謀求適當的轉介，以免延誤而造成對個案的傷害。

除了上述六種動機之外，另外有人的動機是認為從事這樣的工作可以名利雙收，或是想藉此工作抬高自己的身價，以此揚名立萬或光耀門楣；有人希望藉此工作交到許多志同道合的朋友；有人一方面是基於對人性的好奇，另一方面是因為就讀此科系而想學以致用；或是好不容易考上，既來之則念之；或是想藉此工作自我實現；許多人是融合上述數種動機而來助人。這些動機本身並沒有對或錯，各種動機均有其推動的力量，亦有值得小心之處，「水能載舟，亦能覆舟」，端看個人如何敏覺於自己的動機何在，並隨時檢視這些動機對自己的助人工作是助力或是阻力。

貳、影響助人效果的助人者因素

助人工作既專業又複雜，學者通常從幾個變項來探討與助人工作成效的關聯，分別是助人者、個案、諮商歷程，以及從整體了解上述各變項對個案所造成的影響。本小節僅限於探討與助人者有關的變項。

由於諮商工作牽涉到助人者與個案的互動關係，助人者需要自我省思

的部分，包括：自己最喜歡或最排斥接的個案類型為何？平常碰到困境時，習慣性的因應或逃避策略為何？對生命、死亡、金錢、性、婚姻、年齡、性別、種族、社經地位或性取向等的價值觀為何？成長背景或宗教對自己各方面的影響為何？處理人際關係的策略為何？對人性以及人的「可改變性」看法為何？對一個人「犯錯」的看法為何？挫折容忍力或對曖昧模糊情境的忍受程度如何？對自己的接納與喜歡程度如何？對所協助對象（即兒童），所具備的知識及工作經驗為何、所持的態度為何？

除了上述因素，還有其他無數因素亦可能影響諮商關係及諮商效能，如諮商雙方之文化背景等，這些因素終其一生均會影響自己與他人的互動或助人工作，有賴助人者自我覺察和省思。消極而言，不會干擾或破壞助人工作，積極而言，則是利用自己真實的這個「人」與個案產生最佳的互動，如此才能使雙方真正獲益。

參、兒童輔導工作者之個人特質

曾有人質疑輔導工作者是否只要具備一些諸如耐心、信心、愛心、善意、樂意等「三心二意」的特質即足夠，還是要加上別的特質或技巧？亦有人探求輔導人員是「天賦異稟」，或是即使先天不足亦可靠後天的訓練加以培養？要回答這兩個問題，須考慮所謂的輔導工作是指前面所介紹的哪個層級工作，專業度愈低的愈不需要太多的專業知能即足以發揮，但即使是非常專業的助人者，亦須擁有一些基本的人格特質，而非僅憑大量的訓練即可，亦即人格特質是成為輔導人員的必要但非充分條件。

Skovholt 與 Jennings（2004）訪談 10 位在諮商與心理治療領域公認的大師，整理出下列幾項特質：認知方面：(1) 永遠求知若渴，不斷學習；(2) 將不斷累積的經驗轉換成豐富的資產；(3) 珍視人類情境的認知複雜度以及曖昧性。情緒方面：(1) 具備情緒的接受性（receptivity），亦即較能自我覺察、反思性強、較不防衛，且對他人的回饋保持開放的態度；(2) 較為心理健康與成熟，能關照自己的情緒幸福感受；(3) 清楚知道其情緒健康的程度會影響其工作的品質。關係方面：(1) 擁有極佳的人際關係

技巧；(2) 能善用他們極佳的人際關係技巧於治療情境中。

　　除此之外，Corey（2017, pp. 19-20）亦提出有效的助人者在諮商過程中宜具備以下特質，這些特質並非全有或全無，也不是都要全部具備才可以從事輔導工作，重要的是知道自己擁有哪些或缺乏哪些特質，在可能的範圍內自我增進並清楚自己的限制，不致因此盲點而傷害個案：

1. 能夠自我認定，知道自己是誰，能成為怎樣的人，以及如何安身立命。
2. 能夠尊重自己、欣賞自己與接納自己。
3. 對改變持開放的態度。
4. 所做的選擇是基於更充實的生活，理解對自己、他人與世界所做的決定是從何而來，不會受其侷限，若有需要，願意調整。
5. 不戴面具，能真誠面對自己與個案。
6. 有幽默感，能自我解嘲，亦能以不同觀點看待生活中的一切。
7. 會犯錯且能承認自己的錯，不會輕忽自己的錯，但是也不會沉湎在過錯中。
8. 活在此時此地。
9. 能珍惜文化帶來的影響，理解自己的文化如何影響著自己，尊重其他文化的多元性，並敏感於不同社經地位、種族、性取向和性別等帶來的差異。
10. 由衷關注他人的福祉。
11. 有效運用人際技巧，能進入但是不會迷失在他人的世界，致力於與他人建立合作的關係，能接納個案的觀點並朝向彼此同意的目標努力。
12. 能全心投入工作，並從其中擷取意義，能享受從工作帶來的各種酬賞，但是不會變成工作的奴隸。
13. 有熱情，有勇氣追逐夢想，且能散播正能量。
14. 能夠維持健康的界線，雖然關注個案，但是不會將個案的一切帶到私人時間；也知道如何說「不」，讓自己的生活保持平衡。

第四節　兒童輔導工作者的專業倫理

壹、專業倫理之重要性

倫理是哲學的範疇之一，關切的是人類對於行為與道德所做的決定，是判斷人類行為是非對錯的準則（Remley & Herlihy, 2020）。Kitchener（1986, p. 306）所定義的倫理是：「在社會中針對人們以及其互動所涉及的道德本質所做的決定。」

每個心理健康專業組織都有自己的倫理準則，專業工作者須熟悉自己專業領域的倫理守則與相關的倫理實務。當面臨倫理兩難情境或爭議時，這些規範不見得能提供解答或標準答案，但是可提供普遍性的指引。

專業倫理之所以重要，消極方面是因為它可規範輔導工作者的行為，並讓其在從事輔導工作時若遇到兩難情境能有所依循；積極方面則是可以保障個案及一般社會大眾的福祉，並可提升這個領域的專業性。多數的倫理準則均是依據五項倫理原則而訂定：自主性（尊重個案的自由選擇權）、免受傷害性、獲益性、公正性、忠誠信實（Kitchener, 2003）。

諮商倫理揭櫫的是盡可能地以個案的最大福祉為優先考慮，但是無可諱言，輔導工作者與個案並不是活在真空環境中，輔導工作者除了要對個案負責，同時還必須對個案的周遭人士、自己的同事、所處機構、社會大眾、所屬的專業領域，以及對自己負責，因此助人者要常自省所作所為是否符合專業倫理，誠實面對自己與專業，一切以個案的福祉為最大的考量，若遇有困境亦須與督導或是較有經驗的同儕討論，確保自己所做的倫理決定是可以攤在專業同行面前，是專業同行普遍的共識且是會做的最終決定，如此才能保障對個案的服務品質與本身的專業性。想像以下的兩個情境：

1. 你班上的阿明常常不來上課，即使來了也常是帶著傷，不是四肢有瘀青或被香菸燙過的痕跡，就是鼻青臉腫的，被問及怎麼回事，他總是閃爍其辭，說是自己不小心弄傷的。你懷疑他有被虐待的可能，這時你要如何做？

2. 你朋友的小孩就讀你任教的學校，朋友有一天來找你，神情焦急地表示小孩的男導師常公然或私下性騷擾班上一些女同學，例如：隨意觸摸她們的身體或以言語挑逗，或是要求這些女同學撫摸其下體。小孩已嚇得常作惡夢而不敢上學。你朋友不願得罪這位導師，但又不希望此情形繼續惡化，故來求助於你，這時你要如何做？

上述這些情形所涉及的疑似兒童虐待、性騷擾、與同事的關係等議題，即是助人者常面臨的倫理困境。每個困境牽涉到的人或考慮的因素均相當複雜，因此需要助人者充分考量再做出最適當的決定與處理。

任何領域的專業性若要被社會認可，該領域對所屬的工作人員必須有一套完整且具體可行的規範，例如：台灣輔導與諮商學會、臺灣諮商心理學會、中華民國諮商心理師公會全國聯合會，以及美國的 APA、ACA、ASCA 或英國的 BAC 等，均有其專業倫理守則要求所屬會員遵守。

以台灣輔導與諮商學會（2022）訂定的「台灣輔導與諮商學會輔導與諮商專業倫理守則」而言，涵蓋的範圍甚廣，例如：諮商關係、輔諮人員的責任、諮詢、測驗與評量、研究與出版、教學、訓練與督導、通訊輔導諮商與社群媒體、解決倫理議題等，可供國內輔導與諮商工作者參考與遵循；該學會並成立專業倫理委員會，接受倫理問題之申訴，提供倫理疑難之諮詢，並處理違反諮商專業倫理守則之案件。除此之外，針對學校輔導工作所訂定的「學生輔導工作倫理守則」（台灣輔導與諮商學會，2015），主要議題則包括：學生權利與學生輔導人員之責任；學生隱私權維護；關係與界限議題處理；校園合作、學生輔導人員專業知能與成長、學生輔導人員督導與諮詢角色、進行研究、運用科技設備進行輔導、實施測驗、進行評鑑等倫理議題；倫理維護等，均可供參考。

貳、與兒童輔導工作者有關的倫理議題

兒童是法定的未成年人，須受其法定代理人保護與約束。兒童輔導工作者須面對的特殊倫理議題包括：(1) 教育者之間的公開溝通與諮商專業當中的保密條例之衝突；(2) 家長和社區的期待，與學生的需求相衝突；

(3) 學校在霸凌、網路霸凌以及其他騷擾行為上的責任；(4) 父母在孩子教育中是否有全面性的獲知權；(5) 學校諮商師面對自殺學生的責任；(6) 在校內進行團體諮商的複雜性；(7) 中學後升學計畫的挑戰；(8) 與未成年當事人進行同儕諮商與同儕調解的倫理（Welfel, 2013/2020, p. 477）。

統整學者的論述（如王智弘、張匀銘，2002；Corey et al., 2011/2013），針對未成年人之倫理議題如下。

一、輔導工作者的專業能力

兒童的身體、心理、情緒、認知、語言、社交能力等方面的發展，均是循序漸進且異於成人，要能協助兒童化解其困境，助人者除了釐清自己對兒童或人性所持的觀點，更須具備足夠的專業知識以及與兒童接觸的工作經驗，甚至有被資深兒童輔導工作者督導的經驗。所需具備的知識背景，包括：能跟兒童建立良好的諮商關係、諮商技巧、能評估與診斷兒童的困擾，並能提出有效的介入策略。助人者務必清楚自己在專業上的「能」與「不能」，並加強自己的專業進修，以保障自己及個案的權益。

二、助人者的價值觀、信念、決定或個人影響力的介入

助人者不宜強加自己的信念或價值觀在兒童身上，強迫其接受，因為助人者的價值觀或信念不見得適用於兒童，兒童與助人者身處不同環境，要考量的面向可能與助人者的截然不同，因此不太可能也無義務一定要承接這些想法或決定。助人者要做的，是透過談話或其他介入方式，與兒童建立良好關係後，了解兒童面臨的處境、和其一起探討可能的解決方式，以及思考各種解決方式的利弊得失，最後在尊重法定代理人的情況下，盡量由兒童自己做決定。

三、知後同意權

助人者對於個案有關諮商的一切，有事先告知並徵求其同意的義務，例如：諮商即將進行的時間、次數、目的、進行方式與是否付費等。兒童為未成年，故應由其法定代理人行使知後同意權。即使如此，基於對兒童的尊重，以及強化彼此的諮商關係，助人者對於未成年者，亦需尊重其同

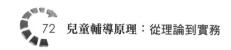

意權（assent），亦即以兒童能理解的方式與語言，告知與其有關的相關訊息，確知兒童了解並獲得其同意。

四、未成年人的權利、家長監護權等的衍生問題

個案雖未成年，但到某個年齡（如 12 歲），在某些議題上，已逐漸有能力為自己做決定（例如：父母離婚後希望跟父親或母親住）。我國法律對不同年齡者有不同之法律權利及義務規範，助人者應知悉《民法》上對「父母子女」和監護之相關規定。家長由於合法的監護權責，對於有關子女之重大抉擇及生命安危之議題，例如：有意私奔、逃家、墮胎（這又涉及《優生保健法》）、自殺、嚴重犯罪行為或濫用藥物等，有權知道諮商之內容，以採取適當的保護措施，助人者亦有倫理及法律責任向家長提供相關資料；若助人者違反上述原則，知情不報而導致個案或其他人受害，將違反專業倫理責任，甚至涉及法律訴訟。

五、輔導關係以及雙重或多重關係

助人者首先要清楚輔導雙方在整個輔導過程中，輔導關係可能產生的變化（例如：個案的抗拒、過度依賴、移情，以及助人者的反移情或過度投入等）。其次要遵守專業倫理，避免產生除了輔導以外的多重關係，以免影響彼此關係的分界，甚至形成對個案更大的傷害。由於國小輔導人員常扮演不同角色，很難完全不跨越各種角色的界線，例如：同時擔任兒童的班級授課教師或球隊教練以及輔導教師，甚至擔任班級導師。目前許多專業團體對於輔導人員的多重角色標準已經放寬，最主要的仍是要輔導人員評估並做出對兒童有最大福祉與最小傷害的專業判斷。

六、保密與通報的義務

助人者對個案談話內容的保密是對其最基本的尊重，即使是未成年的兒童，亦希望大人能對其所說的秘密守口如瓶。許多成年人難以信任他人，究其原因之一是幼時有因為信任他人而被傷害過的慘痛經驗。

助人者在適當時機要讓兒童個案知道保密的原則與例外。通常當個案敘述的內容，有危及自己或他人的生命之虞，以及有觸犯法律（如《兒童

及少年福利與權益保障法》、《優生保健法》）或涉及家暴、性侵害時，助人者有義務向有關單位或人士報告（最好在徵求個案的同意之後）。另外，若個案是未成年，除非有特殊原因考量（例如：被父母虐待或是被性侵害），否則在與個案做較重大決定時，應知會其法定代理人。助人者若因特殊需要（例如：被法庭傳喚當證人）需透露與個案的談話內容，亦應挑對個案有利的部分陳述，凡此種種均在保障個案的基本隱私權。

七、心理測驗

實施或運用心理測驗所牽涉的專業倫理議題，包括：施測前要清楚地讓受試者（未成年者尚包括其法定代理人）知道測驗性質及施測目的；受試者有權拒絕接受測驗；施測者一定要受過心理測驗之完整訓練，例如：施測過程標準化、對施測時的突發狀況能加以處理；做完測驗務必讓受試者知道自己的測驗結果所代表的意義（針對未成年者甚至須包括告知其法定代理人）；對於測驗的保管及運用，要妥善顧及保密性（尤其目前多半是電腦化的施測或解釋，對於電腦駭客入侵之防範），以及不得因受試者之測驗結果而對其有不利之作為（例如：為其貼標籤，稱其為白痴，或是因此對其有歧視或不平等之待遇等）。

八、紀錄的保存與使用

紀錄的保存與使用所牽涉到的專業倫理，部分與上述之心理測驗類似，即如誰有資格查閱個案的哪些資料。學校校長或行政主管所擔任的角色是行政督導，而非諮商專業督導，不宜查閱個案之諮商紀錄。

其次，未成年個案本身是否有權利決定要不要配合填答某些資料，例如：是否有罹患過精神疾病、父母婚況，或是親子關係等問題？另外則為紀錄的保存，例如：學生離校多久後，校方才可銷毀其資料？若校外其他單位，如少年感化院、法院、軍校或學生之就業單位等，要求調閱某生在校之各項成績及獎懲紀錄，校方是否要提供？若答案為「是」，則資料內容要詳細到什麼地步？是否需學生本身或其法定代理人授權同意？

上述問題的處理方式是有一些原則，但非一成不變，基本上仍是要以個案之福祉為最大考量，並參考法令及所屬專業團體之相關倫理守則。也

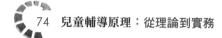

因此學生平日各項紀錄的保存即是相當重要，所保存之資料要盡量客觀清楚，校方對欲使用資料之單位必須詳加了解其動機與運用方式。若助人者對個案之談話內容有自己之假設（例如：懷疑個案有憂鬱症之傾向），則須考慮是否要將其假設放到個案紀錄之內，或只是當成助人者個人之筆記。

九、團體輔導／諮商

團體輔導最大的優點是時間經濟、成員可透過此方式練習社交技巧、較有現實感、較有「同病相憐，吾道不孤」之感受，但是要有效地帶領好一個團體，團體領導者的專業訓練非常重要，若處理不當，極易對團體成員造成傷害。團體領導者應謹慎於自己所具備的專業知能，除了具備本章前面所述之知識與技巧之外，更須了然於團體之發展歷程及各時期之特色、領導團體之技巧，且自己本身亦有豐富之團體成員、觀察員、協同領導者，以及伴隨督導之團體領導者等經驗。

關 鍵 詞

- ✦ 非專業的助人者
- ✦ 專業的助人者
- ✦ 三級預防
- ✦ 一般人類服務工作的助人者
- ✦ 半專業助人者
- ✦ 諮商專業倫理守則

問題討論

1. 助人者包括哪些層級？其特色各是如何？
2. 國內兒童輔導工作者包含哪些人？其服務範圍與專業性各是如何？
3. 請說明一套完整的兒童輔導工作者之養成訓練計畫應涵蓋哪些層面？以及其內容各是如何？
4. 請就本章所提的各項「助人者的動機」，說明你的助人動機有哪些，以及這些動機對你的影響？
5. 請說明要成為一位有效且稱職的兒童輔導工作者，所須具備的特質與專業知能，比例各應占多少，以及理由為何？

6. 下列倫理困境，若你是輔導人員，將如何處理？你所持的理由各為何？

　(1) 一位六年級的女學生已確定懷孕五週，她很害怕，要你帶她去墮胎，並要你答應不告訴她父母此事。

　(2) 輔導室（處）邀請一位義工媽媽針對害羞兒童帶一個團體，你的個案詠芳被邀請參加，詠芳在第三次團體結束後告訴你她不想再繼續參加，因為那位義工媽媽強迫他們在團體內說故事，若不說就要罰錢，但是她實在不敢在眾人面前說故事，又沒有錢可以被罰。

第四章

兒童諮商與心理治療
之理論（一）

王文秀

　　所謂理論是解釋一些現象或議題的一些陳述句（Jones-Smith, 2021, p. 1）。好的諮商與心理治療理論能針對個案的困擾問題提出引導架構，指引如何看待個案行為、心理病理狀態與治療性的改變，並決定要如何運用何種治療關係進行後續的介入策略。

　　兒童輔導工作者除了隨時自我省思和了解與兒童身心發展有關的知識，更須有理論為基礎來引導，藉此除了能夠有系統地組織從個案或是其他地方獲得有關個案的資訊，以提出一套行動的架構，也可以讓他人信服（Kottler, 2000）。除此之外，亦能依此架構了解個案的問題重點及處理方向，繼而能預測及評估個案之情形，也較能產生對這個專業的認同感，進而發展出自己的諮商風格。

　　諮商與心理治療理論之發展可溯至 20 世紀初之心理分析學派，其次是行為學派，繼而為存在一人本主義學派，這三大領域分別被稱為第一、第二及第三勢力；之後，Ivey 等人（1993）及 Pederson（1991）宣稱第四勢力是以多元文化為基礎，這段期間所發展出來的社會建構主義和後現代主義，例如：敘事治療、女性主義治療、LGBTQ[1] 治療、焦點解決治療，或是以優勢為基礎之治療等取向之崛起均可與其呼應；第五勢力是

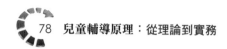

社會正義和倡議的觀點（Fleuridas & Krafcik, 2019），亦有學者（Jones-Smith, 2021）宣稱近年來愈來愈受到重視的神經科學為第五勢力。

目前約有四百多個諮商理論與派別（Corsini, 2008），每個學派各有其興起的時代背景、對人性之假設及運用在不同個案（包括兒童）的特殊之處，例如：心理分析學派強調人的行為受潛意識和本我、自我及超我，以及早期經驗等的影響，是決定論者；行為學派重視外在環境及學習歷程對人的影響，所有的行為都由學習而來，所以可重新學習，是環境論者；至於存在一人本主義學派則突顯人的意識層面，認為人有自由與尊嚴，更有自我實現的潛力。之後的學派發展大致仍以這三大勢力為基礎加以延伸或修正，第四勢力則是因應對多元文化的敏感性，以及尊重個體主觀的真實性而來；第五勢力乃基於社會政治運動的改革風潮而來，強調增進人類福祉與尊嚴、人權、公平正義，以及教育、職業和健康照護的機會均等權益，至於近二十年方興未艾的神經科學，則更是結合認知心理學、神經心理學、生理學、神經科學、語言學、資訊科學等不同領域，一起探究大腦、心智、神經系統，及至心理治療，以新的生物科技研究人類神經元的分子生物活動、神經元細胞間的整合、腦可塑性，以及腦和行為間的關係，帶領諮商與心理治療邁入另一個里程碑。

近年來，基於下列原因，諮商理論又經歷極大的變化（Sue & Sue, 2008, p. 1）：(1) 照護管理（managed care）制度要求提供心理健康服務者要提出其治療有效之證據；(2) 愈來愈多以證據為基礎的研究報告發表；(3) 出現更多具有文化敏感或是強調對多元文化敏感的治療取向，而這些轉變都愈發強調短期諮商或心理治療的重要。也因此，前述幾大勢力的理論取向亦經過修正，例如：心理分析學派後續發展為客體關係理論（object-relations theory），以自我為觀點的理論轉為核心衝突關係主題法（core conflictual relationship theme method, CCRT）與人際取

---

1 LGBTQ 為「lesbian, gay, bisexual, transgender and queer or questioning」之縮寫，是指女同志、男同志、雙性戀、跨性別者、認為自己不屬於傳統性別，或是認為上面所述的類型都太過侷限的人，或是正在摸索自己的性向者。

向治療（interpersonal therapy, IPT）；個人中心學派調整為動機晤談理論（motivational interviewing, MI）；認知行為治療亦發展出認知神經科學、辯證行為治療（dialectical behavior therapy, DBT）、接納與承諾療法（acceptance and commitment therapy, ACT），或是正念認知療法（mindfulness based cognitive therapy, MBCT）。

　　本書簡要介紹諮商與心理治療的主要派別，包括：心理動力、存在一人本、認知行為、後現代主義與神經科學等。限於篇幅，筆者將這些主要理論分成兩章加以介紹。第四章介紹心理動力取向、存在一人本取向。第五章則是介紹行為與認知行為取向、廣義的後現代取向、認知神經科學。每個主要派別底下，簡要介紹與兒童較有關係的理論。各理論分別說明其創始人、人性觀、理論重點、諮商技巧，以及對兒童輔導工作者的啟示。第四章與第五章的「理論」、「取向」及「學派」等名詞交互運用。讀者若有興趣深入探討各理論，可再參考其他相關書籍及資料。

第一節　心理動力取向

　　心理動力指的是人類心靈或心理能量在不同人格結構，或是不同意識層次之間流動轉移的過程與結果，強調潛意識對人類行為的主導性，諮商或心理治療之目的即是透過移情、動力性的分析或夢的解析等技巧，協助個案擴大意識層面的功能（Nelson-Jones, 2003, p. 17）。心理動力取向是以 S. Freud 所創的心理分析理論為基礎，後續有更多學者拓展其理論，例如：Jung 的分析心理學、Adler 的個體心理學、A. Freud 與 Erikson 的自我（Ego）心理學、Klein 與 Winnicott 的客體關係、Kohut 的自我（Self）心理學、Mitchell 的關係性分析、Messer 與 Warren 的短期動力治療等，這些學派統稱心理動力取向。

　　Freud 理論無論對心理學、藝術、醫療或文學等領域均有極大影響，許多諮商學派創始者，如 Adler、Ellis、May 和 Perls，均直接或間接受到其影響，其他如 Rogers 與 Skinner 即因反對 Freud 的論點而自創一格。以下簡要說明 Freud 的心理分析、Adler 的個體心理學與客體關係理論。

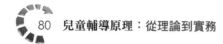

壹、Freud 的理論

一、意識層面

Freud 認為人性處於一種動態的狀態，所需的能量在人格的各個層面流轉；人性傾向於決定論，受生物本能、驅力、潛意識及過去經驗影響；人格的層面分為意識、前意識與潛意識。意識是個體所知覺到的一切外在刺激，只是冰山下的一角而已；前意識介於意識與潛意識之間，是浮現在意識層面之前的把關者，常會藉著夢或口角溜言（slip of the tongue）等方式浮現；而潛意識則是潛伏在意識層面下的想法、記憶或感覺，影響範圍極大卻不易覺察，所有的心理困擾均是在潛意識層面運作。

二、人格結構

Freud 將人格結構分為本我、自我與超我。本我是個體一出生即具有的人格狀態，不受道德禮教約束，具有衝動及不合理性等特質，「只要我喜歡，有什麼不可以」，無法容忍高焦慮或高衝突的情境，只要處在這些情境下，即會設法減低自己的焦慮，又稱「享樂原則」。本我含生的本能（eros）及死的本能（thanatos），舉凡維繫生命與激發生命原動力的力量均屬生的本能，而具有攻擊破壞傾向者皆是受死的本能所控制。自我又稱「現實原則」，是在本我之後，超我形成之前所發展，在意識層面下運作，主要任務是協調本我與超我間的緊張與衝突，並參酌外界客觀環境之限制及要求，做出對個體最佳的決定並採取行動。超我服膺「道德原則」，其形成是自幼受父母或主要教養者或社會規範的影響，以追求完美為目標，又分為「理想的自我」以及良心二類。本我與超我均是在潛意識底下運作，焦慮即是由於本我、自我與超我的衝突所導致的壓抑情緒。

三、人格發展

如同 Piaget 和 Kolhberg 等以發展階段為主要論點，Freud 將人格發展分為五個階段，分別是口腔期（oral stage）、肛門期（anal stage）、性器期（phallic stage）、潛伏期（latent stage）和兩性期（puberty stage）。

除了潛伏期，每個階段各有其感官的滿足區及發展重點，若某階段發展受阻則會有固著（fixation）現象，甚至會引發日後的精神官能症。

第一個階段是口腔期，從出生至 1 歲，主要的感官滿足來自口腔的吸吮與咀嚼，此時期主要在發展信任感。個體若是在這階段發展順利，往後對整個世界均是正向與樂觀；若是受阻，可能形成口腔性格（如貪婪）或對人的不信任等。

第二個階段是肛門期，從 1 至 2 歲，主要的感官滿足來自肛門的收縮與舒張，個體若是在這階段發展受阻，可能會形成肛門性格（如吝嗇）或揮霍無度、有潔癖或邋遢。這時期的幼兒開始學習獨立自主以及體驗權力的滋味，常說「不要」，會用大小便來控制主要照顧者。

第三個階段是性器期，從 3 至 5 歲，主要的感官滿足來自對生殖器官的探索與操弄，主要任務是形成對自己生理性別與性別角色的認定。此時期的小男生有「戀母情結」（Oedipus complex）的現象，即是對母親有愛戀之情，但是因為父親「從中作梗」而受挫；為了突破此困境，轉而模仿父親的言行舉止，期望長大可以達成與母親發展親密關係的心願；反之，此時期的小女生則有「戀父情結」（Electra complex），一方面責怪母親沒有給她男性生殖器官，另一方面崇拜父親，因而有「陰莖妒羨」（penis envy）之情形，等到女孩長大之後可能渴望擁有自己的小孩，甚至期望是男孩。若是這階段發展受阻，可能造成對自己的性別角色混亂，以及與雙親之關係錯綜複雜。

第四個階段是潛伏期，是從 6 歲起入小學的這段時間，並沒有主要的感官滿足地帶，這時期的兒童會將焦點放在學校的課業及交友上面。

第五個階段是兩性期，從青春期開始，青少年身心發展漸趨成熟，對異性的好奇亦開始萌芽，開始步入成人的生命歷程。

Freud 之發展論強調心理及性的成熟與發展，也強調 5 歲前之發展，此理論大大影響日後學前教育及父母對孩子出生前幾年的管教態度。

四、防衛機制

當個體面臨自我對本我的壓抑，或是解決超我和本我之間的衝突，所引發的焦慮會促動自我防衛機制，自我為了保護自己免受焦慮襲擊之苦，

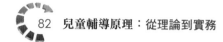

會在潛意識形成一些防衛機制以因應所處的局勢，讓自己覺得好過一些。這些防衛機制對自我的幫助極大，但是如果使用過度，會引發更多困擾，甚至形成精神官能症。以下簡介常見的防衛機制：

1. 投射（projection）

是指個體將自己不願擁有的情緒或特質歸諸於他人，藉此降低自己的焦慮，例如：林太太自覺肥胖又不願承認，常抱怨她的先生或同事之所以不喜歡她是因為她太胖，事實上不滿意體態的人是她自己。

2. 反向作用（reaction formation）

指的是一個人壓抑一些會讓自己焦慮的想法、感受或衝動，並將其反面表現出來，亦即「此地無銀三百兩」，例如：某個老師很不喜歡班上的一位同學，但是為了表現自己是大公無私，對同學一視同仁，也不願承認自己有這種傾向，因此對這位同學加倍的友善；或是一位對性有衝動或幻想的人可能會對有關性的一切均覺得羞恥、嗤之以鼻與表達不屑。

3. 替代作用（displacement）

是指一個人將精力由某人或物轉移到另外較安全的人或物上，例如：小明在校被同學欺負而不敢張揚，但是難掩心中的怒氣，於是回家藉題發揮，欺負弟妹。另有一種正向的替代是「昇華作用」（sublimation），即將社會或道德規範不允許的衝動轉移到其他較具建設性的方面，如一些藝術家的作品。

4. 退化（regression）

當一個人面臨壓力的情境時，不自覺地回復到早期的行為模式以求應對，即為退化，例如：小五學童遭受重大事件後出現尿床的行為。

5. 合理化（rationalization）

是指一個人將不合理或不被接受的行為或想法重組解釋，使其看來言之成理，通常所採的是好（good）的理由，但不見得是真正（true）的理由，例如：學生考試成績很糟時，常用「老師題目出太難」、「我念的都沒考出來」，或是「大家都考得一樣爛」等理由自我安慰。

6. 否認（denial）

當一個人碰到極大的創傷或不愉快的經驗時（例如：被性侵，或與家人出遊發生車禍，自己是唯一的倖存者），為了不讓自己太痛苦，因而完

全否認此經驗。又如：有的兒童在校的人際關係不好，但是在被父母或師長問及時，則以「不會啊，大家都對我很好啊」的回答，來否認這種感覺。這對當事人而言較有安全感，不用一直沉溺在痛苦的回憶或經驗中；但是若一直不願去面對，久而久之即易衍生出更多問題。

7. 認同（identification）

是指一個人基於保護自己或彰顯自己，轉而模仿另一個人的行為舉止或其更深層的內在想法，這與前述的昇華一樣，均有其正向積極的因應性質，例如：青少年的偶像崇拜即是某種程度的認同。

8. 補償（compensation）

是指以強調某方面的傑出表現來彌補或掩飾自己另一方面的缺陷，常見的如身體羸弱、在體育方面常常受挫的學生，或是家境清寒的學生，二者想辦法在學業方面力爭上游。

五、治療技巧

分析師可扮演較權威的專家角色，運用一些技巧，例如：自由聯想、移情分析、抗拒的分析、夢的解析或催眠，鼓勵個案盡情表達其內心的想法或感受，尤其是幼年的經驗。分析師的任務是藉著分析闡釋個案的潛意識內容，協助其統整過去未完成的經驗而得到頓悟與洞察。治療方式是讓個案躺在長沙發上，治療師坐在個案頭部的後方以避免干擾之。分析師有時會運用投射測驗等工具，常用於兒童的工具為「語句完成測驗」、「主題統覺測驗」或「屋—樹—人測驗」，以診斷個案的狀況。

六、對兒童輔導工作者的啟示

心理分析學派揭櫫的概念，例如：人格的發展，對父母親（或主要照顧者）及學前教育者影響極大。助人者透過此理論可了解到早年經驗、潛意識或夢等對兒童的影響；其次是理解兒童在運用各種防衛機制時並非罪大惡極或在說謊，而是為了掩飾內心的焦慮不安，因此可用比較同理的態度面對之；再者，可想見治療關係會面臨兒童的抗拒及移情等現象。由於兒童的心智尚未發展成熟，一些技巧（如自由聯想）可加以變通，例如：以「語句完成測驗」、「故事接力」，或是運用表達性藝術的媒材鼓勵兒

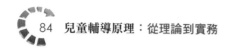

童呈現其內心世界。此外，繼 S. Freud 之後，其女兒 A. Freud 及往後的
一些心理分析學家（如 Klein），均以此理論架構從事兒童的遊戲治療，
對兒童輔導工作的影響頗大。

貳、Adler 的理論

一、理論重點

　　Adler 反對 Freud 對性的過分重視，不是決定論者，對人性持較樂觀
的看法，認為人非全然受過去或潛意識的影響，最主要的是受自己對未來
所設定之目標所左右；重視推己及人、兼善天下的「社會興趣」；認為人
之作為均朝向成功的目標，所作所為均是有目的而非盲目或純然受潛意識
所掌控；重視人的整體性與潛能的發揮，強調個案的主觀經驗，而非如
Freud 所說的「操控一切的是生物性的本能」（Sweeney, 1998）。

二、自卑與超越

　　個體因為幼小處處不如大人而產生自卑感，又有先天求好求全的動
機，所以生而有自卑情結，若在成長過程中無法克服這些自卑感，終其一
生即會處在自卑的心態中；反之，若是過度補償則會形成優越情結。人類
文明不斷的進化，即因人有這種自卑與追求卓越的心態在相互激勵。

三、出生序

　　Adler 強調家庭環境與家庭氣氛對人格成長的影響，出生序為其中重
要的一環，而且以家人或自己主觀的排行為主，例如：雖然小麗在家裡排
行老三，但是因為她一向表現得很負責任又很獨立，她自己與家人有意無
意都將她視為老大。

　　不同家庭同一出生序的孩子均有類似特性（Dreikurs, 1967; Mosak,
1989; Sweeney, 1989），例如：老大一出生即享有父母或家人的關愛，常
被教養成要順從長輩、做弟妹的榜樣、不能讓家庭蒙羞、父母不在時要擔
負起父母的責任，因此往往較負責任、保守或順從；當老二誕生時，老大

可能因為覺得失寵而更加爭寵，或是逐漸體會到權力的重要性。

　　從來不必擔心會失寵的老二，通常性格較外向開朗、無憂無慮、較老大有創造力及想像力、較不受束縛，為了不與老大競爭而居於劣勢，往往與老大的發展方向南轅北轍。中間子女很像三明治中間的那一層，自小不像老大或老么那麼受重視或討喜，但也因此很小就學會在夾縫中求生存的調適及妥協之道。老么常是家中的開心果，占盡許多人力或財力的資源，並且常靠撒嬌或耍賴來達到自己的訴求；然而老么有時反而受此角色限制，無法表現出自己成熟穩健獨立的一面，終其一生可能為了超越上面的兄姐而汲汲營營，或只是不斷被寵壞。Adler 將獨生子女界定為除了真實的獨生子女之外，尚包括上下二胎的距離超過 7 歲以上者。這些獨生子女亦同長子女一樣承受了許多的特殊關照，所以也可能過度早熟或是有很高的成就動機，但是亦可能因為被寵壞而變得較不替他人著想。

四、生活形態與虛構目標

　　生活形態（life style）是指個體對其生命與生活的基本傾向，基本上是受到私人邏輯所影響，為了應付日常生活的各種挑戰，個體形成一套獨有的生活計畫。除了出生序之外，整個家庭環境或家庭氣氛對一個人成長的影響亦不容忽視，這其中又以個人所形成對自己及周遭的主觀看法，即「虛構目標」最具影響，這些主觀看法會認為自己應該要怎麼做才能受歡迎、覺得安全、有優越感及歸屬感。

　　這些虛構目標通常來自三種不良的成長環境：一出生即有身體或心智上的缺陷、被過度寵愛，或是在心理或生活上被忽視。這些成長背景會造成一些謬誤，例如：過度類化；過度類推；尋求永不可能的安全感；一直想取悅或順從他人以獲得讚許；錯誤詮釋生活及生活的要求；貶低自己的價值或是形成錯誤的價值觀，像是「為達目的必須不擇手段」等。

　　反過來說，Adler 也提出健康的生活方式，建議個體應將三個生活任務處理好，分別是友誼、工作和愛情。Mosak 與 Dreikurs（1967）再依據 Adler 的理論架構，發展出第四與第五個任務，分別是個人與宇宙、上帝或更高層權力有關的靈性自我，以及個體能夠成功地把自我（self）當成是主體，也可以把自己當成是客體。

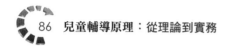

五、兒童的不良適應行為

　　主要是了滿足以下的需求：(1) 得到別人的注意或認可，常以四種方式達到目的：主動、有建設性（模範生型）；被動、有建設性（乖寶寶型）；主動、破壞性（小搗蛋型）；被動、破壞性（消極懶惰型）；(2) 爭奪權力：兒童會想知道自己和周遭的人界線何在，自己有多少權力，藉此肯定自己的存在價值。有些兒童在家裡或課堂上不斷挑釁權威人物，即是在看看自己有「多厲害」，其動機其實只是希望被肯定、被認可；(3) 尋求報復：若兒童在前面二項的經驗都很不好，為了讓自己能夠「翻身」，爭取自己所認為的「公平性」，則這個孩子可能會一不做二不休，採取更多更激烈的手段以「昭告天下」——請注意我，請喜歡我，請相信我是有能力的；(4) 表現無能：可以想見，若上述兒童在前面三項的經驗都宣告失敗，自然有可能徹底放棄自己及整個社會，當然會表現無能。

　　上述的這些說明希望能讓為人師長或父母者，在面對孩子的「不乖」行為時，不要急著疾言厲色地懲戒或是搬出長篇大論來教訓孩子，而是要靜下心來，感受孩子的情緒及思考其行為底下的動機，再做適當的處理。

六、諮商關係與重點

　　Adler 學派強調諮商師與個案維持平等的關係，雖然諮商師無可避免會扮演教師或診斷者的角色，一方面教導個案一些技巧，另一方面蒐集有關個案的資料[2]，以形成診斷與處遇的計畫，但是諮商師重視的是雙方處於開放坦誠的地位，提升個案為自己做決定和負責任的態度與能力。必要時，諮商師亦得要求個案完成一些家庭作業，以加速諮商的進展。

　　諮商目標是協助個案發展健康正向的生活方式、克服自卑感、培養社會興趣、改變錯誤的虛構目標，因此治療階段分別是：發展並維繫諮商雙方平等的關係；分析診斷個案的生活方式；闡釋個案的生活方式，以助其

---

[2] 例如：家庭星座、了解個案的思考及行為模式所依循的虛構目標、探求個案的早期記憶（early recollection）等。

有所頓悟；重新引導並教育個案，以達成行為改變及有關的目標。

七、諮商技巧

　　包括：(1) 面質：挑戰個案內在私人邏輯的不合理性，或是個案呈現不一致之處；(2) 問問題：像是問一位酗酒多年者：「如果你戒酒成功，你的生活將會有什麼不同？」；(3) 鼓勵：對兒童有信心、尊重與無條件接納，並非以成人的標準來衡量兒童的價值，著重的是努力的過程，不論兒童表現完美與否均值得被鼓勵，但這並非贊成或允許兒童的不良行為；(4) 假如是真的（acting as if）：像是與其羨慕個案的同學能在眾人面前侃侃而談，不如讓個案實地去扮演這位同學數天，讓其對自己的想法或行為有更合理的期待與判斷；(5) 潑冷水（spitting in the soap）：諮商師為了讓個案覺察並改變其對某事件所賦予的想法所採用之技巧。諮商師先確定個案的行為目的以及藉此可獲得的好處，再藉機反映，以降低個案對該行為的固著，並讓其對自己的行為有所覺察，以決定是否持續；(6) 自我警覺（catching oneself）：諮商師教導個案如何警覺到自己正在重蹈覆轍一些想法、感受或行為，繼而中斷之；(7) 家庭星座：諮商師蒐集有關兒童在家庭中的資料，例如：家庭氣氛、出生序、親子關係、兒童的早期記憶等，以形成對兒童的診斷與了解，進一步分析其虛構目標，以形成診斷策略；(8) 早期記憶：諮商師蒐集兒童對自己生命過程中的早期印象與感覺（約 10 歲前），包括 3 至 6 件具體的事件及兒童當時的反應等資料，認為這是造成目前適應困難的主要原因。治療者藉此發現兒童的生活方式、對生命的基本看法，或是一些錯誤的基本目標之由來；(9) 自然合邏輯的結果：懲罰與讚美均是來自外在的強制力量，而「自然合邏輯的結果」是在使兒童承受其行為所帶來直接且自然的後果，如此可讓兒童學習判斷自己的行為是否合宜，以及學習為自己的行為負責，例如：兒童弄壞他人的物品即要負責修復或賠償；不想安靜坐在椅子上上課的兒童即拿掉椅子站著上課。這個原則當然要考慮到兒童的身心安全，最重要的是讓兒童事前了解「遊戲規則」，成人在執行時態度委婉但堅定，並且事後與兒童一起討論，以讓其真正學習到如何做判斷，並為自己的行為負責。

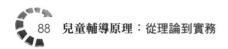

八、對兒童輔導工作者的啟示

　　Adler 學派對人性的積極樂觀看法、強調意識層面、家庭氣氛、個案主觀感受與自主性、追求卓越以克服自卑、社會興趣的重要性等，均有助於兒童輔導工作者以正向觀點看待兒童。助人者若能與兒童建立溫暖、關懷與平等的關係，了解兒童不良適應行為底下的可能動機，並蒐集有關兒童早期經驗的有關資料，以形成分析與診斷，善用家庭資源，進一步擬訂輔導策略，以鼓勵兒童重新定位，對兒童的助益與影響必是正向的。

參、客體關係與依附理論

一、理論發展者與重點

　　客體關係理論源自精神分析學派，修正 Freud 的心性發展理論，認為早期幼兒與母親建立的關係模式，將會反映到日後的人際關係形態上。主要學者有 Bowlby（1988）、Winnicott（1965, 1971），以及 Mahler（Mahler & Purer, 1968）。主要重點包括（Patton & Benedict, 2015）：個體與他人的重要關係是人類發展的主要基石；嬰兒會在下意識將他／她與其依附對象共同創造的互動模式，類推到其認知—情感藍圖中，此為「內在工作模式」（internal working model）（Bowlby, 1988），會反映在嬰兒對自己、對他人，以及對自己與他人關係的信念與情緒上。這些觀念源自於 Winnicott（1971）的心理概念：虛假自我（false self）、足夠好的母職（good-enough mothering）、抱持（holding）的環境、調節（attunement）與過渡性客體（transitional object）。這些理論均強調兒童透過主要照顧者的教化與養育方式形成對自我及外界的看法。

　　Bowlby（1969）的依附理論認為，「依附關係」是指人與人之間持久的心理連結感，從嬰幼兒時期與母親的關係及母親的照護品質慢慢發展出來的，強調個體一出生的基本趨力即是關係的接觸，而非發洩或釋放生的本能與死的本能趨力。所謂的關係是指個體和真實的他人，或是個體和其所幻想的某個（些）真實人物的心智影像或表徵，以及個體對於早期重

要他人的心智影像或表徵與目前重要他人之間的關係。

　　人格發展始於嬰兒最早期與其重要他人（通常是指母親）的關係，母親成為嬰兒最早的「愛的客體」（love object）。嬰兒最早期還無法分化自我與其他非自我的關係，其自我是否能夠建立起其對內在自我與環境安全感的能力，取決於嬰兒認同母親對其的態度和感受，以及母親對其能同理與滋養的程度。如果嬰兒的這些需求在這個共生（symbiotic）階段未能獲得滿足，其自我會分裂、會退縮與隱藏，以逃避因為基本需求未能被穩定且充分滿足而導致的焦慮感受。

　　嬰兒的自我分裂誠如 Winnicott（1965）的真實自我（true self）與虛假自我間的關係。真實自我是個體存在的本質，可以和自己以及外在他人產生連結；虛假自我則是因被滋養不足或不夠安全的自我而產生之保護機制，隱藏在外在世界及各種關係中。依此理論，早期母親與嬰兒滋養關係的不足或失敗，會導致虛假自我且阻礙完整自我的健全發展。攻擊並非如 Freud 所言的是一種本能，而是由於挫折的關係所引發之反應。

　　Ainsworth（1963）透過觀察一群 12 至 18 個月的嬰兒，看到母親離去再回來時的反應實驗，發展出依附風格理論，將依附風格分為安全依附、矛盾—不安全依附、逃避—不安全依附；Main 與 Solomon（1986）根據他們的研究再增加第四種依附風格：混亂—不安全依附。

二、對兒童輔導工作者的啟示

　　自我的發展從嬰幼兒時期開始歷經許多階段，從與母親的共生關係一直到分離與個體化的階段。嬰兒早期與客體關係的依附與分離經驗及品質，形塑自我的發展，包括愛人、愛己，以及和他人產生連結的能力。若因為不良的客體關係而形成之分裂與投射等防衛機制，則會妨礙健康的自我發展，進而可能造成如自戀、人格違常、邊緣性狀態與精神病等心理病態。兒童輔導工作者依此可了解兒童幼年與重要他人關係的品質如何，若是不佳，可以想見兒童在各階段的人際關係或自我概念均會面臨極大挑戰，若能在此階段透過助人者與兒童的互動，逐漸修復幼年的客體關係與依附關係的品質，建立信任的依附關係，將有助於兒童往後的發展。

第二節　存在—人本取向

　　人本心理學運動源於 1962 年創立的人本心理學學會，其代表刊物《人本心理學期刊》（*Journal of Humanistic Psychology*，1961 年創刊）即強調這一波的運動是倡導實證主義、古典心理分析或行為理論所缺乏的一些概念，例如：創造力、愛、成長、有機體、自我實現、責任或是獨立自主性等（引自 McLeod, 2003）。與存在—人本取向理念相近的現象學取向，強調個體內在觀點的獨特性，個人的主觀經驗與知覺將決定其所謂的真實；個體的整體大於部分的總和；也強調人類的潛能、有成長與自我實現的傾向與能力。此取向重視此時此地而非過去或未來，強調個體重視自己與外在環境的知覺或感受，比去適應外在世界或文化氛圍更重要；嘗試在人類存在的有限性（終極死亡）與無限性（潛能）間找到平衡；同時也強調個體是個有機體，重視的是情感而非認知或行為的層面。

　　此取向最具代表性的三大學派是由 May、Frankl、Bugental 和 Yalom 等人為主的存在心理治療、由 Rogers 發展的個人中心理論，以及由 Perls 所創的完形理論，以下分別簡要介紹。

壹、存在理論

一、理論重點

　　存在理論是 19 世紀的歐洲哲學家發展出來的哲學思潮，再由歐洲的分析師發展成治療理論，是基於對當時精神分析及行為學派的反動。其哲學觀點認為，人的本質是主觀及不斷變動的，所謂的意義即是個體獨一無二所覺知或經驗的一切；個體永遠在形成的過程（process of becoming）中；個體有能力覺察，有做決定的自由且要為其決定負責任。

　　存在主義對人類本質的觀點與命題，包括：人有能力自我覺察、自由與責任是相輔相依的、個體極力爭取自我認定、和他人產生關聯、在此過程中忍受疏離、虛無飄渺或寂寞感，以及有勇氣展現真實的自我，均是人

類不斷要面臨與克服的課題、追求意義、體認到（存在性的）焦慮是生存的必然狀態之一，以及體認死亡與不存在的必然性（Corey, 2017）。

二、治療目標與治療關係

此學派的目標是促使個案體認到其做決定與選擇的自由度，並為自己做的最終選擇負責。人類無可避免的焦慮感受，是來自於對死亡、自由、疏離與虛無等的覺察，這將導致過度使用防衛機制，並且喪失人的本真（authenticity，亦即個體自我概念的一致、真誠、統整性，以及能夠自我表達），治療師即是擔任個案在尋求自我覺察、責任與意義的過程中之楷模與同伴。治療關係非常重要，此取向不重視治療技巧，會視需要選擇其他學派的一些技巧。此取向最重要的是治療關係以及強調人本的觀點。

三、對兒童輔導工作者的啟示

此學派著重的是哲學性的思維，強調個體對其存在本質所賦予的主觀意義。個體是不斷在變動與形成的過程中，有朝向自我成長的驅力與自我覺察的能力；個體終須面對生命的終點，在自由與責任當中尋求自己生命的意義，在二者間找到平衡，且對自己的所有選擇負責。兒童輔導工作者可協助兒童體會並實踐自由與責任的意義，助其充分開展自己的潛能，積極面對萬物的生與死，並助其體會要為自己的決定負責之真實意涵。

貳、個人中心學派

一、理論重點

個人中心學派是 Rogers 在 1930 至 1940 年間所創，主要是對當時美國受到心理分析學派宰制的反動。有別於 Freud，Rogers（1961）認為人性本善，是積極向善、具建設性、現實感且值得信賴的（Rogers, 1959）；每個人從出生即具有覺察的能力，能夠自我引導，並朝向自我實現。Rogers（1959）認為嬰兒所知覺到的一切，均是其真實世界。嬰兒生來即具有自我表現的傾向，透過自我引導之行為而得到滿足。嬰兒與周

遭的互動具有整體組織性，其所作所為均互有關聯，所經驗到的是正向或負向的經驗，端視這些經驗是有助於或有害於自我實現傾向的實現。此外，嬰兒保留有助於自我實現的經驗，而逃避有害於自我實現的經驗。

Rogers 認為，自我實現是人類最普遍、最具趨力，並涵蓋所有行動力。與其有關的概念是自我，而要培養健康成熟的自我，需要讓一個人處於正向積極關注，即是在有愛、溫暖、關注、尊重與接納的環境中。

若個體一直處在「被有條件接納」的環境，其所經驗到的及周遭對其之要求有可能不一致，亦即若一個人以為不順從他人即不會被接納或尊重，則其面臨到的兩難是要忠於自己的真實體驗或是順從他人。理想我與現實我的差距愈大，即表示此人愈不一致、愈容易適應不良，唯有當個體接受到來自另一位重要他人的無條件積極關注與接納，才能讓此人對自己的所有經驗再度開放，並且在自我概念與其行為間尋求更高的一致性。

二、治療關係

諮商師不是光用技巧或理論在處理個案問題，而是將自己「整個人」全部投入這份關係中，最重要的是營造出雙方之間溫暖正向的氣氛，讓個案能充分探索自我的每一個層面。Rogers 將這種關係稱為「我─汝」之關係（I-Thou）。

Rogers（1957）提出諮商關係的六個充分必要條件，這些均是連續發展：(1) 兩個人有心理上的接觸；(2) 其中的第一個人，即個案，處於不一致、無助且焦慮不安的狀態；(3) 第二個人，即諮商師，在關係中是一致且統整的；(4) 諮商師無條件積極關注個案；(5) 諮商師同理個案內在的參考架構，並嘗試將這份了解傳遞給個案；(6) 諮商師至少對個案表達某種程度的了解與無條件積極的關注。綜而言之，此學派首重諮商態度，而輔以一些技巧，例如：積極傾聽、同理、澄清、總結、引導及立即性等。

三、對兒童輔導工作者的啟示

此學派對兒童輔導工作者的啟示是重視諮商關係，治療師真心誠意地喜歡與關心兒童，能蹲下來用兒童的高度來看他們的世界，能真誠一致地將自己對兒童的關懷與了解表達出來，並且對兒童的口語及非口語訊息有

足夠的敏感度；不用勸告或說教等方式，而是多積極傾聽並反映兒童所言所行與所感。將兒童視為一個獨一無二的個體，不是只著眼在他們「不會什麼」，而是他們「具備什麼」，讓兒童在這份關係的滋潤下充分地成長與茁壯，能自我了解、自我接納、自我指引，進而達到自我實現。

參、完形理論

一、理論背景與重點

　　完形理論是源自於由 Koffka、Kohler 和 Wertheimer 所發展的知覺學習理論，由 Perls 在 1940 年代發展成諮商與心理治療的理論。

　　完形（Gestalt）這個名詞在德文的意思是形狀、組型或組織成完整的形狀。個體所有的經驗都可以統整為完形或組型，統整之後，全體一定大於部分的整合。Perls 反對當時的身心二元論或是個體內在 vs. 外在、認知 vs. 情緒、意識 vs. 潛意識等二分法，認為有機體的內在與外在應該是以整體看待；同樣的，個體是從他們的經驗形成有意義的完整組織，所以不能純以單一經驗來了解個體所經歷到的一切。當個體面臨一些需求時，他們所經驗的，將變成是主體（figure），其餘的則變成是背景（background），例如：口渴的人只會注意到哪裡有水可以喝，其他與水無關的事物在當下都變成背景。同樣的，個體及其行為也必須以整體來看待。整個有機體在其所處環境中是被其自我界限（ego boundary）所涵融（contained），愈能自我覺察的個體愈能負起責任，從所屬環境去追求其所需的一切，終至變成更加自我支持且心理穩定。

　　此理論跟個人中心學派一樣是現象取向，均著重此時此地，強調從個案（人）的觀點，而非從困擾問題的觀點或造成困擾的原因等切入，治療重點在讓個案逐漸增加對自己、情緒與對身體知覺的了解與覺察，進而減少不一致，到統整成完整的自我。此理論是經驗性（要實際採取行動，而不是坐而言而已）、具有存在的本質性（協助個案做出獨立的選擇並為自己的選擇負責），以及實驗性（鼓勵嘗試新的表達感受方式）。

　　完形理論認為，個體之所以難以為自己的行為或經驗承擔責任，是因

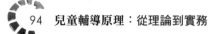

為過去曾經遇到發展上的困境或僵局，讓其難以充分活在此時此地，以及難以了解行為的「怎麼做」及「做什麼」（而非「為什麼」）之阻礙，也因為個體和所處的環境間產生僵局或不一致，因此避免與外界或內在有接觸，或是否認、扭曲目前的一切，而非接受它，個體亦會變成只是著眼於此時此地沒有的，而罔顧此時此地擁有的一切。

所有神經質反應是基於個體在與現實的接觸過程中，透過以下五個運作機制而形成干擾（Corey, 2017），因而阻礙個體的成長與發展：(1) 內攝（introjection）：將外在的事件或素材不假思索地照單全收，而非適當加以取捨，例如：老師責備班上某位同學不乖，小明卻以為是在說自己；(2) 投射（projection）：與內攝相反，是把自己擁有的部分扭曲成是環境所擁有的，不去覺察也不願意負起責任，因此無法改變，也不承認是自己所有，例如：不滿意自己的愛計較個性，轉移成是某同學愛計較；(3) 同流（confluence）：個體無法區隔或體驗內在自我與外在環境的分野，無法忍受這些人與自己有所不同；(4) 迴攝（retroflection）：個體無法正確區隔自己與他人的不同，因而將自己希望對別人做的事，例如：責怪別人，轉而變成責怪自己，甚至自我羞辱或自我傷害，或者把想要別人對我們做的事，例如：批判自己，轉對自己做而自我批判；(5) 轉移（deflection）：個體意圖轉移焦點，例如：透過過度運用幽默、抽象的類化，或是用提問問題代替解答等形式，減少情緒以避免接觸，以這種不一致的方式與環境接觸，會讓自己產生情緒上的耗損。

所謂的成熟（完整性）是指當個體可自我支持，而非依靠環境來支持，能運用自己的內在資源而行動，而非只是支配他人，以及能為自己的行為與經驗負責。當個體能為自己負責且處理好未竟事宜時，改變即會發生。治療重點是放在個案此時此地的感覺與想法，充分探索其感官知覺、幻想與夢境，並鼓勵個案「擁有」這些以及為這些負責，藉此達到統整。

二、治療技巧

此學派運用許多實驗性的遊戲或技巧，例如：藉由誇大與角色反轉以突顯內心的衝突與掙扎，並讓個案對其感受與行為負責，藉此連結與統整內在的心理活動、個人感受、身體知覺與行動，或是用空椅的技巧讓個案

面對衝突的兩極端，或是用「玫瑰花」的完形活動，讓個案藉由幻遊擴展自己的體驗。完形學派也非常重視身體語言。

三、治療關係

　　雖然此學派不特別強調治療師的溫暖與同理態度，但仍強調治療師與個案間此時此地真誠一致的關係。完形治療師較具指導性，扮演催化員的角色，引導、挑戰與讓個案挫折，讓個案愈發自我統整（完形），但是如此也常常容易讓個案感到挫折。治療師不允許個案呈現如理智化（只是談論）的行為、逃避過去或幻想未來等行為模式。治療師從不問「為什麼」，只是問「什麼」或是「如何」，藉此讓個案對自己負起責任。

四、對兒童輔導工作者的啟示

　　此學派重視個體的自我覺察，並藉各種活動拓展兒童對感官知覺的覺察，與內外和外在環境都有良好的接觸經驗。這對不善於用語言表達，但有豐富感官知覺的兒童而言，有助拓展其體驗及知覺，進而統整自我。

關　鍵　詞

✦ 心理動力取向　　　　✦ 心理分析學派
✦ Adler 學派　　　　　✦ 客體關係理論
✦ 存在—人本取向　　　✦ 個人中心學派
✦ 完形理論

問題討論

1. 請說明心理動力取向之主要概念及其對兒童輔導工作者的啟示。
2. 請說明存在—人本取向之主要概念及其對兒童輔導工作者的啟示。
3. 本章介紹的諸多理論中，對你最有幫助的理論是（些）什麼？為什麼？
4. 本章介紹的諸多理論中，你認為最適用於國小低、中、高年級的各是哪個（些）理論？為什麼？

第五章

兒童諮商與心理治療
之理論（二）

王文秀 ///

　　第四章介紹心理學的第一勢力與第二勢力所延伸的諮商理論，本章持續介紹行為與認知行為取向、後現代取向與認知神經科學，也仍是簡要介紹與兒童較有關係的理論。讀者若有興趣深入探討各理論及對其他年齡層之運用，可再參考其他相關書籍及資料。

第一節　行為與認知行為取向

　　行為取向不像心理動力或存在─人本取向是從臨床經驗發展而來，而是因為當時的科學家無法測量或驗證這些學派的過程或效果，因此從心理實驗室發展，期望以具體、可觀察及測量的行為向度來了解人類。

　　1960 年代的行為治療主要係以古典制約與操作制約理論為基礎，應用在臨床實務工作上，進而納入不同取向，例如：應用行為分析法、刺激反應法、行為改變技術、社會學習論（social learning）等。目前的行為學派則更進一步與認知治療結合成認知行為治療取向。以下分別說明行為學派、社會學習論、認知與認知行為學派及現實治療。

壹、行為學派與社會學習論

一、理論發展

　　此理論大致是從古典制約開始發展，最著名的是俄國心理學家 Pavlov 以狗為實驗對象所提出的立論。此派視個體為被動的學習者，透過兩個原本不相干的刺激物相繼出現而學得新的行為，許多恐懼症之形成即依此原理。之後是操作制約，以 Skinner 為主，強調學習者之行為很可能因被獎賞而再度出現，或因被懲罰而停止，例如：當兒童因在課堂上不斷騷擾同學而被老師制止，若兒童視老師之制止為懲罰，即學會不再上課搗蛋；但若兒童是藉此得到師生的注意，則老師之制止對其反而是增強，行為自然會再重複出現。與此原理有關的是代幣制度，即是將個體的行為標準事先界定好，當達到預期標準時，可以得到一些點數，當點數累計到某一程度，可換取一些物質（如糖果）或權利（如可以多打 30 分鐘電動）。繼而是社會學習論，所謂「殺雞儆猴」即是讓所有人藉著觀察別人的行為而學習到是否要模仿該行為，例如：當兒童看到同學因某些作為而受獎勵，潛移默化之下學習該行為；反之，若對方的行為後果是遭受到懲罰，雖然自己並非受罰者，仍可能之後不出現該行為，以免亦受罰。

二、重要概念

　　此學派認為所有的行為都涵蓋三個階段，分別是前置事件（刺激或線索）、行為（或不做為）、行為（或不做為）的後果。此學派著重的是顯現於外的行為，認為人的行為是受到環境中的立即反應所影響（即增強），個體無法靠內在自我控制其行為，無法自我決定，所有的行為都是受外在環境所主宰，因此價值觀、感覺與思考均不重要，只有外在可觀察的行為才是探究的重點。個體之所以有困擾是因為某些行為過度（如酗酒）或缺乏（如不夠自我肯定）或不適當（如有恐懼症），這些行為均是學習而來，所以可以經過重新學習的過程加以改善。

　　行為學派認為，有受到具體增強或是社會增強的行為較可能再度展現、正增強比負增強更有制約的效果、增強必須在行為出現後立即出現、

不定時增強的效果比定時增強的效果更大；一旦增強物消失，行為即可能逐漸不再出現，透過持續成功地增強期待的行為，行為可以持續展現。

　　行為學派非常具指導性，治療師須整理出個案不適當的刺激—反應聯結（標的行為的因果關係），再消滅或改變不適當的聯結，並重新建立更適合的刺激—反應聯結。這些原則繼而會形成刺激的區辨及類化。

　　學習的主要方式包括：(1) 觀察學習：透過模仿學習（示範）或是透過實際或刺激的方式（錄影或錄音），示範預期行為、教導新行為，或是消弭不良行為；(2) 認知學習：透過角色扮演、行為預演、口語教導或治療師與個案之間建立清楚預期的行為，以及達到預期目標之增強為何的代幣制度，教導新的行為；(3) 情緒學習：像是爆破治療，以想像的方式強烈大量誇大地暴露在高度不愉快的刺激情境下，以消除連結而來的焦慮感受；又如：系統減敏感法即是透過同時呈現負向刺激與正向的放鬆生理反應，讓個案相互抑制之後，消除負向反應；或是內隱式的敏感法，乃同時呈現引起焦慮的刺激和正向的聯結；(4) 操作制約：事先決定好哪些選定的行為一旦出現，立即提供增強物，且逐步有系統地訂定增強計畫。

　　社會學習論的「自我效能」是行為學派的另一個重要概念，發展此理論的 Bandura（2004, pp. 621-622）指出：「當人們遇到困難的時候，除非他們相信可以透過自己的行動達到預期的效果，否則他們幾乎沒有誘因去行動。」自我效能的判斷與刺激反應的期望不同，前者指個體面臨問題情境時，相信自己有能力去組織問題情境並化為具體行動。自我效能的向度包含強度（所面臨任務的預期困難程度，例如：對於簡單的工作較有信心）、類推性（預期對某情境的精熟度，能夠類推到其他情境的程度），以及韌性（碰到阻礙或挫折時，堅信自己可以掌握的程度）（Bandura, 1977）。要培養良好的自我效能，可透過以下四種方式（Bandura, 1977, 2004）：有成功（掌控）的經驗、社會模仿[1]、社會說服[2]，以及生理和情

---

1 社會模仿（觀察學習），即自我效能的期望可能會因為觀察到他人的行為以及行為之後的正負向結果而改變。

2 社會說服（口語的說服），例如：建議或是鼓勵、勸導，也有助於提高自我效能，但是不能提出太好高騖遠、不切實際的內容。

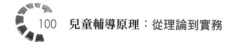

緒狀態（愈緊張焦慮或疲憊的狀態，愈難提升自我效能）。

三、治療關係

　　行為學派不特別重視治療關係，治療師扮演行為工程師的角色，冷靜、客觀、專業而疏離，甚至只是扮演觀察者、教師訓練者或諮詢者，亦即其可能提供一套行為改變的計畫供教師或家長協助孩子時參考，亦可能實際教導孩子如何重新學習一套新的技巧，或是擔任執行增強的增強員或示範者的角色。治療終止與否即是看預期改變的行為是否有所改進。

四、治療技巧

　　行為學派的諮商過程均包含下列步驟：界定問題→了解與問題有關之背景資料→建立具體可行之目標→確定改變之計畫。行為學派之應用非常廣泛，不論在家庭、學校、矯治機構或精神醫療體系均普遍應用，針對兒童較常用的諮商技巧包括以下諸項（Thompson & Henderson, 2007）。

（一）訂契約

　　(1) 諮商師與兒童共同決定要解決的困擾問題為何；(2) 諮商師蒐集有關此不良行為的平常發生頻率；(3) 雙方共同決定預期達到的目標；(4) 諮商師協助兒童訂定增強的契約，確定要改善的行為為何，以及預期行為要達到的次數，接著訂定若有達到預期目標（如每天放學回家先寫功課再看電視），可以得到的增強物為何（如當天若有達到，可以多看半個小時的卡通）；(5) 諮商師評量該計畫的執行成效；(6) 若成效不佳，重複上述步驟；若有達到預期目標，則可發展後續的維持計畫，以鞏固新學習的預期行為，並循序由外在獎勵轉變為兒童內在自我的增強與獎勵。

（二）自我管理

　　此技巧延伸自上述「訂契約」的方式，只是讓個案更能為自己的行為負責。其步驟為：確定要改變的（可觀察、可測量的）行為，如吃零食的習慣→至少連續一週，蒐集有關此不良行為的相關紀錄，例如：通常發生的情境、前置事件或刺激、行為的頻率與強度、行為的後續結果等→界定預期達到的行為與目標→改變前置事件或刺激→改變先前不良行為出現

後所得到的增強結果→正確記錄預期出現的行為次數，包含成功或失敗的紀錄→決定若達到預期目標，要給自己的增強，以及若沒達到預期目標，要給自己的懲罰→訂定維持預期目標的計畫。

（三）循序形塑

就像教導兒童學騎腳踏車或其他技能，此技巧的原則是當兒童產生一點點的預期行為時就予以增強或獎勵。諮商師要能隨時注意、等待並在最適當的時機予以增強，一開始時一點小小的正向行為出現即需立即增強，如此循序形塑（shaping）預期的行為。

（四）行為動量

類似牛頓的第一運動定律，亦即在動作中的個體傾向維持動能，藉此減低兒童的不順從行為。動量（momentum）是在要個體做到較難順從的行為前，要求個體先做到三至五個很小、容易達成，也很容易服從的要求。每個要求，一旦個體服從，即予以口頭鼓勵。此技巧的理念是一旦個體因為達到簡單的要求而獲得增強後，其產生的動量會循序帶到下一個原本較難達到或是個體較不易服從的行為，再循序達到最終的目標。

（五）生理回饋

透過儀器的協助，例如：測量腦波、肌肉緊張度、體溫、心跳及血壓等，以觀察、等待及增強個體的行為，即使只是小小改變，儀器均可透過聽覺、觸覺或視覺方式回饋給個體，讓個體對自己的行為能很快得到回饋而持續改進，例如：教導過動兒童放鬆，一旦愈能放鬆，儀器的嗶嗶聲就愈輕柔微弱。兒童藉由儀器的回饋與輔助，對行為就更能掌控。

（六）代幣制度

兒童的行為如果合乎預期，可以累積點數或貼紙；若違反預期，則會失去點數或貼紙。累積到某個數量，兒童可以獲得一些實質的增強物〔如飲料、（不含糖）糖果〕或是權利（如延長下課時間）。有的老師會在教室前面的講桌上放一個透明的玻璃罐，一旦學生表現良好，即丟進去一顆彈珠，當彈珠累積到某個程度，全班可以有些獎勵，例如：全班可以每人享受一杯珍珠奶茶，或是週末全班出遊。老師丟彈珠進去的聽覺與視覺刺

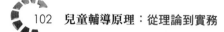

激，對兒童而言即會有獎勵作用。但是，這些遊戲規則均需在事前跟學生說明清楚，預期的目標也要界定清楚，才不至於造成執行時師生雙方的衝突或困擾，同時更要貫徹執行，否則容易功虧一簣。

（七）以團體方式進行

兒童在乎同儕關係的影響力，因此一些行為透過團體討論、演練及相互增強或回饋，有助於改善其行為，例如：減重團體、自我肯定訓練、溝通技巧、讀書習慣或吸菸等。

五、對兒童輔導工作者的啟示

行為學派的許多概念對教育工作者影響極大，助人者若能針對兒童的心智發展階段，妥善應用此學派的原理原則，例如：增強、削弱、社會學習或示範等，並以客觀、可量化、可操作之方式，界定兒童的行為困擾問題，蒐集相關資料，建立可行的具體目標，並執行改變計畫，將可養成其良好的行為習慣，並增進自我效能。由於其強調「蓬生麻中，不扶而直」，即環境的重要，以及「任何不良適應行為均可重新學習」的理念，因此學校及家庭的境教、師長以身作則、提供良好模範的示範、落實代幣制度等由外控到內控、與兒童一起訂定具體可行的契約、善用行為改變技術、加強自我肯定訓練等方式，均有助於改善兒童的不良適應行為。

貳、認知與認知行為學派

此理論著眼於協助個案處理其理性、思考歷程與問題解決，檢視並改變其歸因、信念系統、期望，以及思考歷程對情緒和行為影響，非常具教導性、指導性與口語性。其哲學信念是當個體能改變其思考，將能改變其信念系統，繼而改變其情緒與行為。以下介紹其中主要的三個理論。

一、理性─情緒─行為治療（REBT）

（一）創始人與理論重點

　　理 性 ─ 情 緒 ─ 行 為 治 療（Rational-Emotional-Behavioral Therapy, REBT）是由 A. Ellis 於 1950 年代發展，認為個體須為自己及其一生負全責，雖然會受到環境或生物因素影響，但不應受其控制；反之，個體的思考歷程可以在這些因素及其情緒間扮演調解的角色。個體同時具有知覺、思考、感受與行為，所以可以學習控制其感受與行為。個體生而具有理性與非理性，同時能自我毀滅與自我實現。個體受到社會制約的影響極大，雖然造成理性或非理性思考的原因也有生物或基因因素，但是個體是由於與環境的互動中，納入社會的諸多非理性觀點，因而讓自己的信念系統愈發不理性。個體的幼年無可避免會受環境影響，但年齡漸長，個人逐漸形成的「自我對話」才是主宰其想法、感受及其行為之最大力量。

　　Ellis 認為，人有十多項不合理性的想法困擾著自己，例如：「每個人一生最重要的是受到自己所在乎的人喜愛及讚許」、「要成為一位有價值的人，一個人必須能幹，在各方面均有成就」、「有些人很壞，應受到懲罰或責備」、「當事情不如己意時，將是天大地大的災難」、「不快樂是因外在事件所致，因此個體無法避免這種不幸」、「逃避困難與責任遠比去面對它們容易得多」、「個體必須依賴他人，且應依賴一個更強的人」、「個體的現在是受過去影響，所以無法改變」、「每個問題應該都有一個解答，若是找不到答案，將是很糟糕的事」、「個體應該擔憂別人的問題或困擾」，以及「我們應隨時謹記一些危險或有害的事」。

　　這些不合理的想法通常涵蓋一些「應該」、「一定」或「必須」等絕對性的字眼，以及「若不如所願，將是大災難」等災難化的預期。影響所及，個體會讓自己處於「非黑即白」的兩極化思考困境，不能容忍事情的發展不如己意，對人或對己持僵硬、高標準的期待，長久以往即易讓自己或他人皆感受到困擾與不快。

　　Gonzalez 等人（2004）提出兒童及家長常見的非理性信念，兒童的非理性信念包括：如果其他人不喜歡我，那就太糟糕；我如果做錯一件

事，就是壞小孩；每件事都應該照我期望的才可以；只要我想要的，應該都要輕易得到才行；這個世界應該是公平的，壞人應該要被懲罰；我不應該表現出我的情緒感受；大人應該要十全十美，不可以犯錯；所有的問題都應該只能有一個正確答案；我一定要贏，輸了我就完蛋了。

　　至於父母常見的非理性信念，包括：如果我的孩子不喜歡我，那就糟糕；我絕對無法忍受被批評是個不稱職的父／母；我要對我孩子做的事情負全責；我一定要是個十全十美的父／母；我的孩子永遠都必須遵守我的規定；孩子絕對不能反駁我的任何意見；我之所以這麼生氣、沮喪或焦慮，都是我的孩子害的；如果我的孩子不能依照我的期望去發展，我將是個失敗的父／母；無時無刻為人父母應該都是很有趣的事。

　　Ellis 將治療技巧分為 ABCDE 五個步驟：A 是引發之事件（例如：明天段考）；B 是個體對該事件之想法（例如：「我再怎麼努力都考不到100 分」、「我一定要每科都考 100 分，老師、爸媽才會喜歡我」）；C 為導致之結果，包括：情緒、行為及想法（例如：考前一晚因為太焦慮睡不著，翌日考砸，因而更沮喪，更認為自己完蛋了）；D 為駁斥（例如：「誰說一定得每科都考 100 分才是好學生？」）；E 則為新的想法與感受（例如：考前好好複習與入眠，翌日盡力答題；肯定自己的努力；調整讀書方式，準備下次的考試，不只著眼於考試成績）。

（二）治療技巧

　　此學派諮商師的角色非常主動積極，致力於教導並駁斥個案不合理的想法，讓個案了解其有能力過著快樂的生活，協助個案澄清堅信的一些想法，藉由教導及提供資訊，教導其想像技巧，以及指定家庭作業，協助個案改變其非理性信念。

　　Ellis 介紹三種駁斥的技巧：一是以認知方式的思辯過程；二是以想像的方式呈現讓個案困擾之情緒，藉此整理其自我內言再加以轉換；至於行為方面則是如用角色扮演或要求個案回去做家庭作業等方式，透過實際行動來澄清自己的想法。

Ellis 與 MacLaren（2004）提出四種認知駁斥的類型：

1. 功能性的駁斥

　　讓個案知道他們的信念反而會阻礙其達到自己的目標，例如：「這樣的想法對你的婚姻有幫助嗎？」

2. 實證性的駁斥

　　讓個案評估他們的信念有多少真實性，例如：「哪個研究結果證實不下廚做飯的就不是好太太？」

3. 邏輯性的駁斥

　　讓個案了解其從「想要」及「希望」，一下子跳到「必須」、「非得要」的不合理性，例如：「你想要考第一名，變成『你非得考第一名不可，否則就表示你是一無是處的失敗者』，這樣合理嗎？」

4. 哲學性的駁斥

　　讓個案把焦點放到生命的意義或生活的陽光面上，而不至於太鑽牛角尖，例如：「的確，你不希望父母離婚，但是父母離婚是否也帶給你的生活一些比較正面的結果？」

　　治療技巧包含認知性、情緒性與行為性，說明如下：

1. 認知性的作業（Nelson-Jones, 2006）

　　包含鼓勵個案回家反覆聽諮商過程的錄音檔；填寫自助式的表格（例如：記錄一週當中 ABCDE 的事件），或是 DIBS[3]、提醒卡（在兩次晤談中間準備一些小卡片，提醒自己一些理性的因應句子）；參考對照法（referenting，請個案列出若真的能夠改變非理性想法或行為，各有何利弊？藉此進行利弊得失分析）；練習 REBT（鼓勵個案練習跟親朋好友討論自己的困擾）、視覺化（請個案用視覺幻想自己能夠成功因應目前所害

---

[3] DIBS（disputing irrational beliefs），即詢問自己六個問題：我想駁斥的信念是什麼？這個信念是否可以理性的加以支持？這個信念的證據？這個信念的反證？這個信念如果真的永遠不能達成，最糟糕的是什麼？如果我永遠無法達到我的預期，會有什麼好結果？（Dryden & Ellis, 1986）。

怕或焦慮的情境）、圖書治療；聆聽或觀賞專家製作的視聽材料等。

2. 情緒性（或體驗性）的介入技巧

此是用來輔助認知性的介入（Ellis & MacLaren, 2004），例如：理性情緒想像[4]、強烈駁斥（由治療師或個案自行以強烈的語詞駁斥自己的負向想法）、角色扮演[5]、角色互換（由個案扮演治療師，強烈駁斥扮演個案的治療師所顯現之不合理思考，以改變其感受）、幽默（治療師運用誇大或雙關語、俚語或是詼諧的語調，突顯個案的不合理信念）。

3. 行為的介入

也是輔佐認知性的介入，坐而言不如起而行。技巧包括針對個案「絕對」、「必須」等不合理信念，指派家庭作業，讓其重複練習駁斥，例如：要求一位對學業要求很高的學生，連續好幾次的作業潦草地寫或考試只能考到 60 分；洪水法（讓個案處在焦慮恐懼的情境一段時間，並在此情境下練習自我駁斥不合理信念）；挑戰羞恥（shame-attacking）[6]；技巧訓練（如自我肯定訓練、溝通技巧或社交技巧訓練）。

（三）對兒童輔導工作者的啟示

此學派認為兒童之所以有情緒困擾，是因為其非理性的想法所致，因此除了平日透過班級輔導活動或團體輔導方案，教導兒童面對挫折或壓力情境時的合宜思考方式，學習辨識非理性信念及駁斥的技巧，亦可協助有非理性信念的兒童，透過教導，辨識及練習駁斥自己的負向思考，再透過家庭作業或其他行為介入，改變其想法，進而改善情緒及行為。

---

[4] 理性情緒想像：即想像所困擾問題最糟糕的情形會是怎樣，接著去想像伴隨的負向情緒為何，並去體驗之，當真實感受到那些負向情緒之後，運用認知介入轉換非理性的想法，再逐漸感受較可接受的情緒反應。

[5] 角色扮演：當個案面臨模擬的困擾狀態而呈現出負向感受時，治療師當場停下來，要個案跟自己對話，例如：「我剛剛感覺到我很憤怒的時候，我是跟自己說了什麼？我要改變什麼想法，讓我的憤怒程度降到最低？」

[6] 挑戰羞恥：即要求個案針對讓其覺得羞愧、罪惡、屈辱或尷尬的事件與想法，實際身歷其境，藉此挑戰並改變其非理性信念。

二、認知行為治療

　　認知行為治療結合行為學派，並強調諸如思考、感覺、動機、計畫、目的、意象與知識等概念，是目前最具有實證基礎的治療取向，且有完整的訓練手冊。由於美國的心理衛生服務與醫療照顧制度強調要有實證基礎，保險才有可能給付，因此亦是目前最受重視的治療取向。

（一）主要概念

　　基模（schema）係指包含個體基本信念與推論的架構，是個體主觀賦予意義的認知結構，相當穩定。透過其信念，會影響個體如何接收、選擇與統整訊息。Beck 等人（1990）以「基模」說明一個人是如何藉著自己的認知結構來組織自己的經驗與行為，這些基模協助個體對事物加以分類、命名及解釋。個體自小到大逐漸形成一整套包含各種公式、標準與假設的「規範」，藉此來約束自己或他人。

　　模式（modes）係指個體的認知、情感、動機與行為基模的連結網絡，是人格的基礎，藉此解釋與順應外在的刺激與要求。以往認為個體的認知（cognition）是中介變項，藉此推動個體的動機、行為與情感系統，是線性的概念；目前的觀點則認為，個體的功能是以模式的方式運作，例如：憤怒的模式具個別差異性，隨著不同人的生物、心理或文化等信念，同時涵蓋不同的心理系統（如動機、情感）而透過基模加以運作。

　　自動化思考較不易覺察，但是又不像信念或基模那麼根深蒂固，很像 Freud 所說的「前意識」或是 Ellis 的「自我陳述」。個體的自我評價和自我教導是來自更深一層的架構（結構，即自我基模）。自動化思考反映出基模的內容，亦即較深層的信念和推論。正常功能運作的個體可藉由這些自動化思考運作自己的生活，但是有強烈困擾者，在擷取或解讀訊息時，其自動化思考或是系統性的偏誤會讓其生活功能受阻，例如：憂鬱症患者的特徵之一是自我評價低，對所經驗到的一切，以及對未來的觀點均極端負向，而焦慮症患者則是極端恐懼生理或心理方面的危險。

　　Beck（1976）的認知治療強調，個體之所以有心理困擾問題，是由於理智運作時的系統性謬誤，因而形成對現實的扭曲。這些扭曲的評價導

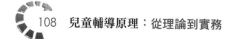

致某些特殊的情緒，因此個體的情緒反應是跟扭曲的現實同步，而不是跟真實的現實相呼應。常見的認知性扭曲包括：

1. 任意的推斷

從不完整、錯誤或無關的證據資料做出推論的結論，例如：一位班長認真辦活動，但同學參與度不高，他下的結論是：「我是一個爛班長。」

2. 過度類化

從某個特殊的負向事件類推到其他事件，例如：小李這次的數學小考不及格，告訴自己：「我這輩子都不可能把數學搞懂。」

3. 選擇性的抽象化，以偏蓋全

針對整個情境只注意到其中一點而忽略其餘的部分，例如：小明看到媽媽對妹妹笑得很溫柔，就認為媽媽偏心，只疼妹妹。

4. 過度誇大或縮小

將每件事情都想到最糟的地步或是拒絕承認其重要性，例如：「一朝被蛇咬，十年怕草繩。」或是緊鄰的隔壁房子失火，卻告訴自己：「沒事，不會燒過來。」

5. 個人化

將外在事件在無根據的情況下連結到自己身上，例如：「老闆這次派人出差，沒有派我去，一定是認為我工作不力，接著就要把我解聘了。」

6. 二分化思考

總是想到兩極端，例如：「我一定凡事要做到十全十美，否則我就是個徹底的失敗者。」

認知治療的三階段分別是：(1) 探討個案的想法與自我內言，以及個案對這些的闡釋；(2) 和個案一起整理有關贊成或反對個案闡釋的相關證據；(3) 設計一些實驗（家庭作業），以測試個案闡釋的有效性，並蒐集更多資料以便討論。

（二）治療關係與技巧

治療師具有主導性與口語性、教導性與結構性（每個治療時段均有設定目標、治療時間固定、一段時間即整理治療的進展情形、問個案問題、指定家庭作業，並要個案針對每個治療過程加以總結）、和個案一起合

作，亦重視治療師展現正確的同理、溫暖與真誠的態度。相關技巧，例如：認知預演、詰問、尋找替代方案、檢視思考內容、測驗真實、替代思考，以及教導因應技巧與自我控制技巧等。

　　Watkins（1983）針對兒童的發展階段改編 Maultsby（1976）的理性自我分析格式，兒童可以依照表 5-1 的九個步驟進行自我分析。

表 5-1　兒童理性自我分析表

步驟 1： 寫下發生了什麼事。	步驟 2： 假裝自己是一臺攝影機，如果把當時的整個事件錄下來，你會看到及聽到什麼？	步驟 3： 寫下有關此事件，你有哪些想法，全部列出。
步驟 4： 你覺得怎樣？你當時做了些什麼？	步驟 5： 想想看你的想法是不是夠「聰明」。把你在步驟 3 所列出的每個想法，針對步驟 6 的五個問題自己問自己，再把「是」或「不是」的答案寫在下面。	步驟 6： 你怎麼知道你的想法是聰明的呢？自問： ・我的想法是真實的嗎？如果我是一臺攝影機，我看到或聽到的是什麼？ ・我這個想法有沒有幫助我過得更快樂？身體狀況更好？ ・我這個想法有沒有幫我達到我的目的？ ・我這個想法有沒有讓我少惹麻煩？跟他人相處好一點？ ・我這個想法有沒有讓我變成我想要變成的人？
步驟 7： 你希望有哪些感覺？	步驟 8： 寫下比你前面的想法更聰明的想法。	步驟 9： 現在你想要怎麼做？

註：Watkins（1983），改編自 Maultsby（1976）。

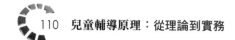

Meichenbaum（1977, 1985）的認知行為改變技巧概念，是基於心理的壓力或困擾均是自我的內在對話而造成，只要改變這些內在指令即可改變行為。藉由示範或直接教導，教導個案大聲說出內在的思考內容，再辨識出自己的謬誤思考，而後根據重整的認知及學習新的自我內言而改變其想法。此技巧的自我內言分為四大類：

1. 準備迎接壓力源

像是「明天要上臺報告，我很緊張，但我就是盡力準備。為此，我已經準備好 xxx，以及 yyy。別擔心，會很順利的。我知道拿滿分是一件美好的事，但是我的個人價值不是建立在這 100 分上面。」

2. 面對並掌控好壓力源

像是「下一堂課我就要報告，我已經準備好了，等一下一開始時，我可能有點緊張，但是我會深呼吸，微笑地看著大家，我也把重點寫在紙上，即使腦中空白，我也可以看一下紙條，所以我可以安心。」

3. 因應

像是「我報告得不錯，哇，這個部分我漏掉了，別緊張、深呼吸，找到適當機會，我再回過頭補充說明，沒機會就算了，那不是重點。」

4. 正向鼓勵的自我內言

像是「太棒了，我終於完成這個大報告，雖然我當中漏掉一部分，但是我有想辦法補上。這回我表現得很好，我以自己為榮；下次再有報告時，我可以調整的是 zzz，其他的，我都覺得我的表現很好；同學和老師的肯定，我相信他們也是真的這樣覺得。」

（三）對兒童輔導工作者的啟示

兒童之所以有情緒困擾，是因為其諸多負向偏誤的自動化思考內容，以及缺乏良好的社交因應技巧所致，因此助人者除了教導兒童正向的思考模式，尚可教導並讓兒童練習正向的自我內言，讓兒童改變其想法，因而改善其情緒及行為。

三、現實治療

（一）創始者與重要概念

　　創始者是 Glasser，此學派關心的是個案的價值與行為的抉擇，突顯其不一致性且要個案為其抉擇負責。Glasser（1999）後續發展的選擇理論，強調協助個案藉由選擇更有效與負責的行為，以滿足其生存、歸屬、權力、樂趣與自由等天生即具有的需求，藉此更有效地控制其生活。現實治療是基於選擇理論，後者的十大原則包括（Glasser, 1999, pp. 332-336）：我們唯一能控制的就是自己的行為；我們能給別人或是從別人那裡獲得的只有資訊；所有的長期心理困擾都是人際關係的困擾；有困擾的關係永遠是我們真實生活的一部分；不斷沉溺在過去痛苦的回憶，無助於為了改善重要關係所需採取的行動；個體受到生存、愛與歸屬、權力、自由與樂趣五個基因性的生物趨力影響；唯有滿足自己優質世界中的一個或許多圖像，才有可能滿足這些需求；所有的行為都要整體視之，均是由四個不可分割的要素組成：行動、思考、感覺、生理；所有的行為均是以動詞的形式存在，像是「我正在選擇要憂鬱」，而非「我正在憂鬱」；所有的行為都是被選擇的，但是個體能夠直接控制的只有行動和思考的要素；個體可以透過決定要如何行動與思考，間接地控制感覺及生理。

　　此學派強調人與人之間的互動性，如此方能滿足前述之需求。治療目標是協助個體做出負責任的選擇，且能在不剝奪其他人需求的前提下，滿足自己的基本心理需求。個體有能力為自己的選擇負責且能理性思考與行動、有能力判斷自己的行為對於滿足其需求是否有幫助，也有能力承諾改變。個體沒有藉口不展現這些特質，治療的重點是在於他們願意也有能力做到的，而不是在於他們「可以試試看」的一些目標（行為）。

（二）治療關係與技巧

　　治療關係相當坦誠直接，治療師展現溫暖、誠實與融入的態度，協助個案分析其目標、價值觀與行為間的不一致，藉此助其為自己負責。此學派相當指導性且強調目前狀況，其八大步驟分別是：

　　1. 與個案做朋友，並問個案他們要的是什麼。

2. 詢問個案他們正在選擇做些什麼以達到他們所要的。

3. 詢問其所選擇的行為有沒有效。

4 如果沒有，通常大部分都是沒有效的，協助他們做出更好的選擇。

5. 承諾實踐他們在前一階段所整理出來的較佳選擇。

6. 不接受達不到計畫的任何藉口，如果計畫做不到，就重新計畫。

7. 不懲罰，但是要讓個案接受其行為所帶給他們的合理結果。

8. 絕不放棄。

由 Glasser（1999, 2000）所創，再由 Wubbolding（2000）發揚光大的 WDEP 清楚勾勒出現實治療的主要程序，其中 W（wants）是指協助個案探索其想要的、需求與知覺；D（direction/do）是指目前的行為、方向與所作所為；E（evaluation）是指評估與評價，問題如：「你知道我們正在做什麼嗎」、「這個行為有可能幫你達到你預期要的目標嗎」；P（plan）則是指治療的最後步驟，做計畫與承諾寫出書面計畫。

治療師鼓勵、建議替代方案、誇獎正向行為、公開並直接面質不一致性，且關切個案是否能拒絕那些讓他們達不到目標的行為模式。治療關切的是目前的行為、目前在做什麼，以及其他替代選擇可獲致的結果。治療師不參與個案有關其症狀或是負向經驗的一些自我詆毀之討論。治療重心在協助個案找出不負責任的行為並與其訂定契約，轉換成負責任的行為。

（三）對兒童輔導工作者的啟示

此學派強調現在以及滿足個體的五項基本需求，這很符合兒童的發展需求及現況。輔導人員可透過淺顯易懂的 WDEP 概念以及諮商的八大步驟，逐步協助兒童以合宜的方式滿足其基本需求，而且更重要的是秉持「絕不放棄」的精神，與個案一起努力。

第二節　後現代取向

21 世紀初，許多學者對前述各理論的假設或立論基礎，持續發出質疑的批判，例如：這些理論與背後的價值觀是否放諸四海皆準？這些取

向似乎都忽視社會文化、經濟與政治因素對個體的影響，究竟何謂「真實」？眼中的真實才是真實？或是「意義」是如何被建構出來的？本節參考 Nelson-Jones（2006）及 Rigazio-Digilio（2001）之觀點，簡要介紹近二十年來興起、與兒童輔導工作較有關的後現代理論，分別包含焦點解決短期治療、多元文化模式及敘事治療（narrative therapy）。

壹、焦點解決短期治療

一、創始人與重要概念

　　此取向是從美國心理研究機構（Mental Research Institute）的策略學派家族治療逐漸發展而成（Corey, 2017），最早是由 Shazer 和 Berg 及其他治療師所發展，著重現在與未來，而非過去；不關心造成困擾問題的成因，或個案的診斷，而是著重個案想要解決的問題；對人性抱持樂觀的態度，認為人有能力解決自己的問題，不是病理取向，而是強調人的優勢；也因此，看重的是個案做得到的是什麼，或是困擾問題的例外在哪裡（何種情況下，困擾問題不會出現或是較少出現）。

　　焦點解決治療的處理原則包括（O'Connell, 2005）：東西／人如果沒有損壞，就不要修它／他；小改變能逐漸帶來大改變，如果這樣做有效，就繼續做下去，如果無效，停止再做；治療過程愈簡單愈好。

二、治療技巧

　　De Jong 與 Berg（2008）將此學派的過程分為以下步驟：(1) 請個案描述其問題，當個案回答治療師的問題：「我可以幫你什麼」或「你今天離開這裡時，想獲得什麼」時，治療師專注傾聽；(2) 治療師和個案盡快確定具體可行的目標，治療師問題可像是：「當你的問題解決時，你的生活將會有何不同」；(3) 請個案整理在哪些情況下，個案的問題不會出現或是比較不嚴重；治療師協助個案找尋問題出現的例外情境，重點是放在個案做了什麼（或是不做什麼），因此讓問題不出現；(4) 每次晤談結束，治療師摘要談話過程、鼓勵，並且建議個案在下次晤談前做些什麼或

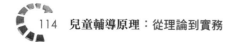

是觀察些什麼；(5) 治療師和個案一起用評量表評估治療的進展情形。

　　焦點解決治療強調平等的治療關係，相信個案才是解決自己問題的專家。治療師在採用以下治療技巧時，均須依個案的個別差異調整運用（de Shazer, 1985, 1988; Macdonald, 2007; Milner & O'Byrne, 2002）：

1. 治療前的改變

　　光是個案來預約，往往就是開啟改變的契機。初次晤談時，治療師會問個案：「你從上次打電話來預約到現在，做了些什麼，讓你的問題有所不同？」藉由個案的陳述，治療師可強化、突顯個案所做的任何些微努力，讓問題解決成為可能；這些改變都不能歸功是治療成效，因此讓個案對治療師的依賴降低，進而提高對自己問題解決能力的信心。

2. 例外的問題

　　在治療過程中，治療師常詢問個案這類問題，藉此，個案比較不會覺得問題無所不在，並可逐漸整理出自己擁有的優勢或資源，這又稱之為「改變的談話」（change-talk）（Andrews & Clark, 1996）。

3. 奇蹟的問題

　　詢問個案：「如果現在有奇蹟出現，你所困擾的這個問題突然消失，你怎麼知道問題真的解決了？整個狀況會有什麼不同？」藉著這樣假設性的問題，讓個案有機會化幻想於實際行動，實地演練一些正向行為，改變其知覺，繼而解決其問題。

4. 量尺的問題

　　針對較不容易目測或觀察到的一些經驗，如感受、情緒或溝通情形，可透過量尺讓個案更具體領悟與感受，例如：針對在班上很不快樂的個案，詢問以 0 ～ 10 來看，他現在在班上的快樂程度是多少（如回答：「3」），繼而詢問個案他怎樣能做到 3 的程度，以及要怎樣能夠讓自己從 3 變成 4；如果個案有所進展，也要跟個案討論，他做到什麼，讓自己的快樂指數有進步。透過此方式讓個案更能掌控自己的問題。

5. 問題外化

　　此技巧是協助個案將其困擾問題和他／她這個人分開，如此個案可以從比較超然的立場來看待其問題，並較能掌控問題情境，而非全然受限。舉例來說，小英對自己過度肥胖的身材感到困擾，治療師請她將這些多餘

的肥肉命名，她取名為「小惡魔」；治療師接著和小英一起討論她和小惡魔共處的情形，何時需要它，何時不想要？治療師常問的問題，例如：「你是什麼時候讓小惡魔跟你住在一起的」、「小惡魔通常都跟你說些什麼」或是「你曾在什麼情況下讓小惡魔遠離你一陣子」。

貳、多元文化模式

　　此模式並非特指某一個自成一格的完整理論架構，而是基於許多諮商與心理治療理論的背景是以白種人中產階級的男性為中心之思維所建立，忽略尚有其他不同文化背景的人。其基本理念是：(1) 個案的困擾問題要從整體的社會文化觀來檢視，社會文化要為其困擾問題負責；(2) 每個不同的文化都有其因應問題的有意義方式；(3) 歐美的諮商及心理治療是西方的文化介入方式（Pederson, 2003）。一些治療取向可能可以放諸四海皆準，但仍有許多治療方式不見得適用於每一種文化，因此助人者須敏感於自己所處的、所協助的個案所處之文化脈絡，了解個案所處的文化對弱勢族群的觀點、社會化歷程、特殊適合或不適合的處遇方式，並且抱持開放的態度，以面對來自不同文化背景的個案及其帶來的議題。

　　助人者須對自己所處的文化有所理解與覺察，理解自己的成長過程、自我認同發展情形、世界觀，以及看待他人的觀點。其次，更須對個案的社會文化脈絡有所理解與尊重，要了解身處不同文化者有不同的文化認同發展階段、自我發展，對人際關係、成功與失敗、家庭的看法，對時間、空間、財富、幸福，以及心理健康或困擾的定義，或是對諮商的期待等，均有不同。除了具備上述的開放多元態度，助人者亦需具備與來自不同文化背景的個案工作之技巧和能力。

參、敘事治療

一、創始者與主要概念

　　與焦點解決治療取向一樣，受到社會建構主義影響的敘事治療，主要是由家族治療訓練起家的 White 與 Epston（1990）發展，強調說故事本身即是人類溝通及創造意義的最基本方式。透過說故事，說者有意識與有目的地表達自身與該事件以及和外在世界的關聯，藉此也表達其情緒，並傳達出對此事件的道德判斷（McLeod, 2017, p. 298）。治療本身即具有社會建構的意義，所謂「治療主義」（therapeutism）是一種（治療師）主導性的論述（discourse）形式，藉以處理個案在主流文化中所面臨的困擾和衝突（Epstein, 1994）。整個意識形態的論述專注於個案的情緒困擾，承諾要把個案「治好」，同時也展現了如監視、規範以及對合宜行為的控制等社會角色。個體是社會建構之下的產物，個體所闡述有關自我的故事就是其對自己生活經驗的闡釋，個體持續在他人的眼裡自我監控著，因此治療師會運用反駁（counterviewing）或是治療信件活動（therapeutic letter campaigns）協助個案重新記得另一面的自我，亦即透過重新敘說自己的故事，讓個案不用活在過去這個故事的陰影中。

二、治療技巧

　　治療師會檢視個案故事中的場景、人物主角、反派角色、拯救者、劇情（可能跨情境）和主題，來分析個案的故事、了解其主要故事與替代故事（曾經發生過的其他故事）、較佳的故事、找出個案故事中讓個案或其周遭人士苦惱的狹隘描述（thin descriptions），例如：個案愛打架、說謊、偷竊或是來自失功能家庭等，與個案重寫其生命故事，轉換故事的主軸線變成豐厚（thick）的描述。

　　治療師藉著說故事與重新說故事來協助個案，治療歷程包含定義問題、確定困擾問題造成的影響、衡量問題造成的結果、確認獨一無二的結果等任何與原本支配性故事不同的想法、行為、感受或事件，以及重新說故事。治療師在此過程中：(1) 協助個案將這個讓其困擾的故事和自己切

割開來；(2) 協助個案去挑戰這個幾乎快要征服或淹沒他／她的故事；(3) 鼓勵個案根據替代性故事與較佳的故事，重新書寫自己的故事。

　　運用「將問題外化」的技巧，因此治療師不說「你變得很憂鬱」，而是「憂鬱攻擊你的生活」，藉此讓個案更能掌控自己的困擾問題，解構其內在負向的自我認定，更被賦能，及至可以重新建構或重新當作者。

　　其他技巧包括治療師頒發證書給個案，例如：「恭喜從焦慮畢業」，或是撰寫治療性的信件（由治療師或個案或兩人合寫信件，或是請個案在乎的人書寫信件給個案，或是請個案寫給其所在乎者，內容可包含前一次晤談到下次晤談間治療師想說的話、回顧治療歷程、個案達到的目標、對問題的命名，或回應晤談中的提問等）。McKenzie 與 Monk（1997）認為，一封好的信件可以抵得上五次的晤談。另外的技巧如外圍的目擊者（outsider witness），是指治療師邀請個案的親朋好友或曾經有類似困擾問題的前個案，到諮商室不發言地觀察一次的治療，結束後，治療師訪談這位目擊者，不是對剛剛的治療歷程做評論，而是分享在剛剛觀察的歷程中所浮現的畫面或句子，以及這個過程帶給其生命經驗的影響，之後治療師再邀請個案分享聽著這位目擊者分享時，他／她腦海浮現的畫面或字句，整個過程雙方都受益，但是對個案而言收穫更多，個案會覺得自己並不孤單，且目擊者亦能進一步分享個案如何解構與重新建構其故事。

三、對兒童輔導工作者的啟示

　　本節介紹的後現代主義，強調從個案的觀點來看其所處的世界，重視個體的主體性，將個案的困擾問題和自己這個人分開，強調要從整體環境脈絡來了解兒童，以及輔導工作者要能了解與尊重多元文化，而非純然以自己的世界觀或價值觀來看待兒童及其所處的環境。古今中外任何文化的兒童都喜歡聽故事與說故事，透過口說故事、角色扮演、繪本、表達性媒材、牌卡、黏土或創造性材料，治療師可邀請兒童敘說自己或他人的故事，藉此治療師可以了解兒童所經歷或幻想的一切內在經驗，展現兒童的復原力，解構生命故事，再重新成為自己新故事的主人。

第三節　認知神經科學

　　近二十年來，神經科學的研究一日千里，神經影像學的研究讓神經科學家能將個體的心智狀態和人格特質與大腦結構或形態加以連結（Linden, 2006）。人類的所知、所感、所行、所苦與所下的決定，都和神經元、突觸及其運作歷程有關，甚至如腦神經科學家 LeDoux（2002）所言，「你就是你的突觸，你突觸的整體就代表著你」（p. 324）。神經科學家涵蓋各種專業，如實驗神經科學、發展性神經生物學、計算機神經科學及心理學，主要在探究神經系統的分子和細胞層級、負責感官知覺和動作功能的神經元系統，以及如認知和情緒等高層次運作的基礎（Jones-Smith, 2021, p. 521）。

壹、主要概念

　　神經科學的發展，可視為一個新典範的移轉，將原本對人類認知、情緒和行為的了解，又拓展到從腦神經領域來了解不同心理學家所強調的概念，例如：潛意識、依附關係、行為的學習或創傷，甚至改變心理病理觀、個案概念化及治療方式。

　　位於大腦邊緣系統的杏仁核負責掌管情緒，也是大腦用來解讀外界訊息的重要部位。若杏仁核判斷外在刺激有威脅性，就會啟動「反擊、凍結或逃跑」模式（fight-freeze-or-flight），以利隨時因應。有諸多研究證實，年齡愈小且愈長期受到身心虐待或創傷之倖存者，亦即童年逆境（adverse childhood experiences, ACEs）兒童，其生活環境讓兒童常處在充滿壓力和警覺的狀態——兒童須時時保持警戒，觀察周遭是否有危險或威脅；因為長久一直處於恐懼害怕的高壓情境，其杏仁核已經無法判斷外界訊息是否真的具有威脅性，因此容易草木皆兵或過度麻木，也因為其右邊大腦皮質區的皮質血流量會增加，導致負向的思考迴路，無法穩定調節壓力或焦慮反應，因此容易導致恐慌、焦慮或憂鬱（Frodl et al., 2010）。

兒童若長期處於過度警覺的情境，不只是對大腦皮質前額葉造成影響，也會影響眼眶額葉皮質（orbitofrontal cortex, OFC）的活化（van der Kolk, 2003）。OFC 是一個與學習、問題解決、調節杏仁核活化、解讀社交行為線索與情緒有關的重要部位，童年逆境會影響 OFC 的功能，像是無法適當地調節杏仁核，導致兒童出現情緒調節受損或是暴力行為。在創傷環境下，杏仁核不斷活化亦會影響大腦海馬迴的發育（Teicher et al., 2002），進而影響到短期記憶、言語記憶、情境依賴式記憶，以及情緒和壓力的處理。

　　從這些神經科學的研究結果不難看出，個體的成長經驗會對其大腦所掌管的認知、記憶、情緒、語言等功能造成極大影響，這與本章所提學齡前兒童性心理發展或依附關係的品質均有關聯，若兒童有童年創傷之經驗，腦神經科學家的研究顯示，其大腦的神經可塑性（neuroplasticity）──亦即其大腦一生都會異於沒有創傷經驗的人，透過心理諮商、遊戲治療、以創傷為焦點的認知行為治療（Trauma-Focused Cognitive Behavior Therapy, TF-CBT）之介入，讓兒童有矯正性的經驗，再加上良好的飲食、睡眠、運動、生活習慣、人際關係、愛與關懷、正向思考等，均有可能讓兒童重拾歡顏，願意再信任這個世界。

貳、對兒童輔導工作者的啟示

　　這些神經科學對大腦及相關功能的研究結果，讓家長、教師及助人者更重視幼兒時期的照護品質，更注意兒童有無曾經或正在受到創傷經驗，必要時提供適當的協助，重塑兒童的大腦神經連結。

關 鍵 詞

- ✦ 行為與認知行為取向
- ✦ 行為學派與社會學習論
- ✦ 認知與認知行為學派
- ✦ 現實治療
- ✦ 後現代取向
- ✦ 焦點解決短期治療
- ✦ 多元文化模式
- ✦ 敘事治療
- ✦ 腦神經科學

問題討論

1. 請說明行為與認知行為取向之主要概念及其對兒童輔導工作者的啟示。
2. 請說明後現代取向之主要概念及其對兒童輔導工作者的啟示。
3. 請說明腦神經科學理論之主要概念及其對兒童輔導工作者的啟示。
4. 本章介紹的諸多理論中，對你最有幫助的理論是（些）什麼？為什麼？
5. 本章介紹的諸多理論中，你認為最適用於國小低、中、高年級的各是哪個（些）理論？為什麼？

第六章

兒童諮商的歷程與技術

王文秀 ///

　　許多兒童輔導工作者在工作時常碰到的困境，包含如何將書本的理論融合成自己的風格，再實際運用於真實的個案；當諮商工作碰到瓶頸，如何覺察並處理；如何結案；整個諮商歷程的起承轉合應如何進行；如何協助有特殊困擾（例如：選擇性緘默，或是目睹家庭暴力）之兒童；某些諮商技巧運用在兒童身上，有無需要調整之處；或是和家長及教師的諮詢過程要注意哪些事。本章探討影響個別諮商歷程與效果的因素，介紹兒童諮商之歷程，以及常用之兒童諮商技巧，包括運用不同媒介之輔導策略。

第一節　影響諮商歷程與效果的因素

　　個別諮商牽涉的是有個別差異且複雜之個體，因此在探討諮商歷程時，不能單獨只看某個面向，例如：個案的問題，必須同時考慮一些因素，以及這些因素的交互作用。本節主要討論諮商情境的一些因素，例如：諮商師之特質、個案之特質、雙方所處情境之特質，以及雙方之關係等，至於與個案有關的，如其家庭、學校、社區或所處的社會文化等較大的脈絡因素，則只是簡要提及，另在本書其他各章探討。本章之諮商師、輔導人員、助人者等名詞交互運用，亦包含專／兼輔教師。

壹、有效諮商師之特質

　　諮商師與個案之互動相當複雜，包括雙方之成長經驗、態度、需求、價值觀及信念，不同的是諮商師具備助人的專業知能，而個案則是帶著令其困擾的問題主動前來或是被轉介而來求助。由於諮商是「人對人」的工作，是一種密集的互動歷程，因此除了技巧的運用是否純熟之外，對諮商效能更有影響的是諮商師的人格特質（Hackney & Cormier, 2008），尤其其所表達出來的關懷之心（caring），更具關鍵。

　　助人者在「知己」方面，要能自我了解與覺察、真誠一致、客觀開放、心理健康、有吸引力與值得信任；在「知彼」方面，則是對個案所處的文化深具敏感度，也具備足夠的知識和技巧。除此之外，需具備的專業性包括能夠對自己及個案負責、遵守專業倫理與法律規範等。

　　兒童助人工作者如本書第三章所強調的，要能夠不斷省視自己的價值觀及助人動機，了解自己在諮商工作中是扮演價值中立的催化者，或是負有教化使命的教師？對兒童的生理、動作技能、認知、社交、道德與情緒發展是否具備足夠之概念？對「兒童」這個特殊族群持的態度與信念為何？是否相信「兒童有能力為自己做決定」？是否能與兒童的外圍系統（如家庭或學校）合作？是否能夠以兒童能理解的語彙及肢體動作與兒童溝通？這些均是有效兒童助人工作者具備的特質與知能。

貳、個案之特質

　　諮商師理應對個案一視同仁，但是從實際生活經驗或從心理學的研究均發現，人與人接觸之第一印象會影響彼此的關係。以個案而言，最受諮商師歡迎的個案是「YAVIS」的個案，即年輕（young）、有吸引力（attractive）、口語表達力強（verbal）、聰明（intelligent）、成功（successful）（Schofield, 1986）；而較不受諮商師喜歡的個案如「HOUND」（意指野狗），即是平凡無奇（homely）、年紀大的（old）、不夠聰明（unintelligent）、不擅言語（nonverbal）、有缺陷或愚蠢的（disadvantaged or dumb）（Allen, 1977）。

這些描述或許太過現實或殘酷，但這些外在特質的確有可能影響諮商師，進而影響諮商關係與效果；助人者須誠實檢視自己最喜歡或最不喜歡的個案類型，如此才有助於覺察並處理自己的反移情。較不討好的個案，如外表邋遢、沉默、調皮、充滿敵意或愛說謊的個案，其成長環境也許更不利，在其成長過程中，他們學習到必須以這些行為模式保護自己不受傷害，因此更須周圍的大人理解與包容接納，讓兒童在溫暖安全的環境下重新學習與他人的應對方式，以及更接納及珍惜自己。諮商師宜多培養自己對人的敏感度及開放性，不以主觀的刻板印象來評價所面對的個案。

　　自願或非自願個案的特質亦不盡相同。前者動機較強、體認到自己有一些困擾想尋求協助，但即使如此，由於個案往往不認識諮商師，常有「既期待又怕受傷害」之矛盾情緒，既期待諮商師能有效解決其所困擾問題，又擔心須在諮商師面前自我剖析；或擔心自己的問題會不會太嚴重，連諮商師都解決不了，或是太不嚴重，會耽誤諮商師的時間，或是怕被嘲笑這麼簡單的小事都要來求助，或是擔心自己說的秘密會被諮商師洩漏！

　　至於非自願個案，除了可能有前述自願個案的疑慮外，更多的情緒是不滿與抗拒，尤其是被法院、學務處、導師或家長強制送來接受輔導的個案，對輔導人員常充滿敵意，可能採取不合作或陽奉陰違的消極抵抗等態度。有的個案會認為真的有問題而須接受諮商的，應該是他人（如其同儕、老師或父母）；有的兒童很擔心跟諮商師談到家裡的秘密，是對家人不忠；若提及自己被性侵的經驗，是違背對性侵者的承諾（曾經被迫發誓不可把這些秘密告訴他人），擔心會受到懲罰。這些抗拒或疑慮，均可能影響個案在諮商過程中的開放程度，進而影響諮商關係與諮商效能。

　　許多兒童在諮商初期會有些抗拒（Thompson & Henderson, 2007），可能是因為對此情境或人員陌生，亦可能是大人傳遞錯誤訊息或態度（你有問題，所以要去找○○老師談一談）；兒童常問的問題，例如：諮商是什麼？為什麼我要去那兒？我做錯什麼事？去那兒是被懲罰嗎？我是不是有問題？爸媽認為我哪裡有問題嗎？他們還愛我嗎？我朋友會不會以為我有問題？他們發現我來這裡，會不會嘲笑我？像去看醫生打針一樣嗎？要去很久嗎？我什麼時候可以回教室？會不會影響我下課（或上我喜歡的課）？如果我去了不喜歡，還得再去嗎？在那裡我應該說什麼或做什

麼？我如果說錯話要怎麼辦？我應該說我家人的壞話嗎？那位諮商老師會把我說的話告訴他人嗎？那位老師能讓我爸媽不再吵著要離婚嗎？這些均須助人者敏感的辨識及因應。兒童表達抗拒的方式，例如：拒絕說話、拒絕說出較有意義或較重要的話、否認自己有問題、言不及義、避免眼神接觸、遲到或缺席、表達負向的身體語言或言出不遜，或是以肢體語言表達拒絕（如躲在某家具後）。

　　另一個助人者常須面對的問題是決定「誰是我的個案」，例如：一位母親將 7 歲孩子帶到諮商師面前，陳述孩子諸多不適應症狀，如尿床、咬指甲、說謊及偷竊等。詢問之下，諮商師得知兒童之父母長久婚姻失和，父親常毆打或辱罵母親，近日雙方在爭取離婚後對孩子的監護權。談話中母親不斷自責啜泣，但又責備孩子不懂事，讓其在校方、職場及家庭間疲於奔命。在此情況下，諮商師要協助的究竟是施暴的父親？無助的母親？或是受害的孩子？不同個案代表不同的處遇方式，若諮商師決定將孩子視為自己的個案，母親為協助個案者，諮商師可建議母親尋找其他專業協助（如法律及婚姻諮商），但諮商的焦點仍應放在孩子身上。

參、情境特質

　　雖然諮商工作不論何時何地均可進行，但是一些物理環境的安排對諮商進展會有幫助。較有催化作用之諮商空間安排，包括場地不受外界干擾、安靜、隱密、燈光照明及座椅安排均是舒適溫暖；牆壁的色澤、壁飾或桌子的擺設均較溫馨，但又不會讓雙方分心。

　　對兒童個案的環境安排，以下參考 Thompson 與 Henderson（2007）及實務工作者的建議說明。為避免兒童太過分散注意力，空間不要太大也不宜太小，有的小學以特教班的知動教室（約一間普通教室大小）作為個別諮商場所，且放置許多感覺統合或訓練特殊兒童之設備，個案在裡面很容易受到這些設備的干擾而分心，且空間太大，個案較不易快速建立起對環境的安全感；若個案想要逃避或挑釁諮商師，則有太多角落可以躲藏，甚至在裡面跑動，讓諮商師疲於奔命；若是空間太狹窄，可能會讓彼此都有拘束感。一般而言，適宜的空間大小約是一般教室的四分之一大小。

　　有的學校受限於空間，只有一間「多功能」室，同時作為個別諮商、團體諮商、志工訓練、圖書室、遊戲治療室或個案研討會等場所。在此情況下，諮商師仍可設法隔出一個適當大小的空間作為個別諮商室，例如：用屏風、書櫃、收納箱或在地上鋪地毯或巧拼，藉著有形的邊界，形成專屬的諮商空間。若須藉助某教室一角，則應注意通風與隱密性，可在門口懸掛「使用中，請勿打擾」的牌子，必要時可帶些溫馨的海報懸掛；若必須在室外，盡量安靜、隱密，勿有太多吸引孩子的遊樂器材，除非目的即在引發孩子的活動性（如打籃球邊投籃邊聊、邊盪鞦韆邊聊）。若無法找到理想的個別諮商室，亦須因地制宜，例如：利用團體輔導室、空教室、圖書館、樓梯口底下的一角或操場，但仍須注意隱密及不易讓兒童分心。

　　諮商室不宜太靠近學校行政單位或教室（以免相互干擾），室內宜安靜不被電話、手機或其他人出沒之干擾，諮商室內的布置不被色彩太鮮豔、會移動的物品、滴滴答答的鐘聲或水族箱的魚或水聲所影響。

　　為了表達尊重，家具應是讓大人和小孩均舒適為宜，諮商師不宜坐在桌子後面（易被視為權威人物），雙方之間盡量不要有桌子或其他擺設阻礙；通常諮商師及兒童之座椅成 90 度，座椅是兒童的腳可以著地的高度，大小適中，不會令其坐立不安。雙方之視線是平行接觸，而非諮商師高高在上；兒童最好不要坐在有輪子的椅子上，以免若不想談話，常會無限旋轉座椅或不斷前後滑行，除了不安全，也會讓諮商師被影響；諮商師可面向門口，較能掌握門外的狀況，兒童也較不受外面干擾。諮商室可鋪設地墊，或放置一些玩偶、娃娃屋、玩具、媒材或軟墊，讓孩子覺得舒適自在，亦可用來當作談話的媒介，要注意孩子會不會對這些東西過敏。

肆、助人關係

　　良好的諮商關係可發揮四個功能（Hackney & Cormier, 2008）：(1) 為個案創造出信任、安全與溫暖的氣氛，降低其焦慮與壓力，進而願意坦誠面對自己的困擾問題；(2) 可提供個案探索或表達強烈情感的管道，在此安全的氣氛與關係下，個案較能勇敢探索，並表達出內心的強烈情緒，進而有較佳的自我掌控感；(3) 讓個案經驗到良好健康的人際關係，有矯

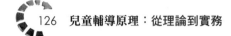

正性的情緒經驗，也因為此讓個案能進一步嘗試運用到其真實的人際關係上；(4) 促使個案有勇氣與動力去開展其他的關係。

　　Corsini（2008, pp. 8-9）提出造成個案在個別或團體諮商改變的九個治療因素，分別是：認知因素：(1) 普同感；(2) 洞察；(3) 示範作用；情感因素：(4) 感覺被諮商師或團體成員無條件尊重與接納；(5) 利他主義；(6) 情感轉移；行為因素：(7) 在真實情境的試驗；(8) 宣洩情緒；(9) 互動。這些因素均有助於個案的改變。

第二節　兒童諮商的歷程與階段

　　兒童個案因為前述的特質不易求助，諮商師要對諮商歷程有所理解與掌握，才能適時協助。兒童諮商的完整流程如圖 6-1 所示（Geldard & Geldard, 1997），大致包含初期診斷、進行諮商、納入兒童周遭之重要人士，以及結束時回顧評估諮商效果等重點。以下簡要說明。

壹、初期診斷

　　諮商師會接到來自家長、教師、社會服務機構或是司法、醫療單位的轉介通知。諮商師除了透過晤談、觀察或診斷評估工具等，蒐集有關個案的相關資料，也要和家長（或監護人）接觸，了解其對個案的看法及期望。諮商師在此階段形成暫時性的假設，並安排與兒童的正式接觸。

　　此階段所蒐集的資料，通常包含兒童的基本資料、主訴問題、認知、行為、情緒、語言與動作的發展情形、文化背景、所處的環境、目前的生活情形、家庭、健康與醫療史、學業、在校的人際關係等，藉此逐漸形成初步的假設。

　　諮商師對轉介單位的陳述要保持客觀中立，轉介者對個案或許已束手無策，因此對其描述可能只是站在他們無助、憤怒的立場。諮商師與轉介者，或是兒童的師長接觸時，除了傾聽轉介者的敘述，同理其在照顧兒童過程中的辛勞，亦要了解並溝通其對兒童的期待、對兒童困擾問題的看

圖 6-1 兒童的治療歷程

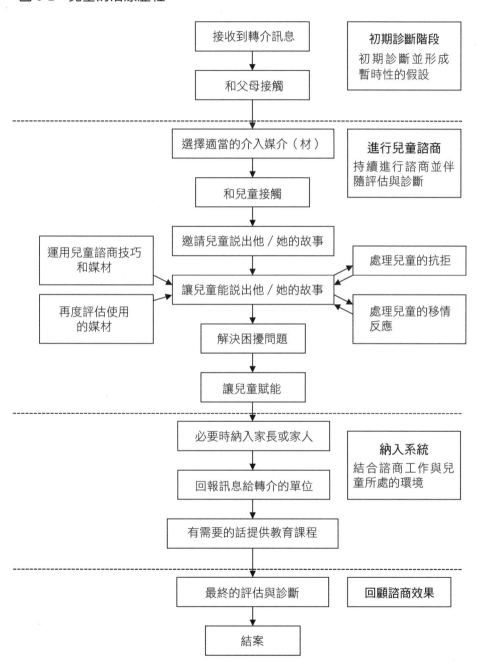

註：引自 Geldard 與 Geldard（1997, p. 36）。

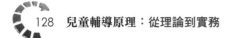

法、曾經嘗試過的有效或無效策略。此外，也要跟轉介者大致說明未來的諮商重點或方向、保密的原則與例外，以及轉介者需配合之處。

貳、進行諮商

諮商師依據前面蒐集到有關兒童的資訊，根據其主訴問題，以及年齡、性別及身心發展階段，決定採用哪些媒材和進行方式，例如：以個別諮商為主，或是遊戲治療、圖書治療，或是以團體諮商為主等。諮商師可先跟家長晤談，再跟兒童單獨工作，隔一陣子之後，再與家長進行諮詢，如此較能了解與協助兒童在諮商情境外的情形。

初次晤談時，為了降低兒童對諮商情境的陌生與焦慮，諮商師可帶領兒童與家長參觀個別諮商場所，同時對兒童進行場面構成，讓兒童對諮商師、諮商的進行方式，以及保密的原則與例外等，均有基本的理解。

在諮商過程中，諮商師透過各種媒材、諮商環境的鋪陳，以及諮商師的同理、接納態度，讓兒童有機會逐步表達出自己經歷的故事，展現各種正向或負向情緒，能夠統整自己的思考，整理過去有效或無效的行為模式，進而嘗試解決困擾問題。諮商最終目的是讓兒童自覺有能力、有自信去面對並處理往後的各類問題。整個諮商過程中，諮商師要能處理兒童的抗拒以及對諮商師的移情反應。

參、納入系統

兒童受限於年齡與發展程度，且身處各系統中，很難忽視各系統對其的影響力，因此諮商師必須將兒童所處的家庭、學校或養護機構等，納入整個諮商計畫，要定期或不定期與轉介單位聯繫，在不違反保密原則的前提下，提供兒童進展或是所需協助的資訊給轉介單位，從生態的觀點來進行個案輔導；必要時提供心理、教育相關課程或資訊，提升兒童的因應能力，以及讓周圍的人了解要如何有效與兒童相處。

肆、回顧諮商效果

　　諮商師、兒童與轉介單位一起評估兒童目前的適應情形，是否須進一步的介入策略或轉介至其他單位，和兒童回顧整個諮商過程及諮商效果，進行結案，之後再進行追蹤輔導，了解兒童之適應情形。

　　整個諮商過程的起承轉合，不一定依照這樣的流程。舉例來說，有的個案可能得先跳過初期蒐集資料的過程，直接進展到諮商工作，或是家長無法適時發揮照顧者之功能，這時諮商師即需採取別的介入策略（例如：請社工人員介入）；亦即諮商師以兒童為焦點，著重發展良好諮商關係，且能針對兒童的狀況彈性介入，才能對兒童提供最適切的服務。

　　Geldard 與 Geldard（1997）所介紹的是跟兒童工作時的大致流程，以下將兒童諮商歷程分為初期、探索期、工作期與結束四個階段，每個階段分別探討各階段之特色、個案之可能感受和體驗，以及諮商師任務。

一、初期

　　諮商初期，若個案是主動求助，諮商師對其主訴重點及目的均不清楚，因此晤談時除了積極專注傾聽其敘述，有時亦要與個案進行澄清，例如：「剛剛你提到老師對你的誤會，其他同學不斷嘲笑你，甚至爸媽也懷疑你偷錢，不知道你來找我，主要是想針對什麼來談。」藉此釐清諮商師是否能真正幫助個案，以及諮商進行的方向。

　　若個案是被動而來，多半心中會充滿疑惑（「為什麼找我來談，我是不是有問題」），甚至抗拒，認為自己的隱私權及自主性皆受到挑戰，亦擔心別人會如何看待他／她這個「問題學生」。諮商師最好能以正向且坦誠的態度說明邀請個案來之目的，例如：「你的導師很關心你，他向我提到你上課的一些行為，像不斷踢前面同學的椅子，讓他很困擾，如果你願意的話，我想跟你聊聊你對這些行為的看法。」

　　諮商師在初次晤談時，可依照個案之情形採取下列二者之一的態度。第一種是以蒐集資訊為主（Gladding, 1992）的晤談，以諮商師為主，主要在藉由一些技巧或診斷工具蒐集有關個案及其問題之資料，以評估是否繼續接案、如何進行或轉介。以此方式晤談時，常用的技巧如探問，即以

誰、何時、何地、如何或什麼事等開放性的問題來對談，例如：「你第一次不想上學是什麼時候，當時發生什麼事？」另外的技巧，如封閉式問句（例如：「你最近有沒有尋死的念頭或行動」）、澄清（例如：「有關你當幹部當得很洩氣的事，能不能再多跟我說一些，好讓我了解」）。

另一個方向則是以關係為主的初次晤談，以建立關係為主，蒐集資訊為輔，諮商師常用的技巧如簡述語意（例如：「你是說第一次被同學勒索時，你怕他們真的報復你的家人，所以不敢聲張，但是現在很後悔這麼做」）、情感反映（例如：「這麼漫長的路都是你獨自撐過來，你現在覺得很無力、很孤單」）、反映非口語訊息（例如：「我注意到每次你提到父親，嘴角就往下垂」）。這些反應純粹表達對個案真誠的關心並鼓勵個案暢所欲言。此階段諮商師亦須評估其能力是否可接此個案或應予轉介。

諮商初期，若個案因為對此情境陌生而焦慮或抗拒，諮商師可以提供個案明確的指引，即「場面構成」，例如：諮商大致進行的流程、個案不願來談的後果、收費標準等，讓個案安心而進入諮商情境。

諮商師親切的態度、不花俏的衣著打扮、就兒童有興趣之主題或輔導室（處）內之擺設、圖書與玩具等拉近彼此的距離等，均有助於打破彼此間的僵局。通常初次晤談時，諮商師可以蹲下來到兒童的高度，或是彼此坐下，亦可從個案的穿著打扮切入（例如：「你今天穿的衣服有小熊維尼的圖案，看起來很可愛」或是「你的這雙鞋子好酷，樣子很別緻」）。

二、探索期

諮商關係建立後，諮商師接著協助個案對自己及對其困擾或被轉介過來之問題有更深了解。諮商師此階段之角色轉為積極主動，除了仍是專注傾聽及觀察個案之口語及非口語訊息外，亦要開始評估個案之狀況，例如：個案的人格特質、適應及不適應行為、挫折容忍度、問題解決能力、支持系統之強弱、助力及阻力，或是依理論架構來評估其困擾情形。

諮商師在此階段常用之技巧，除了前述之同理、具體與引導等之外，尚有解釋、面質與立即性，甚至在雙方對個案問題有更新或更深一層體認之後，要再重新界定契約或諮商目標。諮商師在此階段更要小心不介入自己之價值判斷，且不宜過度投入個案之困擾中。

由於此時期已逐漸進入工作階段，諮商師往往會碰觸到個案之盲點或脆弱之處，個案很可能想逃避或否認，甚至抗拒諮商歷程。許多個案原本即知自己困擾問題之癥結，只是不願承認，或是其實帶著這些困擾問題（如過度肥胖），可讓其免於面對其他更深沉或痛苦之問題（如人際關係不佳）。諮商師在此階段對個案真誠的關懷，配合自己的專業知能，對個案的協助即在為其因循已久之行為模式，重新開啟另一扇希望之門。

　　若個案難以用口語表達困擾問題，諮商師亦可藉助其他工具（如「行為問題量表」、「語句完成測驗」、「屋—樹—人測驗」等）或媒介（如繪畫、布偶、黏土或玩具等）來協助兒童。

三、工作期

　　此階段與探索期有時會重疊，諮商雙方已建立良好的工作關係，諮商師對個案之困擾問題已有足夠了解，個案亦有意願面對並克服其困擾問題，諮商師逐漸形成假設並與個案一起擬訂處遇之計畫。沒有任何一套諮商策略適用於所有個案，不同理論或技巧對不同個案、問題或諮商目標均可能有不同效果，諮商師須先了解自己的風格、理論、對個案改變歷程之看法，且能妥善運用諮商理論或介入策略，才能協助個案。

　　諮商策略大致可分四大領域：認知、情感、行為，以及以關係或系統為主。不同理論與策略各有其特色及限制，諮商師在運用時，宜考慮個案之問題性質、個案特質（例如：以認知思考為主的個案，可由認知學派切入）、諮商師風格等方面，決定適當的介入方式。

　　個案在此階段之心情亦相當複雜。許多個案一開始求助時，對諮商師或許不抱期望，另一方面又期盼諮商師能助其突破困境。諮商師的介入可能會讓個案再度燃起希望，但有的個案努力改變，得到的結果反而對其不利（例如：個案變得很用功，反而被其他同學嘲笑是「乖寶寶」而疏遠之）。個案因此會沮喪退縮，懷疑自己是否有可能改變。因此，諮商師可對個案心理建設，協助個案看到其努力成果以肯定其付出。此階段是做決定與承諾改變的階段，個案往往會經歷許多痛苦和掙扎；有時原來的行為雖然是不良行為，但弔詭的是有其好處（例如：兒童雖然因為不斷干擾教室秩序而受罰，但因此而得到老師與同學的關注），因此諮商師與個案在

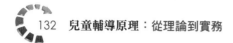

討論到改變的可能性時，要將這些因素也列入考慮，才能事半功倍。

　　若個案能順利渡過此階段而邁入結束，一些個案會擔心自己是否真的有能力單飛？以及未來若再遇困難，該如何求助？諮商師的因應，例如：讓個案將其在諮商中所學的，運用到現實情境，且讓個案知道，造成其有所改變的，主要是個案自己的功勞，而非諮商師或其他人。

四、結束

　　此階段若處理得宜，可讓兒童學習到如何與一個陌生人建立關係及至終結關係，同時學習如何統整現階段所學，再帶著這份學習經驗與新習得的技巧、想法重新回到現實生活。這對兒童而言，是一種肯定，甚至也能修復其成長過程中被忽視或被拋棄的不愉快經驗。過早結束會讓兒童因頓失所依而有悲傷、不捨、憤怒，甚至退化等現象；遲遲不結束亦可能讓兒童以為自己的困擾問題很嚴重，或是逐漸產生依賴諮商師的心理。

　　Hackney 與 Cormier（1988）提出四個最佳終結時間的考慮因素：首先是看當初雙方是否有建立契約，論及何時或在何種情形下結束諮商關係；其次是看兒童是否已在諮商過程中獲得其想要達到的目標；再來是看雙方對諮商過程的看法，若至少一方認為諮商對兒童並無助益，甚至有害，則應慎重考慮結束或轉介；最後則是考慮是否有不可抗拒之因素，例如：兒童畢業、轉學、休學、諮商師離職或工作負擔過重等。

　　在處理有關終結的議題時，諮商師要了解不同發展階段的兒童對「分離」的認知概念亦有所不同，例如：低年級的分離焦慮可能高於其他年齡層的兒童；其次是在諮商初期，諮商師即應針對兒童之待處理問題，盡可能與兒童一起決定大約要談幾次，以及決定諮商目標。由於兒童對時間的觀念尚未發展成熟，在諮商快結束的前幾次，諮商師即須逐漸提醒兒童「再過 X 次即要結束」，藉此觀察並處理兒童對終結的情緒反應。

　　最後一次晤談時，雙方可共同回顧整個諮商過程，整理兒童的成長經驗及處理未完成的事，提醒兒童在結束諮商後，回到現實生活可能面臨的困境及可採取的因應之道，並提醒兒童若未來有必要，可再回來找諮商師或是尋求其他專業協助，同時亦要告知兒童之家長或導師諮商已經結束，以及他們後續可為之處。整個諮商過程結束後數週或數月，諮商師可用信件、電話或面談的方式進行追蹤輔導，以了解兒童之適應情形。

第三節　兒童諮商技巧

　　諮商技巧是達到諮商目標的工具，諮商師除了熟悉各諮商技巧之意義、使用時機、表達方式及限制外，更須基於對個案之了解靈活運用，以發揮助人效果。諮商技巧可依不同之系統予以不同分類方式，例如：分為口語及非口語、建立關係或終結的技巧，或依不同理論而發展之技巧等。以口語及非口語技巧而言，Okun 與 Kantrowitz（2008, p. 31）歸納有效與無效的口語及非口語行為，分別如表 6-1 及表 6-2 所述，從這些技巧可看出諮商師展現的溫暖、專注及包容，或是拒絕、貶抑與不信任等態度。

表 6-1　有效的助人行為

口語行為	非口語行為
・使用個案能理解的語詞	・維持良好的眼神接觸
・能反映並澄清個案的陳述	・偶而點頭示意
・適當的闡釋	・臉上表情生動
・為個案做摘要	・偶而微笑
・回應主要的訊息	・偶而有手勢
・運用口語助詞，例如：「嗯哼」、「這樣啊」、「我了解」	・靠近個案
・用個案希望被稱呼的名字來稱呼他／她	・說話速度適中
・適度地提供資訊	・身體略向前傾
・適當地回答有關自己的問題	・適時偶而與個案有肢體接觸
・偶而運用幽默來化解個案的緊張焦慮	・保持放鬆、開放的身體姿勢
・不批判且尊重個案	・保持放鬆、開放的身體姿勢
・讓個案對諮商師的陳述增加更多的理解	
・用假設性的方式提出闡釋，讓個案有機會真誠給予回饋	

註：引自 Okun 與 Kantrowitz（2008, p. 32）。

表 6-2　無效的助人行為

口語行為	非口語行為
・打斷個案的話	・眼神注視其他地方
・給忠告或建議	・坐得離個案很遠或背向個案
・說教	・輕蔑嘲笑的態度
・不斷安撫	・皺眉
・責備	・表情慍怒、陰沉
・阿諛奉承	・嘴唇緊閉
・強烈說服	・猛搖食指
・連續質問或刺探，如問「為什麼」	・表情是分心的（心不在焉）
・引導、要求	・打呵欠
・擺出以恩人自居的態度	・閉上眼睛
・過度闡釋	・令人不舒服的語調
・用個案聽不懂的話或專有名詞	・說話速度太快或太慢
・離題	・動作急躁
・過度理智化	・不斷重複看鐘或看錶
・過度分析	・手裡甩著筆或筆蓋
・談論太多關於自己的一切	
・貶抑個案或不相信個案	

註：引自 Okun 與 Kantrowitz（2008, p. 32）。

　　本節將諮商技巧分為催化性、挑戰性及行動性三大類，除簡要說明每一類技巧之意義與使用方法，亦列出一些練習題供讀者練習。本節並簡要介紹一些其他輔導媒介，以更有效地進入兒童的內心世界。

壹、催化性技巧

　　此類技巧藉由諮商師口語及非口語的方式，表達對個案之尊重、接納與關注，再藉由澄清及引導等技巧，幫助諮商師更了解個案及其主訴問題，並協助個案理解自己的困擾癥結。以下是常用之催化性技巧。

一、場面構成

　　此技巧是指諮商師在諮商的任何階段，透過言語讓個案知道有關諮商的歷程或結果之相關資訊（Patterson & Welfel, 2000），內容涉及諮商的性質、情境、限制、目標、進行方式、付費方式、可達到的目標，以及可能要付出的風險或代價等，讓個案及其他人對諮商有正確的了解與期待，如此也有助於諮商的進展。

　　諮商初期的場面構成可能依個案的年齡或背景有所不同，大致包括未來預計要進行的次數、頻率、進行的時間（星期幾的幾點到幾點）、地點、預期目標、進行的方式、期待個案做到的、遲到或缺席的處理方式，以及保密原則與例外等，至於諮商後期的場面構成，主要包括再度重申保密的議題、確定時間架構、提醒個案有關諮商歷程的性質、諮商雙方的角色定位、整理迄今個案的進展，或讓個案知道諮商已經進展到下一個階段（Patterson & Welfel, 2000）。

〔練習一〕
★請寫下針對一位四年級男童，在第一次諮商時，你會跟他說的內容。
　你的內容：＿＿＿＿＿＿＿＿＿＿＿＿＿＿＿＿＿＿＿＿＿＿＿＿

二、觀察

　　對兒童真實而深入的了解，始於諮商師抱持開放不預設態度的觀察。諮商師可運用參與或非參與的觀察，了解兒童的外表、穿著打扮、表情、行為模式、情緒狀態、認知發展、口語表達、人際應對的情形（Geldard & Geldard, 1997）。雙方開始接觸後，諮商師可觀察兒童對於諮商師、諮商情境、媒材、諮商過程所抱持的態度與表現。這些觀察有助於諮商師形成對兒童較為客觀的知覺，再據以進展諮商關係與發揮諮商功能。

三、專注

　　諮商中的專注技巧有助於個案繼續談下去，且諮商師同時示範諮商中

的合宜行為、傳達對個案的尊重，以及增加諮商師對個案的洞察（Austin, 1999）。Egan（2014）將專注與積極傾聽（active listening）加以區分，專注是指透過生理或心理層面，主動積極地與個案同在；積極傾聽則是指諮商師能捕捉並了解個案透過口語或肢體所傳遞出來的訊息。

　　專注分為三個層次（Egan, 2014），第一個層次可以「SOLER」五字來表示：「S」（squarely）是指諮商師以 90 度之角度面對個案，如此讓個案既感到諮商師之關注，又不致太有壓迫感；「O」（open）是指肢體開放、舒緩、不防衛；「L」（lean）是指諮商師上半身略向前傾，表達對個案及其困擾問題之關心；「E」（eye contact）是指眼神自然的接觸；最後的「R」（relax）則是以自然舒適而非僵硬的方式呈現在個案的面前，如此亦可展現諮商師的專業能力與自信。

　　此外，Ivey 與 Ivey（2017）也提出結合諮商師口語及非口語行為的 V3B 專注原則，分別是：「V」（visual eye contact），即與個案有適當的眼神接觸，若是在一些不強調眼神直接接觸的文化背景下，仍有其表達對對方尊重與關注的方式；「V」（vocal quality），諮商師除了注意要「說什麼」，更要注意「如何說」，才能讓個案真切感受到其所要表達的，包含諮商師的語調、音量、抑揚頓挫或節奏等；「V」（verbal tracking），指諮商師的口語反應，讓個案能依自己的步調逐步呈現其所經歷的事件與世界，而非由諮商師全盤主導；「B」（body language），指諮商師的肢體語言，展現對個案的關注、尊重及接納。

　　專注的第二個層次是以自己的身體語言傳遞訊息，包括：肢體動作、眼神注視、身體擺動、整體外觀、語調等方面，這些均以無聲但有力之方式呈現而影響諮商之進行（Egan, 2014; Gladding, 1992; Kottler, 2000）。

　　至於第三個層次則是「人在心在」，諮商師透露出來的整體訊息是全神貫注、心無旁騖；對個案充分的關心，但又不是強制性或壓迫性的呈現在個案面前；敏銳地注意到個案的非口語訊息；不是只有「聽到」，要「聽見」以及注意到表面與隱藏底下的訊息（Kottler, 2000）。

　　Egan（2014）及 Patterson 與 Welfel（2000）指出，諮商師難以專注或與個案溝通不良之因，包括：諮商師心有旁騖、太過於評價性、已有預設或成見、只注意到事實層面、太早給建議、對個案說教、問太多問題、

太多自我表露、太專注於等一下要說的、過度同情個案、打斷個案等。

〔練習二〕

請寫下個案之下列反應對你的意義為何：

★一個五年級學生拒絕說話並且避免與你有眼神的接觸。

　　對你的意義：_____

★一個三年級學生走進你的辦公室，輕輕坐在椅子上，雙腿併攏，身體挺直，雙手不斷在大腿上扭動。

　　對你的意義：_____

四、反映

又稱簡述語意，是指諮商師以更簡短但不失原意的方式，重述個案所敘述過的口語內容或反映出個案之情緒反應，此技巧有助諮商師及個案檢視個案之狀況，亦可檢核諮商師是否有所疏漏或誤解。

〔練習三〕

★個　　案：我再也不相信大人所說的話了，我爸媽已答應帶我出國三次，但是每次都黃牛。

　　諮商師：_____

★個　　案（雙手握拳、咬牙切齒）：小珍明明答應我不把我告訴她的秘密告訴別人，現在卻全班都知道我喜歡班長了。

　　諮商師：_____

五、引導

雖然某些諮商學派（如個人中心學派）不主張對個案有太多引導，以免妨礙發揮其潛能，但仍有許多學派在諮商過程中運用不同程度的引導技巧，以協助個案。引導是指諮商師有意地運用某些行為以協助其個案，引導的程度須視個案之狀況及諮商師的理論取向而定。

　　Patterson 與 Eisenberg（1982）及 Patterson 與 Welfel（2000）提出諮商師的引導行為，從最輕微到最強烈明顯的引導。輕微的引導，像是沉默（藉此讓個案感受到壓力而打破沉寂，或覺得被關心而覺得溫暖）、接納與口語輕微鼓勵（例如：「嗯哼」、「是喔」）、簡述語意或微小的鼓勵（例如：「說說看你說的『孤獨』是指什麼」）等，適合在諮商初期運用，諮商師不預設立場，只是從旁鼓勵對方表達，將主控權交給個案。

　　接下來較多程度引導的行為，像是初層次同理（諮商師設身處地感受個案狀況並用不同的言語反映出來，藉此求證或澄清個案所言，例如：「你很難過爸媽要離婚」）、澄清（例如：「你的意思是老師給你的功課壓力太大，讓你不敢來上學，是這樣嗎」）、高層次同理（例如：「你覺得如果你在學校一直闖禍，爸媽忙著處理你的問題，就比較不會吵著要離婚」）、肯定（例如：「你為了這次科展做了很多努力」），或一般性的引導（例如：「你要不要多談談你在班上的人際關係」）等技巧，均強調諮商師已逐漸有自己欲探討的方向，藉由口語反應將個案帶往該方向。

　　再深入直接的引導行為，像是立即性（例如：「今天我們談了一些你的困難和可以解決的方法，你都是說：『是啊，可是……』，好像你對談話內容和方向有點不確定。你要不要說說看你心裡真正想的是什麼」）、解釋（例如：「聽起來你和姐姐的關係大部分是你先惹她，她受不了而反擊，最後常常是兩敗俱傷，是這樣嗎」）、面質（例如：「你剛剛說不在乎同學不理你，可是你又很難過去畢旅時沒有人要跟你一組」）、忠告（例如：「我想你再繼續逃學、逃家只是讓你的情況更糟，要不要試試看至少在家待一個星期，我們來看看你的情形會不會有什麼不同」）、再保證（例如：「我接觸過跟你一樣，甚至更害怕考試的學生，他們到最後還是熬過來了，我相信你也可以做到」），以及直接提供新訊息或新想法（例如：「像你這樣整天想上網，半夜偷爬起來玩，需要玩更久才夠，大人不讓你玩就發脾氣，甚至偷家人的錢去買點數，這些已經叫做網路成癮了」）。這些技巧的指導性更強，諮商師要考量自己與個案的關係及想達到的目標，再決定運用哪一層次的引導技巧。

六、初層次同理心

　　諮商師能放下自己的主觀意識及價值判斷，全心全意進入個案之內在，如 Rogers 所言「表現得彷彿是個案，但又不是個案」的特質，此即同理心的意涵，此能催化治療關係，有助個案信任諮商師、能自由探索與表達、更深層的自我探索、更多的自我接納（Welch, 2003, p. 136）。

　　同理心是一種態度，是「我很願意設身處地了解你」的意願，再輔以行動表達出來，諮商師能清楚反映出個案談話內容（簡述語意），同時又能表達出對個案情緒狀態的領悟（情緒辨識及反映），藉反映出來的話語或肢體動作傳遞對個案之尊重與了解。同理心是所有諮商關係中最基本但又是最重要的技巧，諮商師要能夠跳進（個案之內心世界）又能夠跳出（以較客觀的態度協助個案），例如：「我可以感受到你那種被老師及同學誤會冤枉的痛苦與憤怒，這事對你的打擊想必是很大，是嗎？」

　　Lauver 與 Harvey（1997, pp. 83-84）指出，有兩種狀況會阻礙諮商師正確而具知覺性地傾聽：一是個人的需求，當個體感覺自尊受威脅時，通常無法正確地傾聽；另一個則是不良的回應習慣，例如：問太多問題、太評價性、急著想凌駕個案，告訴他／她該怎麼做、急著認同個案、否認個案的困擾問題、過度沉默或缺乏反應、以專家自居、太制式化鸚鵡式的反應、面無表情或習慣滔滔不絕，讓個案沒機會表達等。

〔練習四〕

★個　案：我要跟秋華絕交，我這麼幫忙她，她今天竟然在同學面前不斷罵我，又嘲笑我是單親孩子。

　諮商師：＿＿＿＿＿＿＿＿＿＿＿＿＿＿＿＿＿＿＿＿＿＿＿＿＿＿＿

★個案一進諮商室即雙手握拳、呼吸急促、衣衫不整，臉上有傷痕。

　諮商師：＿＿＿＿＿＿＿＿＿＿＿＿＿＿＿＿＿＿＿＿＿＿＿＿＿＿＿

七、問問題

　　通常不主張諮商師運用「問問題」的技巧，因為如果運用不當，可能讓個案覺得像是犯人一樣被連環炮式地審問。有時問題太隱私，或是信任關係尚未建立穩定，諮商師問的問題會讓個案難堪，不知如何回答；有時個案對困擾問題的洞察還不夠，或是還沒有勇氣或意願面對，此時諮商師若提出相關問題，可能會事倍功半，個案無法從問題中獲益，反而可能因而被激怒或防衛。亦有可能因為諮商師不斷地詢問，焦點已由個案或困擾問題，轉移到諮商師的問題內容，因而偏離諮商主軸；或是有的個案原本對諮商就很抗拒，諮商師連番提問，會讓個案更不耐煩而更抗拒回答或敷衍亂答。另外，若個案原本就不太有主見，諮商師又不斷問問題，會讓個案更加被動而依賴（反正諮商師會一直問問題，就隨便亂答），如此可能讓諮商變成諮商師單人秀或陷入原地空轉的困境。

　　Welch（2003, pp. 207-210）亦認為，諮商師不當的提問會讓諮商師過於掌控，個案只能順從或逃避，也會讓諮商師的權力大過個案；對身處不同文化背景的諮商雙方，可能對個案是傷害；也可能造成偷懶的諮商師，不需做什麼，只要連番提問即可；讓個案更依賴諮商師；讓諮商責任歸屬不清，個案或許會以為當諮商師問完這些問題，即可提供解答（像醫生問診一樣，問完一堆症狀問題，即會開處方），而對諮商有不切實際的期待，若這些期待都落空，個案的參與度會降低，甚至對回答問題也意興闌珊，或只回答社會認可的反應。

　　但是在某些情況下，諮商師仍須針對個案的狀況提出一些問題，或是初步晤談時，藉助提問以了解個案狀況，甚至透過適當提問，拓展個案對自己問題的覺察，因此諮商師須了解問問題的時機、方式、深淺等原則。

　　問問題時先讓個案有心理準備，例如：「接著我要問你一些問題，這些問題是針對你和家人相處的情形，有些問題可能比較隱私，如果你覺得不舒服或是不想回答，都沒關係，你只要說你想說的」（Welch, 2003, pp. 212-214）；盡量用開放式問句，例如：「請告訴我發生什麼事（跟同學打架）」，而非封閉式問句，例如：「你是不是又跟同學打架了」；可詢問個案更深入的感受或生理反應（Nelson-Jones, 2003），例如：「你說你

很難過，能不能說說是怎樣的難過」、「你在難過些什麼」，或是「這樣難過的感覺持續多久了」；詢問個案的思考內容，例如：「當同學罵你綽號時，你心裡想的是什麼」；或是詢問與事件有關的溝通或行動，例如：「當同學罵你綽號時，你當時的反應是什麼」。

　　諮商師詢問這些問題時不宜太密集，更不宜因受不了個案的沉默，而硬要不斷想出更多問題來填補沉默，也要敏察個案對這些問題的反應。

貳、挑戰性技巧

　　此類技巧是雙方已建立良好、溫暖、安全的關係後，諮商師嘗試帶領個案更深一層的探索自己、所困擾問題及所處情境，常用技巧如下。

一、自我表露

　　此技巧是指一方對另一方揭露有關個人的一些訊息。諮商師適時地自我表露有兩層功能：一是示範（讓個案知道他／她並不孤單，因為諮商師亦曾有此類似之經驗）；一是提供另一層次的思考方向供個案參考。對兒童而言，更可藉著模仿歷程，學習諮商師的因應之道。但若使用不當，容易變成諮商師在操弄諮商過程，且將焦點過度放在諮商師身上。

　　諮商初期，諮商師的自我表露即是「專業聲明」，於其中說明諮商師之資歷、諮商理論取向、費用、時間及對危機事件之處理方式等，藉此聲明讓個案及其家屬不致對諮商師一無所知。

　　諮商師的自我表露應到何程度才算恰如其分，不會過與不及？諮商師可自問：「我說這些話的目的為何？主要是為我自己或為個案？是否能幫助個案對其問題有新的觀點？對諮商是否有助益？」

　　諮商師之自我表露，方向及程度均須配合個案之情形，且需有成功之經驗。「方向」是指正負性質要一致，例如：個案敘述一件讓其悲痛逾常之事件，諮商師絕不能分享自己興奮得意之事；「程度」是指強弱之程度應類似，例如：個案敘述之內容讓其非常憤怒，諮商師若只提及自己一些不痛不癢之事，無法讓個案感受到自己被了解。此外，諮商師的分享，務必是自己真實的經驗，而非引述其他人的經驗或是隨便編造內容。再者，

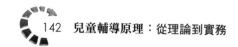

諮商師分享的是自己努力之後的成功經驗，例如：克服哪些困難才學會騎腳踏車，而非至今仍不會騎車，後者對個案面臨的困境並無幫助。

有些個案會因諮商師之自我表露而更信任且更願意坦露自己之想法及感受（Curtis, 1981），但亦有個案對諮商師之自我表露覺得很受威脅，擔心如此易讓自己不得不比照辦理（Kline, 1986），因此諮商師須謹慎運用此技巧，並隨時檢核個案之反應。

〔練習五〕

★個　案：我媽媽最討厭，都不准我養寵物，我好想養天竺鼠。

　諮商師：＿＿＿＿＿＿＿＿＿＿＿＿＿＿＿＿＿＿＿＿＿＿＿＿

★個　案：爸媽自從弟弟出生之後都不再愛我，每天只顧弟弟，有時我好氣弟弟生出來。

　諮商師：＿＿＿＿＿＿＿＿＿＿＿＿＿＿＿＿＿＿＿＿＿＿＿＿

二、立即性

雖然諮商是處理個案現實生活中的困擾，但個案與諮商師在諮商中的接觸最真實直接，「立即性」處理的即是發生在諮商雙方之間的互動狀態，諮商師藉此技巧可傳遞出其所了解發生在雙方間的互動情形，但是此技巧很需要諮商師之勇氣與自我肯定才能運用得宜。

立即性分為「關係」（I and You）及「此時此地」（here & now）之立即性（Egan, 2014）。Turock（1980）指出，此技巧蘊含三種危險性，因而常使諮商師裹足不前，不敢運用：一是諮商師擔心個案會誤解其所欲傳達出來的訊息，例如：跟個案說他常遲到讓諮商師很困擾，可能會讓個案感受到被諮商師責備；二是諮商師不確定即使運用此技巧是否可達到預期之目標，或擔心無法掌控個案可能被引發的情緒反應；最後一層顧慮是一旦攤牌，可能會讓個案決定提早終止諮商關係。

Egan（2014）建議立即性之適用時機，例如：雙方之關係已散漫失焦或趨於緊張；牽涉到信任感；關係僵化、過度客氣；當個案對諮商師有依賴及可能超越諮商關係時等，均宜適時處理之。

〔練習六〕

★個　　案：我真的覺得每次來這裡談話很煩，又不能出去玩，我好倒楣，
　　　　　　為什麼是我要來跟你談話。

　諮商師：＿＿＿＿＿＿＿＿＿＿＿＿＿＿＿＿＿＿＿＿＿＿＿＿＿＿＿

★個案聽完諮商師勸她回家向父母說明自己未婚懷孕之情形時，臉部表情
　是不以為然狀。

　諮商師：＿＿＿＿＿＿＿＿＿＿＿＿＿＿＿＿＿＿＿＿＿＿＿＿＿＿＿

三、高層次同理心

　　諮商師運用此技巧協助個案探究其未覺察到或未直接表明的意義，讓
個案更了解自己，藉此能更深入而非只停留在「表面同理」而已。如同初
層次同理心，兩者均是指諮商師有能力進到個案的主觀現象場，能感同身
受但又不會喪失「好像」（as if）的特性（Rogers, 1961, p. 284）。諮商
師運用此技巧時不妨自問：「這個個案話沒說完的部分是什麼」、「這個
個案在暗示什麼」、「這個個案在說哪些話的時候，是很困惑的」，或是
「在個案表達這些明顯訊息之外，我還聽到底下的哪些訊息」。下例即說
明針對同一個個案，諮商師的初層次與高層次同理心之不同。

　　個　　案：我過去有太多失敗的慘痛經驗，我活得很痛苦，我很想擺
　　　　　　　脫這些陰影。

　　諮商師A：你覺得自己的過去不堪回首，希望有所突破。

　　諮商師B：想把過去遺忘很不容易，要去面對也很困難，你知道自己
　　　　　　　已經沒有退路。

　　在上例中，諮商師A運用初層次同理心，簡述個案的語意與反映其
感受，藉此讓個案覺得自己的困境被諮商師聽到且被了解，個案也能進一
步想想接下來要怎麼走下去。諮商師B的高層次同理心覺察到個案處在
進退維谷的心情中，但是已經有意願想要有所突破。

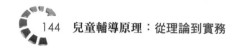

　　運用高層次同理心也要非常小心，要考慮的因素包括諮商關係對個案而言是否夠安全；諮商師是否已夠了解個案之困擾癥結，清楚自己運用此技巧之目的。表達後亦要向個案澄清有無扭曲其所想表達的。

　　例如：個案很悲傷地提到撫養他的外婆去世，家人卻不允許他見外婆最後一面及參加喪禮，諮商師除感受到其悲傷，亦能感受到他擔心外婆去世，再也沒人能那麼了解或關心他，甚至會氣外婆不告而別。諮商師若能協助個案去探視這樣的心路歷程，將有助於其走過這段傷痛期。

〔練習七〕

★個　　案：我實在是受不了媽媽每天一直在我旁邊嘮叨我功課不好，被唸煩了，我更不想念書。

　諮商師：＿＿＿＿＿＿＿＿＿＿＿＿＿＿＿＿＿＿＿＿＿＿＿＿＿＿＿＿

★個　　案：我好難過，平常作文比賽老師都是派我當班上的代表，這次卻叫偉峰去。

　諮商師：＿＿＿＿＿＿＿＿＿＿＿＿＿＿＿＿＿＿＿＿＿＿＿＿＿＿＿＿

四、面質

　　面質常被誤解為挑個案毛病，或是攻擊個案之弱點，事實上面質是「邀請」（Gladding, 1992），邀請並挑戰個案來檢視、修正或控制其行為。面質可協助個案更清楚地看到其處境、後果，並且為此承擔起責任，有效且建設性的面質會促使個案更佳的成長，以及更誠實的自我檢核。

　　面質是指出個案口語及非口語（例如：個案雙手握拳，卻表示對數學老師沒感覺）、口語及口語、行為與行為（例如：「你上次提到回去要和父母溝通有關零用錢的事，這次來卻表示『忘了提』，不知道你的看法如何」）、知覺與事實（例如：個案以為他寫作業，父母就不會離婚）、期望和可能的事實（例如：父母已離婚三年，仍期待父母復合）等方面之不一致。諮商師亦可協助個案面對其扭曲的想法、逃避的心態、推諉的藉口、挑戰個案的價值觀等（Patterson & Welfel, 2000）。

與其他挑戰性技巧相似，面質亦須考慮諮商關係及諮商階段，運用此技巧應是基於個案的需求或是助其正視其困境，而非滿足諮商師自己的需求（Patterson & Welfel, 2000）。諮商師須自省使用此技巧之目的何在？是否對個案確有幫助？是否允許個案否認（即保持彈性）？如果諮商師使用此技巧是因為對個案很生氣或不諒解，這可能是諮商師自己的問題。

〔練習八〕

★個　案（語氣低沉無力）：我想我爸媽應該是疼我的，否則他們為什麼要幫我買那麼多東西，他們罵我也是為我好！

　諮商師：＿＿＿＿＿＿＿＿＿＿＿＿＿＿＿＿＿＿＿＿＿＿＿＿＿＿＿

★個案已答應諮商師四次，回家不和弟妹吵架，但每回來個別諮商時均表示「又惹麻煩了」。

　諮商師：＿＿＿＿＿＿＿＿＿＿＿＿＿＿＿＿＿＿＿＿＿＿＿＿＿＿＿

五、闡釋

　　闡釋是指諮商師針對個案的問題，提供不同觀點，協助個案更深入探討其問題（Patterson & Welfel, 2000）。運用此技巧時需有某個理論背景為依據，諮商師就個案的困擾問題所蒐集到的資料，依據某個理論架構，針對問題成因、涉及的因素或現象等提出假設，例如：「當你不斷喝酒鬧事，雖然讓大家都很煩，但是你可以從這樣重複的過程不斷得到大家對你的注意[1]。」透過此技巧，個案可從不同的觀點來看自己的處境，進而決定是否要持續或調整此行為模式。

　　正如其他挑戰性技巧，闡釋不適合用在諮商關係還不穩定，且諮商師對個案狀況還未全盤了解的諮商初期，否則易事倍功半。在每次諮商即將結束時，也不宜運用，以免因為時間限制，無法深入探討而錯失其效能。

---

[1]　行為學派的「次要的收穫」（secondary gains）。

參、行動性技巧

坐而言，亦要能起而行。諮商師在與個案建立關係、設定目標及開始工作後，最終仍要將討論之內容化為具體行動，藉此檢核諮商歷程是否對個案確有助益，或作為修改諮商目標之參考。以下說明相關技巧。

一、建立契約

諮商契約是諮商雙方共同努力的憑藉，諮商目標的訂定是雙方之責任，要有諮商師的理論為引導，也可依實際執行情形修改。目標往往是自個案之認知、情緒或行為三方面著手，而且最好是針對個案，而非其周圍的人士（如父母、師長）做改變。諮商契約通常針對兩方面：如何讓諮商過程更有效（例如：在不自殺契約中，個案應允在諮商過程中不自傷），以及欲達到的最終目標（例如：減肥三公斤或多結交二位好友）。

契約之訂定有助雙方對諮商目標有共識感，讓個案有改變的動機，對問題之解決有信心，也讓個案周遭人士能一起協助個案。Goodyear 和 Bradley（1980）提出運用契約的原則，例如：讓個案知道訂契約是讓自己起而行，而非只是沉浸在談話中；改變的對象是個案本人，而非其他人。契約內容愈具體、明確、可行愈好。

諮商師在運用契約時也要注意一些不易落實的不利因素而設法克服，例如：因為一些契約內容太耗時而容易半途而廢，或是因為無強制力，難以激發個案內在之改變動機，以及個案易覺不耐或挫折等。

二、行為預演及角色扮演

一旦諮商目標及契約均確定，接下來是如何化為實際行動。為了讓個案回到現實生活時更有信心，諮商師可讓個案在諮商室內預演欲改變之行為。預演可分為隱含及外顯兩種，前者是讓個案在內心以引導幻覺之方式預想，例如：在腦海演練回去與父母溝通之場景；後者則是當場角色扮演或自行預演，例如：練習與父母對話，以便回去和他們溝通。不論何者均強調個案之投入及諮商師之回饋，以及檢視個案回到現實的運用情形。

適用角色扮演的技巧情境如下（Kottler, 2000, pp. 98-99）：個案在兩

個選擇中取決不下、需要和某個（些）人對質或攤牌、有個人的未竟事宜待處理，以及當個案顯然無法理解諮商師所要表達的，例如：怎樣跟同學據理力爭，或是怎樣向自己心儀的對象表白等。

三、問題解決

此技巧係指諮商師對個案之問題全盤了解後，與個案澄清諮商目標，了解目前狀況，找出可以解決問題的各種可能性，協助個案訂定相關計畫，找出有效的行動步驟，執行後再加以檢討（Nelson-Jones, 2003）。

問題解決之流程是先找出並澄清困擾個案的問題，讓個案承認這是自己的問題，而非因外力所致。個案在諮商過程中具體敘述此問題，並能化約成可處理的小單元；其次是依「助力」、「阻力」之觀念決定處理問題之先後順序（例如：選擇個案可控制、可改變的問題，或是有時效性、較急迫的問題，或是處理之後即可造成全面改善的問題）；接著是建立個案同意且具體可行之目標，找出並選擇可達到目標之所有可行方式，具體實施，化為行動後再來評估整套計畫之效果，必要時再修正。此技巧首先植基於個案與諮商師是否已清楚分析個案之問題、雙方是否有共識、個案是否有改變之動機，接下來才是訂定一步一步有系統的處理策略。

四、想像

有時候行為的預演不一定要真實展現出來，諮商師可協助個案透過幻想或想像，預演可能的過程或結果。常見的技巧（Kottler, 2000, p. 99）包括：預演幻想（例如：協助一位很擔心考試會考砸的學生，一步一步幻想所有的考試情境及可因應的方式）、放鬆訓練（請個案想出能讓其最放鬆的畫面，例如：在森林裡漫步，一旦壓力來襲，即以此想像放鬆畫面讓自己的壓力舒緩）、引導式幻遊（例如：引導一位拒絕上學的兒童，想像從醒來、起床、梳洗、吃早餐、上學途中到進教室的過程，在此過程中，諮商師運用口語引導或音樂等方式，讓個案對上學的恐懼逐漸降低）、壓力免疫（協助身處壓力或焦慮情境的個案對於讓其不舒服的情境有所因應，例如：協助即將住院接受手術的兒童）。

五、運用其他媒材之技巧

「媒材」廣義而言包括戶外活動、社會劇、遊戲、玩具、故事書、繪本、手指畫、紙黏土、畫圖工具、拼貼工具、桌遊、打擊樂器，以及其他能表達或發洩情緒的媒介（Gazda，1984）。這些媒材可以運用於個別或團體諮商，更可協助兒童表達內心的想法、情緒及行動。

媒材之製作與運用須注意下列事項（吳秀碧，1991；Gazda, 1984; Sweeney & Homeyer, 1999）：

1. 須簡單易操作，太複雜或太花時間，或是不易保管的（如大富翁或拼圖等）不宜。
2. 考慮場地及某些特殊狀況的兒童，如有過敏體質者。
3. 不論在色彩、形狀或進行方式上要能吸引兒童。
4. 通俗或新奇的媒材均可發揮作用，通俗的媒材較易讓孩子有熟悉感，易進入狀況，新奇的媒材則易達吸引之目的。
5. 媒材本身只是手段，非諮商之目的。
6. 在運用媒材之過程中，避免使用易引起自我防衛之名詞或術語。

諮商師可針對兒童之待探討問題及其個性，安排適當之媒材，例如：布偶及角色扮演均能提供兒童機會去扮演不同的角色、體驗自己日常生活經驗外的其他角色（吳秀碧，1991），藉此表達出自己的想法或是無須自我防衛地檢視自己和他人的行為；其次，布偶能提供機會讓兒童具體展現自己的人格特質，且其操作之人物不受年齡、性別等影響。

其他媒介，例如：使用「語句未完成測驗」，讓兒童在一些關鍵字的提示之下，如「我認為」、「爸爸」、「當我」等，表達內心之想法及感受；「讀書治療」是指助人者基於個案之困擾議題，選擇適合其性別、個性、發展階段及面臨議題的分享文章或繪本，和兒童一起閱讀及討論，讓兒童覺得自己並不孤單，且有比較正向的因應楷模。其他如利用桌遊、牌卡，或是寫日記、自傳，畫生命的歷程，寫遺囑、訃聞或墓誌銘等，均是利用一些素材讓兒童自然展現內心之真實感受和想法。

每一個人都有潛在的能力將內心的衝動投射出來，藝術是從潛意識中釋放出來一種自發性的心性（Dalley et al., 1987/1995），繪畫則是孩子內

在的語言。「藝術治療」即是用藝術作為治療的媒介，例如：音樂治療、舞蹈治療，以及運用美術器材所進行的治療方式，諮商師可依照自己之專長與個案的困擾議題、發展階段及興趣等，設計適合的介入方式。

關 鍵 詞

+ 治療歷程　　　　　　+ 催化性技巧
+ 場面構成　　　　　　+ 專注
+ 反映　　　　　　　　+ 引導
+ SOLER　　　　　　　+ 簡述語意
+ 初層次同理心　　　　+ 問問題
+ 挑戰性技巧　　　　　+ 自我表露
+ 立即性　　　　　　　+ 高層次同理心
+ 面質　　　　　　　　+ 闡釋
+ 行動性技巧　　　　　+ 建立契約
+ 行為預演　　　　　　+ 問題解決
+ 運用想像技巧

問題討論

1. 影響諮商歷程與效果之因素包含哪些？
2. 請說明專注的三個層次各為何，哪一個層次對你而言最困難？為什麼？
3. 請說明初層次與高層次同理心的意義各為何？並各舉一例。
4. 諮商中的面質技巧與一般父母師長常用的責備有何不同？
5. 請說明兒童諮商之歷程可分為哪些階段？兒童在各階段可能的心路歷程各為何？

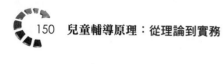

第七章

兒童遊戲治療

王文秀 ///

　　「遊戲治療」是什麼？遊戲可以當做治療嗎？父母花錢送孩子去諮商，或是導師轉介兒童去找專輔教師，結果孩子只是進去遊戲室玩了幾十分鐘，這樣就叫治療？這樣家裡或遊樂場有這麼多玩具或遊樂設施，也叫治療？那幹嘛還另外設置遊戲治療室？大人陪著孩子一起玩就算治療嗎？若是如此，那一般教師或家長為何無法藉此幫助自己的孩子或學生？

　　上述問題是一般家長或教師常有的疑問。本章說明遊戲治療的意義、理論依據、治療過程與常用技術、運用、常見的問題。由於一般通稱「遊戲治療」，本章將遊戲諮商與遊戲治療之概念混用，有時亦以「遊戲治療」簡稱之；所稱之「諮商師」亦涵蓋專輔教師及其他兒童助人工作者。

第一節　遊戲治療的意義與功能

壹、遊戲治療之意義

　　遊戲（play）是指「任何因為出於樂趣所進行的活動」，也是「自我功能的展現，個體嘗試統整自我的身體與社會歷程」（Erikson, 1950, p. 214），是兒童表達自我的自然媒介，就像鳥飛、魚游，一樣的自然；亦是兒童生活的全部（Axline, 1947, 1969; Ginott, 1961; Semrud-Clikeman,

1995）。遊戲也是出自內在，而非外鑠的動機；是出自兒童自己選擇與願意自發性的投入；是主動參與及有樂趣的。我國成為聯合國的締約國，所訂定的《兒童權利公約》（聯合國，2014）第 31 條：「締約國承認兒童享有休息及休閒之權利；有從事適合其年齡之遊戲與娛樂活動之權利，以及自由參加文化生活與藝術活動之權利。」即彰顯兒童之遊戲權。

　　遊戲治療或許結果是正向的，但是過程則不必然如此，對許多受創或有失落經驗的兒童而言，遊戲治療是讓他們活在陰暗角落中所看到的一絲曙光。遊戲治療師所秉持的概念，包括：兒童並非小大人；兒童也是人，獨特且值得尊重；有復原力；生而具有成長及成熟的本能；擁有正向自我指導的能力；兒童最自然的語言是遊戲；兒童有權利保持沉默；會把治療的經驗帶到需要的地方；兒童的成長無法加速（Landreth, 2002, p. 54）。

　　與遊戲治療有關的專業組織，在美國是遊戲治療學會（Association for Play Therapy, APT），成立於 1982 年，臺灣遊戲治療學會成立於 2005 年。透過這些專業組織，讓遊戲治療師的教育、訓練、實務經驗交流、研究結果分享等均更上軌道。

　　美國的遊戲治療學會（APT, 2021）定義遊戲治療是指，「系統性地運用某種理論模式以建立起的一種人際歷程，在這當中，由受過訓練的遊戲治療師運用遊戲的治療性力量協助個案預防或是解決其所面臨的心理社會困擾並達到最佳的成長與發展」。此定義蘊涵的幾個要素：(1) 遊戲治療師必須受過訓練；(2) 個案過去、正在或未來有可能面臨心理社會困擾；(3) 遊戲的治療性力量，包含治療師在理論的引領，系統性地運用玩具、遊戲活動、玩偶、繪畫等媒介，與個案展開的人際互動歷程。

　　遊戲治療的功用是讓兒童藉著遊戲活動，將其壓抑在內心很難透過語言表達的許多負向情緒，例如：憤怒、悲傷、嫉妒、恐懼等，安全地表達出來，除了可以達到發洩的功能，並且藉著操弄各種遊戲媒介，以及遊戲治療師的催化和引導，協助兒童對自己的行為、想法與感受有更多洞察，並能適當地因應其困擾問題。除了個別遊戲治療，也包括團體、家族與親子遊戲治療。團體遊戲治療約有二至四位兒童共同參與，親子遊戲治療是由受過訓練的家長（或照顧者）對兒童進行遊戲治療，家族遊戲治療則是邀請個案的家人一起參與遊戲治療。近年來，國內外有關遊戲治療的理論

發展、實證研究或實務工作均蓬勃發展；《學生輔導法》通過之後，國小出現大量專輔教師，更迫切需要理解與進行遊戲治療。

遊戲治療適用於 3 至 12 歲的兒童，年齡太小者難以用語言表達，太大者可能會覺得玩遊戲太幼稚而有所抗拒，亦有針對青少年而發展的活動治療（activity therapy）。遊戲治療每次約 30 至 50 分鐘，學齡前與低年級兒童約 30 至 40 分鐘，中年級約 40 至 45 分鐘，高年級可以到 50 分鐘，若在學校進行，通常是配合上下課的鐘響時間。

貳、遊戲治療之功能

遊戲治療的適用對象非常廣泛，包括：協助退縮、依賴、學習障礙、低成就、社交技巧不足、悲傷與失落、父母婚變或家庭解組、危機與創傷、被性侵及其他形式的虐待、情緒障礙等的兒童。遊戲治療之功能，包含：透過治療過程可讓兒童自由表達心中的任何真實想法與感受，或是幻想，不管是正向的或負向的；可消除或減低心中的焦慮、抗拒或罪惡感；可提供兒童發展社交技巧的機會，再將其類化到現實生活中。換言之，遊戲治療可讓兒童在安全舒適的環境裡經驗成長（Axline, 1947）。

Schaefer 與 Drewes（2014）整理文獻歸納出遊戲治療的療效因子，包括：可協助自我表達；是通往潛意識的途徑；可透過指導和非指導教學；可達到淨化與宣洩的功能；能夠壓力免疫；形成負向情感的反制約；產生正向情感；能夠昇華；提升依附關係；強化道德判斷、同理心；獲得力量／控制、能力和自我控制；建立起自我感；促進發展、創意的問題解決；透過幻想而補償；現實測試；行為預演；關係建立；依據兒童狀況和需求進行處方性遊戲治療。遊戲治療師若能善用遊戲治療，當可發揮這些療效因子而協助個案達到最大化的發展。

第二節　遊戲治療的理論、治療過程與常用技術

壹、理論背景

以往會認為兒童「有耳無嘴」（臺語），即是將兒童視為不成熟，須依附於大人之下的個體，現在則是將兒童視為完整個體，而非成人的縮影。不論 Erikson 的心理社會發展論、Piaget 的認知發展論，或是 Kolhberg 的道德發展論，均認為兒童在不同時期有不同的發展特質，亦有必須努力突破的障礙，不可用適用於成人的理論模式套在兒童身上，因此許多有關兒童輔導的理論便應運而生。

遊戲治療之起源大致可溯及幾個學派（Landreth, 2002; O'Connor, 2000; Wilson & Ryan, 2005），第一個將心理學理論運用於兒童治療的，是由 Freud 治療小漢斯（Little Hans）的個案。之後，Hug-Hellmuth（1921）嘗試在為兒童進行治療的過程中，加入遊戲的媒材。Freud 的精神分析學派係用遊戲來了解兒童，用夢和白日夢的報告或自由聯想的分析，解決兒童內在的心理衝突。Kanner（1957）指出，20 世紀初期並沒有專為兒童量身打造的兒童精神醫學，直到 1919 年，Klein（1955）開始把遊戲技巧當成類似成人的自由聯想，用以分析 6 歲以下兒童的潛意識；約在同時，A. Freud 亦開始使用遊戲作為與兒童建立關係的方式。

遊戲治療的第二波為 1930 年代由 Levy（1938）發展的發洩遊戲治療（release play therapy），由精神分析學派延伸，治療師針對經歷特殊壓力情境的兒童，引導其重回當時情境，激發並發洩其內在的焦慮反應，整個情境包括：選擇玩具、決定主題、進行過程，均由治療師主導。常見的形式，例如：透過丟擲物品，或是吹氣球，將其戳破，以發洩兒童攻擊的欲望；吸吮奶瓶來滿足嬰兒期的欲望；透過將小嬰兒放在母親胸前，促發兒童的手足競爭感受；或是重建兒童以往的創傷情境（如車禍），藉此讓兒童的情緒能發洩，進而治療。McMahon（1995）將此取向稱為有目的之遊戲技巧（focused play technique），如之後的完形學派遊戲治療亦屬

之，即是由治療者居於主導或主動的角色，以協助兒童。

　　Taft（1933）及 Allen（1934）的關係遊戲治療（relationship play therapy）是遊戲治療第三波理論的重要發展，其乃受 Rank（1936）理論的影響，不重視個案的過去經驗或潛意識；相反的，此派著重在遊戲治療師與個案間的關係，重視兒童此時此地之經驗感受。

　　至於遊戲治療的第四波，則是依據 Rogers（1942）非指導學派之核心概念，再由 Axline（1947）的非指導性遊戲治療（nondirective play therapy）集大成。此派相信兒童自有其追求成長與自我引導的能力，除了少數需設限的情況外，治療師只須提供個案溫暖、安全、接納的環境，治療過程中表達溫暖、尊重、關懷與敏感地理解的態度，通常不會給予兒童指導、建議或暗示，敏感於兒童的口語及非口語訊息並適時反映，以促進兒童的成長。治療師的角色是當成個案的一面鏡子，忠實反映其內在的感受與想法。在此過程中，兒童感受到自己全然被了解與接納，一方面得以發洩其情緒，理解自己曾經或正在經歷的一切，另一方面亦可學習掌控其行為、想法或情緒，兒童藉此過程可以獨立思考、自己下決定，在心理與行為上更成熟。

　　另有學派從不同角度來探討遊戲治療的概念，例如：結合治療師、兒童與其家屬的家族式遊戲治療（family play therapy）（Griff, 1983）、強調在治療室中治療師與兒童公平遵守遊戲規則的公平遊戲治療（fair play therapy）（Peoples, 1983），或是由治療師與兒童相互說故事的技巧（mutual story-telling, MST）（Gardner, 1983; Goldman, 1995）。

　　此外，尚有依諮商理論而發展出來的遊戲治療學派，例如：Adlerian 遊戲治療（Kottman, 2003; Kottman & Meany-Walen, 2018）、敘事取向（Cattanach, 2005, 2006）、完形取向（Mortola, 2006; Oaklander, 2006）、認知行為取向（Knell, 1997）、Jungian 取向（Allan, 1997），或是生態系統取向（O'Connor, 1997）遊戲治療等。

　　總括而言，遊戲治療之理論取向大致可分為指導學派與非指導學派：前者以精神分析學派、發洩學派與認知行為治療學派為主，由治療者負起指引、解釋和教育的角色；後者則是以 Axline 學派與 Allen 的關係治療為要，重視治療關係，強調把大部分的責任和方向留給兒童自己來掌控。許

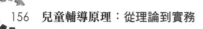

多理論很難全然區隔歸屬哪一大類，例如：Adler 學派或完形學派遊戲治療，也非常強調治療關係、兒童的自主性與成長潛能，但是在遊戲治療的過程中，治療師基於其專業訓練與對兒童困擾問題的理解，常會主動引導兒童進行某些遊戲或活動，重要的是治療師基於自己的人性觀、價值觀、受訓背景與個人風格，以及個案的問題類型而決定介入的理論取向。

貳、治療過程

兒童在遊戲治療過程中，由於其表達或處理情緒的能力尚未發展成熟，加上口語表達能力亦受限，往往會經歷一些階段。Moustakas（1955, p. 84）分析許多有困擾的兒童，由下列階段可看出其進步的情況：
1. 遊戲中隨時流露出負面情緒。
2. 表現出隱晦不明的情緒，通常為焦慮或敵意。
3. 對特定對象（如父母或手足）直接表達出負面的情緒，或表現出特殊的退化行為。
4. 對特定對象（如父母或手足）表達曖昧的情緒（不論是正面或負面的情緒均有可能）。
5. 能夠以清楚、明白、獨立與合乎現實的方式，表達出正面或負面的情緒。

至於治療歷程，根據 Axline（1947）所倡導的非指導遊戲治療，可分為以下幾個階段。

一、導入期

在正式進入治療前，治療師可教導父母師長，如何讓兒童清楚即將來臨的治療經驗，例如：「爸媽（或老師）都很關心你不喜歡上學的問題，我們已經和一位林老師約好，後天要帶你去遊戲室，她會陪著你。林老師幫助過很多小朋友，她人很親切，喜歡和小朋友在一起」，並且回答兒童內心的一些疑慮或擔心，甚至和治療師約好先去參觀遊戲治療室，以及雙方說好往後的接送方式。若兒童是被帶到社區心理健康機構或學生輔導諮

商中心，治療師可告知成人，兒童每次到遊戲室的穿著打扮（以舒適、可輕鬆活動為主）（Kottman & Meany-Walen, 2018）。

　　第一次遊戲治療時，雙方一起進入遊戲室，治療師讓兒童知道接下來的這段時間，遊戲室內所有的玩具都可以玩，兒童可以決定要不要玩，以及要怎麼玩。若兒童猶豫不決，治療師表現寬容允許的態度，由兒童自行決定下一步。若有必要，治療師可教導兒童使用其所不會用的材料，但是不需拘泥玩具一定要有固定的玩法，兒童可發揮其創造力與想像力。通常在結束前五分鐘與最後一分鐘提醒要結束，讓兒童有所準備。

　　治療師在此階段營造開放、容許及接納的氣氛，和兒童建立良好的關係，如此有助於其自發地探索內在情緒、想法及行為。

二、接納和鬆弛的階段

　　接納和鬆弛是這個階段很重要的技術，治療師完全無條件的接納會讓兒童更有安全感，能自由探索；其次是透過一些玩具的觸媒作用，兒童強烈或深層的情緒，例如：悲傷、憤怒、恐懼等，可趨於緩和而達到鬆弛之作用。若治療師是採取結構性的治療取向，可針對第一階段形成的假設，選擇最重要或最迫切的問題加以處理。

三、對兒童所表現的感情予以認識和明朗化的階段

　　當遊戲治療更有進展之後，治療師須對兒童表現的情感予以確認和明朗化。此階段治療師嘗試對兒童的行為及情緒反應提出解釋。這段時期可謂是工作期，個案可能會抗拒改變，或是將許多對其生命中重要他人的正向或負向情緒轉移到治療師身上，治療師要能敏覺及處理此現象。

四、結束階段

　　此階段需謹慎處理，治療師要及早向兒童及其監護人或導師說明結束的時間和理由，讓他們有心理準備。兒童更須處理其可能引起的分離焦慮，以及為了擔心或是不願意結束，而可能產生的退化或抗拒等行為。在結束前的回顧階段，治療師要將兒童的改變歸功於兒童自己的努力；治療師亦須向監護人或導師說明治療目標的達成情形，以及往後的注意事項，

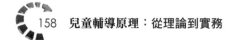

說明日後若還有需要，可以如何找到包括治療者在內的適當資源。

　　遊戲治療是否有效？究竟兒童是如何看待遊戲治療歷程？這些須從治療師、兒童周遭人士，以及兒童的觀點來看。Carroll（2005）訪談 18位 6 至 14 歲接受遊戲治療的兒童與青少年，從他們的觀點來看，一開始對遊戲治療多半沒有什麼概念，以為就是跟大人談話，他們對治療師以及治療過程中所注意到的現象，多半非常正向，有些是大人未曾注意到的（例如：覺得治療師穿著過於老氣；覺得治療師好神奇，都知道他們心裡在想什麼，或是捕捉得到他們的感受）；愈年幼兒童印象深刻的是治療過程中的趣味性與輕鬆有樂趣，青少年則會捕捉一些治療因子（例如：可以發洩情緒；覺得被接納與了解；雖然提到過去的創傷經驗會很痛苦，但是很高興可以表達出來）；多半的受訪者都很捨不得與治療師分離。

參、常用技巧

　　雖然遊戲治療過程最重要的是治療關係及治療師展現之態度，一些治療技巧仍可協助治療師發揮功能。常用的技巧包括：反映、結構化、闡釋、設限，以及將治療態度展現於外在行為等，分別說明如下。

一、反映

　　治療師藉著口語反應表達對兒童在遊戲室各種反應及對兒童內心深層世界的專注、關懷與了解。前者稱為反映或跟隨（tracking），例如：「你很專心的把這些（積木）排成你要的樣子」，或是「雖然你很難把圖畫紙放回畫架上夾起來，你就是不放棄，一直努力試試看」。這些反應中，治療師不主動指稱玩具的名稱（積木），除非兒童自己說出來，因為治療師認為是積木，對兒童而言可能是他心目中渴望的家或是監獄。治療師專注於兒童的一切口語、行為或非口語表現，並適時反映，除了反映其遊戲行為，更要反映其較為深沉的情緒或想法。後者則是同理心的反應，例如兒童很憤怒地說：「我們老師太專制，被他教到真倒楣」，治療師可以反映：「你很不高興老師不尊重你們的看法」，或是兒童在畫「我的

家」時，表情非常沉重哀傷，治療師可以反映：「當你畫著爸爸和媽媽分得很開的時候，你看起來很悲傷的樣子。」

二、結構化

一些重要的訊息須讓兒童及其監護人了解，例如：遊戲治療的時間、頻率、地點、雙方的關係、保密的原則與例外、所設的限制等。

三、闡釋

此技巧主要是透過治療師的理論取向，引導兒童去思考及感受其行為，並對其有所洞察。下例即是說明如何運用 Adler 學派的第三個治療目標：協助兒童獲得洞察（Kottman, 1997, p. 336）。

> 兒　　童：（走進遊戲室）我才不做你上個星期要我做的那個愚蠢的說故事活動，你今天別想要我做。
>
> 治療師：你一進來就想告訴我這個星期我不能指揮你做什麼事。你聽起來有點生氣，好像你認為我會騙你去做一些你不想做的事。（反映兒童的意圖與過去的生活形態）
>
> 兒　　童：是啊！就像我媽媽老是騙我做一些我不想做的事。
>
> 治療師：你認為你媽媽常常用拐騙的方式逼你做一些事，你真的很生氣，好像你也很擔心我會跟你媽媽一樣。你想要讓我知道我不能命令你做什麼事或是拐騙你做什麼事。（反映兒童的情緒、意圖與意在言外的訊息）

四、設限

兒童和成人一樣，都不是活在真空的環境裡，也有須遵守的規範。遊戲治療雖然提供一個溫暖、安全與接納的環境，讓兒童在治療室裡充分探索與表現自我，但是在遊戲治療過程中，並非完全讓兒童為所欲為，這樣反而會讓兒童更無所適從，或是更變本加厲，想試探遊戲治療師的底線。設限主要是針對兒童在遊戲室內的行為，若有傷害自己、治療師或遊戲室

的情況下，對兒童的限制。另外的一些狀況，例如：兒童想把遊戲室的玩具帶走、想提早離開、想在遊戲室大小便等，都可以設限。

　　基於下列理由，治療師必須對兒童的一些行為加以限制（Landreth, 2002; Wilson & Ryan, 2005）：(1) 為兒童提供身體與情緒上安全無虞的環境；(2) 保護治療師的身心安全與安適狀態，進而能真正的接納兒童；(3) 協助兒童發展出做決定、自我控制與自我負責等能力；(4) 將治療過程與現實生活連結，並強調此時此地；(5) 增進遊戲室情境的一致性；(6) 確保治療關係是符合專業性、倫理規範及社會可接納的關係；(7) 保護治療室內的器材與房間的完整性。

　　遊戲室內完全的限制（「我坐在這裡不是被你用球來打的」）比有條件的限制（「你可以用球打我，但是只能輕輕的，不可以把我弄痛」）清楚、具體且適當，否則兒童會不知所措。一般而言，設限有 ACT 三個步驟，當治療師注意到兒童有上述需設限的情況時，要指出（acknowledge, A）其行為並嘗試同理其感受、期望與想要採取的行動，例如：「我知道你想拿剪刀刺我」，若兒童仍未停止，治療師可清楚表達（communicate, C）所設定的限制，例如：「但是我在這裡不是被你用來刺的」；若仍未能奏效，治療師可提出替代方案（target, T），例如：「如果你想刺我，你可以假裝那個氣球是我」。這樣的 ACT 三步驟，讓兒童感受到治療師了解其感受與意圖（A），也清楚不被允許的行為是什麼（C），以及若仍想藉此表達內心感受，可以採用的其他替代方案（T）。兒童藉此學會做決定及自我控制。有時兒童的行為發生得非常快速，治療師來不及先進行 A 步驟，可以先敘述 C 與 T，適當時機時再表達 A。

　　有時兒童想挑戰治療師的界線，或是滿腔情緒無法煞車，治療師可進行第四步驟：說明最後的選擇，亦即若兒童持續原來不被允許的行為，治療師可提出接下來的行為後果，若兒童仍然持續該行為，則是選擇要接受這樣的後果，例如：「如果你還是要繼續刺我，你就是選擇讓我把剪刀收起來」（或是「你就是選擇今天我們就玩到這裡為止」）。在這樣的過程中，治療師要確保自己的情緒穩定，以同理與就事論事的態度，語氣委婉而堅定地表達對兒童的關切以及對其行為的設限，且確定兒童聽得懂整個遊戲規則。更重要的是，如果兒童持續這樣的行為，治療師提出的選擇要

具體落實，不容兒童討價還價；透過這樣的過程，兒童逐步學習控制自己的行為與情緒，並學習為自己的行為負責。

五、治療師之肢體語言

治療師在遊戲室中盡量維持和兒童相同的高度，如此較能和兒童保持平等的關係。盡量固定坐在椅子上，視線可看到兒童的行為，且要注意自己的身體和雙腳是同一個方向，而不是只有上半身或臉部移動，如此才能全神貫注於兒童的狀況。遊戲室的地板也是兒童的領域，除非受邀，否則不宜過度侵犯兒童的領域。治療過程中，治療師的身體姿勢輕鬆、不具攻擊或威脅性，語調緩和，有時要配合兒童的情緒反應而有高低起伏。

六、對兒童沉默的因應

在遊戲治療中正確處理兒童沉默的現象相當重要，治療師不宜太快或過度打斷兒童的沉默。兒童有權決定如何運用其治療時間，當兒童真正感受到被尊重（說或不說、何時說、說什麼、怎麼說），才有可能學習到如何自主、如何尊重自己與他人。

治療師面對兒童的沉默時，一方面觀察其反應模式，另一方面可適時同理或引導，例如：「小英，你從剛剛到現在一直沒說話，能不能跟我說，你心裡在想什麼（或是「好像還不確定要先玩什麼」）」；有時在遊戲治療情境中，即使兒童是沉默的，亦有可能已展現許多訊息（例如：沉默但是很用力、很憤怒地拿彩色筆戳黏土，或是一邊哼歌一邊炒菜），治療師的敏銳觀察與適時同理，可表達出對兒童的尊重與理解。

七、寬容

治療師在治療情境中舉手投足呈現出來的寬容氣氛，有助兒童逐漸卸下其防衛與焦慮，真實呈現自己。寬容指的是治療師無條件接納眼前的這位個案，當兒童在治療初期手足無措時，治療師不會馬上指導兒童做什麼或玩什麼；當兒童不小心（或故意）把畫水彩的水打翻，治療師不會馬上將其擦淨或予以指責。治療師想表達的是尊重兒童有自己做決定與解決問題的能力，如此的心態方能真正激發兒童成長與發展的潛能。

　　治療過程中最重要的是兒童與治療師之間的關係，技巧是其次。若只會運用技巧，但是治療師的「心」不在兒童身上，則技巧運用得再純熟，與兒童之間的關係仍是遙遠而疏離，治療效果自然不佳。

　　Landreth（2002）提出典型無效的治療師反應，包括：(1) 只有反映兒童的行為或口語反應，忽略兒童的感受（例如：兒童很興奮的發現上週不小心弄壞的一把刀，這週換成新的，拿起來把玩。治療師卻說：「你拿起那個東西」，而非「你很訝異也很開心的拿起這個東西」）；(2) 兒童還沒有指出物品的名稱，治療師即說出來（例如：兒童拿起一隻恐龍，治療師說：「你把那隻恐龍拿起來」，兒童說：「那不是恐龍，那是惡魔」）；(3) 評價或讚美（例如：兒童完成一幅畫作，治療師說：「你畫得好漂亮」），治療師的讚美或評價，顯示兒童的存在價值或是成就與失敗，是由治療師來決定，長久以往，兒童會愈來愈以他人（包括治療師）的評價來決定自己的價值；(4) 不適當的提問（例如：兒童煮了幾道菜，放到桌上，還擺了三副碗筷，治療師說：「你煮了好多菜，是要給誰吃？給你爸爸、媽媽，還有你嗎？可是你不是還有一個弟弟，怎麼沒有他的碗筷」）；(5) 把敘述句轉為疑問句（例如：兒童說：「他（指著小娃娃）很討厭，一天到晚都在哭，都要人家抱。」治療師說：「這個娃娃是誰？他為什麼一直哭」）；(6) 引導兒童（例如：治療師說：「你可以讓芭比帶狗狗去散步啊」）。

第三節　遊戲治療的運用與注意事項

　　遊戲治療和心理諮商與治療一樣亦包含治療師與求助者雙方面，只是遊戲治療更重視環境的布置，亦強調未成年兒童的法定代理人或周遭成人（如教師）的參與。以下分別說明治療的四大要素，以及遊戲治療過程中的應注意事項。

壹、治療之四大要素

一、環境布置

　　遊戲室布置的原則可分為數方面來談。首先，一間遊戲室的大小以12 尺×15 尺（約 3.6 公尺×4.5 公尺）最適宜（Landreth, 2002）。在學校中最好能騰出一個房間布置成遊戲室；若要將一個房間發揮不同的功能，例如：個別諮商室、小團體諮商室與遊戲室等，仍是可以依照遊戲室的原則來規劃，只是要考量學生進到這個空間，很可能會被這些玩具與物件所吸引，因此可考慮將這些玩具放在收納箱內，要使用時再排列出來，或是將開架式的櫃子用簾子遮起來。

　　若經費許可，遊戲室可規劃成有隔音設備、有保護安全之措施（例如：鋪有泡棉之牆及裝置欄杆）；有水槽及冷水；牆壁及地板的材質要耐洗、耐髒及耐敲擊，不宜鋪不利清理的地毯；若能裝設簡單的廁所、馬桶，亦可。若有兼顧教學與訓練之用，可裝置單面鏡及錄影、錄音之設備；門窗使用可隔音且較厚的材質，以免干擾到其他人；電燈與冷氣最好鑲嵌在天花板，電扇不宜裝置在天花板或牆上，這些都很容易變成兒童丟球或丟玩具時的意外事件。

　　為了讓兒童能自在地取用遊戲室內的器材，玩具宜放置在開架式架子上顯眼的地方，且架子不宜太高而超出兒童的視線與伸手可及之處；房間色彩溫馨明亮、空氣流通，不受干擾。必要時可為兒童準備圍兜，供其繪畫或創作時用，以免影響其放鬆表達之意願。

　　其次，在遊戲的材料與選擇的原則方面，如 Winnicott（1968）所提的，透過「第三物」（third thing，亦即除了治療師與兒童之外的第三者），治療雙方可共同分享治療過程中的一切，讓彼此有所連結。由於遊戲治療的治療功能大於娛樂功能，因此並非所有的玩具均可拿來運用。器材的選擇大致分為數類：一是模擬真實生活的玩具，例如：扮家家酒的全套設備、玩具屋、奶瓶、奶嘴、電話、醫藥箱、陸海空交通工具（最好要有警車、消防車與救護車等）、人物的玩具（最好要有家族之代表玩偶，如爺爺、奶奶、父母、手足等三代，也最好要有具備多元文化觀點的

家族，如黑人、白人、原住民等，另外亦可擺放代表各種職業或身分的玩偶，如警察、護士、消防隊員、殘障人士、新娘、新郎等；各式嬰兒亦可多準備一些）；二是發洩攻擊欲望之玩具，例如：氣球、玩具士兵與武器、木製或塑膠刀劍、玩具槍、繩索、手銬、飛鏢、凶猛類布偶（如鱷魚、鯊魚、暴龍）、野生動物或不倒翁等；三是恐怖類玩具，如蜘蛛、蜈蚣、蛇、蟑螂、骷髏頭等；另一類則是表現創造力和抒發情緒的玩具，例如：（動力）沙和水、積木、各式色筆、水彩、黏土、畫架及紙張等。

　　沙箱可讓兒童將整個家庭成員玩偶、娃娃屋、玩具士兵、各種動物及交通工具等全放置在內（Axline, 1969, p. 55），沙箱對於發洩兒童的攻擊欲望及發揮創作與想像的欲望有極大助益。沙子可用來埋葬人、動物、交通工具或炸彈，亦可當成是雪、水，可以形塑攻擊或防禦的戰場、城牆、碉堡，也可以展現內心渴望的寧靜世界，這些均可配合兒童的想像與內在需求，透過沙箱而展現。治療師可將沙箱置於地板上，或是設計成底下有輪子的裝置，一層當沙箱，一層放置各式媒材，沙箱上面可以設有蓋子，若不用沙箱，還可用此平面當桌面。若房間大小許可，可放兩個沙箱，分別放乾沙與濕沙。除此之外，亦可布置一個舞臺，以及準備一些道具（例如：各式皇冠、帽子、面具、各種不同造型的服飾、首飾、鞋帽等），供兒童呈現其戲劇表現之用；亦可掛置小的白板或黑板。

　　遊戲室之玩具不需非常昂貴罕見，最好是安全耐用，能讓兒童感興趣且能發揮治療效果者；一般而言，具有多種用途、沒有標準玩法的材料，例如：黏土、顏料、沙、水、積木；能增進溝通的材料，例如：玩具電話、手機；協助紓解情緒的玩具，例如：不倒翁等，均頗適合。

　　遊戲室要避免的是如電動玩具、電玩遊戲之類，易妨礙兒童創造力及想像力，或是太過於複雜、讓兒童易有挫折感的玩具，例如：模型組裝等；另外如尖銳、玻璃類、太昂貴或高結構性的（如大富翁），以及如拼圖易有缺片的玩具，均不適合。

　　由於一間遊戲室可能會讓不同年齡層與發展需求的兒童進來使用，因此玩具的選擇可以稍微多樣化，例如：針對中高年級的國小學童，可以放一些如撲克牌、UNO、棋類，或是如「闔家歡」、「探索心」等活動性的媒材，以供其運用。有些治療師會放置一些適合不同年齡層兒童的桌遊

或牌卡，一般不建議放繪本，會妨礙治療師和兒童的互動。

　　就場地的清潔與維護而言，可事先將所有玩具的陳列地點與擺放方式拍攝成照片並放大，放在遊戲室或其他適當場所，供治療師或清潔維護者事後檢視與回復原狀。若有需要，亦可安排一些學生固定負責打掃，但是要注意對這些學生的事前訓練，甚至要預防有的學生樂不思蜀，自己在裡面玩起來或呼朋引伴請別的學生進來玩，或是不告而取。

　　若學校經費拮据，可舉辦跳蚤市場或請高年級或家長會自由認捐，將家中不玩但仍完好的玩具，整理後帶到學校，經過仔細檢視與歸類，以充實遊戲室的器材。

二、兒童方面

　　一般醫療單位的治療對象是具有嚴重心理困擾者為主，但是小學的協助對象應包含適應良好與適應不良者。近年來，遊戲治療的運用範圍愈來愈廣，不論在學校、社區心理衛生機構、臨床、醫療或社工體系，均有愈來愈多治療師投入，透過遊戲治療協助兒童，或是訓練家長與教師從事親子遊戲治療。有關的著書與個案報告或研究成果亦日漸豐碩，例如：Landreth 等人（2000）的著作完全是針對符合《精神疾病診斷與統計手冊》（第四版修訂版）（*Diagnostic and Statistical Manual of Mental Disorders*, 4th ed., Text Rev., DSM-IV-TR）診斷的兒童所進行的遊戲治療，包括：攻擊、依附疾患、自閉症、肢體殘障、聽障、解離、思覺失調、情緒障礙、焦慮、遺尿、遺糞症、學習障礙、語言障礙，或選擇性緘默症的兒童。Landreth（2001）主編的著作亦介紹如針對攻擊、自閉、慢性疾病、創傷、選擇性緘默、解離等兒童之遊戲治療。除了 DSM-5 內所歸類有關兒童的各類疾患，其他適用的兒童問題類型，包括：行為適應和情緒困擾者，涵蓋所有與適應有關的行為，從十分壓抑、退縮到極富攻擊性，或如偷竊行為、學習問題、被虐待或被疏忽、性虐待、性侵害、目睹暴力、住院病童、父母離婚、家庭重組，或創傷與失落等議題。

三、治療師方面

　　治療師並非只要坐在一旁看著兒童玩，或是陪兒童玩，更非只是提供

許多玩具供兒童嬉戲而已。臺灣遊戲治療學會認證的遊戲治療師分為遊戲治療師（具有碩士以上學位之心理師、精神科醫師等醫事人員或社工師專業證照）與遊戲輔導員（具有學士以上學位之社工師、教師或心理相關專業證照），認證要求之專業訓練經驗包含 150 小時遊戲治療的課程訓練、有至少兩年（含）以上被督導之臨床經驗，以及至少 200 小時遊戲治療之臨床經驗、接受至少 50 小時以上之遊戲治療督導，並需通過學會遊戲治療實務能力證明之審核。

　　治療師在遊戲室內絕非扮演監督者、教師或父母的替身，其所具備的特質如 Harris 與 Landreth（2001）及 Landreth（2002）所言，雖是非指導性為主，但並非被動的；不是對兒童施恩、不會敦促他們或表現不耐煩；不會馬上指導兒童該如何做；具備耐心、幽默感及敏感度；鼓勵兒童開放其內心世界與治療師共享；是個成熟的人，了解自己的職責；知道保密的原則與例外；必須真正喜歡小孩，努力嘗試喜歡與接納小孩；能夠用兒童，而非治療師的觀點來看兒童的困擾問題；確信兒童有能力解決自己的困擾問題並能為其行為負責；治療師的年齡、外表和性別等均是其次，重要的是對兒童的敏感度要足夠；是真誠地呈現上述的特質，而非虛偽做作；表裡一致，堅持自己的信念，且有信心與兒童建立友好的關係；能夠自我約束並尊重兒童，不會和兒童有情緒上的糾葛；有勇氣承認錯誤，有勇氣冒險，有挫折容忍力，並且有幽默感。

　　一般之導師或科任教師，亦可以遊戲治療之方式，有效從事班級經營與教學，例如：教師可將教室的一個角落布置成遊戲角與讀書角，玩具的來源亦可如前述，再加上一些故事書或繪本，可由學生自由從家裡帶來，師生稍加整理即可。在此角落中，教師可觀察學生互動的形態，亦可藉各式媒材引導學生表達並發洩其內心的情緒，若發現學生的行為模式並非教師可處理，必要時再轉介給校內或校外專業人員。

四、間接參與者——父母或監護人

　　有時，適應困難兒童的父母或監護人是使其情況惡化的因素之一。若成人能同時接受其他協助，重新學習或調整對兒童的管教方式及態度，將有助於加速治療效果。此外，治療師要能將父母納入整個治療體系，如此

才能事半功倍。治療師在治療過程中，可固定或非固定時間和家長討論，一方面了解兒童在治療室外的表現情況，另一方面在不違反保密的原則下，適時提供兒童在遊戲室的一些訊息，讓家長了解，進一步能在家裡或學校協助兒童，例如：治療師向家長提到兒童這兩次在玩的過程中，不太敢放心的玩，一直怕弄髒衣物，這和前面幾次的狀況不太一樣，因此和家長討論可能的原因，以及家長可以協助之處。治療師若能和家長維持良好的關係，不但有助於治療進展，不會提早結案，也有助於讓家長因為覺得被了解、被賦能，而更有信心扮演親職的角色與發揮功能。

貳、遊戲治療的原則

Axline（1969）說明遊戲治療若要真正幫助兒童，須慎重考慮下列的原則與態度。

一、治療者接納兒童真實的一面

這不表示治療師要全盤接受兒童所有的負向或違規犯法行為，而是要無條件接納其真實的存在價值與權利，尊重其主觀的知覺與感受，不論多麼負向。同時，亦尊重其有犯錯的權利與改變的可能性，當兒童發現自己可以不必矯飾或防衛，即可自在地呈現自己真實的一面。

二、真實地讓兒童自由表達其感受

寬容是一種中性的態度，不對兒童的行為做任何價值批判或懲罰，也不鼓勵或稱讚，治療師猶如一面鏡子反映出兒童的一切。治療時間是屬於兒童的，由兒童自己安排運用；由治療師以口語及非口語的方式，鼓勵兒童真實、自由地表達其感受。

三、建立溫暖友善的關係

從治療師和兒童初次接觸的那一刻起，雙方的關係不斷地在發展，讓兒童在治療情境中不必防衛，真實地呈現自己的每一面，有助於治療關係的進展以及兒童處理自己的困擾問題。

四、敏於辨識兒童真實的感受

治療師須敏感覺察兒童想要表達的情緒及內容，且適當反映給兒童，使其有所領悟。治療初期，治療師反映兒童陳述的內容及非口語行為，隨著治療進展，更深入地理解兒童經歷的一切且表達出同理與賦能的態度。有時候連兒童都理不清自己內在的感受，此時更要藉助治療師的敏感度，讓兒童不只是逐漸澄清內在感受，且確知這些真實感受能被治療師理解、接納與包容，進而能接納與消化這些感受，產生新的洞察與行動。

五、尊重兒童能把握機會解決自己的問題

即使只是兒童，每個人均有能力及權利處理並解決自己的問題，治療師只是引導並促發兒童將解決自己問題的能力顯現出來，不論兒童的年齡多小，做成最後的決定和著手改變均是兒童自己的責任。治療師主要是嘗試讓兒童了解，他／她是有能力解決自己的問題並且學習為自己的決定負責，在此過程中，治療師不會對兒童施加壓力，若涉及需要外界的協助（例如：轉學、安置到寄養家庭等），治療師與兒童一起謀求解決。

六、由兒童帶領行動及談話，治療師跟進

成人或許基於保護心態，或是不信任兒童的能力，或是求省事，常常習慣性地幫兒童做決定，或是幫他們處理許多事情，久而久之，兒童愈發不相信自己有能力處理自己的問題，且會變成更依賴而無能，或是不斷想反抗。治療過程中，兒童是主導者，治療師主要是營造一個溫暖、安全與接納的環境，讓兒童在過程中學會探索及接納自己，理解發生在他／她身上的一些不幸或困擾的事件，再慢慢找到自己的因應之道；因此治療師並不是要刺探兒童的隱私，或是不斷提問題，不須用讚賞的字眼來誇獎兒童（這樣會讓兒童覺得其所作所為是為了博取治療師的好感，因而喪失其自主性），不須提出諸多建議讓其遵從，更無須斥責或挑剔兒童的言行。此外，治療師的個人情緒、主觀價值及說教亦須避免。如果兒童有要求治療師協助，治療師也要視狀況，例如：評估兒童的發展程度應該可以做得到的事情，即可由兒童自己完成，必要時可指引兒童如何使用室內的器材，

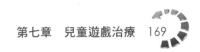

但是在遊戲治療室內，主控權及決定治療的進度應是在兒童身上。

七、不必急著追趕治療的進度

　　兒童有自己成長的速度，治療師嘗試以兒童的眼光來看其所處的世界，而非因為受不了兒童「無甚進展」而對其放棄；或是揠苗助長，急著讓兒童有所突破或改善；或是因為來自家長、教師或外界的壓力，而強迫兒童能快速有所進展，這樣對治療關係或治療效果均無助益。

八、只能訂下一些限制以符合真實世界，以及治療關係中應負的責任

　　設限並不是要證明成人的權威性無所不在，或是對兒童的懲罰；相反的，設限是對兒童的保護與尊重，例如：遵守時間的限制；不蓄意毀壞玩具；不攻擊自己、其他成員或治療師；不將遊戲室的玩具帶回去等，均是讓兒童體會現實生活中應遵守的規範，學習自我控制，並且為自己的行為負責。治療師在給予兒童限制時，態度要一致、委婉而堅定。

關　鍵　詞

- ✦ 遊戲治療
- ✦ 關係遊戲治療
- ✦ 設限
- ✦ 發洩遊戲治療
- ✦ 非指導性遊戲治療
- ✦ 親子遊戲治療

問題討論

1. 請說明遊戲治療與一般的治療模式有何異同？
2. 請說明遊戲治療理論的演變過程。
3. 請說明遊戲治療設限的理由及內容各有哪些？
4. 請說明遊戲治療在選擇遊戲材料的原則以及大致涵蓋的類別。
5. 請說明一般國小的輔導室（處）及班級導師，可以如何運用遊戲治療的概念於學生身上。

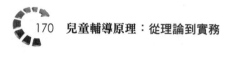

第八章
團體輔導與班級經營

田秀蘭、刑志彬 ///

以兒童為對象進行團體諮商（group counseling）時，在活動設計、時間安排、技巧拿捏方面都並不容易，但是隨著中央、地方教育主管機關的重視，以及國小專任輔導教師專業能力的提升，團體諮商在國小逐漸得到推展，王麗雯（2020）亦將小團體輔導工作視為國小專任輔導教師的主要任務之一。學校是社會的縮影，人與人之間的互動關係在兒童團體中也能顯現。團體中的人際互動，不論是在小團體諮商或班級團體中，都讓兒童有機會能朝正向的人際學習，並促進其個人成長。如何引導兒童朝正確方向發展，相關的團體諮商、班級輔導活動，以及有效的班級經營都相當重要。本章就團體諮商、班級輔導（classroom guidance）、班級經營（classroom management），說明團體輔導活動的運用情況。

第一節　團體諮商

壹、團體諮商的性質及重要性

一、兒童團體的性質

團體諮商是指，由專業人員根據某一主題所設計並帶領的專業服務，

它所強調的是歷程。對兒童而言，小團體提供了一個安全的環境，讓他們能夠表達自己所關心的問題，同時也能冒險嘗試新的行為。團體通常是以一般或特殊需求學生為對象，大小則是 6 至 8 人，並強調藉由團體動力來協助兒童了解自己、增進人際關係並發揮潛能。舉例來說，國外針對年幼遭性受虐的兒童、社交缺陷的兒童分別設立 12 單元、9 單元的團體諮商方案，並獲得實證性的成效驗證（Kaduson & Schaefer, 2000/2004），參加的兒童必須能針對自己想探討的行為，為自己訂出改變的目標。團體的領導者及參加的兒童要能互相協助，找出各自要達成的具體目標，同時也要顧及整個團體想達成的目標。此外，團體進行的過程也相當重要，兒童必須能在安全的氣氛下學習新的行為，並嘗試在現實生活中表現新的行為。在每次團體結束後，兒童需完成團體所給予的作業，並在下次團體中與其他成員分享心得。此可發現「學習」的意味頗濃，足見以兒童為對象的團體相當具結構性，因此 5 歲以下兒童並不適合進行團體諮商，因為就發展觀點而言，5 歲以下兒童仍舊非常地以自我為中心（Havighurst, 1952）。然而，若以「前社會學習」（pre-social learning）為目標的團體，則 3、4 歲兒童是可以適用的（Golden, 1987）。

二、實施團體諮商的必要性

在校園中，針對有特殊需求的兒童進行小團體諮商有其必要。就目前校園中的輔導工作現況而言，在有限的輔導人力下，無法花太多的時間做個別諮商，因而以小團體方式進行輔導工作即可發揮最大效益。部分兒童的適應問題在大班級進行班級輔導中，其輔導效果亦不及小團體諮商方式顯而易見，因此除了個別諮商及班級輔導活動之外，小團體諮商也有其相當的功能。

對兒童適應問題而言，早期處理能使其日後行為發展適應得較好。這些有特殊需求的學生，所面臨的問題亦有不同層次，較嚴重的包括：受虐、遭受性侵害、被忽略，或是性格異常的兒童等。問題嚴重性較緩和者，包括：人際關係、學習遲緩、情緒適應、個性過於內向等。這些問題均可藉由團體諮商的方式提供協助，進而在團體互動中促進其問題解決或個人成長。此外，對一般兒童也應當提供預防性的團體諮商活動，例

如：自我肯定訓練、社交技巧訓練、生涯探索輔導活動等。這些預防性的輔導工作，一方面可預防嚴重問題的發生，另一方面也可提升兒童的發展層次，讓兒童能順利完成其發展任務，並發揮其潛能（田秀蘭等人，2003）。

三、團體諮商的使用時機

團體進行的時機多半是有計畫、有結構地，在學期中配合團體活動或利用課外活動時間實施。有時也可以配合寒暑假的活動進行，必要時，配合社區專業團體進行兒童自我探索團體輔導，也不失為可行的方式。近年來，新課綱實施後，有些學校重視校本課程，部分專任輔導教師利用校本課程或社團活動時間，開設小團體諮商活動，例如：針對焦慮兒童所設計的勇氣之旅活動，在經過 8 至 10 週的團體諮商活動後，可顯著降低兒童的焦慮分數（蘇亦寧，2022）。此外，針對家長的父母效能訓練，或是以家長為對象的會心團體，也可以在學校中實施，由具有諮商專業背景的助人者或家長帶領，以增進家長本身的自我成長。除了兒童及家長之外，教師本身也可以透過團體諮商得到專業上的成長，像是近年來教育部教師諮商輔導支持中心會辦理不同主題的教師團體，協助教師發揮教師角色。

貳、團體諮商的種類及團體歷程

一、小團體的種類

（一）依進行方式區分

1. 結構性團體（structured group）

在進行團體之前，領導者必須清楚團體的目標，並對團體聚會的內容做詳細計畫。團體的進行是在領導者的催化之下讓每位成員投入團體，過程中也多半是以領導者居主導地位，結束時也由領導者或是由領導者請某位成員對該次團體做一結論。

2. 非結構性團體（unstructured group）

這類團體在進行之前不需做內容的計畫安排，成員隨興所至，想到什麼就說什麼。雖然如此，領導者仍必須有相當的經驗，除了專業訓練外，也必須熟悉團體的過程以及一般團體中經常發生的問題，例如：成員的抗拒、凝聚力，以及過於依賴團體等現象。

除了結構性團體和非結構性團體，仍有其他介於兩者之間的半結構性團體、低結構性團體，依據團體計畫安排的程度而區分。但一般而言，以兒童為對象的團體多半是結構性團體居多，領導者在組成一個團體時，就訂定計畫，在進行團體時，也盡可能依計畫進行。

（二）依團體目標區分

1. 成長性團體（growth group）

主要目標是提供兒童在人格方面的成長，對國小或幼兒園兒童而言，團體目標主要是針對他們在學校的行為表現或是班上的人際關係。成長性團體對兒童的成長幫助很大，是一般學校輔導教師可以積極推動的項目。

2. 學習性團體（learning group）

這類團體通常是結構性團體，目的是讓兒童獲得某一特定主題方面的知識，例如：自我肯定訓練團體，教導兒童如何肯定自己；針對日益增多的兒童虐待問題，也可以學習團體的方式進行；針對高危險群的兒童，在團體中可教導他們認識虐待的種類（有些兒童甚至不知道自己受到虐待）、受虐時或受虐後如何求助，以及如何適當的說「不」等技巧。

3. 人際關係訓練團體（relationship training group）

這類團體主要目標是在增進兒童的社交技巧，類似的名詞包括敏感訓練團體及社交訓練團體等。通常人際關係需要協助的兒童，在班級活動或日常活動中容易受到其他同學的拒絕，因為他們不容易了解他人的感受，也不清楚如何與他人進行有效的溝通，因此有關同理心及社交技巧的訓練團體對這類兒童而言，是會有其預期效果的。

4. 價值澄清團體（value clarification group）

主要目的是讓兒童能夠藉由價值觀念的澄清，而更清楚所要的生活目標。對兒童而言，價值觀念都還在變化之中，很容易受到大人的影響，價

值澄清團體目的在協助兒童找出自己所重視的想法，於各種不同的觀念中逐漸發現自己所珍視的，並讓日常生活中的行為能依循這些信念。

（三）依所使用技巧之深度來區分（Gibson et al., 1993）

1. 輔導團體（guidance group）

團體人數較多，使用的技巧主要是提供訊息、分享經驗、教育訓練等，其目標是提供輔導服務，以達成兒童在發展過程中的一般需求。典型的方案，例如：新生訓練或針對某一主題而在全校實施的輔導計畫。帶領人員必須對方案的主題有清楚認識，並不一定需要諮商方面的專業訓練。

2. 諮商團體（counseling group）

主要是針對兒童在生活適應及人格成長方面所提供的服務，團體大小以 6 至 8 人為主，而領導者亦需經過專業訓練，熟悉一般團體的歷程及過程中會出現的狀況。

3. 治療團體（therapeutic group）

主要是針對氣質、人格或適應方面遭遇較嚴重問題的兒童所進行的服務，這類服務通常是附屬在兒童醫院裡。這些兒童在心理健康方面可能有異常現象，需要較特殊的治療，因此團體的領導者必須經過嚴格訓練，團體大小也不宜超過 10 人。

除了以上的區分之外，也有一些團體是依個別諮商理論為依據而設計，如此一來便有更多不同種類的團體，例如：Adler 團體、溝通分析團體、理情治療團體、完形治療團體等，不勝枚舉。然而，各種不同理論取向的團體對兒童的適用性也有所不同，領導者需以淺顯的方式，配合兒童的認知及情緒發展情形而設計兒童所能接受的內容，讓兒童有機會做更多的自我探索及個人成長。

二、團體諮商歷程

以兒童為對象的團體諮商，在進行時通常有以下四個階段：適應 / 初始階段、認同 / 轉換階段、工作階段、結束階段。在適應 / 初始階段，由於成員彼此之間互不認識，因此領導者在此階段的目標是讓成員由認識活

動中互相熟悉，訂定團體規則，並建立起彼此的信任感。在認同／轉換階段，成員彼此間建立起同為一個團體的感覺，能互相分享感受，同時也願意嘗試冒險、說得更多或說得更深。而更重要的是，成員們彼此間能體會出一個共同目標，而個人目標與這個共同目標是不相衝突的。

　　在工作階段，領導者可逐漸觀察出兒童的進步情形，甚至兒童本身也可以觀察出自己的成長。在這個階段裡，領導者所給予的支持及成員彼此的分享，仍然是團體朝目標邁進的重要動力。而成員在團體中對自己的探索，也是促成其在團體之外，平時生活行為表現更為成熟的動力之一。領導者的主要任務，除了給予支持之外，最重要的應當是協助兒童探索、發掘並接受自己。而結束階段需要一些結構性的活動來做收尾，主要目的是讓成員能對參與團體以來的收穫做一整理，並學習將團體中的所學應用到日常生活之中，即使沒有團體的支持，也能學習成長。

參、團體的設計、實施與評量

　　在設計小團體活動時，基本上必須考慮到以下三點：其一為團體成員的篩選，其次為團體的大小，最後則是團體的目標。在篩選成員時，基於兒童的利益，須注意適合以團體方式進行輔導的兒童，才能讓他們參加團體；有些情緒過於激動、攻擊性過強，或是情緒困擾較為嚴重、個性過於內斂的兒童，個別諮商的方式可能較適合他們。在團體大小部分，對小學生而言，6 至 8 人是較適合的大小（Gibson et al., 1993）。團體過大，諮商師不容易顧及每個成員的需求，有些成員也可能不耐煩聽太多的人說話，而只急著想發表自己的看法；團體過小，成員彼此間可能又有太大的壓迫感。以 5、6 歲兒童為對象的團體，團體人數通常以 4 至 5 人為宜，且每次聚會時間以不超過半小時為原則，每週可以聚會 2 至 3 次（Thompson & Henderson, 2007），國內對兒童團體諮商的整合分析研究更是指出，超過 12 次長期輔導有顯著的效果（張高賓、戴嘉南，2005）。在團體目標的訂定方面，主要是根據常見的兒童問題及兒童的認知情緒狀態，通常也決定了一個團體的活動內容。此外，團體進行的場

所以團體輔導室為宜（Muro & Kottman, 1995），不能找太大教室，以免兒童容易分心，甚至走動或亂跑。遊戲室需注意一個重要原則：必須讓兒童清楚團體的進行規則。多數兒童都難以忍受玩具就在身旁的誘惑，所以玩具必須在團體進行前，依一般規則適當歸位，或添購適當的布簾加以遮蓋，讓他們知道每次團體的進行與那些玩具是沒有直接關係的。

一、如何設計以兒童為對象的團體諮商活動

　　一般而言，在設計團體諮商活動時，領導者必須思考以下問題：(1) 在團體中，兒童適合以何種媒介做溝通；(2) 團體的結構性要到何種程度；(3) 團體中會使用什麼器材；(4) 如何招募及篩選成員；(5) 團體要持續多久，每次的聚會時間多長；(6) 團體的大小如何；(7) 團體中男女與年級的比例問題等。

　　在團體成員的溝通方面，除了文字及口語表達外，彩繪、指印、黏土、布偶、沙包或歌曲等媒介，可能更能引發成員對情緒及想法的表達，例如：鄭蕙萱（2022）將桌遊融入高年級團體輔導，藉以學習溝通、互助合作能力、正向人際互動；黃傳永等人（2011）透過表達性藝術團體輔導協助國小兒童的憂鬱情緒，且具有實證效果。在團體的結構性方面，通常在團體的建立之初，結構性的程度相當高，但隨著團體的進行，成員彼此互相熟悉而結構性漸減，很少有以兒童為對象的團體完全是非結構性的。器材的使用與團體的結構性也有關係，結構性的團體通常會以適當的器材來配合團體所欲達成的目的。

　　至於團體成員的招募及篩選方面，則與團體的目標及性質有關。常用的成員招募方式是由輔導教師或領導者提供一份書面說明，告知相關年級的兒童，由兒童自行報名參加或由導師推薦。為使團體進行順利，領導者必須對報名的成員做篩選，篩選的程序相當重要，領導者可以以個別或團體的面談方式，讓成員知道團體之目的，並讓其了解他們可以由團體中獲得什麼。同時，領導者也可以藉此機會了解兒童的參與動機，或兒童是否適合參與團體，讓兒童有機會決定是否要參加，這些處理對團體日後的發展是有相當影響的，尤其是在凝聚力的形成及成員的收穫方面。

　　在成員的年級、性別、團體的大小，以及聚會時間的安排方面，也和

團體的目標有關。通常對年紀較小的兒童而言，團體的人數較少，聚會的時間較短，持續的次數也較短。在年齡方面，通常是以同年齡或只差一個年級為主，除非是行為偏差較嚴重的兒童，可配以年齡較高但無偏差行為的兒童在同一個團體，不過效果如何，仍有賴領導者的掌控。在性別的混合方面，更是各家看法不一，有些人認為男女發展狀況不同，所關心的問題也不同，應當分開；有些人則認為團體是讓兒童學習互動最安全的地方，應該讓他們有機會在團體中互相學習。通常愈是中低年級，就愈可以男女混合，而高年級，除非團體議題是跟兩性交往有關，否則仍舊以同性別為宜（王文秀，個人談話，2009 年 5 月 7 日）。除此之外，在設計以兒童為對象的小團體活動時，領導者在清楚團體目標之後，可以參考既有的模式設計聚會的團體內容，例如：Dinkmeyer 與 Dinkmeyer（1982）將典型的團體諮商活動分為暖身、活動進行、討論三個小階段。在暖身階段，可藉由 5 至 10 分鐘的活動讓兒童進入團體的氣氛裡；之後引導兒童投入正式的探索活動；最後對投入後的心得做一討論，領導者必須留下 5 至 10 分鐘歸納兒童的收穫，並對該次活動做結論。由於小學階段兒童的詞彙發展、耐心、定力均不及成人，因而在活動的設計方面需力求多樣化，像是引導式的幻遊、歌曲的使用，甚至布偶、玩具等均可採用。

二、學校實施團體諮商時應注意的特殊事項

針對兒童進行團體諮商，領導者除應具備必要的團體技巧外，需對兒童發展有更多認識，且在活動設計方面需要更有結構，必須配合他們在智能、體力、社會及情緒各方面的發展情形，例如：因詞彙方面的限制，他們可能對非口語性的活動有較多反應，如何藉由非口語性的活動來引發其對自我的探索，就成為兒童團體輔導活動設計時應注意的事項之一。

團體諮商在學校的實施可以配合有特殊需求的兒童，例如：情緒過於內向、有人際關係方面問題、經常有打架偷竊等問題行為、家庭問題較嚴重者，或是單親兒童等。針對這些兒童進行小團體輔導，領導者必須更注意團體互動的影響，必要時，領導者必須配合個別諮商及家族治療，以協助兒童有更好的發展。由於兒童習慣於天真自然地表現自己，小團體對他們而言也是個很自然的情境，成員們藉由彼此的互動互相學習，在各種自

我表露及分享活動中，團體的動力可以照護兒童的需求，但也有可能讓兒童受到傷害，因而領導者的敏感度及處理技巧是相當重要的。參與團體諮商者都是兒童，特別需要注意在規範解說的用詞需要符合兒童的發展階段，建議可以簡要、白話，善用兒童的語言，同時也可以適時增強適當行為，藉以削弱不適當行為。

　　除此之外，帶領以兒童為對象的小團體尤應注意諮商的倫理問題，重要的倫理原則，例如：Kitchner（1984）所提出之當事人的受益、自主性、忠誠、公正、不受傷害這五個原則，也同樣適用於小團體的情境。因此在團體訂定契約時，雖然言明團體規範，但成員因故要保護自己或是想提前結束時，仍應保留彈性，以滿足成員自主性及不受傷害的需求。同樣的，保密程度、成員間的分享時間及分享程度，以及彼此學習的機會，都應注意諮商的倫理問題。對年紀較小的兒童，家長的同意也相當重要，一方面是責任問題，另一方面家長也能配合活動中的一些需求。當然，除了家長配合外，學校教師及行政人員的配合也是很重要的。近年來，有些專輔人員因在職進修等因素，也可能會以團體諮商為媒介進行輔導成效相關研究，這時也需要經過研究倫理審查，徵得校方行政主管及家長同意，簽署相關知後同意書，方能進行團體諮商效果研究（蔡柏盈，2015）。

三、如何評量團體諮商的實施效果

　　團體諮商的實施效果如何，可由適當的研究設計加以評估。常用的評量方式是採用實驗設計或準實驗設計方式，比較成員參加團體前後在目標行為方面的改變情形，或是在團體結束後，比較有參加團體與無參加團體兒童的行為表現差異情形。多半研究均顯示，兒童在參加團體後，其目標行為方面均有改善。這些團體有的是以人際關係取向為主〔例如：失親兒童在團體諮商過程中可以獲得人際的社會性支持（Zhang et al., 2022）〕，有的是以自我概念的增進為主，有的是針對有特殊偏差行為的兒童，有的是針對轉學生而提供的環境適應方式，有的則是以學習障礙的兒童為主，而在國小的團體諮商對於學校低成就兒童也具有顯著效果（Steen et al., 2021）。

　　除實驗研究之外，質性分析也是評量團體諮商效果的方式之一。質性

評量方式，通常是根據某些成員在參與團體之前、參與團體過程中，以及參與團體之後，在某些行為特徵方面的改變情形做分析，用以說明團體內容或團體動力對參與兒童的影響。舉例來說，謝政廷等人（2014）探討 6 位目睹婚暴兒童的團體歷程，根據其訪談逐字稿進行分析，結果發現小團體對此類型兒童具有安全和重新連結的團體效果，也驗證團體治療對目睹婚暴兒童的療效性。領導者通常只要有足夠的訓練背景，並做充分的事前準備，過程中也能覺察成員的感受，則團體諮商效果會是很明顯的。

四、影響團體諮商效果的相關因素

團體諮商的實施效果如何，可以由領導者、成員、團體進行的過程等三方面來進行探討。事實上，這些因素彼此間的交互作用對團體諮商效果所產生的影響，可能更甚於單獨一類因素對輔導效果的影響。

在領導者方面，包括：領導者本身的特質、領導者在團體中所扮演的角色，以及領導者所發揮的功能，這些因素都會影響團體的輔導效果，例如：領導者彈性與開放的態度，會讓兒童覺得自己的表達能讓領導者接受，便勇於嘗試表達；領導者的成熟與統整，對兒童而言，可產生潛移默化的示範作用；另外，領導者本身的自我覺察能力，也可以幫助兒童與成員維持良好的關係，以提供良好的團體氣氛。

在成員方面，包括：成員的特質、成員在團體中所扮演的角色。能從小團體中獲益的兒童，其參加團體的動機多半較強，在團體中也較願意表達自己的看法，同時會顧及其他夥伴，而家長也能配合，對兒童的參與及收穫較有信心。事實上，兒童在團體中所扮演的角色除了是接受協助之外，同時也是協助其他成員的助人者。在心得分享的部分也扮演著示範者的角色，兒童所扮演的角色愈有彈性，其收穫也愈多。

在團體進行的過程方面，包括：團體的凝聚力、團體成員問題的共通性、成員彼此的感受分享、團體的大小、成員的組合等，都可能對團體的效果有影響。凝聚力與成員的特質及參與互為因果，而問題性質的共通性，能讓兒童覺得在解決問題的路上並不寂寞；至於團體的大小，通常是愈小的團體，大家分享互動的機會愈多，收穫也可能愈多，但是人數也不宜只有 2 至 3 位兒童，以免無法發揮團體動力的效益。

五、兒童團體諮商的優點及限制

影響團體成效的因素相當多，包括：領導者的準備工夫、成員的組成、時間的分配、整個團體的焦點情形等。Myrick（1987）曾針對小團體實施的優缺點提出他的看法，在優點方面，他認為：(1) 小團體具有預防功能，同時能讓教師一次顧及多位兒童的需求，以防嚴重問題的發生；(2) 小團體能讓教師同時利用校外社區資源來協助學生幫助自己；(3) 小團體能營造安全及溫暖的氣氛，增進兒童互動，並互相學習處理問題的技巧；(4) 小團體能讓兒童學習互相支持、接納、嘗試新的行為，並彼此提供資源。這些都是個別諮商所無法提供的情境。

然而，小團體的實施也有限制，Myrick（1987）認為團體彼此的信任及親密要花一段時間，加上團體若過大，難免有些成員會有被忽視的感覺，對某一主題也較難深入討論。此外，在團體必經的歷程中，若有處理不當之處，可能會造成成員的流失，而此不僅是流失者個人的損失，也可能傷及其他成員，因而領導者的敏感度及團體帶領技巧是相當重要的。

肆、團體領導者的養成訓練

一、團體領導者的特質

兒童團體領導者應具備的人格特質，包括：基本的助人特質、學習潛能方面的特質、兒童的親和特質三大類。基本的助人特質如第三章所述，例如：領導者必須能真誠接納每位團體成員，能適當運用自己的能力運作團體，能活在此時此地敏感於成員的需求及變化，能容忍團體中的曖昧情境或是某些成員的不確定性，並重視兒童本身解決問題的能力，允許兒童有互相學習的機會。學習潛能方面的特質，包括：謙和、虛心、客觀、成熟、統整、對於模糊性的忍受度、能覺察自己在團體中的表現、開放及彈性的態度、在學習上的可塑性等。此外，在兒童的親和特質方面，包括：對兒童有興趣、讓兒童覺得容易親近、喜歡與孩子接近、能進入孩子的內心世界等，這些都是在帶領兒童團體時的重要特質。

二、團體領導者應具備的能力

根據美國團體工作專家學會（Association for Specialists in Group Work, ASGW）所訂定的標準，團體領導者應具備的能力，包括：團體知識基礎、團體技巧，以及在接受督導之下的團體帶領實務經驗（ASGW, 1983, 2000）。Stockton 與 Morran（1985）則是將團體領導者應具備的能力區分為：諮商理論基礎、個別諮商技術、團體動力專業知識、健康的人格特質等四個部分。國內相關研究則發現，兒童團體輔導能力的內涵應包括：小團體理論基礎、小團體領導技巧、帶領團體常見的問題及因應方式、輔導專業特質、輔導專業倫理等五個方面（田秀蘭等人，2003）。具體而言，一位團體領導者需具備的技巧，包括：反映、澄清、摘要、問問題、支持、同理、催化、解釋、楷模等，這些技巧在個別諮商情境也會使用，但在團體中，更重視團體動力的建立及團體的維持和發展。適合做個別諮商的諮商師，不見得能帶領一個成功的小團體，其間的差別在於領導者對團體動力的掌握，以及須同時照顧到不同成員的情緒及需求。而針對兒童團體的帶領，在面對兒童的親和特質、對教育制度及校園文化的認識、特殊事件的處理等方面，又更是帶領兒童團體所應有的能力。

三、團體領導者的訓練重點

在培育一位諮商師時，我們通常會問這麼一個問題：是特質重要？還是能力重要？當然都重要，沒有技巧只有溫暖的態度，問題不能解決；空有技巧而缺乏適當的特質，也無法將技巧適當地運用出來。Yalom（1985）提及團體諮商師訓練的四個重點：其一為領導者本身必須有經歷團體的經驗，親身體會團體發展在不同階段時，成員會有的不同感受；其二為足夠的觀察，通常可以透過單面鏡，對某一團體做長期的觀察，而觀察後的討論是相當重要的；第三個重點是嚴密的督導工作，接受訓練的團體領導者在帶領一個團體時，必須有督導從旁協助、指導；最後一個重點是領導者本身的個人成長，個人成長可以與團體經驗無關，但也可以透過團體或個別諮商經驗而得到。許育光與邢志彬（2021）將團體領導者訓練模式整理為兩種取向：第一種是教學式學習取向，主要是教學，搭配

影片觀賞，側重團體歷程介入的原則與知識；第二種是體驗與督導學習取向，其中又可以分為觀察模式（學習者不擔任領導者，觀察團體、領導者技巧及團體動力）、模擬團體諮商模式（學習者可能會擔任領導者、成員或觀察者，體驗與反思不同角色功能）、實地帶領模式（學習者主要擔任領導者，學習帶領團體、團體技巧及評量成效）三類，是未來團體領導者培訓及能力提升方面的極佳教材。

第二節　班級輔導活動

　　班級輔導是以班級為單位，以學生需求或問題為中心導向所設計並實施的系統性輔導活動。就預防與治療的觀點而言，班級輔導活動的重點在發揮其預防的功能，有效的班級輔導活動不但能預防問題的發生，同時也能促使兒童朝向健康的心理發展。我國自 1996 年開始實施的新課程標準，規定國小三年級以上每週有一堂輔導活動課，教師可利用這個時間進行輔導方面的活動。自 2002 年實施九年一貫課程之後，輔導活動與團體活動等其他相關科目轉型為綜合活動，每週占課程總時數 3 小時，教師可利用此段時間實施班級輔導活動，以促進兒童之心理健康。以教育部（2021）公布的《十二年國民基本教育課程綱要》之各小學「彈性學習課程」，包含：跨領域統整性主題／專題／議題探究課程、社團活動與技藝課程、特殊需求領域課程，以及服務學習、戶外教育、班際或校際交流、自治活動、班級輔導、學生自主學習、領域補救教學等其他類課程。班級輔導羅列其中，是培育我國國民基本素養之重要且不可或缺的一環。

壹、班級團體的性質與目標

　　班級是由一群大約同年齡的兒童所組成，它的大小由 10 人以下至 30 餘人不等。近年來，少子化的情況相當明顯，許多市區學校班級人數也幾乎都在 20 至 30 餘人左右。學校分班的目的是為了教學、管理及輔導的方便與效果，所以班級團體的組成有其重要目的，雖是個團體，但團體中有

明顯的個別差異。就團體而言，共識、互動及規範三者是用以檢視團體是否健康的三個要素（吳武典，1996）。一個班級的成員彼此間共識愈多，成員所持觀念、態度、價值及理想愈一致，則凝聚力愈高；互動愈多，彼此間的照顧也愈多；規範愈明確，彼此間愈能適時地約束自己。林淑君（2018）以霸凌事件為例進行班級輔導，發現初級發展性輔導不僅能預防問題發生，也可以運用班級層級的輔導活動來解決學生已發生的問題。

就個別差異而言，不論學生的生活背景有多類似，其中也必有相異之處。教師必須相信每個學生都有與他人截然不同的故事，因而要適當地了解學生背景、聽他們說話，並適時地滿足他們的需求，讓他們能發揮各自的潛能。這是由個別差異的觀點來看一個班級，但對班級教師而言，要顧及團體，又要同時不忽略學生的個別差異，的確不是件容易的事。一般而言，班級團體的目標有以下幾點：(1) 在生活輔導方面：協助兒童培養良好的生活習慣與樂觀進取的態度，同時能接納自己、尊重他人，進而達成群性的發展；(2) 在學習輔導方面：能適應學校環境，培養主動學習態度，了解個人學習風格，並訓練其思考、創造與問題解決的能力；(3) 在生涯輔導方面：能協助兒童了解自己的能力、性向、興趣及人格特質，認識各行各業，並培養正確的價值與態度。

另一方面，過去根據《國民中小學九年一貫課程綱要》的規定，課程目標包括：(1) 增進自我了解，發展個人潛能；(2) 培養欣賞、表現、審美及創作能力；(3) 提升生涯規劃與終身學習能力；(4) 培養表達、溝通和分享的知能；(5) 發展尊重他人、關懷社會、增進團隊合作；(6) 促進文化學習與國際了解；(7) 增進規劃、組織與實踐的知能；(8) 運用科技與資訊的能力；(9) 激發主動探索和研究的精神；(10) 培養獨立思考與解決問題的能力。為了達成上述課程目標，國民教育階段的課程設計應以學生為主體，以生活經驗為重心，以培養現代國民所需的基本能力。在基本能力方面，也包括與上述十項目標相結合的十點重要基本能力：(1) 了解自我與發展潛能；(2) 欣賞、表現與創新；(3) 生涯規劃與終身學習；(4) 表達、溝通與分享；(5) 尊重、關懷與團隊合作；(6) 文化學習與國際了解；(7) 規劃、組織與實踐；(8) 運用科技與資訊；(9) 主動探索與研究；(10) 獨立思考與解決問題（國民教育社群網，無日期）。

2014 年頒訂的《十二年國民基本教育課程綱要》，強調本於全人教育的精神，以「自發」、「互動」及「共好」為理念，主張學生是自發主動的學習者，學校教育應善誘學生的學習動機與熱情，引導學生妥善開展與自我、與他人、與社會、與自然的各種互動能力，以協助學生應用及實踐所學、體驗生命意義，願意致力社會、自然與文化的永續發展，共同謀求彼此的互惠與共好（國家教育研究院，2014）。至於在課程目標方面，則提出了四項總體課程目標：(1) 啟發生命潛能；(2) 陶養生活知能；(3) 促進生涯發展；(4) 涵育公民責任。這些課程目標的重點，是希望培養學生在三大面向的核心素養：自主行動、溝通互動、社會參與。這些素養之目的是在落實十二年國民基本教育課程的理念與目標，做為課程發展之主軸，以助於各教育階段間的連貫，以及各領域／科目間的統整。就小學階段的兒童而言，「核心素養」說明了一個人為適應現在生活及面對未來挑戰所應具備的知識、能力與態度，其所強調的學習內涵，並不宜以學科知識及技能為限，同時也關注於學習與生活的結合，並透過實踐力行而彰顯學習者的全人發展（國家教育研究院，2014）。如何落實這洋洋灑灑的課程目標及基本能力，有賴班級輔導活動或綜合活動方案的設計。

貳、班級輔導活動與綜合活動課程的設計

　　在國小階段，由於班級輔導活動的實施多半是利用綜合活動課程，因而內容也可等同於綜合活動課程的內容。在課程活動的設計方面，可分為幾個步驟：(1) 配合學生的問題及需求進行文獻探討，了解相關理論對學生問題的解釋；(2) 訂出目標並設計活動；(3) 於適當時間實施；(4) 實施之後做評量，以評估輔導活動的效果。以下說明其內涵。

一、理論基礎

　　班級輔導活動設計的第一個步驟是發展輔導活動的理論基礎，根據理論基礎了解兒童的心理特質，並由其發展任務找出兒童可能遭遇的問題，以便針對這些問題設計活動目標。除此之外，兒童所表達的需求以及一般

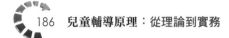

教師、家長的意見，也是在擬定目標時很好的參考來源。

二、目標的訂定

在了解理論基礎後，應將理論中所提及的概念轉化為可行的目標，並將這些目標陳述出來，例如：增進自我概念、學習社交技巧、增進生涯覺察、澄清價值觀念、決定技巧訓練、問題解決能力的增進等。

三、實施輔導活動

在輔導活動的實施方面，與其他課程一樣，家長的配合與學校行政人員的支持是相當重要的。除了與這些人員溝通之外，輔導教師本身必須對活動內容相當熟悉，並顧及學生可能會有的反應，當然，適當的教具也能增進輔導的效果。不同於其他課程的部分，在於教師必須保持敏感的態度，隨時注意兒童的心理狀態，以增進兒童成長為原則，避免因無心的疏忽而傷到兒童的自尊。

四、輔導活動的評量

輔導活動實施告一段落或結束之後，來自兒童本身、家長及行政人員的回饋是相當重要的。輔導教師可以設計問卷，用以評量活動實施的成效，標準化的量表及自編的開放式問卷均為可行方式。活動實施的評量結果，有助於日後相關活動設計之參考。

參、班級輔導活動的實施方式

一、實施時教室情境的安排

進行班級輔導活動時，學生座位的安排對活動的進行亦有影響。Myrick（1993）曾提出五種不同座位安排，如圖 8-1 至圖 8-5 所示。

圖 8-1　橫列式

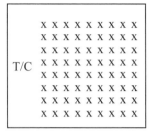

圖 8-2　圓形

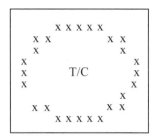

圖 8-3　半圓形

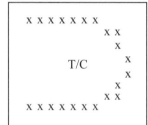

圖 8-4　雙圈式

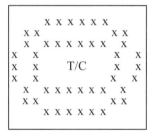

圖 8-5　小組討論式

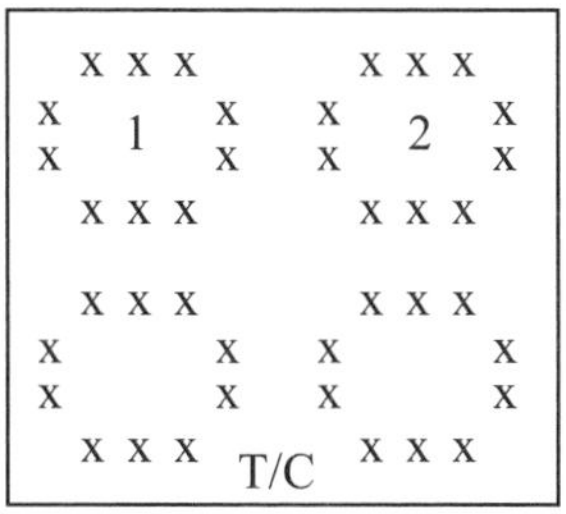

圖中的 T 表示老師（teacher），C 表示諮商師或輔導教師（counselor），x 則代表學生。在五種不同的安排方式中：第一種普通的橫列式，較無法讓兒童彼此方便地溝通；第二種圓形的方式，學生彼此眼神稍有接觸，但如果人數過多，成員會感受不到彼此是一個團體；第三種半圓形的方式，能增加成員彼此互動；第四種雙圈式的方式，內圈兒童較

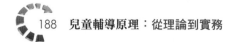

能投入，但外圈兒童較容易受到忽視；最後一種小組討論式的座位排列方式，可能最適合輔導活動的進行，有利於社會心理學中所強調的組內合作及組間競爭學習，但若是過於強調，也可能出現組內互動頻繁而各組間缺乏互動機會的缺點，要避免如此的缺點，輔導教師可以讓兒童在一段時間之後重新分組。

二、具體的實施方式

　　由於進行班級輔導活動時，人數多寡不一：如果人數在 10 人以下，輔導教師可以決定這個團體的動力要走得多深；如果人數超過 10 人甚至到 30 餘人，則方法可以變通，但通常還是以每組 6 至 8 人的分組進行方式為宜。具體的實施方式如下：

1. 說故事

　　以故事吸引兒童的注意力，並以催化方式啟發兒童對某一主題的看法，同時也引導兒童接納自己，發展健全的特質。

2. 小組演講比賽

　　讓兒童針對所抽到的主題，先在小組內討論，請求同組組員的支援，並上臺做短篇演說，其主題須以心理健康為主。

3. 繪畫

　　透過繪畫讓兒童針對不同的主題分享其內心的想法，這些主題可以是幼時生活的環境，讓兒童彼此認識各自的生活背景；可以是自己喜歡的動物，並探索這些動物與自己個性間的關係；可以是自己的家庭；也可以是自己未來的理想。兒童應有機會透過這些活動認識自己，也認識同學。

4. 參觀訪問

　　透過參觀訪問，兒童可擴展其生活經驗。

5. 遊戲

　　透過各種不同的遊戲活動讓兒童了解自己，也了解他人。

6. 角色扮演（role-playing）

　　讓兒童在班級或小組中針對某一主題扮演自己或扮演他人，並由扮演後的討論，體會自己的想法以及他人的感受。

7. 聯想（association）

透過成語或故事的接力比賽，讓每位兒童輪流說一句話，由兒童所表達的內容可觀察出兒童的想法。

8. 家庭雕塑（family shaping）

讓兒童在小組內或在班級中找個同學扮演他的家人，並雕塑出自己的家庭關係，藉由此一活動讓兒童體會自己在家中的人際關係，同時也認識同學的家庭。

9. 歌曲或音樂

藉由歌曲或音樂，讓兒童由旋律或歌詞中抒發其內心感受。

除了以上所描述的方式外，小組討論亦包括很多不同方式，例如：小組討論、配對討論、腦力激盪、辯論等，這些方式均為班級輔導活動可以運用的方式。

三、與其他課程或輔導活動的配合

事實上，輔導活動並不一定只能在輔導活動課實施，一個星期只有一節輔導活動課也絕對不夠，因而與學校的相關活動配合及融入其他課程是相當重要的。以下為輔導活動在實施時可以配合的各種情境。

（一）各科教學活動

各科教學活動與輔導活動的聯絡教學是很容易配合的。目前所使用的教科書中，有不少的材料是與個人的自我探索、家庭關係的探索、人際關係的探索等主題有關，例如：性別角色的學習、工作世界的分類、對情緒的形容詞，以及與他人的溝通、關係等，這些在各科教學中的素材也可以是輔導活動很好的教材，端看教師如何配合，以激發兒童對自己的認識，並增進與他人的關係。在其他藝能科目方面，也可以利用藝術與人文課程中的美勞課，讓學生製作綜合活動課可能會使用的教具材料。教師的用心加上靈活的運用，便能將綜合活動課中的輔導活動實施得更為活潑。

（二）利用社團活動時間

有些學校將社團活動課安排在週五下午，讓兒童能按照興趣做分組活動。社團活動課有其目的與功能，但或許能配合此一時段進行主題式的班

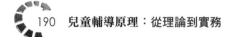

級輔導活動，打散原有班級，讓學生選擇自己有興趣的輔導主題，進行班級輔導形式的輔導活動，或針對少部分兒童進行小團體輔導。

（三）利用班會時間

班會亦有班會的功能，偶爾可視班級情況利用此一時段配合班會所討論的主題，以活動方式激發兒童對某一主題的看法，或利用此一時段增進兒童在班上的人際關係。

（四）利用寒暑假作業安排或返校日時間

兒童寒暑假的返校日有其目的，在完成學校所安排的行政事務之後，導師不妨利用此一機會，讓兒童分享假期生活以及假期時間安排的情形。

四、帶領班級輔導活動時應注意事項

班級輔導活動的帶領不同於小團體的進行，成員所表達出的情緒或想法可能無法做充分的討論，教師也無法完全顧及，因而小組討論是較為常用的方式。此外，活動進行中兒童所使用的筆記心得或想法紀錄等，教師可於事後收回閱讀，並給予回饋。

在活動進行中，教師必須盡可能敏銳覺察不同兒童的反應及需求，並予以適當處理，但也不能花過多的時間在處理某一兒童的需求，而忽略整個班級的進展。有些活動並不一定能滿足所有的兒童，也有些活動可能讓部分兒童跟不上，因此適當地調整活動內容或進行方式是有其必要的，教師必須能容忍班級中的個別差異情形。此外，在活動過程中，教師應盡量避免權威的態度，而是以催化的方式讓兒童能表達其內心的情緒或想法，並盡量多以鼓勵方式增強兒童好的行為。

肆、輔導教師應具備的條件

一、班級輔導教師所扮演的角色

就專業角度來看，一位班級輔導教師所扮演的角色較接近於一位輔導專業人員，他所發揮的功能在於增進學生的自我覺察、發展適當的人際關

係，並發揮潛能。如果帶領班級輔導活動的輔導教師同時也是這個班級的導師，則這個班級輔導教師所扮演的角色就不單純了，既要管理一個班級，傳達學校的行政命令，同時也要顧及學生心理，了解學生的問題所在，還要如家長一般地讓學生滿足其對班級的歸屬感。吳武典（1996）曾經將這些角色比喻為橋樑、家長、經理、園丁及醫師。面對如此多重的角色，教師本身要體會扮演不同角色時與學生的關係如何，並適時扮演這些角色，以發揮適當的功能。

二、輔導教師應有的專業訓練及人格特質

班級輔導教師應具備的條件，可從專業知識、專業技巧、人格特質來說明。在專業知識方面，與一般小學教師一樣，應具備必有的兒童心理、教學原理、輔導原理等知識；在專業技巧方面，本身必須有參與輔導活動的經驗，如果曾經參加過小團體，由小團體活動中體會團體動力則更好；在人格特質方面，溫暖、接納、敏感、擅於傾聽、能歸納兒童所言、給兒童適當的回饋，這些都是輔導教師可以培養的一些特質。有時輔導教師身兼該班導師，在管理班級及進行輔導活動方面，難免有角色衝突之處，因而針對不同情境及活動內容，輔導教師本身的調適也相當重要。

第三節　班級經營與常規訓練

就輔導學的觀點而言，一個班級的經營方式可以由人文主義及行為或認知行為主義幾個取向來看。若採前者觀點，則經營方式較偏向人性化，終極目標較強調學生的自我實現及潛能的發揮；若採後者觀點，則重視團體紀律的維持，較強調在有秩序的環境中學習。熟悉並融合不同取向的原理原則，並將之運用在班級經營之中，可提高學生的學習成果，而又不致忽略其人格的成長。以下針對班級經營的定義、目的、內容、理論基礎及經營策略做系統介紹。

壹、班級經營的定義及目的

班級經營在校園裡是個頗受重視的概念。由於社會進步，兒童平日在校外所接受的刺激增多，校園問題也逐漸增加，一般教師都體會到管理學生要有一套技術，而這套技術就是班級經營所討論的內容。事實上，班級經營的定義相當廣泛，不同學者對「班級經營」這個名詞所下的定義有不同重點，有的較重視師生之間的關係，認為班級經營者除了教師之外，也包括學生（方炳林，1979）；有些較強調內容，認為班級經營包括所有的教師行為及活動（Emmer, 1987）；有些則較強調歷程，認為在班級經營的歷程中，教師可以發揮其專業功能，而學生也有機會發揮其潛能（Fontana, 1985）。這些定義各有不同重點，但都是朝同一個目標方向，也就是讓師生都能喜歡自己的班級，教師能快樂的設計並完成教學活動，學生能快樂的學習，以達成教學目標，並增進人格上的成熟。針對特殊的班級議題也適用班級經營，例如：杜淑芬（2015）認為，在班級霸凌事件處理上，班級層面的策略有其效果，包括：建立班級運作規則並一致地執行；重視正向利他的人際行為；善用激勵系統促進班級正向利他文化。

貳、班級經營的內容

如前所述的定義，Emmer（1987）強調班級經營包括所有的教師行為及活動，綜合各學者對班級經營內容的描述，這些行為及活動大致可分為行政管理、教學管理、常規管理、情境管理等幾個部分（朱文雄，1990；吳武典，1988；吳清山等人，1991；Froyen, 1988），說明如下。

一、行政管理

行政管理主要是一些級務處理方面的工作，包括：早自習、午休、班會、學生生活照顧，以及學校各處室所委託辦理的各種事項或行政命令的傳達等。這些事情看來瑣碎，但對班級氣氛的營造影響頗大，實施起來也不得輕忽，例如：在班會活動中，如何引導學生之間的討論、如何培養其民主法治的精神、如何營造學生之間的凝聚力，讓學生懂得互相約束及自

我約束，細心地運用此一時間，可以省去很多常規管理及生活照顧方面的麻煩。而在學校與班級之間的溝通，如何帶領學生遵循學校的規定，例如：放學路隊的編排、獎學金的申請、爭取校內班級競賽的榮譽、校外活動的參與（如中、小學運動會），以及如何讓學校了解學生的反應，甚至在家長與學校的溝通方面，一位導師的溝通技巧也是相當重要的。

二、教學管理

教學管理的內容，包括：課程的設計、補充教材的選擇、教學方法的使用，以及學生作業指導和學習成果的評量等。這些活動必須配合學生的認知程度，在教學前做充分的準備，熟悉教材內容及進行方式；在教學中除了進行教學之外，也應隨時掌握學生的學習情緒；在教學後，也能根據學生的學習評量結果檢討自己的教學方式。這樣的管理方式是以學生為中心，而熱心教學的教師通常也會根據統一教材來設計課程內容，並配合學生的發展，選擇適合學生吸收的教學方式來實施教學。充分的準備及適當的評量檢討，對教學改進有很大的幫助，這也就是為什麼一般教師在經驗豐富之後能愈教愈好的原因。值得提醒的是，充分及良好的課前準備，可以掌握學生的學習情形，進而減少課堂中的秩序問題。

三、常規管理

一般學者對常規管理的內容有不同看法，有些強調上課秩序的維持，有些除秩序外，將整潔、禮儀也包括在常規管理之內，也有些則將問題行為的輔導也視為常規管理的內容。如此看來，常規管理的內容相當豐富，其成效對教學品質也有相當程度的影響，這方面的理論基礎及實施方式也是班級經營的重點。由輔導學或諮商心理學的觀點來看，人文主義及行為主義是一般教師在處理學生問題時較常採用的兩個取向，前者尊重學生的潛能，後者著重外顯行為的改變，將在以下的經營策略部分探討。

四、情境管理

情境管理的部分包括物理情境及心理情境，前者為教室環境的布置、美化、綠化及淨化（朱文雄，1990）；後者則著重師生關係的建立及班

級氣氛的營造（Froyen, 1988）。物理環境對學生的影響是無形但又非常重要，一般而言，兒童每天待在教室的時間，長達八、九個小時，舉凡遊戲、學習、休息、吃飯及午睡等活動都在教室內進行，好的環境可以讓學生喜歡待在教室裡。雖然在一般學校裡，校方對教室布置有統一的規定，然而教師在教室環境的布置方面仍然可以在統一規定中，與學生一起找出發揮創意的空間，像是作品欣賞、談心園地、成語介紹、古蹟之旅等專欄，一方面配合學習內容，另一方面也提供心理成長的園地。當然物理環境的布置還包括清潔用品、私人物品，以及部分教具圖書或運動器材的放置位置等，這些情境的安排多多少少都會影響兒童的學習情形。

至於心理環境部分，與教師本身的教育信念有關。教師對學生真誠及尊重的態度，較容易贏得學生的信賴及合作，班級氣氛也比較傾向於溫暖和諧；而教師清新的外貌及適當的衣著，也都會影響兒童的學習氣氛。此外，教師的說話語氣及態度更是重要，因為教室氣氛的營造，是無數溝通及交流的結果，學生也很在乎教師對他的評價，容易於無形中學習到教師說話的方式。

參、班級經營的理論基礎

一、班級經營與輔導的關係

輔導學理論應用在班級經營方面，可由人文主義及行為主義兩個取向來說明。人文主義取向強調師生之間真誠、尊重及信任的態度，相信每個學生都有他的故事，都有能力追求成長；而行為主義取向較傾向於以學習的原理原則來控制學生的外顯行為，常用的技巧以行為改變技術為主。

（一）人文主義取向輔導理論在班級經營方面的應用

以人文主義取向為主的班級經營方式，在行政管理方面，教師會顧及學校和學生或家長各方面的看法，以進行有效的溝通。在教學活動方面，重視學生之間的個別差異情形，也願意多花額外時間做個別指導。在常規建立方面，重視學生的意見，與學生的互動頻繁，了解家庭訪問的重要

性，能真誠對待學生，不自我防衛，願意同理學生。在教室環境的管理方面，讓兒童參與教室的布置，如果空間夠大，可區別出學習區、活動區、閱讀區等不同角落，以適應兒童之個別需求，安排座位也能考慮學生較偏好與哪些同學坐在一起，分配整潔工作時，也願意考慮兒童的工作興趣。

（二）行為主義取向輔導理論在班級經營方面的應用

行為主義取向的輔導理論偏重學習原理原則的使用，較強調目的之達成，亦即外顯行為的改變。在行政管理方面，所關心的是行政命令傳達任務是否完成，學生行為表現是否遵照校方的規定，對學生或家長的反應並不會積極處理。在教學活動方面，著重以有效的教學方法提升學習成果，期間可能經常使用增強或懲罰等方式提高學生的學習動機，教學評量方式也經常使用。在常規管理方面，契約的使用，增強、消弱、代幣制度、行為塑造等原理，更是經常被用來維持教室常規及班級秩序；教師較具威嚴，教室氣氛較為嚴整，環境布置也較有紀律，整個班級的學習氣氛較濃，互動較少。

事實上，人文主義及行為主義兩個取向可以兼容並蓄、截長補短，一方面尊重學生，另一方面注重學習紀律，以促進兒童的學習進步以及人格成長。

二、團體要素在班級經營中的運用

Johns 等人（1989）由團體發展的觀點來看班級經營，並提出班級經營過程中的六個要素：吸引力、領導形態、常規建立、班級期望、溝通方式、凝聚力，以下分別說明之。

（一）吸引力

吸引力是指同班同學之間的友誼，以及彼此之間的支持態度。和諧的情誼可以吸引兒童，讓兒童喜歡上學，同時也互相幫忙，這樣的吸引力會影響兒童的個人成長及學業成就。教師在經營一個班級的方式上，應當以增進兒童彼此之間的吸引力為原則。在班上受到排斥的兒童，就如同一個代罪羔羊，是一個犧牲者，同時也常常是班上問題的來源，教師應當盡可

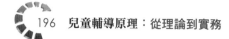

能安排適當活動，以增進班級的凝聚力。

（二）領導形態

這裡所謂的領導型態，並不完全是指教師的領導風格，也包括整個班級朝某一個目標邁進的領導力量。當然，教師的領導風格會影響學生的行為，例如：民主型的教師，學生擁有較多的自主空間；權威型的教師，學生較需依賴教師的決定。通常一般學者較偏向於以民主方式帶領一個班級，然而民主並不代表放縱，教師應當注意一個班級領導力量的分散情形，避免流於少數學生操縱一個班級的情形發生。

（三）常規建立

所謂的常規是指由學生共同建立以及必須共同遵守的規定，即使是不贊同這些規定，也必須遵守。常規的建立使得兒童在教室內的行為能有所依據，同時也是兒童培養法治觀念及守法精神的機會之一。

（四）班級期望

這裡的期望所強調的是教師與學生共同的期望，它是指在某些特定情境裡，兒童及教師對自己、對對方，或對整個班級行為的預期，例如：學生上課做一份口頭報告，會期望由教師那裡得到回饋；學校舉行一項競賽，教師與學生也能互相溝通對這項競賽的期望。一個好的班級，大家都清楚班級期望，也都能透過溝通而認同他們的班級期望。

（五）溝通方式

有效的溝通包括口語以及非口語，班級裡的成員應當有機會交換彼此的想法及情感，而無形的氣氛也是兒童彼此間能感受的。因此，由非口語行為也可以觀察出彼此所要表達的訊息。除了表達之外，老師應當讓兒童了解「聽」的重要性，沒有誠心的傾聽及反映，溝通不會有效果。

（六）凝聚力

凝聚力是指兒童對整個班級的感受。事實上，若前面五個因素都能做得好，班級的凝聚力自然而然就會比較高，一個凝聚力高的班級可吸引兒童上學。但有時凝聚力高不見得一定能朝正確方向走，若沒有正確的引

導，兒童可能共同決定一項與校規不符的行動。因此凝聚力的形成，教師也必須能與學生一體。

三、班級經營的理論模式

班級經營的理論基礎，有些來自於心理學或心理治療理論中的一些原理原則之應用，有些則為學校教育人員根據多年經驗而累積出來的原理原則，以下僅就常用的模式分別介紹。

（一）肯定訓練模式（assertive discipline）

此一模式主要係針對教師的行為而言。Canter 與 Canter（1992）認為，教師應當以肯定的態度面對學生，明確地讓學生知道教師對他們的要求。肯定的態度與敵意的態度不同，在使用此一模式時，有幾個步驟可以依循：第一個步驟為班規的建立，且是以教師的需求為基礎，透過這些規定，學生知道教師對他們的期望，也知道何種行為是不被允許的，如果在規定中有例外的情形，也應當在訂定班規時就讓兒童清楚，以免事情發生時有爭議出現；第二個步驟是對兒童的不良行為做記錄，有時教師會使用黑板做記錄，如果不良行為出現一次，可能是接受警告，第二次出現，可能得接受剝奪下課時間的處罰，如果出現三次或以上，會有更嚴重的處罰等；第三個步驟是根據紀錄結果實施懲罰，以告誡學生班規的重要性；第四個步驟是在懲罰同時，也對良好的行為進行鼓勵，通常教師們都視學生的良好行為為理所當然，然而適當鼓勵是可減少不良行為發生。

（二）邏輯推論模式（logical consequences）

此一模式重視學生的行為動機。Dreikurs（1968）認為，兒童不良行為的產生必定有其原因，這些原因就是兒童的行為動機，包括：想吸引老師的注意、對同學報復、想展現自己的權力，另外也可能是想表現自己好的一面卻反而弄巧成拙。要減少教室中的不良行為，重要的一點就是要了解學生行為背後的動機，盡可能由正確方向讓學生的需求得到滿足，同時也應利用班級討論時間，引導兒童適當地表達及發揮自己。

（三）Ginott 的和諧溝通模式

此一模式強調師生間和諧的溝通及學生獨立性的培養。在與學生溝通方面，當問題行為發生時，聰明的說話方式是針對其行為，而避免以標籤、批評或諷刺方式傷及兒童的人格尊嚴。教師在表達本身的生氣、挫折或憤怒時，更應當避免攻擊無辜的兒童。適當的原則是以第一人稱的方式表達自己的情緒，言及對方時，也以行為的描述為主，例如：「我覺得很生氣，因為你今天又沒有交作業」。而在獨立性的培養方面，Ginott（1972）認為教師應避免給學生過多的指令，教他們表達自己的情緒，讓他們思考自己的行為表現，是培養他們自動自發及獨立性的好方法。

（四）Kounin 的眼觀四面模式

Kounin（1977）以「漣漪效應」來比喻他對教室管理的技巧，一旦教室中某一位兒童有問題行為出現，他所採取的方式是停下來，此時除了該名兒童注意到自己不對之外，其他周圍的兒童也會有所警覺。他同時也讓每個兒童有機會管理前座或隔壁座位的同學，因管理別人的同時，也會對自己的行為有所約束。在與學生的溝通方面，他強調清晰、明確及嚴正幾個重點，學生應當清楚教師的要求，教師應當非常確切地要學生做到，必要時可疾言厲色地嚴正表達自己的要求。

（五）Jones 模式

Jones（1987）強調，在教室結構方面，座位安排也有其重要影響。在常規訂定方面，Jones 認為讓學生為自己的行為做一限度的設定是很重要的，如果學生行為超出所設定的限度，教師可採取以下方式約束其行為：第一個是中止教學；第二個是轉向該學生，甚至叫出該學生的名字；第三個是走向該學生的座位旁；第四個是將手掌放在該學生的桌子上。此外，有時也可以從學生的座位後方進入他的空間範圍，提醒並糾正他的行為。要做到什麼地步，完全看不同學生、不同情況而定。

（六）行為改變模式

行為改變模式主要係應用行為學派的一些原理原則於班級經營中，主要原則包括：增強、消弱、懲罰、隔離、代幣制度等。這些原理在國小的

使用情形非常普遍，正確使用的確可以約束兒童的行為表現，然而也常受到爭議，尤其是增強物的使用。有些教師發現，頻繁地使用增強物，會形成兒童現實的心態，有時也難免有賄賂之嫌。但事實上，賄賂與增強是不同的，賄賂只能用來形容一種非法或不合理的動機或行為，而增強是合理的，就如同成人工作可以領取薪水一般。雖然行為改變模式對兒童行為的約束，不見得會有長久的效果，但它的立即效果還是普遍受到教師們的歡迎。教師要能慢慢讓兒童從渴望外在的、物質的增強，轉而為社會性的增強（如眼神、微笑鼓勵），再到內在自我的增強。

（七）溝通分析模式（transactional analysis）

溝通分析此一模式來自心理治療理論中的溝通分析理論，原為 Burne（1961, 1966）所發展。在班級經營的運用中，此一模式強調讓兒童了解自己的父母、成人及兒童狀態，而教師本身更應當注意自己在教室中的行為，是否有時因失控而像父母一般地批評兒童，或是否有時因一時疏忽而過於幼稚。當然，完全的成人表現也會讓兒童及自己無法承受，但成人狀態還是一般較為鼓勵的教師行為，一位成熟的兒童，其成人的自我狀態亦較多。除此之外，教師對教室中經常發生的心理遊戲也應有所警覺，以避免學生類似的不良行為重複發生。

（八）現實治療／控制理論模式（reality therapy/control theory）

現實治療強調責任感的重要性，在糾正兒童的不良行為時，先讓兒童承認自己的錯誤行為，再讓其找出不良行為的後果。同時，也讓兒童對自己的行為做判斷，之後讓兒童為自己的行為做一修正計畫。這些步驟都強調兒童的主動地位，而兒童事實上通常也都知道自己的哪些行為是不對的，由他們自己來糾正改過，遠比由教師指出來還要來得有效；真有必要時，適當的隔離是可以使用的。Glasser（1984）由現實治療逐漸發展出另一套治療理論，也就是控制理論。在此套理論中，他提出六項兒童的基本需求：生存、權力、愛、歸屬、自由、樂趣。適當地滿足兒童這些方面的需求，他們自然能夠管理自己的行為。

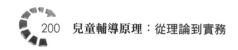

肆、班級經營的原則與策略

一、班級經營的原則

在班級的經營方面，常規建立及秩序管理是為學生製造一個良好學習環境的必備條件。常規建立的一個重要原則，就是要讓學生懂得動靜分明，玩的時候盡情的玩，上課時能專心學習。除此之外，以下的一些重點也是在訂定教室常規時可以參考的原則。

第一是民主的態度：民主的精神，事實上也是國民小學道德教育的一部分，班規的建立及遵從，即為培養兒童民主精神的最佳機會。而按照心理學家所提出有關道德發展的理論來看，對兒童的確有需要以班級常規來引導其正確行為的建立。

第二個原則是公開討論：班級常規的訂定應當由教師來引導，讓所有同學共同來討論。或許有人會懷疑兒童的討論及決定能力，然而事實上由教師從旁的引導，是很容易影響學生的決定過程。公開討論的另一個目的是讓教師了解學生的看法，同時訂出的班規也比較具說服力，大家應當較會遵守共同訂出的規則。

第三個原則是要符合「人性化」原則：在訂定或討論班級常規時，學生會提出他們的看法，而在這些看法中，有很多是跟他們的基本需求有關。不論是生理方面或心理方面，教師可藉由此一機會了解學生的需求。班規的訂定若能符合大部分人的需求，則違規的情形會減少，不必要的爭端或懲罰也會減少。

除此之外，第四個原則是內容不必多，但必須徹底執行：在適當的地點或時機提醒學生遵守班規，久了之後學生自然能養成習慣。當然也有少數例外的學生，遇有這些學生違規的情形，則應當嚴格地根據規定處理，方能達成訂定班規的用意。

第五個原則是真誠及公平的態度：教師必須能真誠公平地對待每一位同學，在嚴格執行班規的同時，讓學生感受到教師所付出的關懷，他們也較能敬重教師、喜愛教師，並遵守班上共同訂定的規則。

在人際溝通方面，不論是對學生、對家長、對同事，或對主任、校

長，不變的大原則，是大家都熟悉的「同理心」。所謂的同理心，大家都知道是指將心比心，或是站在對方立場為對方著想的意思。然而，同理心更重要的部分，是應當要表達出來，讓對方知道你能設身處地了解他。關係的建立是溝通順暢的基礎，而正確的使用同理心則是建立關係的最佳妙方。有時我們了解對方的心情，但並沒有表達出來，如此關係並沒有建立起來。和諧的關係與同理心的態度，這之間是有正向關係存在的。

一般教師常詢問如何與家長做有效的溝通，也常有教師抱怨家長將教育子女的責任推到學校教師身上，這些問題的產生與是否有適當的溝通也有關係。教師與家長之間的聯繫，很多時候是因為學生有問題發生才有聯繫，可想而知，在討論學生問題的同時，大家都很難有愉快的心情。教師與家長的溝通，應重在平時的聯絡，聯絡簿的使用是一個很好的機會，教師可以使用聯絡簿與家長溝通。平時關係建立好，問題發生時，討論起來也比較不會有火藥味，比較能就事論事地討論；而事實上，聯絡次數較頻繁的家長，其子女發生問題的機率也較低。教師與家長之間的聯繫，也是讓家長了解教育子女責任分擔問題的最佳機會。

至於在與兒童溝通方面，要注意的是尊重與公平原則。兒童的心是非常敏感而直接的，教師喜歡誰、教師討厭誰，孩子都分得非常清楚。要做到讓孩子體會出教師雖然較偏愛某些同學，但又真誠地尊重每位同學，則不是一件容易的事，但這是個非常重要的原則。一位受歡迎的教師也一定是個尊重學生的教師。然而要提醒的是，尊重並不等於完全接受，尊重是接納這個人、接納他的潛能、他善良的一面，而不是接受他的錯誤行為，這點是可以讓學生了解的地方。

至於具體的秩序管理方式，並不是每一種方式都適合每個教師，也並不是每一種方式都能對不同的學生達成同樣效果。重要的是「思考」問題，想想自己的個性，想想學生的心態，找出適合自己的方法，用起來比較得心應手，事實上也比較能達成效果。

以上所談的班級管理及溝通方式，都還只是個大原則，在具體的技巧方面，還有待班級經營者自行拿捏。教學本就是一門藝術，教育這份工作不能立竿見影，然而對兒童日後的影響卻是不可忽視的。

二、班級經營策略

　　在班級常規的訂定方面，讓兒童知道其訂定目的是在提高學習效率，滿足大家的心理需求，培養民主的精神，並增進快樂的學習氣氛。教師尊重學生、幫助學生，同時也讓他們知道互相尊重，例如：他人在說話時一定要保持安靜。此外，讓兒童共同參與班級常規的訂定，他們有權力訂定班規，當然也有義務、有責任遵守自己所訂出的班規。在指導兒童訂定班規時，教師的引導相當重要。通常教師可以將大原則解釋清楚，然後再讓兒童列舉出具體的規定。

　　在教學情境的管理方面，動靜分明也是一個相當重要的原則，兒童應當清楚何時可以走動，何時必須坐在座位上。動是兒童的天性，合理的動可以讓兒童滿足他們的生理與心理需求；適當的靜可以讓他們有效完成學習。合乎人性的管理、合乎學習原理的教學方式，可同時滿足兒童想玩也想學習的需求。

　　在教室情境管理方面，可以將教室區分為幾個不同的學習角落，但應避免擁擠。在教室布置方面，提供兒童一個發表的園地，分享學習心得或內心感受，諸如「感謝專欄」及「快樂心聲」等。

　　在行政管理方面，除轉達學校的一些注意事項之外，對一個新接的班級，剛開始時讓兒童互相認識的活動是相當重要的，結構式的活動可營造出兒童彼此間正面的溝通，進而增進班級的凝聚力。除此之外，能夠抓住兒童的心也是相當重要的，教師可利用週記、日記、交換日記及家庭聯絡簿多了解兒童，並與家長溝通。平時多看兒童一眼，多說一些關心的話，與兒童個別談話，偶爾陪孩子一同回家，了解他們的優缺點，這些都是班級經營方面的可行策略。最後，班級經營是一種發展性輔導介入模式，亦須要與導師合作，增進班級正向經營氛圍（王麗雯，2020）。

關　鍵　詞

✦ 結構性團體　　　　　✦ 非結構性團體
✦ 輔導團體　　　　　　✦ 諮商團體
✦ 治療團體　　　　　　✦ 班級輔導活動
✦ 班級經營　　　　　　✦ 行政管理
✦ 教學管理　　　　　　✦ 常規管理
✦ 情境管理　　　　　　✦ 班級經營的理論模式

問題討論

1. 團體諮商、班級輔導及班級經營三者之間的關係為何？有何相類似的地方？又有何重要的差別？
2. 針對兒童設計團體諮商活動時應注意哪些事項？
3. 一般而言，國小輔導教師應具備哪些特質？
4. 班級經營包括哪些重要內容？
5. 在眾多班級經營的理論模式中，你最欣賞哪一個模式？你最適合使用哪一種模式來經營你的班級？

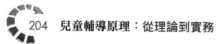

第九章

兒童心理測驗

田秀蘭、刑志彬 ///

　　心理測驗是輔導工作中的重要工具之一，需有測驗方面專業訓練背景的輔導人員方能有效運用。對兒童而言，適當地使用測驗，可提供正確資料，促進兒童身心發展；然而，若使用不當，則可能會因為不正確的測驗結果解釋而做成錯誤決定，造成兒童發展上的限制。除了心理測驗之外，其他非正式的評量技術也可以配合測驗的結果，提供輔導人員參考。本章介紹心理測驗的基本概念，說明標準化心理測驗對幼兒園及國小兒童的應用，並針對適用於國小兒童之心理測驗做一探討，同時也對其他非正式的評量技術做簡單介紹。此外，對於兒童及幼兒心理方面的衡鑑議題，也做深入之探究，包括：教師具備心理衡鑑（psychological assessment）知識之必要性、常用的衡鑑工具、經常使用的衡鑑技術等。

第一節　心理測驗的基本概念

　　實施心理測驗之目的在測量一個人的特質，實施方式可以是團體施測，也可以是個別施測，有賴其目的及需求而定。而所測量的特質內容，包括：能力、成就、興趣、性向、人格特質、價值觀念、態度等。在測驗結果的運用方面，可提供教學之參考，協助教師了解兒童的發展情形，或是了解個別差異的狀況等。本章較強調此一工具在諮商輔導工作中的運用

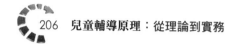

實務考量或編製步驟，舉例來說，測驗過長，不僅影響跟受試者的關係，也會讓受試者感到挫敗（Groth-Marnat & Wright, 2016/2019）。

壹、心理測驗的定義

　　心理測驗是一種測量工具（Mehrens & Lehmann, 1987），通常是以數字量尺分類系統來觀察或描述個人在某方面特質的一種方法（Cronbach, 1970）。郭生玉（1994，頁 4）綜合這些不同看法，將心理測驗定義為：「採用一套標準的刺激，對個人特質做客觀測量的有系統程序。」有些人過於相信測驗，認為測驗可以告訴一個人在某些方面的特質，甚至就像算命一樣，可以由所測量出的能力或興趣，告知一個人未來可以發展的方向。然而，在諮商輔導過程中，可以協助個體釐清目標並從中獲得自我洞察，測驗的過程本身就具有治療的功能（Hood & Johnson, 2002/2003）。事實上，心理測驗只是一種提供訊息的客觀工具，也只是輔導工作中所使用的策略之一。但心理測驗的使用，需要經過專業訓練，以免造成誤用而無益於當事人的問題解決。

貳、心理測驗的目的

　　使用心理測驗之目的有以下四點（Mehrens & Lehmann, 1987）：
1. 在教學方面：可用以評量學生的學習成果、評量老師的教學效果、做為學習診斷的參考、增進兒童的學習動機等。
2. 在諮商與輔導方面：可協助個人了解自己、探索未來發展的方向、協助輔導人員了解學生的問題、提供輔導策略等。
3. 在學校行政措施方面：可協助學校選擇學生、做為分組教學的參考依據、做為課程設計的參考等。
4. 在研究方面：能協助相關單位的研究工作，或評量輔導實務方面的效果。

參、兒童輔導工作中使用心理測驗的目的

　　具體而言，在輔導工作中針對兒童使用心理測驗有以下幾個目的：第一，是對兒童的學習能力進行診斷，以早期發現兒童是否具有學習遲緩，並施予學習扶助，或是給予特殊教育及輔導。相對的，也能夠及早發現資優傾向之兒童，並給予適當的訓練及培養。在美國，常用的測驗包括：「斯比智力量表」（Stanford-Binet Intelligence Scale）、「魏氏兒童智力量表」（Wechsler Intelligence Scale for Children, WISC）、「班達完形測驗」（Bender Gestalt Test）、「畢保德圖畫詞彙測驗」（Peabody Picture Vocabulary Test, PPVT）等。在臺灣，類似工具為「中華兒童智力量表」（吳武典等人，1994），同時也有「魏氏兒童智力量表」的修訂。

　　對幼兒園或國小兒童而言，使用心理測驗的另一個主要目的是評量幼兒或兒童的學習成果，以做為學習輔導的參考。標準化的成就測驗（achievement test）可提供這方面的資料，例如：「柏恩基本觀念測驗」（Boehm Test of Basic Concepts）、「愛荷華基本能力測驗」（Iowa Test of Basic Skills）。測驗結果可以讓教師知道兒童的學習成果，同時也讓教師知道自己的教學效果。在臺灣，除了標準化的成就測驗之外，多半仍以教師自編的成就測驗較常使用。

　　第三個目的是為了讓教師了解兒童的人格特質或生活困擾等各方面的問題，例如：「芭特雷發展量表」（Battelle Developmental Inventory）可測量兒童自我概念的發展及其與同儕互動的情形；「兒童自我態度問卷」（郭為藩，1978）、「行為困擾量表」（李坤崇、歐慧敏，2008）、「性格及行為量表」（林幸台等人，1993）等，可協助教師了解學生的人格特質，發現其平日生活所感覺到的困擾，以做為生活輔導方面的參考工具，協助學生增進自我概念，學習社交技巧、問題解決技術。

　　在進行兒童輔導工作時，也可能需要對兒童偏差行為加以驗證，此時選擇合宜的心理測驗是經常採取的適當作法。在用心理測驗進行心理診斷時，首先要挑選合乎工作模式的測驗，才能得到有效的資料；其次要使用具有信度（reliability）和效度（validity）的測驗工具，也要有完整的施測標準程序、計分與解釋（Groth-Marnat & Wright, 2016/2019）。

　　除了上述的標準化心理測驗之外，非標準化的繪畫評估及人格投射測驗也是應用於幼兒及兒童的極佳工具，像是「告訴我一個故事」（Tell-Me-A-Story, TEMAS）常被用來進行人格側寫，而林美珠與劉秋木（2004）發現國內兒童在「告訴我一個故事」上所呈現的人格側影，於性別與適應兩變項上沒有顯著差異，且與國外學童的差距不大，惟「性別認同」與「道德判斷」兩項分數起伏較大。此代表國內與國外一樣，兒童也能透過投射測驗獲得相關資訊。

肆、心理測驗的種類

一、依所測量領域的不同而區分

　　依測量領域的不同，心理測驗可區分為：智力測驗（intelligence test）、性向測驗（aptitude test）、成就測驗、興趣測驗、人格測驗（personality test）等不同種類。在上述的各種測驗中，以成就測驗使用的最為普遍，性向測驗及智力測驗次之；興趣測驗主要以高年級兒童使用為主，人格測驗則僅限於少數兒童有需要時使用。此外，智力測驗的使用必須非常謹慎，在美國是以學校心理學家對兒童做診斷時才使用，像是「魏氏智力量表」因為涉及到語言的使用與理解，對於偏鄉文化刺激弱勢的兒童或非以中文為母語的兒童，都非常容易造成測驗結果低估兒童的智力。在臺灣，「中華兒童智力量表」有類似功能，非經過專業訓練者，或是不熟悉該份測驗者不宜使用，以免造成錯誤的解釋。

二、依是否經標準化過程而區分

　　依此一標準劃分，心理測驗有標準化測驗（standardized test）及非標準化測驗兩種。標準化是指測驗在編製過程中，有嚴密的試題分析、信度及效度考驗、常模（norm）建立，以及施測時的指導語、計分方式、解釋運用等說明，通常這些資料都會包括在指導手冊之中。而非標準化的心理測驗，無需經過上述的每個步驟，一般國小教師所自編的成就測驗即為最常見的例子，同樣可以達成學習輔導之目的，但不一定要標準化。

三、依解釋測驗結果時所參照的標準而區分

在解釋測驗結果時，可以有兩種不同的參照標準，分別為常模參照測驗與標準參照測驗。前者強調個人表現與其他人表現相比較的情形；後者則強調個人在某一學習目標上的表現情形。在標準化心理測驗的編製之初，即需顧及此一測驗之目的，而決定是以常模參照的方式或是以標準參照的方式來解釋測驗結果。多半標準化的心理測驗均有建立常模，而很多標準參照測驗並非標準化測驗，例如：教師自編的成就測驗，其目的是評量學生在某些學習目標的學習情形，是拿學生的學習表現與學習目標相比較，而不強調此一學生在某一團體中所在的位置。

不論是標準參照測驗或常模參照測驗，其編製步驟相當類似。如果要以測驗做為安置或診斷兒童之用，兩種類型的結果解釋都相當重要。事實上，常模參照和標準參照就如同一條連續線的兩端（Gronlund, 1990），即使是標準參照，也多多少少可以做不同學生程度上的比較，甚至是強調與其他學生相比較，也可以看出這個學生在學習目標上的達成情形。

除此之外，依心理測驗的實施方式做區分，又可分為團體測驗及個別測驗。在國小實施時，多半以團體實施為主，因而有所謂學校測驗計畫的制訂，但針對個別需要而對個人或部分學生做測驗的情況仍十分頻繁。

伍、選用心理測驗的標準

一般而言，在選用心理測驗時，必須針對問題情境及施測目的，因此詳讀測驗的指導手冊即為選用前的重要步驟。通常手冊中所包含的資料可以協助我們判斷該測驗是否適用，這些資料包括以下幾個重要概念。

一、效度

效度是指一份測驗達成其所欲測量目的之程度，也就是說，能正確測量所欲測量的內容。效度通常可分為三種（郭生玉，1985），分別為內容效度、效標關聯效度、建構效度。

　　第一種效度為內容效度，是指若一份測驗測量出所欲測量內容的程度很高，則其有相當程度的內容效度。內容效度的考驗方式，通常是邀請該領域的專家學者，以邏輯分析方式來判斷該份測驗是否能達成測量目的。

　　第二種效度為效標關聯效度，又可分為同時效度與預測效度。同時效度是指在考驗效度的過程中，讓受試者同時接受兩份類似的測驗，一份為新編測驗，另一份為既有的類似測驗，以之做為效標，考驗其間的相關，如果相關達統計上的顯著水準，則可稱新編測驗有適當的同時效標效度。預測效度則是指測驗分數與實施測驗後一段時間所取得的效標之間的關聯，目的在使用測驗分數來預測個人在效標方面的未來表現；如果測驗的目的在預測個人未來在某一領域中的表現，就必須以未來的成就表現作為效標，以該份測驗做為預測工具；如果該份測驗的預測率高，則可稱其有適當的預測效標效度。

　　第三種效度為建構效度，主要是由該測驗所據以建立的理論基礎來考驗其效度，常用的統計方法為因素分析法，由因素分析的結果來檢驗此一測驗所包含的內容是否為該理論所包含之內容。除此之外，也可以採用團體差異分析或多項特質多項方法等分析方式，來進行建構效度的考驗。

二、信度

　　信度是指一份測驗的穩定或一致性程度，常用的指標包括內部一致性係數及重測信度等。內部一致性係數除了 Cronbach's α 之外，亦包含折半信度。重測信度強調兩次測驗情境的一致，且不宜間隔太久，以免學習、成熟及遺忘等因素會形成誤差；而兩次的測量時間也不能過於接近，以免看不出一份測驗在間隔一段時間之後的穩定性。通常不同測驗強調不同性質的信度指標，例如：成就測驗較強調內部一致性，而性向測驗或態度量表就比較強調重測信度。

三、常模

　　大部分標準化心理測驗均有建立常模，此一目的主要是讓個人的測驗結果能與其他類似團體的表現情形相比較。由於是將個人分數與其他人的分數相比較，因而使用者必須非常清楚該份測驗在建立常模時所使用的團

體性質、抽樣方式、建立年代，以免做出不適當的比較。常用的常模分數，包括：百分等級、T分數、標準九、Z分數等。詳細的介紹及統計觀念，讀者可參考心理測驗及教育統計等相關書籍。

四、實用性

實用性也是一般輔導教師在選用心理測驗時應當考慮的因素。所謂的實用性，包括：購買測驗所需經費、施測所需時間、是否有足夠的施測人員、需要辦理何種施測說明會、在計分及結果的解釋方面會有什麼困難，以及測驗結果是否真能提供有效的資料，供輔導學生做參考等。針對這些因素做衡量，也是學校在選擇測驗時應考慮的因素。

陸、標準化心理測驗的編製步驟

由於校園中的學習仍以學業或認知學習為主，心理方面的成長雖然也很重要，但多半並不容易看到改變，也因此心理測驗的編製對於輔導實務工作的推展會是很有幫助。以下說明標準化心理測驗的編製步驟。

一、確定測驗的目的

編製測驗之初須明白指出編製目的，包括：重要性、源起為何、所測量出的內容需包含哪些重要的特性、在哪些情況下可使用這份測驗、誰來用、用在誰身上等，這些問題都必須在測驗編製之前就思考清楚。

二、決定測驗的形式

在決定測驗的形式時，編製者應思考測驗項目的呈現方式，以及受試者可能有的反應，這當然與編製之目的有關。常見的形式，包括：寫作式或是以口語表達的方式；對低年級或特殊需求兒童而言，編製者可能會考量受試者的特性而採用口語表達的方式來編製測驗。一般較常見的形式仍以紙筆方式居多，而隨著年齡增加，題型的變化也可能愈多，例如：是非題、選擇題、配合題、問答題，或強迫式的選擇題等。

三、發展預試量表

　　預試量表是測驗發展過程中必經的一個步驟。在建立量表題庫時，必須顧及測驗的建構內容以及受試者可以接受的程度，一個好的項目，可能需要經過一再的修正。通常在題庫建立之後，編製者必須選擇與未來施測對象性質相同的一群學生來做看看，以過濾不當的項目，或是對題意不清的項目做修正。修正之後的預試量表再對另一群對象進行施測，以進行所謂的項目分析。項目分析的內容包括每個題項的難度分析及鑑別度的考驗等，有時也會加上其他的統計分析方法，例如：相關係數及因素分析等，其主要目的是在保留適當的項目，以發展出一份正式的量表。

四、發展正式量表

　　項目分析的結果，所有的題項經一再的修正及過濾之後，正式量表即逐漸形成。需注意的是，如果量表有兩種以上不同的版本（亦即複本），則需要確定兩個版本在性質上是相同的（equivalent）。此外，雖然正式量表尚未進行標準化步驟，但施測的相關注意事項仍須說明清楚，包括：施測的情境、指導語、施測前的準備工作等。

五、信度、效度的考驗

　　信度是指一份測驗的穩定或一致的程度。一般常用的信度係數，包括：內部一致性信度、複本信度、折半信度、重測信度等，不同種類的測驗需選擇不同性質的信度資料。效度則是指一份測驗是否能測量出這份測驗真正要測量的內容，常用的指標包括：內容效度、效標關聯效度、建構效度等三種，同樣的，不同種類的測驗需要以不同的指標來說明其效度，以確定所編製的測驗確實能達成其所編製之目的。

六、進行標準化工作

　　一份測驗的標準化工作主要是建立常模。在標準化的步驟裡，需要一再地以不同對象進行施測，而且所需樣本人數也較多。編製者除了需要考慮未來受試者的背景，以選擇適當的參照樣本之外，也要做地區性常模或

全國性常模方面的考量。如果是全國性常模的建立，在樣本的選擇方面需顧及抽樣的方式，以標準化的兒童成就測驗為例，抽樣時應顧及性別、年齡、鄉村或城市、社經背景、種族文化上的差異等因素，故採用分層抽樣較佳。而常模的種類又有很多種，編製者可使用不同的標準分數建立不同常模，讓受試者得以比較，或是選擇一個較適當的常模分數，較常用者為百分等級與 T 分數等。

七、發展測驗指導手冊（test manual）

　　指導手冊之目的在協助使用者了解測驗的各種資料，以判斷該份測驗是否適用於所施測的對象，也就是受試者。一般而言，指導手冊中所包含的重要內容，包括：測驗目的、發展或編製過程、進行標準化時所採用的樣本資料、信度資料、效度資料、常模種類、計分方式、實施時應注意事項等。其中，所使用的樣本資料應詳述其背景資料，適用的對象亦應加以說明，以協助輔導教師或相關人員做適當的判斷，正確地使用測驗。

　　除了標準化測驗之外，在心理輔導過程或研究過程中，也必須經常使用量表。Heppner 等人（2008/2009）曾經針對量表編製提出七個主要步驟：(1) 對所關切的建構進行概念性與操作性定義；(2) 進行文獻回顧；(3) 發展題項、指標及題型；(4) 進行內容分析及題項之預試、修改與施測；(5) 抽樣與資料蒐集；(6) 必要時進行量表的翻譯及回譯；(7) 進行因素分析、確定題項，並考驗心理計量品質。這七個步驟並不完全與心理測驗的編製步驟相同。心理測驗的重點在於智力、性向、成就或態度的評估，除題項的發展之外，很重視標準化的過程，尤其是常模的建立，以進行個人與類似團體中其他人之間的比較。而量表的發展，雖然也重視標準化的過程，但不見得有建立常模，重點比較是在於對個人態度或價值信念的認識，目的較傾向於對個人的輔導或諮商之應用，因此在編製過程中，不及心理測驗來得嚴謹，但仍舊十分重視信度及效度的可靠性。

第二節　適用於幼兒及兒童的各類心理測驗

　　針對幼兒及兒童輔導過程中常用的測驗，除教師自編的成就測驗之外，以下介紹數種常用的標準化心理測驗，包括：智力測驗、性向測驗、成就測驗、人格測驗。至於國內其他相關測驗資訊，則列出國內目前可使用的測驗工具，讀者亦可上網查詢相關出版社所出版的測驗資訊。

壹、兒童輔導工作中常用的心理測驗

一、智力測驗

　　智力測驗不僅是要測量一個人的智力，同時也能預測一個人的潛能，也因此有智力與性向間的爭議。對幼兒及國小兒童而言，智力仍在發展之中，潛能的發揮有賴適當的刺激與學習機會。「斯比智力量表」和「魏氏兒童智力量表」為主要的兩項個別智力測驗，多半為臨床心理師在對兒童學習問題做診斷時使用。然國內學者林幸台等人（2000）自編的「綜合心理能力測驗」（Comprehensive Mental Abilities Scale, CMAS）則較為常用。此外，一般學校的輔導教師還是較常使用團體式的心理測驗，如「歐迪斯智力測驗」（Otis Quick-Scoring Mental Ability Tests）等。以下介紹幾種常用測驗。

（一）「綜合心理能力測驗」（CMAS）

　　「綜合心理能力測驗」（CMAS）由林幸台等人（2000）所編製。由於個人早期的認知發展歷程分為兒童前期（5 至 8 歲）、兒童後期及青春期（9 至 14 歲）幾個階段，因此本測驗依各階段認知功能區分個人應具備的各項能力。測驗除了提供智商分數外，部分分測驗可計算語文及非語文之能力。全測驗共十三個分測驗，分成甲、乙、丙三式，甲式用於 5 至 8 歲；乙式用於 9 至 11 歲；丙式用於 12 至 14 歲，每式各有八個分測驗，歸納如表 9-1 所示。有關計分解釋及常模資料，詳見其指導手冊。

表 9-1　「綜合心理能力測驗」甲、乙、丙三式分測驗內容

	甲式	乙式	丙式
1. 語詞概念：語詞概念與辨識能力	語文		
2. 圖形比較：視覺辨識能力	非語		
3. 算術概念：基本數字概念及數學運算能力	語文	語文	
4. 立體設計：知覺動作協調、記憶與空間組織能力	非語	非語	
5. 語詞記憶：短期聽覺語詞記憶能力	語文	語文	
6. 視覺記憶：短期視覺記憶能力	非語	非語	非語
7. 異同比較：語詞關係理解與比較	語文	語文	語文
8. 圖形統合：視覺組織及空間想像的推理能力	非語	非語	非語
9. 語詞刪異：語詞概念、辨識與理解能力		語文	語文
10. 圖形推理：圖形推理能力		非語	非語
11. 數學推理：數學概念形成、推理與解決問題等能力			語文
12. 視覺搜尋：視知覺、視覺辨識與視覺注意			非語
13. 邏輯推理：語文邏輯推理能力			語文

（二）「綜合心理能力測驗」（四至九歲適用版）（CMAS-YC）

　　「綜合心理能力測驗」（四至九歲適用版）（Comprehensive Mental Abilities Scale for Young Children, CMAS-YC）由林幸台等人（2011）修改原「綜合心理能力測驗」（CMAS）的架構與內容，重新編製而成，適用對象為 4 歲至 9 歲半兒童。測驗內容包含：立體設計、語詞概念、圖形比較、語詞記憶、視覺搜尋、數學概念、視覺記憶和異同比較等八個分測驗，並可得出語文智商、非語文智商與總智商分數，用以了解學生的各項能力表現。

（三）「魏氏幼兒智力量表」（第四版中文版）（WPPSI-IV）

　　「魏氏幼兒智力量表」（第四版中文版）（Wechsler Preschool and Primary Scale of Intelligence, 4th ed., WPPSI-IV）由陳心怡與陳榮華（2013）根據 David Wechsler 博士的原版本所修訂，適用對象為 2 歲 6 個

月至 7 歲 11 個月的幼兒或兒童，可用於鑑定資優、智障、認知發展遲緩等特殊兒童的認知強弱項衡鑑工具，其結果可做為研擬臨床治療計畫及決定教育安置和養護方案之指南。本量表分兩個年段施測，不同年段需施測不同分測驗組合。其中，2:6 至 3:11 歲組可得一項 FSIQ、三項主要指數分數和三項選擇性指數分數；4:0 至 7:11 歲組可得一項 FSIQ、五項主要指數分數和四項選擇性指數分數。

（四）「魏氏兒童智力量表」（第五版中文版）（WISC-V）

「魏氏兒童智力量表」（第五版中文版）（Wechsler Intelligence Scale for Children, 5th ed., WISC-V）由陳心怡（2018）修訂，原著為 David Wechsler 博士。適用對象為介於 6 歲 0 個月至 16 歲 11 個月之兒童。量表內容包括：全量表智商（FSIQ）、5 種主要指數分數、5 種選擇性指數分數，目的在提供特殊需求兒童衡鑑及安置之參考。詳細之內容共有 16 項分測驗，包含：圖形設計、類同、矩陣推理、記憶廣度、符號替代、詞彙、圖形等重、視覺拼圖、圖畫廣度、符號尋找、常識、圖畫概念、數—字序列、刪除動物、理解、算術等。應用於臺灣已有足夠的信、效度支持，詳盡之常模及使用規範，詳見其指導手冊。

（五）「簡易個別智力量表」

「簡易個別智力量表」由王振德（1999）所編製，適用於 4 歲至 7 歲半之幼兒或兒童。目的在評估幼兒或兒童的心智能力狀況，以鑑定其智能障礙、學習障礙，或是發展遲緩等情況。內容包括 6 個分測驗，其中詞彙、算術、語詞記憶等 3 個分測驗屬於語文測驗；仿繪、拼圖、圖形推理等 3 個分測驗屬於作業測驗。6 個分測驗分別為：(1) 詞彙測驗：評量詞彙理解及語文發展，分為圖畫詞彙與口語詞彙兩部分；(2) 仿繪測驗：評量視知覺及精細動作的能力；(3) 算術測驗：評量數量的概念、計算及推理應用的能力；(4) 拼圖測驗：評量空間知覺及視動協調的能力；(5) 語詞記憶測驗：評量短暫記憶及注意力；(6) 圖形推理測驗：評量非文字的推理能力。

（六）「托尼非語文智力測驗」（第四版中文版）（TONI-4）

　　「托尼非語文智力測驗」（第四版中文版）（Test of Nonverbal Intelligence, 4th ed., TONI-4）由林幸台等人（2016）修訂，其主要目的在以抽象圖形來測量幼兒或兒童的問題解決能力，主要功能包括預估智力水準、認知功能與學業傾向、確認智能缺陷，以做為輔導或轉介的參考依據。詳細之內容分為普及版（共 60 題，適合 7 歲 6 個月至 15 歲 11 個月）與幼兒版（共 48 題，適合 4 歲至 7 歲 11 個月），並有甲、乙兩種複本。試題內容偏重圖形推理和問題解決，所測得的能力偏重一般能力而非特殊能力。

（七）「多向度團體智力測驗」（兒童版）（MGIT-C）

　　「多向度團體智力測驗」（兒童版）（Multi-dimension Group Intelligence Test for Children, MGIT-C）由吳武典等人（2010）編製，是一套標準化的智能篩選工具，可用於國小階段特殊需求學生篩檢、一般學生（小二至小六）心智評量，配合其他測驗，可做為教育安置與輔導之參考。本測驗有 180 題，包含 10 個分測驗，可分別測量流體推理、知識、數量推理、視覺空間處理、工作記憶等五種能力，並可得到語文量表、非語文量表與全量表智商。語文分測驗的內容有：類同、理解、常識、詞彙、數學；非語文分測驗的內容有：辨異、排列、空間、拼配、譯碼。

　　除了上述幾項智力測驗外，尚有其他幾類智力測驗，例如：「圖形式智力測驗」、團體式的「歐迪斯智力測驗」。前者之主要目的在測量兒童的具體和抽象思考能力，其內容分為歸納、類推及填充等 3 個分量表，約 30 分鐘可以完成。本測驗通常運用在不識字、語文有困難，或是聽障及智障等特殊需求兒童身上，可以輔助語文式智力測驗之不足。而後者的內容分為語文及非語文兩大部分，語文又包括詞彙分類、語句完成、數學推理、字彙類比等 4 個分量表；非語文又分為圖形分類、圖形類比及數字關係等 3 個分量表。詳細使用資格及方式，須參考各測驗之指導手冊。而「貝萊嬰幼兒發展量表」（Bayley Scales of Infant and Toddler Development）中的「心理量表」可用來測量嬰兒智力發展並描述其特徵

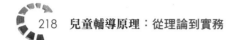

（盧欽銘等人，1992），國內持續有常模研究並更新版本。

二、性向測驗

　　性向測驗之主要目的在測量一個人的特殊能力，或是預測一個人在未來訓練環境中的學習能力；前者為一般學者所稱的特殊性向，後者則為普通性向。在職業輔導方面，還有職業輔導性向測驗，但並不適用於國小兒童。以下列出幾種兒童常用的性向測驗。

（一）「多元智能量表」（甲式）（CMIDAS-A）

　　「多元智能量表」（甲式）（Chinese Version of Multiple Intelligence Developmental Assessment Scales, Form-A, CMIDAS-A）由吳武典與郭奕龍（2022）修訂自 Branton Shearer 博士所編製的測驗，適用於 3 至 8 歲兒童，評估個人在語文智能、數學／邏輯智能、音樂智能、空間智能、身體動覺智能、知己（內省）智能、知人（人際）智能、知天（自然）智能等八種智能的發展狀況，用以了解個人在日常生活及學校生活中多元活動的發展技巧和參與熱忱，分析比較其優勢特質與弱勢特質，藉以幫助個人在學習活動及生涯發展上做適切的探索與規劃。

（二）「多元智能量表」（乙式）（CMIDAS-B）

　　「多元智能量表」（乙式）（Chinese Version of Multiple Intelligence Developmental Assessment Scales, Form-B, CMIDAS-B）由吳武典（2011）修訂自 Branton Shearer 博士所編製的測驗，除了原本的八大智能外，新加入了第九大智能，適用於三至九年級學生。評估個人在語文智能、數學／邏輯智能、音樂智能、空間智能、身體動覺智能、知己（內省）智能、知人（人際）智能、知天（自然）智能、知道（存在）智能等九種智能的發展狀況，用以了解個人在日常生活及學校生活中多元活動的發展技巧和參與熱忱，分析比較其優勢特質與弱勢特質，藉以幫助個人在學習活動及生涯發展上作適切的探索與規劃。

（三）「威廉斯創造力測驗」（CAP）

　　「威廉斯創造力測驗」（Creativity Assessment Packet, CAP）由林幸

台與王木榮（1994）所修訂，其目的在了解兒童認知及情意方面的創造力，以供教學及輔導之用。其內容包括：流暢力、開放性、變通力、獨創力、精密力、標題、冒險性、好奇性、想像力、挑戰性等方面的表現。通常是針對國小四年級以上之兒童使用，最高適用至高中三年級學生。

（四）「科技創造力測驗」

該測驗係由葉玉珠（2005）所編製，其內容兼顧思考過程及結果，強調產品導向的概念，並參考國內外科技創意競賽的評分方向。具體內容分成「字詞聯想」與「書包設計」2 個分測驗，評量指標分為五個向度：(1) 流暢力；(2) 變通力；(3) 獨創力；(4) 精進力；(5) 視覺造型。同時並以加權總分代表整體科技創造力。適用於三至六年級之兒童。

（五）「行動和動作創造思考測驗」（TCAM）

「行動和動作創造思考測驗」（Thinking Creatively in Action and Movement, TCAM）由張世彗（2006）修訂自 Paul Torrance 所編製的測驗，適用於 4 至 8 歲兒童，是國內第一套測量幼兒的創造力測驗。因幼兒的口語和繪畫能力尚未發展成熟，且幼兒最常使用身體動覺形式來表達思考，因此本測驗設計四個活動來引發幼兒的創造力表現，評估其流暢性、獨創性與想像性三種創造性特質。

（六）「陶倫斯創造思考測驗」（語文版／圖形版）（TTCT）

「陶倫斯創造思考測驗」（語文版／圖形版）（Torrance Tests of Creative Thinking, TTCT）由李乙明（2006）修訂自 Paul Torrance 所編製的測驗，適用於國小一年級至高三學生。語文版以語文方式評估學生的流暢、獨創、標題、精密與開放等五種創造性特質，並有「創造潛能優異檢核表」，進一步評估學生的優勢能力；圖形版以圖畫的方式評估受試者的流暢、獨創與變通三種創造性特質，總分則代表創造力潛能的整體指標。

（七）「G567 學術性向測驗」

「G567 學術性向測驗」由吳訓生等人（2003）針對五、六、七年級學生在語文及數學理解方面的評估而發展，其內容涵蓋語文理解與數學理解兩種。語文理解包括：(1) 語詞歸納；(2) 語詞理解；(3) 語文推理；

數學理解包括：(1) 數字序列；(2) 數學推理。在計分方面，依照年級及性別的不同，可分別換算成百分等級、T 分數（M=50/SD=10）和離差智商（M=100/SD=15），其離差智商可作為受試者之智力表現的指標。

三、成就測驗

成就測驗之主要目的在測量學習成果。標準化成就測驗在編製上需要花費很多時間及金錢，美國較著名的為愛荷華大學所編製的「愛荷華基本能力測驗」（Iowa Tests of Basic Skills, ITBS），可測量學生在語言、數學能力，以及社會和自然方面的基本常識。在臺灣，主要仍以教師自編的成就測驗為主，用以評量學生的學習情形，並發現其是否有需要做學習扶助。過去常用的成就測驗，例如：「國民小學國語文成就測驗」及「國民小學數學能力發展測驗」（周台傑、范金玉，1993），使用並不頻繁，一般學校仍以教師自編之成就測驗為主。以下介紹兩種測驗。

（一）「國小句型理解測驗」

「國小句型理解測驗」由張祐瑄與蘇宜芬（2016）編製，評量國小二至六年級學童在關聯詞與複句的發展狀況（例如：無論……都……；儘管……但是……），題型包含並列、連貫、遞進、轉折、假設、目的、因果、選擇、條件等九種複句，了解學生對於句型的理解與掌握能力。這對語言發展和閱讀理解發展來說是很重要的指標。

（二）「國民中小學數學詞彙知識測驗」

「國民中小學數學詞彙知識測驗」由吳昭容等人（2020）編製，評估三至八年級學生對於數學術語、一般詞彙、符號三種詞彙類型，以及數與量、代數、幾何、統計與機率四種學習主題的詞彙，了解學生的數學詞彙知識水準，以便篩選低數學詞彙知識的學生進行學習扶助。

四、人格測驗

人格測驗的使用較其他測驗的使用爭議為多，尤其是當使用目的是為了診斷一個人的心理疾病時，更需要注意。通常在使用時必須注意，需多與個案針對結果來討論平常所遭遇的問題，多讓個案參與結果的解釋，而

非只是將測驗結果報告給當事人。以下介紹幾種測驗。

（一）「國小兒童自我概念量表」

　　該測驗為吳裕益與侯雅齡（2000）所編製，其目的在了解國小中、高年級兒童自我概念的發展狀況，適用於國小四至六年級兒童，並藉由提升兒童自我概念，以增強其生活方面的適應。內容共 61 題，包括五個分量表：(1) 家庭自我概念：對自己與父母、家人和兄弟姐妹間相處狀況和互動情形的了解；(2) 學校自我概念：自己對學校與老師、朋友、同學的關係；(3) 外貌自我概念：自己對體態、長相的看法；(4) 身體自我概念：自己對運動、身體狀況的看法；(5) 情緒自我概念：自己對日常情緒狀態的看法。在計分結果方面，提供 T 分數（M=50/SD=10）與百分等級常模對照，亦提供 T 分數側面圖，幫助教師了解學生的內在差異。在效度研究上也提供不同性別、年級及父母婚姻狀況在兒童自我概念上的差異。

（二）「國小高年級學童自我概念量表」

　　「國小高年級學童自我概念量表」由羅品欣與陳李綢（2016）編製，以身體外表、運動技能、內在情緒、學業成就、社交行為、家庭關係等六個分量表，以及一個評估作答可靠性的掩飾指標，評量國小五、六年級兒童現階段對自我的評價，判別學生屬於自我肯定型、自我接納型、一般持平型、自我矛盾型或自我貶抑型等自我概念類型，並可從中篩選高關懷者與潛在高關懷者。

（三）投射技術

　　投射技術（projective techniques）主要是用來了解一個人的人格特質，雖然投射技術很難符合心理測驗標準化的要求，但通常藉由兒童對一些刺激的直接反應，諮商師或輔導教師能對兒童個案蒐集更多寶貴資料，以了解個案的問題成因。常用的投射技術，包括：「羅夏克墨漬測驗」（Rorschach Inkblot Test）、「兒童統覺測驗」（Children's Apperception Test）、「畫人測驗」（Draw-A-Person, DAP）、「語句完成測驗」（Sentence Completion Tests）、「告訴我一個故事」（TEMAS）等，這些技術可以協助輔導人員了解兒童的特質，並用來探討這些特質與其適應

問題之間的關係，再針對兒童問題行為形成問題成因的假設，以選擇適當的輔導策略。

　　除上述適用於幼兒及兒童的測驗之外，態度量表也是輔導學生過程中適合使用的工具，對了解兒童的情意態度也有相當之幫助，在輔導學生方面可以提供參考。重要者包括：「兒童自我態度問卷」（郭為藩，1978）、「學習適應量表」（增訂版）（李坤崇，1996）。

五、情緒行為障礙的鑑定工具

　　除上述一般幼兒或兒童適用的量表之外，近年來也有針對情緒行為障礙兒童所發展的鑑定工具，例如：「社會適應表現檢核表」（第二版）（盧台華等人，2023）、「臺灣青少年孤寂感量表」（Taiwanese Adolescent Loneliness Scale）（林烝增、刑志彬，2022）、「情緒障礙量表」（第二版中文版）（Scales for Assessing Emotional Disturbance, 2nd ed., SAED-2）（鄭麗月，2022）、「正向情緒行為介入量表」（林坤燦等人，2018）、「注意力缺陷過動症學生行為特徵篩選量表」（K-9 Students with Attention Deficit-Hyperactivity Disorders Behavioral Characteristic Scales, K-9 ADHD-S）（孟瑛如等人，2016）、「電腦化注意力診斷測驗」（Computerize Attention Diagnostic Assessment, CADA）（孟瑛如等人，2014）、「國小兒童注意力量表」（林鋐宇，2011）、「臺灣版多向度兒童青少年焦慮量表」（Multidimensional Anxiety Scale for Children, MASC-TV）（顏正芳，2010）、「臺灣版兒童青少年憂鬱量表」（Children's Depression Inventory_Taiwan Version, CDI_TW）（陳淑惠，2008）、「注意力缺陷／過動障礙測驗」（Attention-Deficit/ Hyperactivity Disorder Test, ADHDT）（鄭麗月，2007）、「幼稚園兒童活動量評量表」（陳政見、劉英森，2001）等。由於特殊需求學生的學習權益頗受重視，各級學校對障礙學生的評鑑及輔導也十分用心，此類測驗在特殊教育相關平臺上也多有介紹（有愛無礙網頁平臺，2022）。

貳、國內目前可用之測驗

　　過去，教育部訓育委員會曾參酌相關學者及輔導實務人員之意見，於 1994 年出版《各級學校可用測驗使用手冊》一書，明白列出《著作權法》頒布之後國內在各級學校可以使用的測驗種類。這些測驗的使用並不會有《著作權法》上的爭議，但在選用時，仍應注意使用之目的以及信度、效度等相關資料。除了該手冊所列舉的 63 種測驗之外，近年來有不少可用測驗仍持續發展。在國小較常用者如表 9-2 所示，有關各測驗的詳細資料，請參考各測驗之指導手冊。值得注意的是，2014 年政府進行組織再造後，原教育部訓育委員會併入學生事務及特殊教育司，輔導工作也日益重視資源的整合，包括：校園安全、特殊教育與弱勢兒童的輔導資源等，也都頗受重視。而心理測驗的發展及使用手冊，確實有必要做進一步修訂，以符合教育實務現場的需求。

　　表 9-2 的這些測驗均已出版，僅供教育相關單位診斷學生學習問題及生活輔導之用。不論如何，對國小實施測驗計畫仍有相當之助益。相關資料仍可上網查詢測驗出版公司或教育部的網頁，以獲得最新資訊。

表 9-2　目前國小較常用的測驗一覽表

智力測驗	
・圖形思考智能測驗	・托尼非語文智力測驗（第四版中文版）
・綜合心理能力測驗	
・綜合心理能力測驗（四至九歲適用版）	・多向度團體智力測驗（兒童版）此外，亦包括魏氏及瑞文氏等系列之智力測驗或推理測驗
・簡易個別智力量表	

性向測驗	
・威廉斯創造力測驗	・行動和動作創造思考測驗
・科技創造力測驗	・陶倫斯創造思考測驗（語文版）
・領導才能性向測驗	・陶倫斯創造思考測驗（圖形版）
・G567 學術性向測驗	・多元智能量表（甲式）
・生活問題解決測驗	・多元智能量表（乙式）
・新編問題解決測驗	・批判思考測驗—第一級
	・情境式創造力測驗

成就測驗	
・國民小學國語文成就測驗	・國小學童中文閱讀理解測驗
・國民小學數學能力發展測驗	・學童數學成就測驗
・國民小學高年級數學科成就測驗	・國小句型理解測驗
・國民小學高年級國語科成就測驗	・國民中小學數學詞彙知識測驗
・柯氏國民小學數學科成就測驗	

人格、適應方面的測驗	
・國小兒童自我概念量表	・臺灣版兒童青少年憂鬱量表
・國小高年級學童自我概念量表	・臺灣版多向度兒童青少年焦慮量表
・行為困擾量表（第四版）	・阿肯巴克實證衡鑑系統
・學習適應量表（增訂版）	・情緒智能量表青少年版
・國小學生活動量評量表	・兒童生活功能量表（中文版）
・主題情境測驗	・國小學童生活適應量表
・情緒障礙量表（第二版中文版）	・貝克兒童及青少年量表第二版（中文版）
・社會適應表現檢核表（第二版）	
・文蘭適應行為量表（第三版）	・涂老師社交測量系統
・學校行為量表	・國小學童人際經驗量表
・國小學童同儕適應量表	・多功能語句完成測驗

表 9-2　目前國小較常用的測驗一覽表（續）

發展／篩檢測驗	
・多向度注意力測驗	・動作協調問卷（中文版）
・兒童感覺發展檢核表	・動作問題簡易量表
・兒童感覺統合功能評量表	・華語兒童理解與表達詞彙測驗（第二版）
・中華畫人測驗	
・兒童寫字表現評量表	・華語學齡兒童溝通及語言能力測驗
・注意力缺陷／過動障礙測驗	・華語兒童構音與音韻測驗
・拜瑞—布坦尼卡視覺—動作統整發展測驗	・廣泛性發展障礙：自閉症暨智能障礙者量表
・修訂中文口吃嚴重度評估工具（兒童版）	・自閉症兒童行為檢核表
	・臺灣版自閉症行為檢核表
・修訂畢保德圖畫詞彙測驗	・自閉症類群障礙檢核表（華文版）
・中文色塊測驗	・自閉症診斷會談（修訂版中文版）
・電腦化注意力診斷測驗	・自閉症診斷觀察量表（第二版中文版）
・學前至九年級注意力缺陷過動症學生行為特徵篩選量表	
	・學前兒童粗大動作品質量表
	・簡明失語症測驗

診斷測驗	
・中文年級認字量表	・國民中小學時間管理行為特徵檢核表
・國小兒童書寫語文能力診斷測驗（第二版）	・國民中小學記憶策略行為特徵檢核表
	・國民中小學考試技巧行為特徵檢核表
・基本讀寫字綜合測驗	・國民中小學社交技巧行為特徵檢核表
・國民中小學學習行為特徵檢核表	・國小語文及非語文學習障礙檢核表
・國小注音符號能力診斷測驗	・國民小學一至二年級數學診斷測驗
・國語正音檢核表（第二版）	・國民小學三至四年級數學診斷測驗
・英文認字測驗	・國民小學五至六年級數學診斷測驗
・國民小學一至三年級識字診斷測驗	・國民小學四至六年級閱讀理解診斷測驗
・國民小學四至六年級識字診斷測驗	
・國民小學一至三年級閱讀理解診斷測驗	・國民小學一至三年級書寫表達診斷測驗
	・國民小學四至六年級書寫表達診斷驗

註：搜尋自心理出版社、中國行為科學社的網站。

第三節　學校心理測驗計畫

在個別施測方面，學校輔導人員以心理測驗診斷兒童的學習問題時，有幾個步驟可以依循（Wise, 1989）。首先是發現兒童的問題，其問題可能由一般教師發現而知會輔導室（處）；其次是澄清兒童所面臨的問題；第三個步驟是對問題成因做成假設，這個部分比較困難，需要有豐富經驗，較能做正確假設；第四個步驟是資料蒐集，包括：家庭訪談、學校紀錄的整理、與任課教師的會談、教室行為的觀察，以及選擇適當的測驗並施測等；第五個步驟是對所蒐集的資料做綜合性的分析解釋，並對原有的假設提出修正；第六個步驟是向學生、家長、教師、相關人員做測驗結果的解釋；第七個步驟是對學生的發展方向提出建議；最後做一追蹤評量。

而以團體施測方式進行時，學校通常是配合兒童在校的六年學習期間，做有計畫的安排，此乃所謂的學校心理測驗計畫。在訂定學校心理測驗計畫時，有以下幾個步驟可以依循。

壹、確定測驗目的

在擬定學校測驗計畫時，首先必須了解測驗之目的。一般而言，學校測驗的使用有幾個目的：(1) 診斷學生的學習問題，並施予學習扶助；(2) 供教師做改進教學之參考；(3) 供教師評定成績之參考；(4) 鑑定特殊需求兒童；(5) 供教師做心理輔導之參考。除了以上幾個目的外，近年來也有不少的心理測驗實施是為了實務性的研究，以供教育制度改進之參考。在確定使用目的之後，方能做適當的選擇，以達成實施測驗的目的。

貳、選擇適當的心理測驗

在選擇適當的心理測驗時，應依據不同之目的做選擇。此外，應注意幾個重點：(1) 要清楚測量哪些東西；(2) 測驗的結果做何使用；(3) 要確定有合格的使用者來解釋或運用測驗結果；(4) 要顧及所有使用時可能產

生的限制（Brown, 1983）。除了這幾個重點外，由於兒童的閱讀能力、語言表達、寫作表達能力都還在發展中，因而需特別注意題型是否能讓兒童接受。此外，兒童的注意力可能無法長久持續，在團體施測時可能也有些團體競爭所帶來的壓力，這些因素均需注意，在施測過程中仔細觀察，以做為解釋測驗結果時的參考。

　　在為兒童選擇適當的測驗時，除了對兒童問題有清楚的認識之外，應仔細閱讀測驗指導手冊，以免讓學生做了之後才發現計分困難、解釋困難，或者根本無法配合學生需求、無法提供學生或教師任何協助等問題。施測的輔導教師在施測之前，可以由指導手冊中所描述的幾個重點來判斷該份測驗是否適合學生使用，這些重點包括：

1. 測驗的目的

　　該測驗在測量什麼、結果可如何應用、測驗編製的理論基礎為何等。

2. 測驗的編製過程

　　該測驗的題庫來源、預試量表的項目分析情形、有哪些刪題的標準。

3. 信度、效度資料以及常模的建立

　　該資料如何形成、使用哪些樣本、常模如何建立、如何使用等。

4. 施測及計分方式之說明

　　該測驗如何施測、施測時應該注意哪些事情、如何計分、計分結果如何解釋等。

　　學校輔導教師可以跟據指導手冊中所列出的這些資料來判斷是否適合學生使用；如果適用，是以個別使用為宜，或以團體施測為宜，不同的使用方式又有何優缺點等。這些問題都是學校在訂定測驗計畫或整個年度工作計畫時應顧慮到的問題。

參、實施心理測驗

　　選定適當的測驗之後，接下來就是要安排適當的時間予以施測。這方面也必須依據實施心理測驗之目的來做安排，如果是為教學評量，當然可以在學期之初做一前測，以了解學生的起點行為；於學期中，做形成性評

量，以做為改進教學之參考；於學期末，進行總結性評量，以觀察教學效果，並評定學生成績。如果測驗之目的是診斷特殊需求兒童，則應於發現兒童有疑似特殊問題時，配合專家或相關的社會資源在最近的適當時間內實施，必要時並配合全國特殊需求兒童的鑑定時間，予以進一步診斷。如果測驗之目的是提供諮商與輔導之參考，若無其他特殊考量因素，應可於學期中任何時間進行。

至於確切的施測時間，最好是一週中的週二至週五之某天上午，而且應避免使用週日、假日或學校的考試期間，以免影響學生的心態、情緒，進而造成嚴重的測驗結果誤差（郭生玉，1985）。此外，需注意測驗的時間長短，對國小兒童而言，以不超過 1 小時為原則，時間太長會造成兒童的疲勞，進而影響測驗結果。如果的確需要較長時間，不妨參考指導手冊中的說明，衡量一下是否可以將施測時間分 2 至 3 次進行。

通常在施測時間敲定後，施測之前最好能對教師及相關行政人員舉辦一場說明會，如果全校同時實施，施測者又並無接受過心理測驗專業訓練時，更應有一場說明會，讓施測者能熟悉測驗目的及施測的詳細程序。施測程序的標準化為舉辦此一說明會的重要原因之一，由於各班的施測者不同，如果施測者所給的指導語不同，或是除指導語之外對學生所提疑問也給予不同的答案，對測驗結果也會造成重大影響。因而施測前的說明會是相當重要的，施測者必須能夠清楚地唸出指導語，而且要相當客觀。一般說明會應包含下列幾個重點：

1. 說明學校實施該份心理測驗的目的。

2. 說明這份測驗能測量些什麼東西，又不能測量出什麼東西。

3. 簡單說明該份測驗的用途，對教師輔導學生能提供哪些幫助。

4. 說明在實施時應注意的任何事項，並強調讀完指導語的重要性。

施測結束後，接著是計分。若是電腦計分，可委託相關出版單位協助進行；如果是人工計分，則應盡量避免錯誤。計分結果應做適當的登錄，目前的作法是將結果登錄於學生的綜合資料卡上，其內容應當包含：測驗名稱、施測日期、測驗結果（含原始分數及常模分數）。如果有對學生做個別解釋，應進一步記錄解釋的過程，以及與學生談話的內容。

肆、測驗結果的解釋及應用

施測結果的解釋及應用是達成施測目的最重要步驟，結果解釋時，可對學生做口頭報告，也可寫成書面報告，但應對學生本人及相關人員強調該結果僅供參考。此外，針對不同對象，需以不同方式呈現結果，以配合各相關人員的背景，讓他們能了解測驗結果，並運用測驗結果。

一、提供教師參考的測驗結果報告

提供教師的報告可以將全班的分數列在一起，其中除了測驗名稱、測驗目的、測驗日期、施測時間、全班人數、缺席人數之外，每個學生在各個分量表上的原始分數及常模分數均應列出。如果是標準參照測驗，指導手冊中所提供各分量表上的切截分數（cut-off score）也可以列出，供教師參考。其他的注意事項，尤其是可能誤用的情形，均應提醒教師，例如：結果供教師對學生的了解、不要以此單一結果對學生貼標籤、不要讓同學任意比較全班同學的測驗資料（保密原則），必要時以個別方式進一步向兒童解釋測驗結果。

二、向學校或教育行政單位所做的結果報告

有些測驗是接受教育行政單位委託而實施的，在測驗結果報告的撰寫方面，除了學生的個別結果之外，還必須將所有結果做一彙整。如果是教育或學習診斷方面的測驗，則需進一步提出學生在該階段的發展情形，以及學校教學的情形。如果是有關人格或以輔導諮商為目的之測驗，則除了對測驗結果做客觀描述之外，亦需進一步分析結果，並從社會及家庭層面討論結果，且進一步提出可行的輔導計畫。

三、提供家長參考的測驗結果報告

依據輔導的倫理原則而言，除了在測驗前取得家長的同意，家長也有權利知道子女在學校接受測驗的結果，而學校有責任向家長提出測驗結果的說明。但一般來說，家長比學校教師更難理解測驗結果，學校應當站在家長的立場，將測驗結果以淺顯的方式讓家長明白，方能讓家長了解兒童，並配合學校，促進兒童的發展。

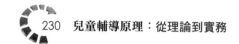

家長通常不能完全明白測驗結果中的數字資料，尤其是百分等級，與一般成績單中所列的名次意義相反，如果沒有說明，反而會造成誤會。報告中應說明學校實施此一測驗之目的，強調測驗結果所代表的意義，並提供家長可以協助子女的地方，而非僅列出數字資料。

伍、學校使用心理測驗的相關倫理議題

一、輔導人員使用心理測驗可能產生的誤用情形

本章前面曾提及心理測驗為輔導工具之一，使用者必須接受過測驗方面的專業訓練，但心理測驗被誤用的情形仍舊經常出現，以下為經常出現的誤用情形：

1. 未經專業訓練即使用心理測驗，因為對測驗觀念不清楚或不正確而做出不正確的解釋。
2. 與學生做個別晤談時，未經正確判斷即使用測驗，純粹以測驗做為和個案建立關係的工具。
3. 對個案的問題需求沒有做正確判斷，而使用不適當的測驗，徒然花了時間做測驗，但測驗結果卻無益於兒童問題的解決。
4. 只因應行政單位或研究單位的要求，未向兒童解釋做測驗之目的即施測，而對測驗結果及運用情形又全然不知。
5. 單憑一次測驗的結果而對兒童做安置的決定。
6. 測驗出版公司未妥善管制測驗購買者的資格，因而造成非專業人員誤用測驗的結果。

事實上，有些學者認為一般的成就測驗，即使是標準化的，也並非能測量一個學生真正的學習情形。因為一般的測驗忽略了兒童對知識的建構，也沒有顧及兒童的內在思考（Kamii & Kamii, 1990; Perrone, 1990）。而一般兒童在智力、情緒、態度、價值觀等各方面都還在發展中，在良好的學習環境之下，很多潛能都還未能發揮，因而變化很大。經過一段時間再做同樣測驗，也有可能出現非常不同的結果。因而除了對標準化心理測驗的認識之外，輔導教師對非標準化的評量技術也應當有所認

識，以多方了解兒童的學習及發展，提供適當的輔導服務。

二、使用心理測驗時應遵循的倫理原則

在諮商倫理方面，當事人的自主權（autonomy）、受益權（bene-ficence）、不受傷害的權利（non-maleficence）、公平（justice）、忠誠（loyalty）等，為五個重要的倫理原則（Kitchner, 1984）。這五個原則在心理測驗的實施方面也同樣適用，說明如下：

1. 在當事人的自主權方面

兒童雖然未達法定年齡，但仍應被告知做測驗之目的，同時也應該有權利決定是否願意接受測驗。此外，兒童也應該被告知測驗結果，並且是以他們能夠理解的方式來解釋測驗結果，而非只是他們的父母或監護人了解即可。通常學校做測驗時，也應知會家長，讓家長知道測驗目的、測驗結果及結果的運用情形。

2. 在當事人的受益權方面

當事人的受益權也是使用測驗時最重要、最需注意的一個原則。在運用測驗結果時，應以兒童的福祉為最重要的考量，並參考其他評量技術，對兒童做進一步的認識、診斷，以決定適合於兒童的輔導策略。

3. 在當事人不受傷害的權利方面

在不受傷害的前提下，應提醒輔導人員切勿因單一的測驗結果而對兒童貼標籤。有些兒童只因為該次測驗分數過低而被標籤為學習障礙，進而影響其日後的學習；有些兒童可能因為被標籤為資優兒童，而產生自豪或壓力過高的情形，對其心理發展也有所影響。

4. 在公平原則方面

這方面主要是必須提醒輔導人員，不能因為兒童平時在秩序或學業方面的表現不好，而對測驗結果做不客觀的解釋。在解釋測驗的過程中，不應受兒童性別、家庭背景或種族等因素的影響，而失去客觀的態度。

5. 在忠誠原則方面

這方面應顧及測驗資料的保存，除了讓相關人員知道，且是為當事人利益而讓相關人員知道之外，應妥為保存測驗結果。在向兒童做團體的測驗結果解釋時，也應提醒他們不能擅自觀看其他同學的測驗結果。將測驗

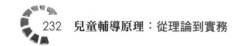

結果發給兒童或家長觀看時，只能單獨列出該兒童的分數，不應將全班兒童分數列於同一份報告，以免影響兒童的個人隱私。

三、針對幼兒或兒童使用標準化心理測驗時應注意事項

　　在幼兒園或國小階段的幼兒或兒童，是否適於使用標準化心理測驗？不當的使用會產生哪些後果？正確的使用又能為兒童、家長及教師提供哪些協助？這些問題並沒有一定答案，必須經過審慎評估。有些人認為心理測驗的使用在國小階段有其必要性，有些人則認為國小兒童不宜使用標準化的心理測驗。不論如何，如果確定要使用，一定要有充分的準備，包括：使用者的資格、學校其他人員的配合等。

　　針對兒童做個別心理測驗時，需事先與兒童做適當溝通，在兒童有意願的情況下使用心理測驗，方能收到效果。測驗結果必須以兒童或家長及相關人員能接受的淺顯語言做解釋，讓他們了解兒童的狀況。此外，針對國小兒童使用標準化的心理測驗時，可能會遭遇到幾個問題，這些問題值得輔導教師等相關人員加以注意：

1. 測驗結果的解釋必須客觀

　　國小兒童的特性本就不十分穩定，在信度考驗方面的所得資料也就有其限制。對發展迅速的兒童而言，更不能以單一的測驗結果，對其某方面的發展做一定論，而需配合不同的評量方式，對兒童的情形做客觀解釋。

2. 測驗結果的解釋需使用新近的常模

　　也因為兒童的一切特性都還在發展之中，即使一份測驗有建立常模，但常模所參照的樣本性質可能與受試者的特性有一段差距。如果很沒有彈性地讓受試者或家長將分數與常模對照，很可能會發生嚴重的誤用，因而損及學生的自尊或過於高估學生的能力。

3. 測驗結果的解釋需注意施測時的情境

　　對兒童實施心理測驗時，在施測過程方面也有其限制。一些影響測驗結果的因素，包括：施測情境中的氣氛、團體大小、施測所需的時間等，這些因素可能會對兒童造成壓力，或是讓兒童無法長時間集中注意力，因而讓測驗結果產生較大的誤差。

4. 測驗結果的解釋須避免對兒童貼標籤

　　一般而言，心理測驗較嚴重的誤用情形，是因為經過測驗的診斷結果而對兒童貼標籤。因為此一標籤，某些兒童就被安排在特殊環境中，接受特殊教育。如果是正確的診斷，對兒童而言是一個福音；如果診斷錯誤，則兒童的權利也在無形之中被剝奪了。

5. 測驗結果的解釋僅提供參考

　　有關心理測驗觀念上的問題，也應當讓家長以及學校的相關人員注意，以免產生負面結果或造成誤用的情形。輔導教師應當強調測驗的結果僅供參考，不能單憑一份測驗的結果而斷下決定。不論是對資優生或學習障礙兒童的診斷及安置，均不能單憑一份測驗而斷下定論，應多參考其他正式與非正式的評量技術。

6. 測驗結果須妥善保存

　　心理測驗的施測結果應由學校妥為保存，不應讓兒童自行保管，以免內容流出，造成不必要的傷害。即使是讓兒童攜回供家長參考，也應當有一份讓家長能了解的簡單說明，並於事後由兒童帶回，由學校保存。

　　無論如何，如果心理測驗的使用能秉持著為兒童的福祉著想，則誤用的情形會減少很多。

第四節　非標準化評量技術的使用

　　心理測驗是協助輔導人員了解兒童的客觀方式，然而除了客觀的測驗之外，一些非標準化的評量技術也有助於教師或輔導人員蒐集兒童資料，以多方面了解兒童，提供有效的輔導。常用的方法包括：觀察法、檢核表（checklist），以及教師自編的評量技術等。

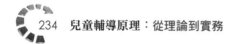

壹、觀察法

一、觀察目的

對兒童進行觀察有兩個主要目的：一個是了解兒童的行為；另一個是評量兒童的發展情形。由於兒童各方面的能力都還在發展之中，正式的評量工具不見得能完全了解兒童，口頭上的問話或晤談也不見得能讓兒童完全地表達自己，因而非正式的觀察有其必要。

二、觀察方法

1. 軼事紀錄

將觀察到的所有行為做完整紀錄，包括：時間、地點、事件、兒童的情緒反應等。記錄時應保持客觀的態度，如果是觀察者個人對該行為的解釋或評論，應在紀錄表中加以區隔，並註明之。

2. 勾選表的製作

所謂的勾選表，是指觀察者在進行觀察之前，將所要觀察的行為列在紀錄表中，例如：上課時擅自說話、拿別人東西、離開座位等行為，只要兒童有該行為出現，即打勾（✓），或是做「正」字記錄。此一觀察方式比軼事紀錄方式要來得方便。

3. 點量表的評量方式

此一觀察方式除列出所要觀察的行為之外，在紀錄表中該行為之下列出 1 至 5 或 1 至 7 之數字，讓觀察者對該行為的表現良好程度做一評定。

以上的不同觀察方式，在使用時各有利弊，觀察者應依據不同之目的來決定較適合的觀察方式。

三、進行觀察時應注意事項

1. 進行觀察之前應有清楚之目的，並決定確切的觀察行為、觀察時間、地點等，如果有需要在其他場所做觀察，需經相關人員的同意及配合，例如：在校外的特定場所或家中等。
2. 觀察兒童行為時，應注意相關的倫理問題，對觀察結果紀錄的運

用，更應顧及兒童的隱私權。輔導人員不應在非專業性的場合中討論被觀察兒童的問題。

3. 進行觀察時，如果是非參與性的觀察，應避免干擾兒童的正常運作，以免影響兒童的學習及互動情形。

貳、檢核表

檢核表有點類似前述的勾選表，但較為複雜，重點不只是觀察行為的有無出現，而是根據對兒童的了解做一評定，有時這些了解不見得是經由直接觀察而得到的。通常檢核表中可針對不同年齡及學習領域，列出各種不同的學習目標，用以評量兒童的學習情形。

一、檢核表的製作

檢核表的製作有以下四個步驟：

1. 確定所要評定的目標及內容。
2. 另外分別列出兒童所要達成的學習目標或目標行為。
3. 按照每個項目的難易或複雜程度，按順序排列出所有檢核項目。
4. 使用檢核表，並保持記錄。

二、何時使用檢核表

1. 配合觀察情境使用檢核表，如前之觀察法所述。
2. 評定學習成果時，可使用檢核表，例如：家庭作業有無完成等。
3. 評定兒童在某些特定任務的完成方面，可使用檢核表。

三、使用檢核表的優缺點

檢核表的使用相當容易、有彈性，方便教師隨時記錄兒童的行為及學習情形，但也有其缺點，例如：只知道是或否，而不清楚兒童在該行為表現上的程度；需要有恆心持續記錄；花費時間多，也可能因為花太多時間記錄，而無形中減少了對紀錄結果的整理及應用。

參、教師自編評量方式

教師自編評量方式通常是以紙筆測驗的方式進行，但有些兒童可能讀寫能力不夠，或不善於以寫作方式表達。在面對這種情形時，口頭問話也是用以了解兒童學習情形的方式之一，而此一方式常被忽略。

教師自編評量方式最常用者仍以成就測驗為主，兒童平時的小考、學期中的段考、期末考等，均屬此類自編的成就測驗。Wortham（1995）指出，教師在自編評量方式時，應考慮以下幾個重點：

1. 決定教學目標

除主要教學目標之外，亦應列出具體的行為目標。

2. 列出雙向細目表

在雙向細目表中，橫向為要達成的目標層次，常用者為 Bloom（1956）對教育目標的分類系統，在認知方面分為：知識、理解、應用、分析、綜合、評鑑等六個層次；而縱向方面則為教材的內容。此一雙向細目表的製作，可避免評量內容過於集中某一單元內容或某一認知層次。

3. 同時考慮形成性評量及總結性評量的重要性

形成性評量是在學習過程中進行評量；總結性評量則是在學習活動結束時所做的評量。將雙向細目表中所列舉的評量內容依其性質分配在兩個不同時間做評量，是教師在做學習輔導時應考慮的，而此一考慮會影響各次評量的試題長短、形式，以及試題內容。

4. 根據雙向細目表設計教學活動

一般教師認為雙向細目表的功能在於命題之用，但事實上，教師也應該根據雙向細目表來設計教學活動，讓兒童能學到教師要兒童學到的目標、教學活動，以及評量之間的架構一致，方能輔導兒童有效的學習。

5. 同時考慮評量結果的使用及進一步安排學習活動

教師自編評量工具之目的在增進兒童的學習，因而評量結果應當讓兒童受益，而非只是教師做成績評定之用。如何讓兒童透過學習評量而學得更多，是教師在自編評量工具時也應顧及的重點。

除了上述幾種非正式的評量方式之外，表現測驗（performance-based

test）也是重要的一種評量方法，這種非標準化的評量通常是以會談方式進行，有時也包括遊戲、引導式作業，或學生與教師間的契約等。最近頗受重視的學生檔案管理（portfolios），也是屬於表現測驗的一種評量方式，這些方式都可以配合標準化心理測驗的使用，增進對兒童的了解，以做為對兒童學習及生活各方面輔導時的參考。

第五節　兒童個案的心理衡鑑

壹、心理衡鑑知識在兒童輔導工作中的必要性

　　一般教師在輔導過程中，遇到特別需要關心的兒童時，須具備相關的心理衡鑑知識，以判斷兒童所處情境或所面對的問題是否需要更進一步之專業協助。根據《心理師法》（衛生福利部，2020）的規定，臨床心理師的業務範圍包括一般心理狀態及精神病或腦部心智功能的心理衡鑑；諮商心理師雖然不能進行精神病或腦部心智功能的衡鑑，但也應具備一般心理狀態與功能之心理衡鑑資格。即使教師或一般學校輔導人員並非心理師，不具備心理衡鑑資格，但相關的衡鑑知識仍有助於兒童及其家長對於問題的了解及處理，同時也能知道如何與心理師或相關助人工作者進行輔導或診斷工作上的配合。

　　所謂的心理衡鑑，是指根據臨床的晤談、觀察、相關之測驗工具來蒐集有關個案的資料，以做出正確的診斷。心理衡鑑的範圍大於心理測驗，兩者不應該混為一談，心理測驗只是心理衡鑑用來蒐集資料的方法之一（梁培勇等人，2015），其餘如前述以晤談、觀察、標準化，或非標準化的投射技術來評估兒童的人格特質、認知思考模式、情緒感受等。具體來說，一份完整的心理衡鑑報告需要包含：轉介問題、行為觀察、相關病史、臆斷／解釋、建議（Groth-Marnat & Wright, 2016/2019）。

貳、學校輔導工作人員應具備的衡鑑知識或能力

　　之所以要訂定學校諮商人員應具備哪些衡鑑知識，是因為足夠的衡鑑知識方能判斷學生的問題，並配合相關診斷結果，提供有效的諮商與輔導策略，因此學校諮商人員具備這些能力和知識是十分重要的。所有的學校輔導工作人員在接受訓練過程中，都包括這些衡鑑能力的訓練。我國的諮商心理師培養機構，也都提供這方面的能力訓練，而諮商及臨床心理師的執照考試，也都涵蓋這些能力。

一、美國相關專業學會所訂定之衡鑑能力內涵

　　根據美國學校諮商師學會（ASCA）及美國諮商與教育衡鑑學會（Association for Assessment in Counseling and Education, AACE）的準則規定，學校輔導工作人員應具備的衡鑑能力包括以下九項（AACE, 2022; ASCA, 2022）：

1. 選擇衡鑑策略的能力。
2. 能清楚經常使用的衡鑑工具。
3. 清楚一般的衡鑑工具使用流程，並知道如何計分。
4. 能正確提供衡鑑結果，並撰寫衡鑑報告。
5. 能根據測驗結果做成適當決定。
6. 能對測驗結果所涵蓋的統計數字資料做正確解釋。
7. 針對學校諮商方案或處遇的評估能提供適當的結果解釋。
8. 能針對地方上的需要而正確使用問卷調查等資料。
9. 能在衡鑑與評量實務工作上盡到專業責任。

二、臺灣諮商專業團體對心理衡鑑能力的規定

　　在臺灣，台灣輔導與諮商學會也有訂定測驗相關方面的準則，包括：實施人員須具備心理衡鑑專業知能、尊重個案的知後同意權、重視個案的福祉、能正確選擇適當的衡鑑工具、做正確的解釋等。臺灣心理學會對臨床心理衡鑑、治療與諮商等業務內容也做出相關的規定，在十點相關規定中，其中有三點與心理衡鑑能力的規定相關（臺灣心理學會，2013）：

1. 心理師（含臨床心理師與諮商心理師）所提供的專業服務與教學研究，必須在自己能力所及的範圍內。此能力範圍需根據心理師所受的教育、訓練、諮詢及專業實務經驗來界定。

2. 心理師在實施心理衡鑑工作前，當事人（或其法定代理人或其監護人）得要求以其理解的語言，獲知衡鑑的性質、目的及其結果的參考價值與限制。心理師唯有在釐清當事人對心理衡鑑所提之全部疑問，並獲得其同意之後，始得進行衡鑑工作。

3. 心理師在解釋心理衡鑑結果時，應力求客觀正確，並審慎配合其他資料及其他有效證據，以嚴謹的推論撰寫成衡鑑報告，提出有助於當事人的建議。

　　綜合而言，心理師在心理衡鑑方面的業務，必須注意以下幾個重點：第一，在使用衡鑑工具之前，需尊重個案的知後同意權，也就是個案有了解測驗性質與目的之權利；除非個案放棄該項權利，否則不論是兒童或家長，心理師均應以淺顯的語言，對兒童及家長或監護人做適當解說；其次，心理師在施測及說明心理衡鑑的結果時，必須顧及測驗情境因素，並注意這些情境對衡鑑結果之信度與效度所可能產生的影響，以避免衡鑑結果被他人誤用；第三，心理師在進行測驗結果的解釋服務時，需注意是否正確使用常模，有時常模所依據的樣本並不一定適合個案，心理師需注意當初之所以訂定此一計畫之目的，並正確使用常模及衡鑑結果；第四，在合法範圍內，應盡力保持各種衡鑑結果的機密性，維持個案的福祉；最後，應當鼓勵其他助人者對評量工具有正確的認識，沒有經過適當訓練或不具資格者，不能使用特定的衡鑑技術。

參、常用的兒童個案心理衡鑑工具

　　在幼兒及兒童階段，常見而需要使用衡鑑評估的問題，包括學習發展及行為表現兩方面。除本章第二節所介紹之心理測驗工具外，以下分別就學習障礙的篩選及違犯行為兩方面，介紹兒童常用的心理衡鑑工具。

一、疑似學習障礙篩選測驗

通常有特殊需求的學生，在經過轉介時，會針對兒童的學習行為填寫學習行為特徵檢核表。其學習行為特徵可能是發展性學習障礙，也可能是學業方面的學習障礙。

多數學校的測驗計畫，會針對疑似學障兒童進行衡鑑，以新竹市為例（新竹市特教資訊網，2009），若為發展性學習障礙，則會進一步評估兒童在以下六個方面的障礙表現情形：(1) 注意力障礙；(2) 知動能力障礙；(3) 記憶力障礙；(4) 口語表達障礙；(5) 思考力障礙；(6) 社交技巧障礙。針對這些可能出現的發展性學習障礙，相關的衡鑑工具，包括：「多向度注意力測驗」、「聽覺記憶測驗」、「國小學生活動量評量表」、「簡明知覺—動作測驗」、「拜瑞—布坦尼卡視覺—動作統整發展測驗」、「國民中小學記憶策略行為特徵檢核表」、「工作記憶測驗」、「學前兒童語言障礙評量表」、「學齡兒童語言障礙評量表」、「兒童口語表達能力測驗」、「國民中小學時間管理行為特徵檢核表」、「國民中小學考試技巧行為特徵檢核表」、「國民中小學社交技巧行為特徵檢核表」等。

若兒童主要為學業方面的學習障礙，則也包括六個方面的進一步評估：聽覺理解、拼音、識字、閱讀、寫作、數學障礙等。相關使用的測驗，則包括：「修訂畢保德圖畫詞彙測驗」、「兒童口語理解測驗」、「聲韻覺識的測量」、「國小注音符號能力診斷測驗」、「中文年級認字量表」、「漢字視知覺測驗」、「閱讀理解困難篩選測驗」、「基本讀寫字綜合測驗」、「國小學童中文閱讀理解測驗」、「國小兒童書寫語文能力診斷測驗」、「國小學童書寫語言測驗」、「基礎數學概念量表」、「國民小學低年級數學診斷測驗」、「英文認字測驗」等。

二、兒童違犯行為的衡鑑工具

違犯行為兒童的篩檢，在校園裡也是教師頗為關心的議題。這方面常用的工具並不一定有出版，但在研究方面較常使用，這些研究對實務工作者也提供應用上的參考。多半常用的違犯行為衡鑑工具以人格衡鑑為主，例如：「兒童衝動性格量表」，其內容包括：求樂衝動、追求刺激、計畫

能力、情緒表達衝動、恆毅性等五個架構;「兒童違犯行為量表」(莊耀嘉,1996)是另一項常用的工具,其內容包括 30 項不良行為,採用類似於三點量尺的方式作答,回答「從未做」、「偶而做」及「經常做」三個反應,分別給予 0、1、2 分。該量表分為:攻擊行為、財物侵犯行為、一般違規、不良娛樂等四大類,各分量表總分代表個人在該方面的違犯行為,分數愈高表示違犯行為愈多。該量表的實際應用可分三個版本:兒童自陳、教師勾選、家長評量,以增加兒童違犯行為評定的客觀性。

除了量表形式的衡鑑工具之外,透過與兒童身邊重要他人的晤談,也可以進行適當的行為衡鑑。「父母晤談表格」是用以評量孩子在家庭及公共場所的行為問題之極佳工具(Barkley, 2013/2019, p. 72),其目的在針對有反抗、對立或破壞行為的兒童進行衡鑑;內容包括:問卷總指導語、家庭資料表、發展史與醫療史、干擾行為疾患量表(家長版、教師版)、家庭情境問卷、學校情境問卷,以及如何為孩子的評估做好準備等。

而針對家長所進行之臨床晤談的報告表格內容,則涵蓋:(1) 與家長所溝通的法律須知;(2) 家庭結構;(3) 接受評估之理由(家長的擔心);(4) 依據《精神疾病診斷與統計手冊》(第五版)(DSM-5)(APA, 2013)當中所診斷出的兒童期疾患類型,包括:對立性反抗疾患、品行疾患、焦慮與情感性疾患、特定對象恐懼症、社交恐懼症、分離焦慮疾患、廣泛性焦慮疾患、低落性情感疾患,或重鬱症等;(5) 父母管教方法;(6) 孩子的評估史及治療史;(7) 學校史;(8) 家族史;(9) 孩子的心理及社交優點(Barkley, 1997/2002, pp. 229-256)。

除此之外,梁培勇(2015)所發展的「偏差行為的衡鑑與診斷系統」,其衡鑑內容包括:主訴問題、曾接受的處置及專業建議、發展和醫療史、家族史、生活養育史、就學史、對案主的行為觀察、家庭配合程度。衡鑑方法包括:晤談與觀察、心智狀態檢查(包括:外觀、行為動作和協調性、認知功能、感覺和知覺、自我概念、情緒和心情、人際關係、因應策略和防衛等),必要時使用適當的心理測驗。

其他常見的兒童行為問題,透過觀察可以看到的,包括:肢體方面的喜歡動手打人、好動;語言方面的經常罵髒話或是說謊;學習方面的上課分心、成績低落、不寫作業、忘東忘西;與同學互動時的習慣性干擾他

人、頂撞、人緣不佳、偷竊；肢體衝突；賭博財物；私藏禁品；紋身；猥褻；意圖脫逃；自殺；擾亂秩序；不服管教等。

　　綜合而言，這些兒童偏差甚至是違犯行為，一方面可透過量表施測進行篩檢，另一方面也可透過教師及行政人員的觀察，及早發現這些兒童的需求。此外，也可透過與家長晤談，了解這類兒童讓父母感到困擾的行為而及早處理，並給予關心，讓其不至於有更為偏離常軌的偏差行為。

三、注意力缺陷兒童的診斷

　　就發展觀點而言，注意力缺陷也是常見的兒童問題。除了之前所提及的相關標準化工具之外，以觀察及會談進行衡鑑為最常用的診斷方式。以下為常見症狀，可提供教師對這類兒童的注意，並協助轉介輔導：

1. 對於學校作業、功課或其他活動經常無法留意細節或粗心犯錯。
2. 不太能維持在作業或遊戲活動中的注意力。
3. 跟這類兒童說話時，對方常常似乎沒有在聽。
4. 對於指定的事經常無法堅持到底，對於學校作業、家事或工作中的責任事項也常無法完成（並非因為反抗行為或不了解命令的內容）。
5. 常有困難安排工作或參與活動。
6. 對於需要持續專心從事的工作（如學校或家庭作業），常會逃避、厭惡或做得不甘願。
7. 常弄丟工作或活動所需物品（如玩具、作業本、鉛筆或書本等）。
8. 經常很容易就受到外來刺激的吸引而轉移注意力。
9. 在日常活動中經常健忘、疏忽。

四、衡鑑會談及報告撰寫

　　衡鑑會談在心理衡鑑的過程中也是必要的工作。所謂衡鑑會談是指透過個人化的程序，面對面與兒童或其重要他人接觸，讓助人者得以蒐集兒童個人及其重要他人所觀察到的主觀及客觀資料，其目的在獲得對兒童心理的認識、了解問題如何形成，並進一步發展治療計畫。期初會談的主要目的在評估兒童及其家長對解決問題的取向如何？對解決問題的準備度

如何？對問題解決的態度如何？對接受諮商或心理治療的想法或計畫如何？其次，很重要的是要了解兒童所面臨問題的性質及嚴重性，對其目前生活的影響情形如何等。這個階段的會談內容包括以下幾個重點：

1. 基本資料：姓名、性別、年齡、就讀學校、年級、問題狀況、之前接受治療的經驗、問題急迫性、個案的外表與行為。

2. 問題類別：學習困擾、人際關係、性別認同、家庭關係、身體健康困擾。

3. 問題的演進情形、個案目前的功能、人際關係、所從事的休閒活動、藥物的使用情形、家族病史、是否有身體或情緒上的受虐情形、其他相關危險因子、之前的諮商或治療經驗、此次對諮商的態度等。

4. 有些機構會加入特定問題檢核表或標準化心理量表，例如：憂鬱、焦慮、學業困擾、人際問題、體力健康問題、藥物使用問題等。

5. 會談的原則，以開放及邀請的方式讓個案多說，例如：不問「你能不能告訴我……」，而是問「請你說說看……」，盡量少問「為什麼」的問題。

6. 除詢問外，也做觀察，可分認知、情意、行為、生理狀況等方面。

會談之後要進行衡鑑報告的撰寫，其目的在與個案及其相關人員溝通衡鑑的結果，一方面是增進個案對自我的認識，另一方面也可能是針對個案或相關人員就某項決定而提供相關資料。在撰寫原則方面，盡可能使用行動取向的語言，以個案為主詞；治療建議必須和個案所處環境有關；要能強調出個案個人的獨特性；要能涵蓋個案所處問題或困難的各相關層面。至於在風格取向方面，也要根據報告目的，多半為臨床取向的、科學的、專業的。這部分也提醒我們有關心理衡鑑結果的使用原則，是要給個案回饋？為何要給回饋？給個案回饋時，又有哪些主要原則？綜合而言，最佳的衡鑑報告撰寫格式，必須先呈現個案的問題狀況，其次描述各測驗或工具所得的衡鑑結果，說明測驗結果與個案問題之間的關係。必要時，應用相關的理論概念來理解測驗結果與個案問題之間的關係。

關鍵詞

- 性向測驗
- 興趣測驗
- 人格測驗
- 智力測驗
- 信度
- 效度
- 常模
- 實用性
- 標準化
- 測驗指導手冊
- 測驗計畫
- 檢核表
- 教師自編評量

問題討論

1. 在國民小學階段為何要使用心理測驗？
2. 試說明心理測驗的種類。
3. 如何判斷一份心理測驗的品質？
4. 如何編製一份好的心理測驗？
5. 較常用於兒童的心理測驗包括哪幾種？請說明各種不同測驗的使用時機。
6. 如果你是國小輔導主任，如何為學校訂定一個測驗計畫？
7. 使用心理測驗應當注意哪些倫理守則？
8. 非標準化的評量技術包括哪些？請說明使用時機及使用方法。
9. 心理衡鑑會談包括哪些重要內容？
10. 衡鑑報告撰寫的結構與原則為何？

第十章

個案研究

田秀蘭、王文秀

國小一般教師對兒童負有輔導之責，然而對於行為問題較嚴重，或是身心狀況較特殊的兒童而言，單靠一般教師或只靠輔導室（處）輔導教師的能力，可能不足以立刻解決兒童問題。近年來，校園中的助人工作者，除輔導室（處）的主任、組長與專輔教師，或者學務處的主任、組長外，也包含各縣市學生輔導諮商中心的專業輔導人員（諮商心理師、臨床心理師和社工師），甚至校外的醫療、社政和司法人員，以協助教師、行政人員或家長共同進行兒童的輔導或諮商工作。教師、專輔教師或專輔人員有必要針對這些特別需要協助的孩子組成個案研究（case study）團隊，善用對兒童有益的資源，以進行短期或長期的輔導工作。本章各節分別說明兒童個案研究的基本概念、兒童個案問題的診斷策略，以及常用的輔導策略和技巧，並舉一個實例說明兒童個案研究之過程及技術。

第一節　個案研究的基本概念

壹、個案研究的意義

Harling（2012）定義個案研究為一種統整性的探究，藉此在一個自

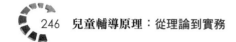

然情境中調查其同時期的現象。Yin（1994）認為，個案研究是一種實務性的調查方式，當所研究的現象與現實生活之間的界線並不明確時，可透過多種來源的證據，對該現象加以調查。

　　一般而言，個案研究有兩種意義，在實務工作方面通常是針對一個比較非典型、不尋常的個案，想多了解其狀況以求因應，例如：針對一位喜歡偷窺女同學上廁所的小五男生。至於個案研究法（case study research, CSR）則是針對有興趣探討的主題或現象，進行既深入又全面的系統性探究（Nilmanat & Kurniawan, 2021），例如：徐儷瑜等人（2019）以個案報告方式探討神經回饋訓練結合家長管教訓練對於注意力不足／過動症（ADHD）共病對立反抗症（ODD）兒童的治療效果。

　　個案研究可應用在不同領域，例如：教育、心理、輔導、社會學、人類學、醫護、特殊教育及工商企業界等。以輔導工作而言，此研究過程需透過各種方式及管道，蒐集足夠資料，並對各方面資料加以彙整、分析，以便解決個案呈現的問題，促進其發展與成長。在教育機構或社會福利機構中，針對某一位兒童組成個案研究團隊，可協助該兒童適應學校的學習生活，增進人際關係，並協助其個人發展。學校、社區、醫院或其他相關助人機構經常舉辦的個案研討會，即偏重此一取向的個案研究意義。

　　個案研究的「個案」可以指單一個體，家庭、社區、方案、組織或是決策，資料蒐集的來源可包含：觀察、訪談、焦點團體、心理測驗與評估工具、問卷調查、各式文本及文獻探討等，所探討的可以是一個現象或脈絡、單一或多重個案（Nilmanat & Kurniawan, 2021）、描述性、探索性或解釋性，甚至可以驗證或建立某個理論，通常以三角檢證來提升研究的效度（Takahashi & Araujo, 2020）。如此的個案研究，能協助助人者釐清個案問題的來龍去脈，以有效解決其問題，所得之研究結果對未來類似的個案輔導實務工作有幫助。另外，亦有結合個案研究與敘事探究（narrative inquiry）的方法學，能更深入了解所欲探究現象的內在歷程（Sonday et al., 2020），例如：陳永展與黃秋霞（2021）探究一名國小四年級 ADHD 學童，接受 SMART 敘事取向輔導前後的生命歷程與轉化的生命故事。

　　本章所偏重者，係以單一兒童為個案。具體而言，係以兒童為中心，

並擴及其周遭的重要他人，包括：家人、學校教師、同學，或社區資源的使用及相關輔導人員等，以進行資訊蒐集、分析與介入。

貳、個案研究的目的及適用時機

個案研究可以由輔導人員單獨進行，但通常是以一位輔導人員為主，邀集相關教師或社會資源，並請家長配合，共同協助兒童解決問題。除了解決問題之外，個案研究其次的目的是促進了解，讓與個案相關的人能透過討論，從各方面了解個案問題並適時提供協助；第三個目的則是藉由討論，讓教師能互相分享輔導經驗，增進輔導知能。

當教師或輔導教師發現兒童出現特別需要關心的問題，或是出現異常行為時，就可以進行個案研究，從多方面蒐集相關資料，並了解個案的問題，以便協助兒童或相關人員解決問題。除此之外，平時定期或不定期舉辦個案研討也十分適當，此種形式對上述之第三個目的特別適用，藉由平日的個案研討進修機會，輔導教師或一般教師，甚至行政人員，學習在顧及諮商與輔導的倫理情況下，能增進諮商輔導的專業知能，了解各類型的個案困擾問題如何浮現、如何早期發現與早期介入、如何適時轉介給二級或三級輔導人員，以及學習何種專業技巧適用於何種情境。

兒童個案研究也適用於特殊需求兒童，例如：陳淑瑜（2017）以整合式音樂治療行動方案改善一位自閉症共病智能障礙兒童的嚴重自傷行為，因個案喜愛音樂，教師主動尋求研究者入校輔導支援。在直接入班觀察、分析課堂行為觀察紀錄，並閱讀相關文獻資料後，研究者整合音樂治療和行為策略的混合方法處理個案問題，共同解決個案和教師的困境。個案在整合方案介入後的音樂行為和互動行為提升，重複行為下降，自傷行為幾乎不再出現，並能長期維持成效。

以科學研究方式進行幼兒或兒童問題行為的個案研究時，若能有詳盡的文獻探究，也有助於實質上的個案研究及輔導進行，例如：文獻中發現問題行為有其固有功能（施顯烇，1995；洪儷瑜，1998），因而兒童會持續採取該項不良行為。這些功能，像是能夠獲取他人的注意、能獲得感

官刺激、能得到自己想要得到的東西等；此外，問題行為還能夠逃避令人不舒服的事情，也能避開他人的注意等。有這些相關文獻的探究，在進行個案研究時，加上相關會議的人員討論，比較能針對個案的問題行為對症下藥，舉出具體可行的策略，讓個案的問題得以改善。

參、個案研究的基本步驟

Yin（2009）提出個案研究的六個基本步驟，包含：(1) 計畫：確認研究問題與研究方法；(2) 設計：定義要分析的單位，發展理論／假設，確定想探討的議題，研究設計，如單一、多重、統整性或鑲嵌性個案研究，以及設計研究程序，以確保研究品質；(3) 準備：具備蒐集資料的能力、發展個案研究的架構且獲得所有需要的同意書；(4) 蒐集：遵循個案研究架構，蒐集多元來源的佐證、建立個案研究的資料庫，以及所有的佐證資料；(5) 分析：根據理論假設或其他策略，考量並運用分析技巧，探索強而有力的可能解釋，且將資料（事實）與解釋加以區隔；(6) 分享：界定研究結果要給誰看、製作文字與視覺的材料、呈現足夠的證據讓讀者獲得自己的結論，以及反覆檢視與撰寫，直到完稿（Baškarada, 2014）。

個案研究可應用於許多領域，各領域的個案性質不同，處理個案問題時，所著重的重點也有所差異，但個案研究的流程，一般而言通常包括以下幾個重要步驟：接到轉介過來的個案、評估確定開案、蒐集個案相關之背景資料、了解個案目前之功能狀況（function analysis）、訂定處遇計畫、進行問題行為之處理、對個案問題改善狀況進行評估，以及結案與追蹤評量（Meyer & Evans, 1989; Walker et al., 1991）。以下分別說明之。

一、確定問題、蒐集資料

個案研究的第一個步驟是要確定所要處理的問題內容，並了解個案的問題性質，如此方能訂定輔導目標，並選擇適當的輔導策略。此階段輔導人員須花較多的時間蒐集資料，並將所得資料做有意義的分析及彙整，且要設法蒐集到所欠缺但很重要的資料。往往在多方蒐集資料後，會發現個

案的問題可能不只一個，且各問題之間密切相關、相互牽連，這些問題的嚴重程度如何？處理時應從何處著手？這些問題都與輔導人員對個案問題的界定有關，涉及此步驟與個別諮商中的「個案概念化技巧」，本章第二節將詳細說明個案問題概念化的相關模式。

除了由一些模式蒐集並界定個案問題，還可透過最初幾次會談、詢問導師和家長，或查閱輔導室（處）的學生基本資料蒐集下列資料：

1. 基本資料，例如：家庭背景、生活狀況、身體健康情形，以及成長背景等。

2. 個案從小至今平常在家庭、學校或其他團體（如安親班或教會）的人際關係，以及與他人的溝通情形。

3. 讓兒童或轉介者提出其所關心的問題，並針對此問題做進一步的描述，例如：問題的狀況如何？發生多久了？兒童或轉介者對這些問題的想法、反應及期待如何？這些問題對兒童或轉介者平常生活的影響如何？曾經試過哪些有效或無效的方式等。

4. 有些兒童可能認為自己並沒有如別人所說的問題，例如：別人都說他／她喜歡欺負弱小，但他／她認為都是別人先惹他／她，或是他／她只是跟對方開玩笑而已。對此，輔導教師需要在會談中多聽聽兒童的看法，先從兒童身上多方蒐集資料、了解狀況之後，方能判斷問題出在哪裡，並決定較適合的輔導策略。

除此之外，有需要時，亦可配合適當的心理測驗或透過觀察來蒐集資料，包含：兒童的自評（自陳）量表、家長和教師的（觀察）評量表、行為觀察、同儕評量（如社交計量表）、投射測驗（如語句完成、畫人測驗）、結構性的診斷晤談、評估家庭脈絡、臨床晤談等（Frick et al., 2020），且要注意蒐集資料並非只是初期的工作而已，而是要貫穿整個個案研究過程，必要時可增加或修改某些資料。

二、問題成因的診斷及分析

資料蒐集完成後，需要對所蒐集到的資料做一彙整，並分析問題形成的原因。常用的問題成因分類架構，可以如生態系統觀點而分為學校、家庭、社區環境及個人因素等四方面。事實上，對問題成因的診斷，只能說

是根據所蒐集到的資料提出暫時性假設，資料愈多愈正確，所提出的假設也愈能符合事實，根據假設而決定的輔導策略也愈有效。

　　問題成因的分析架構，除了可由上述四方面因素來分析之外，也可配合問題診斷的分類架構或診斷模式（詳如本章第二節之介紹）找出問題的形成原因，例如：美國精神醫學會（APA）編訂的《精神疾病診斷與統計手冊》（第五版）（DSM-5）（APA, 2013）一書，所訂出的分類架構，由這些分類架構來分析個案問題的形成原因。

三、訂定輔導目標

　　在確定問題、蒐集資料，並了解問題的形成原因之後，接下來就是要訂定輔導目標。目標的訂定必須由輔導人員及兒童共同負責，必要時須簽訂契約，在雙方同意之下，共同完成目標。此外，目標的訂定須合乎實際，是能夠達成，且個案須具備完成目標的動機。

　　在訂定目標時，須將所有問題列出，並根據問題的嚴重性或容易解決的程度排出先後順序，讓兒童選擇較容易完成的目標。在兒童有意願、家庭及學校也能配合的情況下，問題較容易解決，而由於各問題間密切相關，因而一個問題結束之後，其他問題也較容易跟著解決。有時也須考量得先處理最緊迫待解決的問題（例如：只要有情緒，就習慣用頭撞牆）。

四、進行輔導

　　輔導方式除了個別諮商之外，亦可配合小團體輔導或班級輔導活動等方式進行。個別輔導（或諮商）是一對一，由輔導人員定期與個案會談，協助兒童解決問題；團體輔導是一對多，由 1 至 2 位輔導人員帶領 4 至 10 人的小團體，透過小團體互動，增進兒童成長；班級輔導活動則是由導師或輔導教師利用輔導活動課或其他空白課程，進行大團體的輔導活動。至於輔導策略的選擇，須視個案的問題性質、輔導人員的理論背景，以及個案本身的特質而定。本章第三節將介紹個案輔導常用的輔導策略。

　　個案在每次輔導活動結束後須做個案紀錄，記載輔導內容及問題處理的情形，其目的在協助彙整個案資料，並檢討輔導策略，必要時需召開個案研討會議，邀請相關人員及專家學者提供意見，由整個個案研究團隊共

同討論未來的輔導計畫。此處須注意個案輔導會議的目的，以及在討論輔導工作會議結束後，需注意倫理議題，不應與其他學生或教師公開討論個案的問題，一切應以個案的福祉為考量。

五、評量輔導結果

輔導結果成效如何，應針對訂定的輔導目標做有系統的評量，其評量方式可從兒童的反應、相關教師的意見、家長的觀察、輔導人員自我評鑑等方面進行。如果是使用類似行為改變技術之策略，則由量化的資料可明顯地評估輔導效果；如果是使用難以量化的輔導策略，則必須藉由觀察以及兒童本身或轉介者的主觀感受來評量輔導效果。

在學校，相關的教師均可由平日的行為觀察及談話中，發現個案的變化，對輔導效果進行評估；在家庭中，教師可製作適當的觀察表，指導家長如何觀察兒童的行為，並進行適當輔導，以觀察輔導成效；在輔導人員自我評鑑方面，除了每次與個案的接觸後做紀錄及檢討之外，可參考學者專家及實務工作者的意見，讓他們閱讀輔導紀錄，並針對輔導策略的選擇及輔導效果提出意見。

六、撰寫個案研究報告

個案研究報告的撰寫有不同的目的，有的是在輔導過程中為召開個案研討會議而寫，有的是為結案報告而寫，有的則是為轉介而寫，通常包含以下幾個部分。

（一）題目

個案報告的撰寫，首先要有題目，這點經常被忽略。題目的訂定也會跟上述個案之研究目的有關。不論目的為何，個案研究報告一定是以報告的題目開始。除了題目外，若是一份陸續接觸幾次的報告或是結案報告，有時也會在第一頁放入大約 300 至 500 字的摘要，讓讀者能清楚整份報告的大致內容。

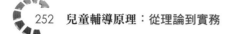

（二）基本資料

　　包括：兒童姓名（視不同目的而決定使用真實姓名或匿名）、地址、電話、出生年月日、就讀學校年級、家庭背景、身體健康狀況、外表特徵、生活習慣、學業與人際情形、撰寫日期等基本資料。其中家庭背景部分，最好能畫出個案的家系圖。家系圖通常包括至少三代的家庭成員，圖中註明各成員的年齡及職業；此外，最好也能將各成員彼此間的關係以各種不同的線條或幾何圖形勾勒出來。完整的家系圖能提供個案研究團隊相當豐富的資料，從中可看出個案的家庭結構，以及個案在家中的人際關係。這些資料也有助於接下來對個案問題的診斷與分析。

（三）個案來源

　　說明個案的緣起，輔導人員是如何接觸到此個案，以及與個案的關係。輔導人員接觸個案前的相關背景資料都須放入個案研究報告中。此外，亦可簡單說明撰寫此報告的目的。

（四）主要問題

　　說明個案呈現出的主要問題，可以針對問題概念化技巧中常用的診斷模式來說明個案所面臨的各種問題，亦可根據各問題之間的關係或嚴重性，陳述一個或兩個主要問題。有些問題是外顯的，這通常是需要成立個案研究小組的原因，但很多時候問題是內隱的，在主要問題之下，除明顯的問題外，也可點出可能的內隱問題，以協助之後的問題診斷。

（五）問題源起

　　在簡單說明主要問題之後，應敘述問題發生的狀況，並藉由對問題發生過程的描述，找出問題產生的原因。在陳述問題源起時，須仔細說明問題的內容。此外，個案對問題的描述方式也相當重要，尤其是兒童個案，教師、家長及兒童本身對問題可能有不同觀點，這些觀點都可能對問題的解決有很大影響。

（六）診斷及分析

　　對問題的診斷方式，除了前面提及的問題概念化技巧外，也可使用適

當的心理測驗工具，如成就測驗或人格量表等。適當的診斷模式與客觀的測驗工具可協助輔導人員對個案問題做正確分析，並根據分析結果選擇適合的輔導策略。診斷與分析通常也須參酌相關的文獻資料，例如：哪些諮商或心理治療理論概念適用於這個個案，或是家族治療的哪些概念適用於解釋個案及其所處的環境狀況等，如此有助於對個案問題的診斷及分析。

（七）輔導策略及輔導經過

　　研究報告亦須說明輔導過程所使用的輔導策略，如果是準備結案，亦可說明日後追蹤輔導可能使用的方式，這可說是整份研究報告最重要的部分，可能需要較多篇幅。至於撰寫的結構，可以時間為架構，按照時序撰寫每次與所有相關人士的接觸過程中做了什麼處理；也可以按照與不同單位或人物接觸為架構，例如：與個案父母、同學、其他相關教師，以及與相關警政單位的接觸情形如何等；也可以個案的問題性質類別為架構，陳述個案在家庭、學校或社區等方面的問題情形，或是在學校中的行為、課業、人際關係，以及道德或認知方面的發展問題及處理狀況等。

（八）輔導結果評量

　　輔導人員對輔導過程所用的技巧及輔導結果看法如何、問題解決的情形、如果繼續又可如何做等，均可在此部分說明。簡單而言，可包含：輔導人員對問題處理的看法，如客觀的問題解決情形；對自己所使用技巧的覺察，有哪些優點，有哪些缺點、限制；未來的輔導計畫等。輔導結果評量也可以成為個案研究報告的結論，除上述對未來進一步輔導的實務建議之外，也可包括對相關協助人員的感謝。

　　最後，若研究報告有使用到相關的參考資料，最好能列出涉及的參考文獻。

第二節　個案問題的診斷策略

　　對兒童問題做正確的診斷是個案研究過程極重要的一環。一般人所看到的只是兒童表面的問題行為，對問題背後的成因往往忽略不談，個案輔

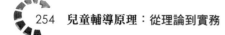

導過程中的問題診斷，除了要了解個案的問題行為外，對其形成原因也應做分析，知其然，也知其所以然，能治標，也希望能治本。通常兒童有情緒或行為困擾，可能會以特殊的行為方式，例如：學業突然落後、神情憂鬱、脾氣暴躁，甚至拒絕上學等表現其困擾，關心的家長或細心的教師很快就會發現兒童困擾的現象。對於這類問題，輔導教師或專業助人者首先應對其困擾行為概況加以了解，針對其困擾的特定行為內容，例如：弄清楚兒童和別的同學衝突時做了些什麼（what）、發生的地點（where）、時間（when）、過程（how）、相關人員（whom）等，接著盡可能正確詳盡地了解該困擾行為初次出現的情形、次數、頻率、持續時間的長度、已發生多久，以及兒童或周遭人士的處理方式等資料，來初步判斷困擾程度，並決定是否為輔導教師或相關之專業助人者可以處理，或是應轉介到其他更專業的輔導或醫療機構，以接受更適切完整的協助。

有關兒童困擾行為的成因及診斷模式甚多，不同的諮商或心理治療理論各有不同的解釋、資料蒐集重點、介入處理模式。以下僅說明較常用的診斷模式。

壹、行為取向診斷模式

傳統行為學派認為，個體的行為係受環境制約所連結形成，兒童的困擾行為係肇因於環境中和問題行為同時、之前或之後所存在的刺激產生連結所致。新近的認知行為取向則認為，兒童在問題行為出現的過程中，其行為—認知—情緒等方面的反應，有交互影響的作用存在。行為取向診斷模式便是要將兒童問題行為出現之前、之時和之後的環境刺激，以及兒童行為—認知—情緒等層面的行為序列間的關係弄清楚，以找出問題行為的成因，並發展出有效的輔導策略。行為取向診斷模式，又稱為 ABC 模式（Bijou et al., 1968），含以下三個面向。

一、A：先行事件

先行事件（antecedents）是指，環境中在問題行為出現之前或同時出

現的刺激。當先行事件和問題行為產生連結（古典制約）後，一旦先行事件出現，問題行為便會隨之出現，例如：害怕老鼠或蟑螂的人，一旦看見室內有小動物流竄而過，即尖叫、顫慄；怕考試的學生，一聽到老師說要考試就焦慮或拉肚子等。小動物出現或老師說要考試，分別是其後所出現尖叫、顫慄、焦慮、拉肚子等問題行為的先行事件。

二、B：行為序列

行為序列（behavior sequence）是指，兒童面對困擾情境時，其認知、情緒及行為三層面，會依序出現互相影響的過程。個體在面對壓力情境時，其負向認知、負面情緒和不適當或無效的行為，是一體三面，互為因果、互相影響，例如：害怕上臺的學生，突然被指定上臺演說，心情會極為緊張（情緒），內心會不斷地告訴自己：「完了！我一定不行的！一定會出糗！」「真沒用！別人一定會更瞧不起我！」因而顫抖地上臺、不知所措（行為），當臺下的同學咧開嘴巴笑著等他開始時，他告訴自己：「你看，果然被嘲笑了吧，我真是笨蛋！」（認知），結果站在臺上，臉一下青一下白的（情緒），支吾結巴半天，說不出話來（行為）。

三、C：後果事件

後果事件（consequences）是指，兒童出現問題行為之後，環境或他人所給予其所可欲或厭惡的刺激。如果兒童表現出問題行為後得到的是其所喜愛的刺激，他／她繼續表現該問題行為的機率便會升高；若得到的是其所厭惡的刺激，則其問題行為再出現的機率便會降低（操作制約），例如：小明討厭上體育課，在上課前謊稱肚子痛，結果老師關心地送他回家，媽媽憐惜地要他在家休息，給他看最愛看的卡通、玩他最愛玩的玩具。如此美好的後果，下次要上體育課時，他會再以同一種（或別種）理由逃避上課的機會便會大增；如果媽媽識破他的技倆，帶他去看醫生，打針吃藥後要他乖乖躺在床上休息，不准看卡通，也不准玩玩具，甚至連原本準備好他愛吃的點心都以腸胃不舒服為理由而不讓他吃。如此處境，他下次大概不會再用同一種方式逃避體育課。

行為取向的諮商師在接案後會針對個案或關鍵人士進行晤談，甚至直

接到兒童出現問題行為的情境，實地觀察其問題行為的過程，了解其困擾行為出現之前、之時及之後的環境狀態和困擾行為出現的情形，仔細辨認問題行為出現過程關鍵的先行事件、行為序列或後果事件，診斷確認後，便能針對問題行為成因發展出有效的輔導策略，改善其行為。

貳、Lazarus 模式

　　Lazarus（1981）模式在心理治療中應用得相當廣泛，在國小個案輔導上也可用來協助輔導人員了解或判斷個案的問題。此模式係由 BASIC ID 的幾個英文字母組成：B（behavior）是指行為；A（affect）是指心理的感受或情緒；S（sensation）是指視、聽、嗅、觸、味等五官感覺；I（imagery）是指心像（心裡的想像），這些想像能影響個案的行為；C（cognition）是指認知的方式或內容，通常一些錯誤的認知方式會影響外顯行為，例如：「應該」、「完美」，以及「外歸因」的方式等，有些個案認為很多事既然是無法控制的，因而要去改變問題行為的動機也不強。

　　此外，BASIC ID 中的 I（interpersonal relationships）是指人己關係、社會興趣；D（drugs）則是指個案非心理的其他狀態，如體力及精神狀態，此部分可從三個角度來觀察：個案的外表打扮及精神狀態；個案對身體方面的抱怨；個案的運動、營養及休閒活動等。

　　由這幾方面來觀察兒童個案的問題行為，可提供一個參考架構，讓輔導人員由不同的角度來了解個案問題。以前述逃學行為為例，顯而易見的兒童外顯行為（B）是逃學，但也包括平時在校生活所表現出的行為；在情緒或心理感受方面（A），兒童對逃學行為可能有害怕或快樂等情緒，對校內的學習生活感受，則可能是無聊、沒成就感，但也有可能有較正面的感受；在五官感覺方面（S），逃學兒童在校內校外所看到、所聽到的哪些感覺較吸引他；其心裡所想像的（I）、腦海所呈現的，是學校教室（該快快回到學校），還是躲在家裡打電動（應該盡情享受歡樂）；在認知方面（C），逃學兒童本身知道逃學行為不對，但其想法也許還沒有成熟到能夠控制自己、教導自己，其想法可能是：「反正我是個壞孩子，大

家都不喜歡我，所以我乾脆逃學」，或是「我不上學，導師跟爸媽講，他們會關心我，就不會吵著要離婚」；而人際互動方面（I），可了解兒童在校內與同學及師長的關係、在校外與其他朋友的關係，以及兒童本身在家庭中的人際關係；在非心理的其他狀態方面（D），兒童所表現出的精神狀態如何？最近的睡眠及飲食情形如何？有哪些抱怨？還是都快快樂樂的？這些都值得觀察、值得進行個案研究時參考。

參、問題解決模式

此模式較常用在特殊教育領域（Deno, 2013），而較常用在教育領域的問題解決模式為「理想」（IDEAL）模式（Bransford & Stein, 1984），包含五步驟：(1) 確認（identify）要解決的問題；(2) 界定（define）問題；(3) 探索（explore）可行的替代方案；(4) 運用（apply）所選擇的解決方式；(5) 檢視（look）效果。表 10-1 呈現此問題解決模式所採用的評估程序及要下的評量決定。

表 10-1　一個以資料為本的問題解決模式

問題解決步驟	評估步驟	評量決定
1. 確認要解決的問題	觀察／錄影錄音學生的表現	真的有所謂的困擾問題嗎？
2. 界定問題	將所知覺到的落差以量化方式呈現	這個（些）困擾問題重要嗎？
3. 探索可行的替代方案	探索替代性的目標以及解決的假設	最佳的解決方案假設為何？
4. 運用所選擇的解決方式	檢視處遇計畫與資料蒐集的忠實性	問題解決是否按部就班進行著？
5. 檢視效果	重新量化落差	原本的問題是否有透過這個解決方案獲得解決？

註：引自 Deno（2013, p. 25）。

肆、統整取向的診斷模式

Knoff（1983, 1986）指出，對於適應困難兒童進行人格衡鑑和診斷的四個層面為：(1) 生態取向／家庭系統；(2) 團體歷程和動力取向／社會心理互動；(3) 心理教育取向／發展；(4) 心理學取向／心理學理論的衡鑑。Knoff 與 Batsche（1991）根據此架構，發展出「轉介問題諮詢歷程模式」（referral question consultation process），簡稱為 RQC 模式，用以蒐集轉介過來的個案之診斷，說明如下。

一、RQC 模式對兒童的衡鑑架構之四個成分

（一）兒童的家庭、鄰居和社區的概況

兒童的困擾情形通常和其家庭、社區等主要生活環境脫離不了關係，因此諮商師應對兒童的家庭狀況、鄰里概況及其所居住的社區環境有所了解。其中，尤以兒童的家庭狀況對兒童適應的影響特別深遠，包括：家庭結構是否完整？子女人數？父母的婚姻是否有衝突危機？家人間是否有衝突危機？家人是否有身體健康不佳、財務困窘或經商失敗等問題？家事由誰料理？近期家人有無死亡、失落或悲傷的事故？是否有搬家或家人分合重組等情形？是否有面臨法律問題？這些問題並非完全為外顯問題，教師及輔導人員均須了解，方能對兒童所面臨之問題有正確的診斷及處遇。

（二）兒童的就學和學習環境概況

第二個影響兒童的主要生態環境是兒童所就讀的學校和班級，諮商師應對兒童所就讀的學校／學區、班級、導師及任課教師、課程內容加以了解。其中，尤以教師的教學態度、教學方式、輔導管教學生的技巧，以及班級內氣氛和班級內的社交關係影響特別大，應特別加以重視。

（三）兒童個人的特殊狀況

兒童本身是出現困擾行為的主體，諮商師應對其個人狀況盡可能深入了解，包括：兒童的身心發展概況（包含是否為父母預期懷孕所生及懷孕狀況）、醫藥疾病史、個性（氣質）、能力、態度、價值觀、期望、社交

技巧、人際關係、語言表達、自我調適、自我管理能力、學習方法、學習
態度、學業成就等各方面資料，均宜盡可能正確蒐集備用。

（四）兒童的社會─情緒狀況

　　對於兒童不適應的情形應有明確的界定，包括：行為、情緒、人際關
係之現況、適應環境的方式、認知與後設認知的內容等，均應以行為取向
的方式清楚界定。

二、RQC 模式諮詢過程的十個步驟

1. 檢視有關案主現有可用的資料，並適切地增補必要的背景資料。
2. 和轉介者（教師或父母）當面晤談，協助他們對所關切兒童的適
   應狀況做行為取向明確的界定，辨認並探詢須增補的背景資料，
   以便對兒童的適應問題形成操作性可驗證的假設，以及進行初步
   的假設考驗、參考轉介者的目的、規劃診斷的程序，並取得轉介
   者的認可。
3. 發展適切、具有預測性、可驗證的操作性假設，例如：「小明拒
   絕上學可能是因為新的班級導師未肯定其能力所致」、「小英功
   課退步、人際關係變差且反抗老師，可能是因為父母不和，她所
   依附的母親又生病長期住院，無法在她身邊照顧她所致」。
4. 根據假設發展對案主行為的預測性陳述，例如：「若小明是因為
   未能獲得新的導師肯定而拒絕上學，如導師能公開及私下給小明
   適當的鼓勵和肯定，小明將會願意上學」、「小英的家人若能每
   天帶她去醫院探視母親，她的功課和情緒應會明顯改善」。
5. 將預測性陳述轉化為可以直接考驗的問題，例如：「小明在新班
   級是否未能獲得導師的肯定」、「導師在公開及私下場合給小明
   鼓勵後，小明是否願意上學」、「小英過去和母親的關係是否
   為緊密的依附」、「小英到醫院探視母親後，情緒是否較為穩
   定」。
6. 發展多重方法─多重特質的預測檢驗方法，以驗證假設並連結假
   設考驗和介入輔導的過程。預測檢驗的方法有四：(1) 重新檢視手

邊的所有資料；(2) 和兒童及轉介者進一步晤談；(3) 對兒童的行為和環境進行直接觀察和訪視；(4) 實施必要的心理測驗。

7. 將前述這四種方法的結果加以整合，看是否能對預測的問題得到一致的答案。如果有兩種以上的方法答案一致，且沒有其他方法有相反的答案出現，則假設可暫時被接受；若是不同方法的答案有不一致的情形，則應重新發展假設，以及進行驗證。

8. 根據已驗證過暫時接受的假設發展輔導介入策略，實際進行輔導介入。

9. 觀察案主的行為改變情形，對假設做最後驗證。

10. 將接受轉介到發展假設、驗證假設、進行輔導介入、確認假設的過程，撰寫成書面的個案診斷與輔導總結報告。

　　從以上幾個診斷模式可看出，對適應困難兒童提供專業有效的協助，應該要有豐富的專業理論知識及實施觀察和測驗的經驗，經過科學的假設考驗過程，才能確認適應困難的原因，提供適切的輔導介入協助，以有效改善兒童的適應情形。

第三節　兒童個案研究的輔導策略和技巧

　　兒童問題行為的成因可能與其所處的環境有關，兒童的問題行為往往不只一項，例如：偷竊、打架、說謊、成績低落等各類問題，常同時出現在一位兒童身上。當然這些問題的成因，也往往並不僅只是因為家庭社經地位較低、父母親較不關心、學校人際互動不好，或是個人特質的問題，也可能是因為兒童所處的社區環境較為混亂，或是好幾個因素的交互影響。因此，在進行個案輔導時，個別晤談、家庭訪問，以及社區相關資源的配合都相當重要。以下分別說明個案研究常用的輔導策略。

壹、個案研究中進行個別諮商時常用的晤談策略

與兒童個別晤談時，不論所使用的理論取向為何種學派，也雖然他們年紀還小，但是對他們仍應有基本的尊重。此外，對兒童而言，家庭及社區環境對他們的發展有重要影響，因而在個別晤談時，也應注意他們對家庭及社區環境的看法。即使個案研究是以團隊方式進行，團隊成員也應當有共識：在個別晤談時，應把注意焦點集中在解決問題，而非責怪兒童或周遭的人。

一、與兒童個案初期晤談蒐集資料時的注意事項

與兒童進行個別諮商時，首先要注意所使用的語言及表達方式必須讓兒童能夠接受，並注意兒童是否真正了解內容。有時兒童點頭說懂，但事實上卻不同意教師所說的道理，或是並沒有真正了解教師的用意。

其次要注意眼神的接觸，特別是兒童的眼神位置所在。如果兒童一直是低著頭，看起來像是弱勢的一方，一直順從教師，那麼談話不見得有效果；如果要兒童眼睛正視輔導教師，可幫助兒童有較為肯定的態度，表達出來的也比較會是心中真正的想法。自然的眼神接觸可協助兒童適當地表達自己，同時也有助於輔導教師了解兒童對晤談的態度。

除此之外，輔導教師也會經常面對一些抗拒心較重的兒童，在最初幾次個別晤談裡，他們不見得願意將內心真正的想法告訴輔導教師。如何進入他們的內心世界，除了注意上述的語言及眼神，談話的方式也相當重要。兒童不見得能像大人一般地長時間坐著與輔導教師交談，即使沒有抗拒心，兒童也不見得可以很自在地談出內心的想法，因而遊戲室的使用，便相當具有價值。兒童可以邊玩邊談，或玩了一陣子之後，很自在地向輔導教師表達出內心想法，或是透過遊戲的過程，表達內心的感受與想法。唯有與兒童建立好關係，才能了解兒童真正的想法、情緒，使爾後所使用的策略達到應有的效果，並讓兒童問題得到解決。

二、常用的個別諮商輔導策略

兒童個別諮商常用的理論基礎，歸納各重要學派，大致有幾個主要取

向，分別是人文主義、行為主義及認知行為主義取向。人文主義取向的輔導策略強調對個案的尊重態度，雖然個案有嚴重的心理或行為問題，但仍強調個案與輔導教師之間的關係是人與人之間的關係，也相信個案有發揮其功能的能力。人文主義取向所強調的態度，有助於輔導教師與兒童建立關係，一旦輔導關係建立起來，行為主義取向中的一些策略就相當適用於兒童問題行為的改變。對於高年級或思考能力更成熟的兒童，也許增強物對他們而言並不一定有效，此時可以試著採用認知行為取向中的一些輔導策略。以下分別介紹個別諮商中常用的輔導技巧。

（一）無條件的積極尊重

對於一個有問題行為的兒童，例如：偷竊、說謊或上課搗蛋等，很難能夠無條件的尊重他。但所謂無條件的積極尊重，主要是指尊重兒童這個人，而非尊重其不良行為。這麼想，教師就比較能發揮耐心、尊重孩子，同時也讓孩子體會教師對他個人尊重，而非接納其問題行為。人文主義取向所強調的，就是提醒我們對這類兒童維持尊重，要尊重他們，因為他們也是人，只要提供他們適當的機會，他們依然能發揮潛能。

（二）真誠的態度

即使兒童年紀與教師相去甚遠，教師仍應以真誠的態度面對兒童，對兒童的詢問，能回答的部分就回答，不便告知的部分，也可以委婉說明。真有對個案的怒氣，也不妨適當地表達出來，不須因為所扮演的輔導角色而侷限了「真我」的呈現。

（三）同理心技巧的使用

同理心技巧用在與個案建立關係方面是相當恰當的。正確的同理心讓個案感覺到輔導教師了解他，是與其同一國的，於是能進一步將心中的想法及感覺表達出來。

（四）覺察能力的培養

人文主義取向重視個案本身的自我覺察能力，所謂的覺察能力，是指個人對自己行為、情緒及認知各方面的體察情形。個案是否清楚自己在做什麼、在想什麼，以及自己的想法、情緒及行為之間的關係又如何。對多

半兒童而言，自我覺察的能力並沒有適當的機會加以訓練。很多兒童並不知道如何用一些形容詞來表達自己的感受，更遑論了解及控制自己的行為。人文主義取向的輔導策略相當重視個案的自我覺察，兒童對自己的認識愈多，愈能掌控自己的行為。

（五）行為改變技術

行為改變技術對兒童而言相當有效，此輔導策略運用增強、消弱、懲罰、隔離等原理，讓兒童行為受到一些刺激物的控制而能朝所訂定的目標邁進。此一策略的使用多半是以單一個案為對象，在輔導方案的設計方面，又區分為倒返設計、多基準線設計、逐變標準設計等不同方式，可視個案的個別情況來決定。

（六）合作學習

合作學習也是行為主義取向的輔導方式，要兒童分組並在組內共同完成一項任務。在進行個案輔導時可適時配合此方式，了解個案在團體中的互動情形，或是讓兒童依據老師的指導語，學習與他人共同合作。

（七）自我肯定訓練

自我肯定的意思是指個案能以恰當方式說出自己的想法、感受或信念，也就是能以直接但又不具威脅性的方式呈現出來，不傷害他人受尊重的基本權利，同時也不否認自己的基本權利。對國小兒童而言，他們有能力也應該有權利學習自我肯定，如此可訓練兒童有自己的想法，同時也能恰當地表達自己，而不是一味地只能順從他人（包括師長）的意見。然而，在教導兒童自我肯定的同時，也必須讓他們區分自我肯定與攻擊行為的不同。同樣是表達自己的想法，但攻擊行為會讓對方的權利受到傷害，因此應當讓兒童學習適當地表達自己，並避免出現攻擊行為。

（八）示範作用

示範作用是要提供個案一個學習模仿的對象，聽起來並不難，但事實上要學習模仿一個行為，有其必經的幾個歷程：第一個是個案「注意」到某項行為，其次是個案必須對此行為「留有印象」，第三才是根據印象「表現出」其所學到的行為，最後是所謂的「動機歷程」，如果表現成

功，心理上也得到增強，則個案會一再重複該項學習行為；如果沒有得到增強，反而出現不好的後果，則個案不會重複該項行為，例如：一位作業總是寫不好的兒童，教師拿寫得很好的兒童之作業本給他看，同時也從旁解釋好在哪裡，如果兒童留有印象，也學著寫得整齊，並得到教師的讚美，則該行為會繼續重複。

（九）認知重建策略

認知行為主義取向的理論較常使用者為兒童認知重建技術，例如：面對兒童攻擊行為的處理，輔導教師讓兒童回想生氣而有攻擊行為時的心裡想法，想想到底是什麼想法讓他們有攻擊行為？那樣的想法有必要讓他去攻擊別人嗎？是不是一定得那麼想呢？如何想，才可以讓自己心裡比較舒服而不去攻擊別人？自己所要的，是攻擊別人嗎？還是其實自己也不願去攻擊別人？只是不知道還有什麼別的因應方式。認知重建得花一段時間，輔導教師可將正確的想法直接告訴兒童，讓兒童接受。教師不妨順著他們的思考邏輯、引導他們思考，並拓展他們的思考彈性和廣度。

（十）理情治療技術

理情治療認為，影響一個人情緒及行為的原因，並不是個案所面對的事件，而是個案對該事件的看法或信念。不合理的信念往往困擾著個案，讓其難以愉快起來。對於部分內向性行為的個案，可協助他們分別出外因事件、內心情緒、外顯行為，讓他們看看自己的想法是如何影響自己的情緒及行為，並整理出想法不合理之處，進而往合理或正面的方向來思考。

以上介紹的都是適用於個案研究之個別諮商策略，包含本書第四章至第六章所介紹的諮商取向及技術。至於各個不同策略的適用性，則會依個案的問題狀況而有不同，例如：行為改變技術適用於兒童不良習慣的去除或良好習慣的培養；同理心、真誠、一致性等態度，適用於各種問題的晤談過程，這些態度有助於與兒童建立良好關係，同時也能蒐集到正確的資料，以協助問題的診斷與處理。

貳、進行家庭訪問時的注意事項

　　兒童個案輔導除了以上的個別諮商策略外，有時需要進一步與個案的家庭聯繫，讓家庭成員一起配合個案的成長。家庭訪問的目的，除了與家長溝通兒童的問題之外，也可以透過對親子互動的觀察而了解父母雙方或家人彼此間的互動情形。必要時，需提供家長相關的親職效能訓練或其他親職教育活動的訊息，甚至是家族治療中的一些觀念及輔導策略，個案研究團隊都應有所認識，並適當地在與家庭的聯繫過程中使用出來。

　　家族治療的幾個觀念可運用在兒童個案研究。第一是所謂的「家庭系統」觀念：家庭是由家中所有成員組成的一個系統，兒童在此系統中的互動行為，會被帶到家庭外，也就是學校或社區之中。因此，兒童個案在家庭系統中的互動行為與其在學校或社區中的互動行為是有關聯且有意義的。藉由觀察或了解兒童在家庭系統中的互動行為，可了解兒童在其他相關團體中的互動行為。

　　第二是所謂的「行為取向」觀念：兒童在家中所看到的行為或被對待的行為，就是其所學到的行為。如果兒童經常遭受責罵，也就學會怎麼罵人，並用那些被罵的話來罵別人；如果他經常受到照顧，也就能學會怎麼照顧別人。

　　第三是「認知取向」觀點：如果有機會讓家庭成員互相溝通，不難發現家人對兒童問題會做不同的歸因，他們對問題所持的看法及態度不同，對彼此也有各自的期望。教師在與家庭聯絡時，若真有心要解決兒童問題，則不應僅將此家庭聯絡過程視為單純的溝通兒童在校問題，而是應從更廣的層面來看兒童所處的家庭系統，了解家庭成員是如何理解或詮釋兒童的困擾問題，以及家庭成員的互動對兒童困擾行為的正負向影響，如此方能了解兒童問題的深層原因，並對症下藥，提出可行的輔導計畫。

　　除了個別諮商與家庭訪問外，有些個案問題適合以團體輔導的方式進行，兒童在團體中互相支持、互相學習，對某些問題行為的改進，可能遠比個別諮商效果來得好。如果個案情況也適合以團體輔導方式進行，讓個案能由小團體中獲得被尊重的感覺，能在團體中得到歸屬感，也學會如何去關懷別人、照顧別人，則團體輔導也可以配合個案研究的進行。

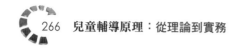

除此之外，社區輔導或醫療機構的配合，也是在進行個案研究時可以參考的資源。學校在召開個案研究會議時，也可請專家列席指導。有關社區資源的使用技巧及注意事項，將在第十一章討論。

參、進行個案研究時的注意事項

進行個案研究時，首先要注意資料來源的正確性及可靠性。由於兒童尚未成年，對於很多事物的判斷或陳述不見得成熟或正確，輔導教師一方面要確定資料來源的正確性，另一方面也不能忽略兒童對於所遭遇事件的主觀感受。此外，個案研究的資料蒐集來源最好是多方面的，例如：文件、檔案紀錄、晤談、同學訪問、家長聯絡及訪問、相關社政單位所提供的資料等，都是重要的資料來源。此外，資料蒐集也可以是重複性的，例如：多觀察幾次，以便能看到一致或重複出現的行為。而透過重複持續的晤談，也可以聽到個案真正的想法。

進行兒童個案研究時，也可以參考 SWOT 架構：S 是指優勢力量（strengths）；W 是指弱勢（weaknesses）；O 是指機會（opportunities）；T 則是指個案所面臨的威脅情境（threats）。就接受輔導的個案本身及其所處的情境而言，其優勢、弱勢、機會，以及可能面臨的威脅情境如何，經過具體的、多向度的分析及思考，有助於問題解決。

由於個案研究在蒐集資料過程中，涉及多方面的人、事或單位，因此對於資料內容的保密必須十分小心，特別需要注意倫理議題。個案本身及其周遭親人或朋友、同學所呈現的個人資料，必須維持其隱私權，如此有助於提升個案的自尊，讓個案感受到被尊重，有意願解決問題。此外，也要避免輔導人員或個案研究團隊中任何成員對個案或所蒐集資料的偏見。之所以需要進行個案研究，就是因為兒童的問題並非一位輔導教師就能協助，因而整個工作團隊的群策群力非常重要。

另外，進行個案研究時也可由生態心理學的觀點來觀察個案問題（Bronfenbrenner, 1979）。輔導教師在進行個案輔導時，勢必會需要用到相關資源。而相關資源的使用，並不是蒐集相關資訊後，覺得可行就直接

使用。教師若具備生態心理學的觀點，則更能善用相關資源進行個案研究。所謂的生態心理學，主要是指個人所處情境的周圍系統，小自個案直接接觸的小系統，大到整個國家的輔導制度及相關資源。小系統包括兒童個人所處的班級或家庭，或是所接觸的輔導教師；大系統則包括國家的教育、輔導或諮商心理制度，以及這些制度下所提供的社區資源。大小系統之間，又有相當豐富而多樣的中介系統。若能注意生態心理學的觀點，則將能增進個案研究的效果。

第四節　兒童個案研究實例

　　本節僅就以上所述兒童個案研究的進行過程，包括：資料蒐集、問題診斷、輔導策略的選擇、進行輔導、結果的評量等要項舉一範例說明，人物均為虛構，其中輔導策略部分，以行為改變技術為主要策略。

壹、個案基本資料

1. 姓名：王賀文（化名）。
2. 年齡：12 歲。
3. 性別：男。
4. 就讀學校：國小六年級。
5. 家庭狀況：圖 10-1 是賀文接受個案研究時的家系圖（虛線內表示同住一起之家庭成員）。
6. 身體狀況：長得比同年齡的兒童高壯，健康情形良好。

　　賀文在學校時常毆打同學，經家庭訪問後，得知賀文來自單親家庭，母親在他 5 歲時過世，父親忙於擺地攤的工作，晚上都很晚才回家，對賀文的情形知道的不多。同住一起的祖母對他的行為也無法管教，哥哥和姐姐對其行為更是束手無策。

圖 10-1　王賀文的家系圖

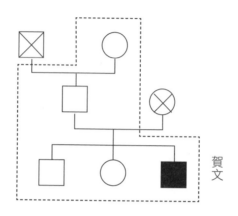

賀
文

貳、個案來源

賀文課業成績平平，常常欺負同學，無緣無故就會毆打同學，或是藉機搞蛋，影響上課秩序，因而與教師或同學之間的關係都不好。輔導教師在與導師及輔導室同仁討論後，決定成立個案研究小組，共同輔導賀文，期望能改善其毆打同學的行為。

參、確定問題

主要問題：平常喜歡毆打同學，而且是無緣無故欺負同學；個性上極愛表現，喜歡引人注意；上課經常藉機搞蛋，嚴重影響上課秩序。此次輔導重點放在對個案毆打行為的輔導。

肆、蒐集資料

經由與個案談話、與家人溝通，以及與賀文相關師長討論之後，輔導教師將所蒐集到的個案資料彙整如下，分為家庭、學校、社區環境等部分。在家庭方面，如基本資料所描述，母親過世，父親忙於工作，祖母又

不知如何管教。在此情況下，親子幾乎沒有在一起的時間，更遑論和樂的溝通。另外，哥哥和姐姐較他年長許多，也都有各自的問題。雖然家庭經濟狀況不是很好，但還過得去。

在學校方面，賀文成績平平，但行為表現總讓任課教師覺得煩惱。賀文很愛表現，卻又都是以負面的行為吸引他人注意。甚至在毆打行為方面，也常引來其他同學家長的抱怨，讓教師覺得頭痛。事實上，賀文在四、五年級時就經常欺負其他同學。到六年級之後，憑藉身強體壯，毆打他人的情形更嚴重，實在有需要加以改善，否則進入國中之後，可能毆打他人的行為將更難改掉，並造成更多人的困擾。

在社區環境方面，賀文的住家位於老舊社區，社經地位屬中下階層。賀文在社區的交友情況尚屬單純，並沒有與任何不良幫派有接觸。

伍、問題診斷及分析

1. 賀文在家中缺乏照顧，沒有人關心他。在這種情況下，賀文可能會藉由一些欺負他人的行為來得到大家的注意。
2. 由他在學校及家中的行為表現來看，賀文雖然看起來渴望友誼，但是由於缺乏適當的人際溝通技巧，並沒有很要好的朋友。
3. 賀文喜歡表現自己，但似乎沒有適當的機會能讓他表現，他也不知道如何適當地引人注意，因而所使用的方式就是訴諸肢體暴力。
4. 賀文本身個性較為衝動，對於不順心、不如意的事，一生氣就出手打人，這似乎與他身為老么有點關係，因為家中兄姐年齡都較大，比較不會跟他計較。

陸、輔導過程

輔導過程中所使用的策略是行為改變技術，企圖以增強及消弱等行為學派原理來改變賀文的毆打行為。同時以人文主義取向的真誠、尊重、同理等態度接納個案，讓個案具有改變毆打行為的意願，以下是詳細的行為

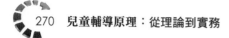
改變技術使用情形。

一、界定目標行為

　　目標行為是毆打行為，所謂的毆打是指隨意的抓、拉、推、打同學，或採取其他使同學肉體上感到疼痛的舉動。

二、訂定終點行為

　　終點行為是要個案將毆打行為由每天 4 至 5 次減少到每天 1 次以下（接近零）。

三、實驗設計類別

　　行為改變技術所採取的實驗設計類別，是採用倒返設計中的多重處理設計模式（A-B-C-D-A-D），如圖 10-2 所示。

圖 10-2　倒返設計的多重處理設計

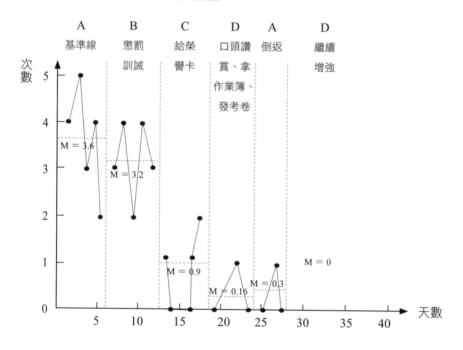

　　第一階段是測量基準線（A），以了解個案的毆打行為現況，共觀察六天。第二階段給予第一種實驗處理（B），懲罰及訓誡，實施六天。第三階段給予第二種實驗處理（C），以榮譽卡為增強物，實施六天。第四階段給予第三種實驗處理（D），以口頭讚賞為增強物，並賦予幫老師拿作業簿及發考卷等工作，共實施六天。第五階段倒返回第一階段（A），不給予任何實驗處理。第六階段再進行實驗處理（D），與第四階段所使用的增強物相同。

四、實驗結果

1. 在基準線階段，賀文每天毆打同學的次數平均為 3.6 次。

2. 實驗處理階段 B 的結果，輔導教師告訴賀文如果打同學 1 次，就要自己打自己的手心 3 下；打同學 2 次，就自打手心 6 下，依此類推。實施前三天有效，但之後就失去效果，或許是因為賀文早已對懲罰習以為常，且教師也無法一直盯著賀文，以致於毆打次數一天又增加到 4 次，此階段平均的毆打他人次數是 3.2 次。

3. 給榮譽卡的處理階段（C），配合該班級榮譽卡制度的實施。凡是功課進步、作業整齊、有良好行為表現時，均可獲得一張粉紅色的獎勵卡；集三張粉紅色獎勵卡，可獲得一張綠色的獎勵卡；擁有三張綠色獎勵卡，可以獲得學校頒發的獎狀，並與校長合影留念。輔導教師告訴賀文，只要一天不打同學，就給一張粉紅色獎勵卡。剛開始，賀文似乎不太相信，經教師一再保證會給之後，賀文連續三天都沒有打人；但第四天之後，賀文對獎勵卡似乎不感興趣，毆打行為又再度出現。此階段平均的毆打他人次數為 0.9 次。

4. 給予口頭讚賞及賦予服務專職的實驗階段（D），也是配合該班教師原有的規定。教師每天都會請一位最聽話且功課有進步的同學幫教師拿作業簿及發考卷。賀文對這項榮譽職原本就非常渴望，但總沒有機會得到。曾經向教師要求，也因為表現不好而被教師拒絕。於是教師便以此為增強物，告訴賀文若沒有打人，就讓他擔任拿作業簿及發考卷的工作。結果六天當中有五天沒有打人；其中有一天是因為晚上和同學出去玩得太晚，被父親發現，挨父親打，回

學校後找同學報復，打了同學一次。此階段平均的毆打他人次數是
0.16 次。

5. 倒返階段，此階段不做任何增強，實施三天的結果，賀文於第二天
　打人一次，平均的毆打他人次數是 0.3 次。

6. 再處理階段，再度以口頭讚賞及拿作業簿和發考卷的榮譽職為增強
　物，要賀文不再打人。試了五天，結果賀文完全沒有毆打他人。

柒、輔導結果評量

　　由前述輔導過程可明顯看出輔導成效，且輔導教師或導師並沒有花錢
購買增強物。輔導教師主要是配合班級原有的措施，讓賀文有機會得到獎
勵及尊重。事實上，輔導教師原本很擔心輔導效果不彰，因為賀文一直是
這個班級的頭號問題人物，對教師所說的話老愛唱反調，處處不合作，對
教師找來個別談話，也表現出一副蠻不在乎的樣子。但經過此次實驗之
後，發現賀文需要的是他人給予尊重和關愛。當他感受到自己真的被尊重
與關愛，加上一些輔導策略的介入，原本的困擾行為會逐漸獲得改善。

　　懲罰的方式對某些兒童或許可暫時嚇阻其不良行為，但多半有嚴重問
題行為的兒童對懲罰早已習以為常，家長也許打他們比教師處罰的還厲
害。對這類兒童而言，懲罰反而會收到更負面的效果，讓原本充滿怨恨的
心更加不信任他人。反之，採用獎賞及鼓勵的方式，情況改變較多，對教
師、對兒童都好，教室氣氛也因而改進。

　　除此實例外，許多研究及書籍均有個案研究實例（侯禎塘，2003；
陳李綢，1991）。除了一般適應欠佳或有不良行為的兒童之外，針對特
殊教育或輔導領域中的特殊需求兒童，也適用個案研究，例如：自閉症、
亞斯柏格症的個案等，甚至對受虐兒童、家暴性侵害的兒童等，也十分適
用。關於具攻擊行為、遭受性侵害或目睹家暴兒童的相關議題，在本書第
十二章亦有討論。除了個案研究的流程及輔導策略外，這些對個案特殊議
題的背景知識也相當重要。至於在特殊需求兒童方面，必須參考相關之專
書，例如：亞斯柏格症兒童喜歡獨處、人際溝通上較有困難（雖然語言字

彙可能沒有問題）、較缺乏想像力及思考上的彈性、動作協調也較有困難（因此體育課與同學的互動也會較有困難）。因為這些困難，就比較容易併發情緒上的相關問題，像是焦慮、強迫或憂鬱等。具備這些針對個案所屬問題類型之背景專業知識，在進行個案研究時十分重要。應用個案研究於這些兒童時，因為涉及的人不只輔導人員本身，還包括兒童周圍的重要他人、觀察的同學、一般教師，或是相關社區資源助人工作者，因此倫理議題更需特別注意。

個案研究的價值在於能夠透過研究團隊成員，從多方面深入了解個案的問題，讓個案及其周圍相關之家人能了解問題行為背後的意義，以解決兒童問題。不論是問題嚴重的個案，或是平日接受輔導的發展性問題個案，個案研究均能解決兒童問題，也能提升輔導教師專業的諮商及晤談技巧，是值得鼓勵的輔導方式。

關 鍵 詞

- ✦ 個案研究
- ✦ 個案研究報告
- ✦ 行為取向診斷模式
- ✦ ABC 模式
- ✦ Lazarus 模式
- ✦ 問題解決模式
- ✦ RQC 模式
- ✦ 無條件的積極尊重
- ✦ 同理心
- ✦ 真誠
- ✦ 行為改變技術
- ✦ 自我肯定訓練
- ✦ 示範作用
- ✦ 認知重建策略
- ✦ 家庭系統
- ✦ SWOT 架構
- ✦ 生態心理學

問題討論

1. 個案研究包括哪些基本步驟？
2. 在幾個個案問題的診斷模式裡，你較欣賞哪幾個模式？請說明理由。
3. 試由人文主義取向、行為主義取向、認知行為主義取向等三方面，說明個案研究中常用的輔導策略。

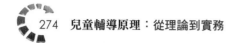

4. 對兒童個案而言，有哪些方法可以針對問題蒐集資料，以便對問題成因有進一步的了解？

5. 如何評量個案研究的成果？

6. 請嘗試以周遭的幼兒園或國小兒童為例，訂定一個個案研究計畫，並說明詳細之輔導流程。

第十一章

兒童諮詢服務及社會資源

田秀蘭、王文秀 ///

　　諮詢（consultation）是助人工作中的重要一環。學校的諮詢工作主要是針對老師、行政人員及家長，但是最終受益者仍以學生為主，因而諮詢在學校輔導工作中有其必要性。本章除了說明諮詢工作的基本概念、相關模式、不同服務對象的諮詢工作，也提供一個諮詢工作的實際案例，最後則討論諮詢工作中經常使用的社會資源。

第一節　諮詢技術的基本概念

壹、諮詢的定義、目的及特徵

一、諮詢的定義

　　Dougherty（2014）定義「諮詢」是「一位助人專業者以特定的方式協助一位與其工作有關或關切的人（即求詢者）困擾問題的歷程」（p. 8）。諮詢是指諮詢者提供專業知識，以協助求詢者有效解決個案問題的一個過程，包含：以學校為基礎的、心理健康的、行為取向的、教育性的或組織內的諮詢模式（Hess et al., 2012）。美國諮商與相關教育方案認證委員會（CACREP, 2022）要求學校諮商師必須展現諮詢歷程必備的知識

與技巧，能夠有效與學校教師、行政人員、家長、學生、社區團體和相關機構人士進行諮詢。

依照 Baker 與 Shaw（1987）提出的學校輔導工作模式，諮詢屬於次級預防，是間接對個案提供輔導的工作。通常是以學校教師為主，當教師對某些學生的行為或問題無法直接提供輔導時，向輔導室（處）或相關輔導機構尋求協助，輔導室（處）即可提供諮詢服務，協助教師輔導學生，或對學生直接提供諮商服務。而就一般學校兒童所面臨的問題而言，廣義的學校諮詢工作包括初級預防、早期診斷、早期治療、危機處理等工作，其所使用的社會資源內容，包括一切自然資源及人為的社會文化制度，例如：社會、政治、經濟、法律、教育、宗教、醫療、福利資源等，以滿足兒童的學習或生活需求。諮詢服務通常包含三方面的關係，亦即提供諮詢者（以下簡稱諮詢者）、尋求諮詢者（以下簡稱求詢者）、接受服務者，而且這種關係是暫時性的，並不一定如心理治療或心理諮商工作持續得較長。諮詢的好處包含：更有效率地運用時間、提供更全面且系統的方式協助求詢者、讓求詢者增能（Dollarhide & Saginak, 2017）。

二、諮詢的目的

諮詢的主要目的是藉由相關專業者提供的專業知識或技術，以利求詢者能更有效地解決個案的問題，或協助個案改善自己的問題。亦即諮詢是協助求詢者發展出更有助於和其服務對象更有效工作的態度和技巧，服務對象可以是個人、團體或組織（Brown et al., 2011）。Turner（1982）提出階層性的八個諮詢目的，層次愈高，其出現的頻率愈低，由低到高分別為：提供資料、提供解決問題的方法、對個案問題做診斷、提供建議、協助求詢者共同解決問題、與求詢者建立共識並促進其對個案問題的投入、促進個案的學習能力，以及增進接受諮詢單位的整體工作效率。國小輔導工作不論是對學生、家長、教師、輔導教師、行政人員，甚至是對學校整體，不同目的之諮詢工作在校園裡均有其必要。

三、諮詢的特徵

由諮詢的特徵可以更清楚知道諮詢的意義，包含：(1) 諮詢關係是三

角關係；(2) 理想上，諮詢不是上對下的關係，而是輔導人員在輔導過程中與另一專業者或家長的共同合作關係；(3) 諮詢者雖然提供解決個案問題的相關知識，但對個案並不負完全責任，而是對求詢者負責，真正為個案福祉負責的人還是求詢者；(4) 求詢者並沒有義務需要接受諮詢者所提出的意見；(5) 諮詢內容是與工作相關的困難，而非求詢者的個人困擾；(6) 二者應是保密與合作的關係；(7) 諮詢應發揮兩層功能：協助求詢者解決目前的困境，以及藉此經驗獲得洞察或技巧，以因應未來之所需（Caplan, 1970, 1993; Dollarhide & Saginak, 2017; Erchul & Martens, 2010）。此外，Parsons 與 Kahn（2005）指出，諮詢的特徵包含專業性、自願性，以及涵蓋三方的暫時性關係。由上述的特徵可知，學校的諮詢工作是一種合作關係，諮詢者在諮詢過程中雖然並沒有直接接觸個案，但仍必須從求詢者一方蒐集必要之資料，並分析個案之問題，以協助求詢者解決個案的問題。而且，雖然諮詢服務的焦點並非求詢者的個人困擾，但是一旦個案的問題解決之後，求詢者在這方面的困擾往往也會跟著緩解。

　　Brown 等人（2011, p. 2）整理諮詢歷程涵蓋的要素，包含：(1) 可能是諮詢者或求詢者發起；(2) 強調真誠溝通的關係；(3) 求詢者可以是專業或非專業人士；(4) 提供直接服務給求詢者，協助求詢者發展對其服務對象有效的知識和技巧；(5) 這是三角關係，亦即諮詢者對求詢者服務的對象提供間接服務；(6) 諮詢是目標導向，通常同步追求兩個目標（求詢者以及個案的目標）；(7) 當求詢者想處理的「工作」概念過於籠統時（例如：家長談及親子教養困擾時，也不斷提到婆媳或夫妻關係的議題），諮詢過程中所考慮的困擾問題是與工作（親子教養）有關的；(8) 諮詢者的角色隨著求詢者需求的轉變而有所不同；(9) 諮詢者可能是內控或外控；(10) 所有諮詢者和求詢者之間的溝通都應該是保密的。

四、諮詢與諮商的異同

　　諮詢與諮商的過程同樣需要建立適當的關係，同樣可以藉由簽約而訂定並完成計畫，目的皆是協助個案／求詢者成為獨立自主、充分發展的個體，同樣兼具一對一或團體的形式，同樣可以有評估的過程，也都顧及保密（Dollarhide & Saginak, 2017）。但諮詢包含三方面而非雙方的關係，

同時可以是短期或暫時性的關係；而諮詢的內容主要是針對助人者在助人過程中所遭遇的問題，而非助人者本身的個人問題。通常提供諮詢服務的專業助人者，也會是訓練有素的諮商心理師或專輔教師，但即使如此，在提供諮詢服務時也不應當將諮詢關係轉變為諮商關係。

貳、諮詢者的角色與工作內容

一、諮詢者的角色

　　諮詢者所扮演的角色是多重的，包括：催化者、中介者、共同合作者，需視問題情況及所採用之模式而有不同。Gibson 與 Mitchell（1995）認為，諮詢人員也是輔導活動很好的提倡者。Kurpuis（1985）在討論諮詢人員所發揮的功能時，提及諮詢人員是很好的人力資源開發者，也是某些組織單位中的文化營造者，更是提供策略的計畫人員及研究人員。

二、諮詢工作的主要內容

　　既然諮詢與諮商不同，那麼諮詢到底在做些什麼？要做到什麼程度？這些是依問題情境及求詢者之目的而不同。有些諮詢只根據求詢者的要求而提供專業知識，此時求詢者必須非常清楚問題的情境，以及有正確的判斷，根據其判斷及需求而向諮詢者「購買其專業知識」，例如：某位教師班上出現一位受到性侵害而懷孕的學生，他想知道有關墮胎方面的法律常識，而向法律諮詢專線請教法律規定，之後的決定權仍交由學生及相關的重要親人，整個尋求諮詢的過程只是向法律專家詢問其專業知識。

　　有些諮詢者在提供專業知識前，需對求詢者所提的個案問題情境做診斷，也就是說，求詢者知道有問題，但不清楚問題在哪裡，例如：一位教師懷疑班上某位兒童為過動兒，請專業醫師做診斷，並提供相關的輔導策略；在整個諮詢過程中，諮詢者可能會直接接觸個案，並於對問題做診斷之後，提供相關意見和技術，讓教師或家長知道如何輔導兒童。

除了以上兩種諮詢方向外，也可能不僅是針對個案問題，同時也包括針對某一團體（如學校）的輔導行政運作，強調的是一種參與及合作的關係，例如：各縣市中小學的輔導團均聘有諮詢顧問，社區輔導單位亦聘有諮詢委員，這類諮詢活動的主要內容包括檢視整個組織中輔導活動的運作，同時也可能影響組織內人際間的互動，進而提升整個組織的效率。

參、諮詢的過程與技巧

一、諮詢的過程

　　國小輔導工作有時會出現一些問題行為較嚴重的個案，教師多半對這些問題不了解，或即使了解也束手無策，此時諮詢工作便極為重要。通常以問題解決為主的諮詢過程，包括：開始進入、診斷、處理、綜合評估、結束五個階段（Dougherty, 1995, 2000, 2009; Dustin & Ehly, 1984），或是如 Bergan 與 Kratochwill（1990）提出的確認問題、問題分析、計畫執行、問題評估四個階段。以下說明 Dougherty（2014）統整的四階段。

（一）開始進入階段

　　在進入正式諮詢工作前，諮詢者須先就求詢者提出的問題，衡量自己是否能提供諮詢服務，覺得能勝任才正式進入諮詢過程，如果覺得自己無法勝任，則可提供適當的轉介服務。開始進入諮詢後，雙方應先討論個案所面臨的問題，以便了解問題的性質，必要時可訂定契約，讓雙方都清楚彼此的目標、需求、期望，以及問題解決過程中的一些原則。此階段關係的建立相當重要，好的合作關係不僅可以讓諮詢過程順利進行，也能真正以個案的福祉為前提，完成諮詢目標。整體而言，此階段包含建立專業的協助關係、探索求詢者的需求，以及與求詢者訂定暫時的目標。

（二）診斷階段

　　關係建立後就可以進入診斷階段。在此階段中，雙方必須就個案的問題蒐集更多資料，並找出問題癥結、成因，評估問題可能出在哪裡，誰是造成問題的關鍵人物，誰才是解決問題的關鍵人物。問「誰」的目的，並

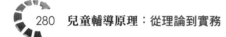

不是要指責誰，而是要突顯這個人的重要性，以便能解決問題。確定問題後，可設定要達到的目標，並根據診斷結果提出可行的解決方案。

（三）處理及綜合評估階段

此階段除了選擇適當的問題解決方案外，可訂定一套詳細的實施計畫，實際執行，並評量執行效果。至於計畫內容、實施方案、評量方式，需視不同問題及不同的諮詢類型而有不同，有些花的時間很短，有些則需要直接對個案做處理，並將處理情形告知輔導人員。總之，處理階段是諮詢過程的重要階段，但處理方式因問題性質及所需的諮詢類型而有不同。

整體性評估及形成性評估同樣重要；前者是指在諮詢工作進入結束階段前，對諮詢工作進行整體的彙整評估；後者則是指在諮詢過程中適時進行諮詢工作的評估。在決定使用哪一種評估方式時，須清楚評估的目的，再選擇適當的評估方式。

（四）結束階段

順著第三階段的處理效果評量，如果達成目標，則諮詢的關係可以結束，但結束的決定仍是在雙方同意之下才告結束。Dougherty（1995, 2000）曾以兩句話分別形容諮詢的開始及結束。開始時，詢問對方：「有什麼事情可以幫您的嗎？」結束前，則須問對方：「在我們結束前，還有什麼事情是需要處理的？」事實上，結束階段並非說結束就結束，除了須對整個諮詢過程做一評量外，還須向輔導人員說明結束後的追蹤計畫（如果有需要的話）。

Brown 等人（2011）更詳盡的提出八階段的諮詢模式，分別是：(1) 進入組織：探索與交換資訊、強調保密、安排會議時間；(2) 開展諮詢關係：建立契合的關係，與求詢者站在平等地位、場面構成、運用基本諮商技巧；(3) 評估：檢視與困擾問題有關的因素、考量文化變項、協助求詢者以複雜的觀點來看待困擾問題、摘要所獲得的資訊；(4) 定義困擾問題與訂定目標：澄清並確定困擾問題、雙方同意預期達到的目標；(5) 選擇處遇策略：考量可以協助求詢者達到目標的不同策略、盡量選擇有實證研究支持的策略、探索在執行策略時可能碰到的議題、探索在考慮策略可行

性時可能碰到的議題；(6) 執行策略：訂定執行與追蹤的計畫、定時檢視執行情形、必要時解決問題並調整計畫、鼓勵依照計畫執行；(7) 評量：發展策略以評量計畫的有效性、分工清楚及建立責任、建立評量標準和方式；(8) 結束：安排時間檢視成果、檢視資料與分析成果、準備結案。

二、諮詢的態度及技巧

諮詢者除了具備專業領域的知識外，態度及技巧也相當重要。諮詢與諮商的態度及技巧大同小異，在態度方面，包括：同理心、真誠一致、尊重，此外也包括倫理態度，例如：是否顧及個案及求詢者的福祉、是否尊重求詢者的自主權、是否顧及相關單位的倫理守則等。諮詢的技巧則強調溝通及人際關係方面的技巧，例如：傾聽、發問、摘要、回饋等。此外，對系統理論、問題解決技術及評量的程序，也應有足夠的認識。

第二節　學校輔導工作的諮詢模式

Erchul 與 Martens（1997/2002, pp. 16-17）定義學校諮詢為：「一個提供心理與教育服務的過程，透過一位專家（諮詢者）與一位教職同仁（求詢者）分工合作，期能改善一個學生（個案）或一群學生的學習和適應狀況；在這個面對面的互動過程中，諮詢者透過系統的問題解決過程、社會影響與專業的支持來協助求詢者；然後再由求詢者選擇並實施有效的學校本位介入策略來協助個案；基本上，學校諮詢扮演著矯治的功能，並兼具預防的潛在功能。」不同學者依據問題的複雜度、重點和執行方式對諮詢模式有不同的分類方式，本節介紹各種不同類型的諮詢模式（Salzman, 2008），並歸納較適用於國小的諮詢模式。

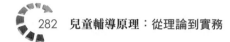

壹、不同類型的諮詢模式

一、心理健康取向諮詢

　　心理健康取向的諮詢工作就對象而言，可能以個案為中心、可能以求詢者為中心，也可能以某一項輔導方案為中心；就工作內容的重點而言，可能以個案問題為主，也可能以行政諮詢為主。Caplan（1970, 1993）根據此架構，提出四種類型的諮詢模式，分別說明如下：

1. 以個案為中心的個案問題諮詢

　　在此模式中，諮詢者在聽取諮商師對個案問題描述後，直接對個案問題做診斷，並提供諮商師或教師處理個案問題的方向。在學校中，當輔導人員遇到學習遲緩或疑似過動的兒童問題時，可以請相關的特殊教育專家或專業醫師對兒童做診斷，並聽取其所提供的意見，以協助兒童學習。

2. 以求詢者為中心的個案問題諮詢

　　在此模式中，諮詢者並不直接處理個案的問題，但提供諮商師一些與個案問題相關的專業知識，讓求詢者能更有效地處理個案的問題。

3. 以活動方案為中心的行政諮詢

　　此諮詢模式並無牽扯個案問題，而是針對某一組織或機構所設計的活動方案，希望諮詢者能提供專業知識，讓該單位所設計的方案能更符合專業要求，以提供其對個案的專業服務。

4. 以求詢者為中心的行政諮詢

　　此模式是以求詢者為中心，目的在增進其設計輔導方案及促成組織發展等的問題解決能力，重點在針對求詢者的需要，而非以某一項輔導方案為中心。

　　以上四個諮詢模式運用在國小或幼兒園，可歸納出四種運用情形：第一種是直接接觸個案的諮詢服務，例如：在教師尋求協助後，由諮商人員或相關專業者提供診斷或長期晤談，目的在直接協助個案解決問題；第二種模式是間接地為個案提供服務，由專家提供輔導人員所需要的專業知識，而間接地協助個案解決問題；第三種模式是以學校輔導室（處）所設計的某一項輔導計畫為主，請專家提供與該計畫有關的專業知識；第四種

模式則以輔導教師的在職訓練或一般教師的輔導知能及班級經營訓練為例，目的是以教師為主，增進其行政及班級經營的能力。

二、行為取向諮詢

雖然建立關係很重要，但諮詢更在乎的是問題解決，因而強調環境的影響力與可觀察行為的社會學習論及傳統行為學派的一些原理原則，如示範及自我管理等。行為學派的諮詢依不同的服務對象，可分為技巧訓練取向模式、行為系統取向模式、個案取向模式（Dougherty, 1995, 2000）、問題解決模式（Erchul & Martens, 1997/2002）、以危機為焦點模式（Clemente, 2008）等五種，分別說明如下：

1. 技巧訓練取向模式

此模式主要是以尋求諮詢的教師或家長為對象，教師在管理班級或親師在輔導孩子（學生）遭遇問題時，以諮詢專線或面談方式向專家請教，諮詢專家則教導親師一些針對問題解決所需的技巧及原理原則，例如：代幣制度、增強、削弱或行為塑造等。

2. 行為系統取向模式

此模式主要在協助一個輔導單位完成該單位所訂定的目標，例如：國小整個輔導室（處）所規劃的輔導活動、實施方式、最後的評量，均可遵循此一模式取得專家的諮詢服務。

3. 個案取向模式

此模式以個案為重心，常透過實地觀察、個別晤談或紙筆評量工具了解個案的狀況，必要時可直接對個案做診斷及治療。國小及幼兒園較特殊的個案，例如：自閉或過動兒童，當教師或家長懷疑兒童有此症狀時，在訓練不足的情況下，需要徵求專家協助。此時諮詢專家可能有必要直接對個案做診斷，或是轉介至更適當的機構做進一步的治療。

4. 問題解決模式

D'Zurilla 與 Goldfried（1971，引自 Erchul & Martens, 1997/2002, p. 99）認為，個體的行動缺乏效率是因為缺乏學習和技巧，所以教導個體問題解決技巧，可提升行為的效率。有效率的問題解決包含五個步驟：(1) 基本定向：個體將開始接受已發生的事實，已採取或不採取行動；(2) 確

認問題：用操作性用語說明問題，且確認相關的問題；(3) 替代性方案：以腦力激盪的方式想出各種替代方案並統整；(4) 做決定：預測可行方案可能獲得的結果；(5) 檢核確認：藉由比較實際結果和預測結果的差異，評估努力的成效。

5. 以危機為焦點模式（Clemente, 2008）

　　通常是指突發狀況，例如：一位學生突然情緒失控，衝到陽臺欄杆，做勢要往下跳，諮詢者的介入就是讓危機的可能性與影響力降到最低。

三、組織發展取向諮詢

　　此類型的諮詢工作通常用在企業組織，當組織要提供員工在職訓練、為員工的生涯發展提供輔導服務，或是當不同部門出現摩擦或意見不合時，均可利用諮詢服務。學校環境雖然感覺上較為單純，但學校體系也好比一個組織，組織中的一些諮詢概念，也可適當地應用於學校中。這類型的諮詢模式包括以下四種：

1. 教育訓練取向的諮詢模式

　　主要是提供組織員工或學校教師的一般在職訓練，在職訓練通常應該包含哪些內容、如何實施、成效又該如何評量，校內承辦在職訓練的相關單位應當有機會請教專家，將訓練主題做一統整。

2. 輔導方案取向的諮詢模式

　　一些企業機構有員工輔助方案（employee assistance programs, EAP）的施行，亦有些大專校院由人事室訂定員工協助方案，提供新進人員訓練、職場人際溝通、生涯規劃等工作職涯諮詢服務，以及壓力調適、情緒管理之心理諮商等服務。另外，依據《教師法》（教育部，2019）第33 條第 4 項：「高級中等以下學校各主管機關應建立教師諮商輔導支持體系，協助教師諮商輔導；其辦法由各該主管機關定之。」除了在教育部設置教師諮商輔導支持中心，各縣市亦逐漸成立教師諮商輔導支持中心，提供教職員個別諮商、團體諮商、專業諮詢、危機介入，以及其他支持服務。

3. 醫療關係取向的諮詢模式

　　在此模式中，諮詢雙方的關係就如同醫生與病人間的關係。領導者或

相關幹部覺得組織出了問題，但不知道問題出在哪裡，故請教專家，讓專家做「診斷」，並提出一些解決問題的策略。此模式在國小裡較少用到。

4. 過程取向的諮詢模式

此模式強調整個組織的運作情形，包括領導者的領導形態及決策風格。諮詢專家的工作重點在讓領導者了解自己的領導形態及決策風格，並覺察其對整個組織運作過程所產生的影響。事實上在國小裡，不僅校長需要這方面的諮詢服務，主任甚至各班導師在領導一個班級，對自己的領導形態及決策風格在班級所造成的影響，都應有所認識。

四、Adlerian 取向諮詢

此模式秉持 Adlerian 學派的精神，強調社會興趣、主觀的真實性、諮詢雙方平等互惠和相互尊重、勇氣與鼓勵、行為的目的性、受私人邏輯影響、有用及錯誤的行為目標，以及自然合邏輯的結果。諮詢者即運用此學派的精神協助求詢者。

五、合作式諮詢（collaborative consultation）

近期學者（Erford, 2019）將諮詢依據諮詢者和求詢者間互動的特色分為三個模式，分別是：

1. 三方─依賴模式

主要為傳統專家導向的諮詢。求詢者在和學生或孩子互動時遭遇到困難而來求助，諮詢者運用自己的專業提供建議的策略（間接服務），由求詢者直接對其困擾的學生或孩子做介入。

2. 合作─依賴模式

主要為夥伴關係與問題解決。在此模式中，諮詢者不是唯一的專家，諮詢者有自己的專業，但是更強調和求詢者是處於夥伴關係，雙方一起界定問題、尋求介入的解決方式、提供效果評量及後續追蹤。

3. 合作─相互依賴模式

主要為處理跨情境的多重原因議題，前二者適用於求詢者想處理的是單一個體（個案、家庭或組織），但若問題更複雜，涉及更多層面或情境，例如：偏鄉學校學生普遍低成就、無生涯憧憬、參加幫派，或有物質

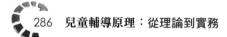

成癮等社會—心理議題時，透過此相互依存的問題解決模式，可結合家庭、教育人員和諮商師、社區及學生的力量，大家共同參與，集思廣益。

貳、學校常用的諮詢模式

國小學生呈現出來的問題情境相當多，一位教師不可能精通各類問題，因而諮詢工作相當重要。諮詢並非上對下，而是平等的助人關係。因為每個人精通的領域不同，若能互相幫助並以學生福祉為前提，將可達到共贏。Baker 等人（2009）整理出學校諮商師常用的諮詢形式（mode），分別是：

1. 下處方的形式

學校諮商師運用自己在發展心理學或預防與介入的專長，直接提供求詢者介入策略，例如：教導教師或家長完整的代幣制度進行方式。

2. 直接提供的形式

有時求詢者不願或無法遵照諮詢者的建議，諮詢者可直接介入，例如：一位教師的班級經營技巧不佳，即使諮詢者說明也難有改善，諮詢者可能直接入班和導師一起管理班級秩序，但是此形式仍要求導師最終能慢慢自己上手。

3. 主動啟動的形式

有時諮詢者側聞或目睹一些狀況，因而主動出擊，例如：從其他導師處聽到某位教師上課時，班級都鬧哄哄，也影響別班上課，因此諮詢者主動協助這位教師。

4. 合作的形式

諮詢雙方一起確定諮詢目標及介入策略並各司其職，造成雙贏。

5. 調解的形式

這通常是指諮詢者介入有衝突或爭議的兩方或多方，促進彼此溝通，以及達到各方都同意的目標。

綜合前述的各類諮詢形式，歸納國小可適用的諮詢模式如下：

1. 技術諮詢模式

　　此模式的諮詢內容相當狹隘，僅限於諮詢者針對問題情境提供專業知識或技術，例如：輔導教師在面對一個疑似同性戀的個案時，請求專家為同性戀下定義；或是輔導教師懷疑個案有疑似憂鬱症傾向時，請精神科醫師協助做診斷。

2. 合作諮詢模式

　　此模式強調諮詢者與求詢者雙方的平等關係，在諮詢過程中將雙方所提供或所蒐集的資料彙整，共同協助個案解決問題，例如：輔導教師與導師共同討論，並協助個案解決問題。

3. 催化諮詢模式

　　此模式由諮詢者協助求詢者能多接觸相關的社會資源，例如：智能障礙或學習障礙兒童的家長，為協助子女學習而向學校教師尋求協助時，教師提供相關且易於利用的社會資源，讓家長能透過適當管道而增進子女的學習適應情形。

4. 心理健康諮詢模式

　　求詢者通常可透過此模式了解自己與個案的互動情形，諮詢者也能協助輔導人員回顧對個案的處理情形及輔導成效，此模式的諮詢者通常扮演支持者。國小輔導人員在處理學生問題時，如果向附近大專校院輔導科系教授尋求諮詢或接受督導，了解自己的處理方式是否正確，此時大學教授可採取此諮詢模式，讓輔導教師更清楚自己所做的處理情形及其效果。

5. 行為諮詢模式

　　通常是指諮詢者教導求詢者行為改變技術來協助個案解決問題。

6. 過程諮詢模式

　　此模式強調對一個團體提供諮詢，重點放在團體成員的互動，目標是放在增進此團體的工作效率，以便讓團體能達成共同目標。此模式在社區輔導機構較常見，例如：家庭教育服務中心的輔導專線聘有顧問，義務張老師也聘有諮詢委員。學校輔導單位也可以就某一輔導計畫聘請諮詢委員，以達成計畫目標。

第三節　學校針對不同對象所提供的諮詢服務

諮詢工作在國小經常出現，且不論是行政人員、輔導教師、導師或家長，在不同的諮詢關係中均扮演不同的角色，有時是求詢者，有時是諮詢者。以下針對不同對象說明一般國小或幼兒園中經常出現的諮詢服務。

壹、針對一般教師的諮詢服務

教師，尤其是帶班的導師，是與兒童接觸的第一線，而學校的行政人員及輔導教師之所以存在，也是為了提高兒童的學習興趣及教師的教學效果。針對教師的諮詢服務，目的在增進其教學樂趣與效能，進而吸引兒童的學習興趣。諮詢的內容可包括：增進教師的班級經營技巧及情緒管理、學習覺察團體動力、增進兒童人際關係的技巧、提升兒童的學習及適應能力，並協助教師指導學業或人際適應欠佳的兒童，讓教師能稱職地擔任三級輔導中初級預防的第一線角色。

學校的輔導教師有較豐富的專業訓練，當教師發現學生有問題但又不確定是何種問題時，教師可將其對學生的觀察與輔導教師討論，輔導教師一方面可藉機適時地與學生建立關係，另一方面也可以提供教師相關的知識及技能，以共同協助兒童解決問題。

九年一貫課程以及十二年國民基本教育新課綱實施之後，任教「綜合活動」中輔導活動科目的教師也可以向輔導室（處）尋求諮詢，輔導室（處）可針對不同之輔導專題建立單元輔導活動及教案資料庫，供任課教師在設計教學時參考。課程中的綜合活動部分，在國小階段尤其重要。針對一般教師的諮詢服務，較偏重學業課程方面的諮詢服務，例如：如何培養學生專注力、做筆記、畫重點或是強化考試技巧。

貳、針對行政人員的諮詢服務

輔導室（處）的輔導人員對學校其他單位提供的諮詢服務，主要是讓

相關行政單位更能清楚學生及教師的需求，以便在制訂政策及執行時能考慮學生及教師的心理需求。輔導室（處）可藉由專題研究調查學生及教師所希望提供的服務，也可藉由參與活動者所給予的回饋，了解學生及相關教師的看法，並將這些看法彙整後，供相關行政人員參考。

　　除此之外，輔導室（處）也可整理相關的輔導專題，例如：升學輔導、學習輔導、常見兒童問題行為的輔導等，以便在行政人員有需要時，輔導人員能立即提供諮詢服務。而針對行政人員所設計的輔導知能訓練，例如：壓力調適及情緒管理等方案，亦可間接地讓兒童受益。

參、針對學生家長的諮詢服務

　　針對家長的諮詢服務可以個別或團體方式進行。個別的方式通常出現在學生有明顯的問題行為發生時，學校主動提供家長相關的諮詢服務，目的在改進學生的問題行為，讓學生能有快樂的學習生活。此時，教師與家長的溝通相當重要，雙方必須同意重點是為了兒童的良好適應，而非互相責備管教或教學的態度及方法。家長提供兒童在家庭或是過去的相關資訊後，教師亦能提供家長相關的管教方法，增進兒童的適應。

　　以團體方式提供的諮詢服務，最常見的例子是父母效能訓練團體，有時也可利用家長會或校慶提供專題演講，以增進家長對親子溝通的知能。近年來，學校針對新移民家庭提供的諮詢服務漸增，除針對學生之學習，也針對家長需求提供親職教育。此外，針對家長本身的自我成長照護，或是夫妻相處的婚姻諮商及輔導，甚至家庭諮商，校方也都可提供諮詢或輔導服務。有些服務是由政府直接提供，有些則採合作方式，類似公辦民營之方式，由政府提供經費而由民間社團組織提供專業，進行諮詢服務。

肆、社區資源所提供之諮詢服務

　　社區資源可提供學校許多的諮詢服務，這些資源包括政府單位，例如：社會局（處）、社區心理衛生中心、民間的財團法人、醫學中心附設

的心理諮詢門診、大專校院的相關科系及學生社團等。在學校及這些資源的聯繫之間，輔導教師可以是中間的連結者，而學校在向這些單位尋求諮詢服務時，仍應當注意溝通及如保密的諮商倫理，或是專業責任問題。

第四節　兒童諮詢服務實例

如前所述，諮詢工作屬於助人工作模式的間接服務，目的在讓直接接觸個案的助人工作者，能運用適當方式協助個案解決問題。在眾多諮詢模式以及不同類型的提供或接受諮詢服務的助人工作者當中，最常見的諮詢情境，以學校教師的需求較為普遍，通常是在處理學生的教室常規行為時遇到困難。以下舉一個案例說明諮詢過程，案例中的所有姓名均為化名，問題情境係融合一般教師常會遇到的諮詢情境。

壹、問題情境

王美雲（化名）是某校五年級的導師，近年來因少子化之趨勢，班上僅有 25 名學生。讓她苦惱的是，李家豪（化名）這位同學，在班上很不守規矩，人緣也很差，經常和同學有大大小小的口語或肢體衝突。王老師在不知如何處理這問題的情況下，以電話求助於某機構所提供的諮詢服務。以下為幾次諮詢過程中的對話及相關分析（「諮」代表諮詢者，「李」代表李老師，括號中的數字為各自的對話句數編號）。

貳、諮詢過程及內容

諮（1）　：嗨，您好，我是○○○○專線服務老師，敝姓陳。
王（1）　：您好，我是○○國小五年級的導師，敝姓王。
諮（2）　：有什麼事情能幫忙您的嗎？
王（2）　：是這樣的，我的班上有一位令我覺得很苦惱的學生，

叫小豪。他在班上十分不守規矩,常把班上秩序搞得亂七八糟。我試了很多方法就是沒有用。問了其他班級老師,也試不出什麼有效的方法,不得已,只好就教專家,同事說我可以打這支專線。

諮（3） ：嗯,聽起來挺令人苦惱的,這孩子干擾您上課,一定也影響了班上其他孩子的學習情形。

評 析 ：雖然是諮詢工作,同理心技巧仍有必要,適當地使用同理心,能建立適當的關係,讓接下來的晤談更為順暢。

王（3） ：是啊!只要他沒來,那天班上情況就非常好。我為了他,就連下班後的時間也不得安心,一直在想該怎麼辦。

諮（4） ：好的,我們來看看可以怎麼辦。今天是我們第一次談話,接下來我們原則上一個禮拜談一次,每次50分鐘,看情況進展如何再決定談幾次。我不會直接給您答案,告訴您可以怎麼做,因為每個班級的性質不同,每個老師帶班的作風不一樣,每個個案的狀況和每個家長的態度也會有所影響。所以我們會需要花些時間來弄清楚問題成因,看看究竟是怎麼一回事。找到原因之後,才能對症下藥。當然也得看看何種目標才是可以達成的,要一步步慢慢來,也就是要訂定漸進的目標,而不是一下就能達到完美的結果,因為這是不太可能的。之後我們再看看有些什麼可行的辦法,讓我們逐步慢慢前進。這樣的過程您了解嗎?可以接受嗎?

評 析 ：這一段在結構化,讓求詢者清楚此諮詢的關係是如何的,有些諮詢服務可一次結束,但此案例,不見得能在一次談話後就結束,所以需進行結構化,以免求詢者會有錯誤的期待,以為一次諮詢就能藥到病除。此外,王老師提及自己下班後的個人生活也受到影響,這時諮詢者並不處理求詢者的個人生活議題,其回應還是回到求

詢的主題，否則容易失焦。就算是以求詢者為主，頂多也只能做到初層次同理心，目的在建立關係，讓諮詢工作進行順利。若過於重視求詢者的心理情緒，就會變成是做諮商。因此，焦點還是要放在真正的個案身上，也就是本例的小豪。

王（4）：很清楚，我也是想看看還有什麼辦法，想多知道一些點子，您們是專家，可以提醒我一些沒注意到的地方。

諮（5）：OK，我們再回過頭來看看小豪的問題，您說他在班上不守秩序，要不要再多說一些他在學校的狀況？

評　析：結構化之後，必須蒐集足夠資料，才能對問題做進一步分析。因此，接下來幾句對談大致以開放式的問句為主，多方蒐集資料，以利於未來正確判斷問題成因。

王（5）：好的，因為我們學校很重視創造力教學，班上很多課程都是以分組方式進行。不同學科會有不同的分組方式，小組成員也會不一樣。其實這個班真的不錯，除了他之外，真的沒什麼問題。

諮（6）：聽起來小豪對您而言，還真是個挑戰。他最近一次惹的麻煩是怎樣的狀況？

評　析：也是資料蒐集，而且要具體。此處諮詢者請求詢者提供具體的案例，以了解問題的實際細節情形，有助於之後所進行的問題診斷及策略提供。

王（6）：嗯，最近一次……，就像今天早上體育課，離下課只剩10分鐘左右，我就想說讓小朋友玩投籃比賽。大家排隊輪流，一人只能投三次，他投了三次都沒中，就硬是要投第四次。後頭同學說：「換我了！」他很生氣地揍了那位同學，並且兇他：「不要吵我投籃！」然後又踢了一下那位同學，有沒有踢到我不知道，但就是有踢的動作。以前他經常踢同學，同學閃得快，沒踢到，他就會

說：「反正又沒踢到」，但其實他就是有踢的動作。

評 析：此段類似諮商過程中的簡述語意，先簡短摘述求詢者的話，並繼續以開放式問句技巧讓問題能更具體。

諮（7）：看來他十分的自我中心，想要的就一定要得到，大家都得依他的。後來您怎麼處理呢？

王（7）：我後來跟他說他違反遊戲規則，一個人只能投三次，為何不守規矩！我也跟他說，我對他感到十分失望，因為他又再次欺負同學。

諮（8）：好，這是在操場的情形，在教室裡上課的狀況如何呢？

王（8）：也是好不到哪裡去。

諮（9）：能不能舉個例子給我聽聽？

評 析：持續讓問題具體化，以便做正確的診斷及擬定策略。

王（9）：像是上數學課，我請他們將桌上收乾淨，把數學課本拿出來，跟數學同組的同學坐在一起。這時他也會跟同學發生肢體上的碰撞跟衝突，有時碰來碰去，出手就愈來愈重。我問他們，他們也都有各自的說詞。總之，就是不太能釐清究竟是誰先錯或是誰的錯比較嚴重。

諮（10）：所以看來是戶外比較動態的課程，或是在教室裡有需要走動的時候，比較容易跟同學有衝突出現。靜態的活動時，情況如何呢？

評 析：對之前的資訊做一歸納摘述，同時也讓求詢者看出問題的脈絡，理解問題可能的成因。並繼續蒐集資訊。

王（10）：還好，在小組同學討論時，是還好，他會參與跟同學的討論。但有時必須要獨自完成數學習題的時候，就不見得。當大家都安靜做數學習題的時候，他會站起來在座位附近四處遊走，看同學做習題。有的同學不喜歡他看，他就會跟那位同學起爭執，但多半是口語上的。

諮（11）：所以他那令人苦惱的行為，包括教室內的或教室外的，

發生的爭執，有口語上的也有身體上的攻擊。活動較頻繁的時候，容易有肢體上的衝突；靜態活動，還好，但也還是有口語上的爭執。聽起來有點過動的現象。

評　　析：諮詢者繼續對所做的問題分析做一摘要。

王（11）：對！我也這麼想過。

諮（12）：這部分您可能需要進一步與家長聯絡，請家長帶到臨床門診去做診斷。我知道這附近的○○醫院兒童門診或社區聯合醫院的○○院區都有相關的醫生能提供這方面的診斷及治療服務。

評　　析：遇到諮詢者無法提供專業診斷的情形，或是諮詢者並不具資格能提供診斷的情形時，需提供其他相關資源，並鼓勵求詢者就近與學校相關人員討論，必要時應提供具體資訊，包括地址、電話或網址等。

王（12）：好的，謝謝您。我會再跟輔導室問問看比較可靠的醫院或醫師，並告訴家長，再讓他們自己帶去醫院做診斷，但我需要跟去嗎？

諮（13）：應該沒必要，但若第一次一起過去或許有幫助，可了解一些狀況。當然，也可能學校的輔導教師也會有意參與。必要時，學校應該要根據他的狀況開個個案會議。

評　　析：很多時候，學校對於學生的需求無法立即提供服務而必須運用相關的社會資源，因此平常就應建立一套使用社會資源的系統，讓各處室能有所聯繫，在對外聯絡以及對家長的聯絡方面能有適當的分工及聯繫。

王（13）：喔。

諮（14）：現在，我想我們還是回到小豪的問題狀況。您要不要說說看用過哪些方法，大致的效果如何？我知道效果不會很好，否則您今天也不會打電話過來。但，大概用了哪些方法呢？情形如何？

評　　析：詢問過去曾經使用過的處遇以及使用的狀況及效果。

王（14）：我其實也問過學校的輔導教師，校長也知道他的狀況。輔導教師是鼓勵我先打電話問問專家。我們同事，也就是其他老師是提到說，這樣的孩子不好好輔導一下，以後上了國中，跟他人毆打的情形會更嚴重。

諮（15）：是有可能。但具體來看，我是指在處理他在班上不守秩序或是對同學有攻擊行為的部分，您做了什麼樣的處理或是用過什麼樣的方式。

評　　析：聚焦，讓諮詢的過程能維持焦點。

王（15）：我有好好跟他說，他的行為不對，因為現在我們老師都不能用打的，也不能用罰的，要罰還得十分小心，實在是找不到什麼有效的方法。但我想，我有時也還是會不小心失去控制就對他很凶啦。他大概就是隨便聽聽，之後就我行我素吧，還是老樣子。

諮（16）：所以，您會好好跟他講，也會凶他。但他不致於嗆您，因為他年紀還小，但他就是耍賴皮，聽歸聽，但就還是我行我素？

評　　析：重述，把客觀的情況簡單摘述一次，包括教師在面對個案時也有可能的負向態度，導致情況惡化或惡性循環的可能態度。

王（16）：對呀！

諮（17）：其他同學跟他的互動情形如何呢？被他欺負的同學如何回應呢？

評　　析：繼續蒐集可能資料，需顧及個案問題行為改變的相關情境脈絡，以供輔導計畫參考，讓計畫能具體可行。

王（17）：他也不致於沒有朋友，但幾乎大家都不喜歡他，都會自然地要跟他劃清界線。大概是因為看到太多受欺負同學

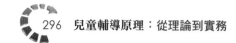
的可憐樣吧。

諮（18）：受欺負的同學呢？

王（18）：大概還是很怕他吧，但說也奇怪，他們就還是會玩在
　　　　　一起，尤其是打籃球的時候。對了，他是有個不錯的地
　　　　　方，是會說笑話，或是會開玩笑，惹得同學哈哈大笑。
　　　　　這大概是他之所以還有些朋友的原因吧！

諮（19）：所以，聽起來他還有些機智，體力也不錯；至少還有一
　　　　　些些朋友？

評　　析：從另一角度看個案可能有的正向行為。

王（19）：大致是這樣吧！但他欺負同學的行為還是不斷出現。
　　　　　問題出現時，也拿他沒辦法。指責他、凶他、好好跟他
　　　　　說，都沒用。

諮（20）：他好像自然有他的一套生存辦法，而您這兒為他的行
　　　　　為頭痛，怎麼也改不了他的行為。他欺負同學，您指責
　　　　　他，甚至學務處的組長或主任也凶他。他聽聽之後，又
　　　　　恢復原樣，就這樣不斷地惡性循環。

評　　析：整合所蒐集的資料，做分析之後，進行摘述，讓求詢者
　　　　　理解整個問題的狀況。另一方面，也是協助求詢者跳開
　　　　　身處問題情境的立場，從外來者的角度看清問題的始末
　　　　　以及惡性循環的狀況。

王（20）：對呀，怎麼辦才好？

諮（21）：我可以理解這是個令您苦惱的孩子，更何況您還有其他
　　　　　班務及課程要處理。

評　　析：同理心，諮詢工作同樣必須使用的諮商技巧。

王（21）：對呀！

諮（22）：您會希望達到什麼樣的目標呢？

評　　析：對問題成因及狀況有所了解之後，開始進行目標設定。

王（22）：我希望他不要欺負同學，至少不要用腳踢別人；不要吵
　　　　　別人寫數學練習題；能一個人做自己該做的事；下課打
　　　　　籃球能早點回教室，不要每次害同學也遲到；上課不要
　　　　　吵鬧同學，讓同學不能專心，打斷我的教學。

諮（23）：哇！聽來有將近五個目標。（笑）

王（23）：是喔！（笑笑）大概是我太心急了！

諮（24）：他現在大概一個星期給您惹多少次的麻煩呢？

評　　析：針對目標設定蒐集資料，試著修訂目標，讓目標是能夠
　　　　　達成的。

王（24）：幾乎每天都會有大大小小的問題，一個星期……少說也
　　　　　有五、六次，多的時候，大概會有個十一、二次吧！

諮（25）：我們來試著做做行為改變技術，有沒有聽過這個方式？

評　　析：經過諮詢者評估之後，認為行為改變技術是可行的方法
　　　　　之一，接下來即針對此技術之原理及方法協助求詢者了
　　　　　解其背景原理、詳細之執行方式，除在諮詢專線進行討
　　　　　論外，求詢者仍須參考相關書籍所介紹之原理原則。

王（25）：有聽說過，但我本身是語文教育系畢業的，對輔導真的
　　　　　不太有什麼概念。

諮（26）：好，首先我們要訂定目標，剛剛的五個目標有點太多
　　　　　了。我們先選一個或兩個比較具體的目標，例如：「不
　　　　　打斷您的教學」或是「不會用腳踢同學」。您要選哪一
　　　　　個或兩個？

評　　析：說明行為改變技術中的目標設定。

王（26）：我想，就選擇這兩個好了。

諮（27）：通常做一個會比較單純，容易完成；但兩個也還好。接
　　　　　下來我們要設計一個紀錄表，記錄他每天踢同學以及打
　　　　　斷教學的行為次數。這些行為必須非常具體，而且也讓
　　　　　他知道所謂的踢以及打斷教學的定義是什麼，在什麼情

況下就叫做有踢人或是有打斷老師的教學。此外，也很重要的，就是要找出所謂的增強物，在他的負向行為減少時能給予鼓勵，以便他能繼續朝正向的行為表現。

王（27）：我其實也是有給他鼓勵呀！

諮（28）：那要不要想想看為何沒用？

評　析：做過，但沒有用，很多時候是因為做的不夠有系統，或增強物所給的時機並不恰當。在此諮詢者不直接給答案，而是讓求詢者自行思考可能的原因。若求詢者實在無法理解或不願意談談之所以無效的原因，諮詢者再以溫和立場說明理由。

王（28）：不清楚。

諮（29）：我想是因為做得不夠有系統，他不清楚您所訂定的規範，或其實您也沒有訂定規範，所以他就還是隨心所欲，不知道控制自己。或是偶而我們也不小心而忘了要控制自己的脾氣。

評　析：行為改變技術是一套有系統的計畫，需花時間完成，少則兩、三個禮拜，長則半年以上的一套輔導方式。依循計畫，控制自己的脾氣、對學生給予鼓勵、多看其正向行為，是頗為重要的配合措施。

王（29）：您很了解我們的狀況嘛！那，該怎麼辦比較好？聽起來這行為改變技術好像還沒那麼簡單。

諮（30）：剛開始會比較辛苦，而且第一週只是記錄他目前的現況，還不做什麼增強，也就是所謂的記錄起點行為。過一陣子您就會很清楚，也可以做得很上手。

評　析：行為改變技術中的起點行為測量，通常要做四、五天的紀錄，亦即一個星期，以便之後陸續幾個階段的行為改變能有所對照。

王（30）：希望真的是這樣。

諮（31）：剛剛您說他喜歡打籃球，也喜歡說笑話。給他額外的打
　　　　　球時間，或是讓他有機會上臺說個笑話，讓同學掌聲鼓
　　　　　勵一下，這都可以是不錯的增強物。他還有些什麼喜歡
　　　　　的事物呢？

評　　析：增強物的選擇與安排。

王（31）：（思考）很慚愧，我不太清楚呢！

諮（32）：一些好吃的點心如何？這是一般孩子還蠻喜歡的。

評　　析：增強物分原級、次級與社會性增強物三個層級，可以視
　　　　　不同增強階段選用不同性質或層級的增強物，以維持孩
　　　　　子對行為改變技術的新鮮度。

王（32）：應該會有用吧！……對了，他也挺喜歡上電腦課的。有
　　　　　時正課上完之後，老師會讓他們玩些遊戲。

……

　　接下來，諮詢者與王老師繼續針對小豪的行為改變計畫進行討論。與
行為改變技術相關的知識，可參考相關專書。

參、諮詢過程之分析

　　以上範例是學校教師經常碰到的問題，也是諮詢者經常會接到的案
例。此例所提供的是針對一般教師的諮詢服務，所使用的諮詢模式則是行
為諮詢模式，重點在協助教師透過行為改變技術協助個案解決行為問題。
值得注意的是，諮詢過程中所突顯的仍舊是以個案為主、以求詢者為輔的
間接服務。整個諮詢過程的分析，如逐字稿當中諮詢者對話後的評析部分
（網底＋細明體）。由網底的諮詢者對話分析，可看出諮詢技巧也包括一
般諮商過程中會使用的諮商技巧，但諮詢並不同於諮商。

第五節 諮詢服務常用的社會資源

壹、使用社會資源的必要性

學校輔導工作的人力、物力、財力有限，不足以滿足所有學生的需求，因此結合社區資源，共同增進兒童成長，乃是必然的趨勢。此外，當社區與學校共同合作，增進兒童福祉的同時，也可促進社區與學校之間的良性互動。對整個國家的發展而言，學校與社區的結合，可避免雙方的摩擦，減少學校認為社會是個大染缸，而社會又覺得學校沒有負起教育責任的批評。社區與學校有良性的互動，家庭也較能配合，對個人發展而言，是絕對有益無害，也可充分運用所有的資源。

貳、社會資源的意義

由於助人工作經常須以團隊合作方式進行，因此不同的助人專業領域之間需互相合作，彼此也就成為可資諮詢的社會資源。廣義的社會資源是指，能滿足人類需求的一切物質與非物質資源，包括：經濟、政治、法律、教育、宗教、醫療、社會福利等領域的資源；狹義的社會資源，則是指能滿足社會福利體系各類服務對象需求的資源，包括：金錢救助、食物供給、人力資源、專業諮商、心理治療、醫療照護等（林勝義，1996）。綜合而言，社會資源是指能夠支持或幫助求助者有效處理困難或問題，或是可因應困難情境的方法，且通常是由求詢者提供求助者，或是由諮詢者提供求詢者相關資源，以間接方式協助求助的個案。

參、社會資源的分類

社會資源可分為有形及無形的資源：有形的資源包括：人力、物力、財力及空間等；無形的資源則可以是專業技術、社團組織、良好的社會關係。有形及無形資源可以相輔相成，例如：某社團組織提供空間，讓另一

組織之專業人力能提供其專業服務。大專校院的諮商專業教授，在某些社團組織、政府機構或非營利機構提供專業諮詢，即為一例。

　　社會資源也可以從照顧方式來分類，包括：物質方面、情感方面、服務性的支持。物質方面的支持以生理需求的滿足為主；情感方面的支持以心理需求為主；服務性的支持則可能兼顧求詢者或求助者在資訊、心理需求、生理需求上的滿足。

　　若從提供諮詢的單位性質對社會資源做分類，則可將社會資源分為正式的政府服務單位、非正式的組織或社區社團、營利或非營利組織。營利組織以私人經營的企業為主，非營利組織則以志願性機構以及自助性的團體為主。以正式的政府單位為例，社會福利的內容可以涵蓋：教育福利、兒童少年福利、婦女福利、老人福利、身心障礙福利、早期療育、醫療保健、就業輔導、勞工福利、原住民福利、家庭暴力暨性侵害防治等方面的需求服務。這些政府部門所提供的福利服務與社區或其他相關警政單位也都會有聯繫，而形成社會資源的網絡。提供諮詢服務的助人者必須了解這些社會資源的分類與各自功能。

肆、如何使用社會資源

　　對國小輔導工作而言，社會資源的運用有其必要性。有些社會資源很明顯易見，有些機構會主動提供相關訊息，讓學校知道該機構的服務內容；但多半的社會資源有賴教師在教學及輔導過程中慢慢發掘與建檔。事實上，某些社會輔導機構也會尋求學校的配合或協助，尤其是大專校院裡的社會福利及心理輔導相關科系，這些單位也都是社會資源之一。

　　至於該如何使用這些社會資源呢？林勝義（1996）將使用社會資源的過程分為四個階段，分別為發掘資源、規劃資源、動用資源、使用成效的評量，說明如下：

1. 發掘資源

　　發掘社區資源的方法，可以參考相關社會資源的介紹書籍或網站，例如：各縣市政府的社會福利資源手冊或網站，了解各地區社會福利相關機

構，並就自己的相關領域或是就近較容易取得的機構做進一步認識。對附近可使用的機構可以徵得對方同意後參訪，若有適當時機，學校辦理的一些活動也可邀請相關的社區機構共同參與。

2. 規劃資源

其目的是將所發掘的資源歸類，哪些是屬於人力資源，有需要時可找到幫手；哪些是屬於物力或空間資源，可提供輔導活動辦理時的場地需求；哪些是屬於財力資源，舉辦活動或急難救助時可尋求支援。將相關的組織機構分類出來做成清冊，並與這些機構建立適當關係，有需要時較容易很快地找到適當資源。

3. 動用資源

運用資源時要找對機構，才能發揮最大的效益。就如同前一節所討論的諮詢工作一般，找錯對象或是找到的機構並非真能提供所要的服務，則不僅浪費彼此時間，而且問題也沒有辦法得到適當處理。

4. 使用成效的評量

可參考一般教育評量使用的形成性評量及總結性評量兩種方式。在尋求社會資源協助時，問題解決的進展如何、是否有需要繼續此諮詢過程，或是需要尋求其他資源的協助，均可在過程中加以評估。而社會資源的使用，最終評量如果認為成效良好，也需要結束。至於結束的過程，需視問題複雜及資源使用的情形而定，如果只是提供資料，較快結束，但如果是診斷治療，則有關結束後的追蹤計畫也都需要在結束之前討論與落實。

伍、運用社會資源時應注意事項

一、要熟悉所要使用的社會資源

應清楚認識所要使用的社會資源，輔導室（處）平常就應當與社會資源建立良好關係，在與社會資源聯繫過程中，要注意相關機構或單位的變化情形，以便掌握學區內相關資源的動態，遇有需要時可以很快進入合作關係。此外，各個不同機構有不同的服務規定，學校在尋求這些機構協助時，應當清楚這些機構的規定，同時也能讓家長清楚這些規則，方能在增

進兒童利益的原則下有效進行諮詢。

二、需注意相關的倫理問題

　　與諮商相同，在諮詢過程中應注意倫理問題，例如：個案的自主權、福祉、不受傷害、忠誠等原則。在正常情況下，輔導教師要與諮詢機構聯繫之前，應當讓兒童及其監護人知道，並在雙方都同意的情況下，向校外相關機構尋求諮詢服務，而諮詢的內容，甚至有關個案問題的內容，也應當盡可能不讓其他同學知道，除非是有需要同學或其他教師及行政人員配合的地方。面對特殊的案例，如性侵害或受到家庭暴力的兒童，通報時，是可以不經過家人同意而逕行通報，但對於兒童的福祉及不受傷害等倫理議題方面，仍應注意應有的原則。

三、諮詢的態度及責任問題

　　不論是諮詢者或求詢者，都應注意自己的態度。事實上，諮詢是一個平等的關係，在協助兒童解決問題的過程中，有些問題並非自己專攻的領域，此時就必須就教於專業人員。如果是諮詢單位需要直接接觸個案，也不能因此而忽略自己的責任問題，即使是將個案轉介至其他單位，也應追蹤輔導，了解個案的變化情形，除非是與個案有明確的結案。

陸、兒童及幼兒諮詢工作常用的社會資源

　　兒童及幼兒常用的社會資源，包括：精神醫療機構、大專校院附設之心理衛生中心、社區心理衛生中心、社團法人之公辦民營協談中心、政府行政單位、學術研究單位，以及大專校院的相關教師資源及學生社團，以下分別說明這些常用社會資源所提供的服務。至於針對兒童或幼兒諮詢服務常用的相關社會資源及其網址，可於網路搜尋系統輸入重要關鍵字詞後，找到經常更新之資源機構及其服務內容。若輸入「社會資源」幾個字，甚至也可以看到一些社會福利及輔導機構對社會資源系統的分類及內容介紹。這些資源內容在網路上經常更新，因此本書不一一列出各類資源

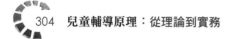

的單位名稱及其電話或網址。

一、精神醫療機構

精神醫療機構可提供學校輔導單位相當多的諮詢服務，其所發揮的功能包括以下幾點：

1. 對學校所發現覺得有異常行為的兒童，可做進一步的診斷及治療。
2. 經過精神醫療機構診斷及處理的兒童個案，可以轉回學校，或配合其他相關的社區輔導機構進行繼續輔導，而精神科醫師仍可隨時提供諮詢服務。
3. 學校舉行個案研討會時，可邀請精神科醫師列席，實地討論及意見交流。
4. 學校可籌措經費（例如：請家長會支援或是鄰近學校合聘巡迴），或是轉介到三級的學生輔導諮商中心敦聘精神科醫師在校內定期輪值，提供教師在輔導異常行為兒童時所需具備的專業知識；或由各縣市教育局（處）教師研習相關單位設立諮詢專線，或是依據《教師法》設立的教師輔導支持中心，提供教師在處理異常行為個案時所產生的疑惑。

二、學校附設之心理衛生中心

有些大專校院在有足夠經費來源的情況下，附設社區心理諮商中心，供社區民眾使用，例如：臺灣師範大學、彰化師範大學、臺北教育大學或屏東大學的社區諮商中心，均可為社區民眾提供諮商及諮詢服務。

三、社區相關的輔導機構

社區心理衛生中心對個人的心理健康及發展而言，是相當重要的諮詢機構，應當讓社區民眾容易接近而取得服務。衛生福利部心理健康司這幾年不遺餘力地在各縣市推動與心理健康相關議題的服務，例如成立各縣市的社區心理衛生中心，在政府所設置的社區機構中，與兒童福利關係較密切者為各地區的家庭教育中心，除了對托嬰的保姆訓練之外，亦提供一些親職訓練方面的輔導活動。

而私人設置的社區輔導機構，目前較為人知的輔導團體，包括：救國團的「張老師」、各地「生命線」、「宇宙光」、「董氏基金會」、「觀音線」心理協談中心等。這些輔導諮詢機構除了對社區民眾提供直接的諮商或諮詢服務外，也是學校在訂定輔導方案時可考慮的諮詢單位。

四、政府行政單位

　　在政府單位中，包括：教育部、內政部合作及人民團體司、教育部青年發展署、勞動部勞動力發展署、各縣市教育局（處）等相關單位，均為學校系統在輔導學生時可參考的資源；而與兒童或親職教育關係較為密切者，包括前述的各縣市家庭教育中心。一般學校還會用到的，是關於家庭暴力、性侵害防治，或是未婚懷孕方面的資源服務。學校在使用這類社會資源時，必須先在校內建立一套系統，例如：以輔導室（處）主任為主，底下除輔導組長外，其他處室組長、導師及相關任課教師均可進行分組，部分教師擔任保護扶助工作、部分教師擔任平日的預防宣導、部分教師則進行平日的關心輔導。

五、學術研究單位

　　學術研究單位主要是指各大專校院中與兒童福利及輔導服務相關之科系或研究所，這些在大專校院任教的教師，可以是國小舉辦輔導活動時很好的諮詢顧問。大專校院在舉辦輔導方面的訓練活動時，也可邀請有興趣的國小輔導教師共同參與。近年來，有不少大專校院學系或社團利用寒暑假進行偏遠地區兒童輔導，包括課業或心理上的輔導服務，國小也可多加利用類似之機會。學術研究單位通常也會與相關的重要學術團體相結合，例如：台灣輔導與諮商學會、臺灣諮商心理學會、中華民國諮商心理師公會全國聯合會、臺灣心理學會、中華心理衛生協會等單位，共同辦理重要實務議題之討論。

六、大專校院相關教師資源及學生社團

　　大專校院除了專門領域的教師之外，學生社團也是國小推行輔導活動可運用的資源。某些大專校院的社團會利用寒暑假到偏遠國小進行團體活

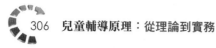

動及輔導服務，學生也透過社團服務，增進其在教學輔導方面的實務經驗，例如：教育部透過大專校院所實施的「南天攜手計畫」等，或是師培生利用教育實習和輔導實習與國小有密切互動。

綜合而言，諮詢服務雖然不同於諮商，但對學校的整個心理環境仍有相當的影響，因為諮詢所強調的是一種互相支持的氣氛，遇有需要時，輔導室（處）的教師、行政人員、家長，乃至社區的相關單位均能互相協助，提供學生更好的心理環境，並促進校園內的良性互動及和諧氣氛。

關 鍵 詞

- ✦ 諮詢
- ✦ 心理健康取向諮詢
- ✦ 行為取向諮詢
- ✦ 組織發展取向諮詢
- ✦ Adlerian 取向諮詢
- ✦ 合作式諮詢
- ✦ 社會資源

問題討論

1. 諮詢和諮商有何差別？試比較其異同。
2. 試舉例說明不同類型諮詢模式的適用時機。
3. 學校較常用的諮詢模式有哪些？
4. 針對家長的需求，學校可藉由哪些諮詢模式提供其相關資料？
5. 對國小輔導工作而言，有哪些常用的社會資源？
6. 使用社會資源時，應注意哪些事項？

第十二章
特殊議題兒童的輔導

　　本章討論特殊議題兒童的輔導工作，包括：出現攻擊行為的兒童、遭受性侵害兒童和目睹家庭暴力（witness family violence）兒童，這些議題常損害兒童後續的心理健康，輔導人員需對這些議題有所認識，並協助兒童周遭的重要他人能支持兒童度過困境。除了具實徵證據支持的輔導介入外，自從政府針對這些問題擬定相關法令後，不論是學校或是社區、警政、醫療等單位，也都有配合之實施細則及作法。以下分三節討論這些特殊議題兒童的處境和輔導策略。

第一節　兒童攻擊行為的輔導

王櫻芬 ///

　　攻擊行為是指違反他人意願，造成對方身心傷害的行動。發展心理學研究發現：直接的肢體攻擊行為，會隨著兒童年齡增長而降低。學者認為這與兒童的自我調節能力、認知語言發展和社會訊息處理能力提升有關（Dodge & Schwartz, 1997; Séguin et al., 2009）。然而，部分兒童仍因個人、家庭或其他環境因素而持續攻擊行為，例如：Girard 等人（2019）研究發現，4.9 ％的兒童持續高攻擊行為至青少年期。而間接攻擊更在兒童晚期和進入青春期時增加（Girard et al., 2019; Vaillancourt et al., 2007）。

　　攻擊行為常見於發展遲緩、注意力不足 / 過動症、對立反抗症、行為規範障礙或焦慮疾患的兒童（Kokkinos & Panayiotou, 2004; Loeber et al., 2000）。另一方面，兒童時期的攻擊行為若未被有效控制，到青少年期

出現對立反抗症、行為規範障礙等精神疾患的機率會增高（Loeber et al., 2000; Vitaro et al., 2003），長遠來看，也可能導致成年期的犯罪行為、酗酒／物質濫用、關係問題和工作問題等（Farrington & Ttofi, 2011）。除了影響自身的適應，攻擊行為對於受害者身心健康會造成傷害，增加班級教師的工作壓力，並可能形成負向、敵意的班級氣氛（Dunham, 1981; Gini & Pozzoli, 2009; Thomas & Bierman, 2006; Winding et al., 2022）。

根據教育部（2016）的統計，國小校園出現暴力與偏差行為事件，為校園安全及災害事件通報的前三名。教育部（2020）公布的「教育部 109 年各級學校校園安全及災害事件分析報告」更指出，與前兩年相較，校園暴力事件與偏差行為之件數與影響人次，呈現增加的趨勢。這些研究結果顯示，學童攻擊行為防治工作刻不容緩，輔導人員需要具備相關知能，了解攻擊行為的相關因素、介入和輔導策略。本節針對攻擊行為的類型與相關因素，以及輔導方案進行介紹。

壹、攻擊行為的類型與相關因素

一、攻擊行為的類型

攻擊行為的範圍很廣，早期學者依照攻擊的形式，分為肢體攻擊和語言攻擊；直接攻擊和間接攻擊；主動攻擊和被動攻擊（Buss, 1961）。亦有學者認為，除了肢體攻擊和語言攻擊，財物攻擊亦應涵蓋在內（Eisner & Malti, 2015）。此外，Björkqvist 等人（1992）認為，攻擊的形式多樣，社交操控亦可被視為一種攻擊，意即「攻擊者操控他人去打擊受害者，或是使用其他方式，利用社會結構來傷害被針對的對象，而自己不涉入其中」（p. 52）。Eisner 與 Malti（2015）將英文中涉及攻擊含義的詞語分類，得出八類攻擊行為，例如：施加身體傷害、對質衝突（如爭吵、口角）、損害名聲（如侮辱、嘲笑）、破壞財物（如摧毀、搶奪）、使用強制力（如虐待、威脅）、報復還擊、撤回支持（如遺棄、疏忽），以及運用團體層級的強制力（如抗爭、襲擊）。除了前述個人層次的攻擊行為，他們還將團體層次的攻擊納入。

在探討個人層次的攻擊行為與輔導時，依照攻擊的功能進行分類，具有臨床上的重要性。許多學者認為，將攻擊分為主動的工具性攻擊和回應的敵意性攻擊，有助於發展適切的介入目標和方案（Sukhodolsky & Scahill, 2012）。所謂主動性攻擊（proactive aggression），指的是攻擊行為具有工具目的性、計畫性和掠奪性，是受到酬賞所驅使的。此類攻擊行為多與幫派涉入、犯罪行為和反社會活動有關。而回應性攻擊（reactive aggression），則是受憤怒所驅使的攻擊行為，通常是對外在威脅的防衛性反應，與個體的內向性問題有關，例如：憂鬱、焦慮。研究發現這兩種攻擊行為兒童的心理機制和發展軌跡有所不同（Fite et al., 2010; Vitaro et al., 2006），設計介入方案時，應依照其特殊性進行規劃，例如：針對主動性攻擊兒童，需要適當地安排環境，以降低行為後果的酬賞，並進行價值觀的澄清；而針對回應性攻擊兒童，則著重情緒調節策略的教導。

二、攻擊行為的相關因素

攻擊行為的相關因素，包括個人、家庭與環境。在個人因素中，性別、智商、基因和認知心理因素是最常被提及的。首先，性別與攻擊行為的持續有關聯（Björkqvist, 2018; Girard et al., 2019; Loeber et al., 2000），例如：Björkqvist（2018）研究發現，男孩和女孩的口語攻擊程度相當，但是男孩較多肢體攻擊，女孩更多間接攻擊。Girard 等人（2019）研究發現，男童有較高風險落入中度投入攻擊組和高度慢性化攻擊組。此外，研究發現和持續出現攻擊行為的男童相較，可以停止攻擊行為的男童有較高的智商（Loeber et al., 2000）。最後，與多巴胺和血清素分泌以及與神經傳導物質代謝相關的基因，例如：DAT2、DAT4、5HTT 等，皆被發現與攻擊行為有關（Eisner & Malti, 2015; Farrington, 1998; Lansford, 2018）。

在個人的認知心理因素中，因為攻擊行為的性質不同，其背後的認知運作也有所差異。Dodge 等人所提出的社會訊息處理模式（social information processing model），是最常被用來理解攻擊行為兒童的內在認知歷程。他們指出，在社交情境中，個體內在認知訊息處理的歷程，共有五個步驟：登錄社交線索、解讀社交線索、形成社交目標、建構行動方案、決定反應方式和執行反應（Crick & Dodge, 1994, 1996; Dodge,

1980），Lochman 等人（2000）亦提出相似的觀點。這些學者的一系列研究發現，具攻擊傾向兒童存在社會訊息處理偏誤，包括：注意力缺陷造成登錄社交線索時有所缺漏；面對曖昧情境，存有敵意歸因偏誤；工具性、想要掌控或是復仇的社交目標；產出的問題解決策略較受限（容易產出以直接行動回應的解決方案，較難產出以口語溝通方式的解決方案）；對於攻擊行為後果的正向期待等（Crick & Dodge, 1994, 1996; Dodge, 1980; Lochman et al., 2000）。國內方惠生與戴嘉南（2009）的研究亦支持此論點。最後，道德推理偏誤亦被發現與攻擊行為有關聯（Gini et al., 2014; Visconti et al., 2015），例如：Gini 等人（2014）的後設分析研究，發現道德解離策略的使用和攻擊行為具顯著關聯。也就是說，攻擊性兒童可能採用認知重建，合理化、美化自己的攻擊行為，以及扭曲 / 忽略行為後果和責怪 / 貶低受害者（dehumanization）的方式，來降低內在道德控制所帶來的罪惡感。

除了認知歷程的影響，Lochman 等人（2000）認為，攻擊性兒童的內在喚起狀態與其認知評估歷程會互相影響。當兒童經驗到情緒喚起狀態，需要解讀此經驗時，激發的喚起狀態會窄化兒童的注意力，使其只注意到與該威脅事件有關的特定線索。Evans 等人（2020）亦指出情緒調節能力缺陷是攻擊行為發生的原因之一。

在家庭與環境因素中，家長的教育程度（Girard et al., 2019）、罹患反社會人格疾患（Loeber et al., 2000），以及採取高壓強制的教養方式，都可能增加攻擊行為的發生機率（Casas et al., 2006; Girard et al., 2019）。此外，居住於較高暴力事件風險的社區、社經地位較低等因素，也會增加兒童攻擊行為的風險（Farrington, 1998; Feigelman et al., 2000; Lansford, 2018）。另外，針對學齡前 3 至 5 歲半兒童之研究，發現父母的憂鬱症狀會影響他們對於孩子行為的負向歸因，而偏向採取身體處罰，導致孩子外向性行為問題的增加（Callender et al., 2012）。

綜上所述，校園中出現兒童攻擊行為時，教師除了解攻擊的類型和分析其功能外，若能深入探究攻擊性兒童在認知心理歷程中出現的缺陷或偏差，並觀察可能促使攻擊行為發生的家庭或環境因素，形成對此行為的全盤了解，當能發展出更有效的輔導策略，以協助兒童降低攻擊行為。

貳、攻擊性兒童的輔導策略

攻擊行為的輔導方式，依照兒童的年齡、攻擊行為的嚴重程度、起因、家庭功能而有不同取向。其處遇焦點包括：協助兒童調節自身的憤怒情緒、減少攻擊行為和增加正向行為，以及針對目標兒童的家長進行親職教養訓練，並適當安排周遭環境，以增強正向行為，消弱攻擊行為。

一、針對個案本身提供諮商輔導服務

針對個案所提供的諮商輔導介入形式，包括：個別輔導、團體輔導、遊戲治療等；採用的諮商取向，主要為行為治療和認知行為學派。此外，因為攻擊性兒童的認知和行為缺陷不同，介入的焦點也會有所不同。以下分別介紹主要的幾種諮商模式。

（一）兒童的憤怒與攻擊行為之認知行為治療

此治療模式為 Sukhodolsky 等人所發展，專為 8 至 16 歲的兒童青少年設計（Sukhodolsky & Scahill, 2012; Sukhodolsky et al., 2016），處理憤怒情緒、肢體攻擊和不服從規範等干擾問題。他們奠基於三大理論基礎，分析兒童攻擊行為並發展介入主軸。首先，採用行為理論觀點，認為攻擊行為是透過不適當的增強所養成。其次，從社會訊息處理取向觀點，視攻擊行為的發生源於認知缺陷和扭曲。最後，依照情緒喚起模式觀點，重視生理激發狀態和憤怒強度與外顯攻擊之間的關聯。依此安排有助調節過度的憤怒、增進解決社交問題的策略，以及發展可替代攻擊行為的社交技巧之三大介入模組（Sukhodolsky & Scahill, 2012）。過去研究發現，此模式在降低兒童干擾行為上，具有相當的成效（Sukhodolsky et al., 2009; Sukhodolsky et al., 2016）。

本方案為每週一次、每次一小時，共十次的個別心理治療。在憤怒管理模組中，治療師簡介認知行為治療的原理，並針對憤怒情緒的發生與影響，進行心理衛生教育。之後，教導自我指導、放鬆和情緒調節等技巧，使兒童不會受情緒驅使而出現攻擊行為。在問題解決模組中，教導兒童辨識問題與歸因、產出解決方案並評估後果，以利兒童產出較佳的問題

解決方案，替代原本的攻擊行為。最後，在社交技巧模組中，進行自我肯定訓練、練習因應同儕的挑釁，並習得解決與成人的衝突之社交技巧（Sukhodolsky & Scahill, 2012）。

　　此方案另規劃簡短的家長管教訓練，共三次，每次 30 分鐘，主要是蒐集資訊、告訴家長處遇計畫，以及協助他們鼓勵孩子在家練習新技巧。另外，在每次兒童晤談結束前，亦與家長進行簡短交談（check in），以了解孩子的進展，並向家長說明該次晤談所討論的技巧（Sukhodolsky & Scahill, 2012）。需注意的是，Sukhodolsky 與 Scahill（2012）界定此方案不適合用來處理嚴重的青少年犯罪行為，例如：使用武器的暴力行為、藥物濫用等議題。

（二）因應力方案——兒童部分

　　Lochman 等人以社會認知模式分析攻擊行為，並運用認知行為學派觀點，進行攻擊行為的評估和介入，而提出「憤怒因應方案」（anger coping programs）和加強版的「因應力方案」（coping power program）（Lochman et al., 2000; Powell et al., 2018）。此方案共包含持續 15 個月，每週一次，共 34 次的兒童團體介入和 16 次的家長親職團體介入，是一個被廣泛使用和研究的方案。家長親職團體的內容請見「因應力方案——家長部分」。

　　研究發現，因應力方案在降低兒童後續的藥物濫用和犯罪行為上，具顯著效益（Lochman & Wells, 2004）。以兒童本身為介入對象的憤怒因應方案，主要以 4 至 6 名兒童的團體形式進行，亦可於個別晤談中執行。此方案特別適合對自己的攻擊行為有覺察，並且渴望改變的兒童，規劃每次 60 至 90 分鐘，每次有預計達成的目標，但是領導者仍可依照團體當下狀況和成員需求彈性調整活動，只要整體目標和每一次團體的預計目標都能完成即可（Lochman et al., 2000）。

　　方案內容包括：目標設定、情緒覺察、觀點取替、憤怒管理、社交問題解決等五大主軸，皆是具證據支持的介入。前三次內容包括團體內容介紹和個人行為目標設定，之後有 10 次與憤怒相關的單元，包括：促進成員對於與憤怒相關的感覺和生理喚起之覺察，運用肌肉放鬆技巧或是引導

式想像放鬆技巧，舒緩自己的情緒；討論有助憤怒因應的自我陳述與練習觀點取替等方式，以管理憤怒情緒。另外，納入攻擊性兒童常面臨的學習和人際議題，教導學習技巧和正向人際互動技巧（Powell et al., 2018）。

透過這些活動、討論和遊戲，讓兒童體會和學習上述討論主題。主要的活動架構為：進行一個與該次目標有關的簡單活動；討論活動過程中的經驗和不同因應策略的效果；團體領導者示範，再由成員輪流演練，以練習適當的因應技巧；最後透過成員的團體創作影片，說明和應用人際問題解決模式（Powell et al., 2018）。

值得注意的是，Lochman 等人（2019）以參加因應力方案的 360 名兒童之數據進行分析，發現高皮膚電導反應（情緒調節能力較差的指標）、催產素受體基因為 G ／ G 型（與依附和人際連結有關）的具攻擊傾向兒童，接受個別治療的效果較佳。他們認為團體中的人際互動情境，易干擾情緒調節能力較差的兒童，使其較難習得團體中介紹的新資訊。此外，容易與人形成社會連結的具攻擊傾向兒童，可能會與團體中的偏差同儕結盟，因此較適合採用個別治療。

（三）問題解決訓練——兒童部分

此方案為 Kazdin 與其團隊所發展的「家長管教訓練與問題解決技巧訓練」（parent management training and problem-solving skills training）之一環，旨在針對 2 至 15 歲被轉介接受住院醫療、符合對立反抗症或行為規範障礙的兒童青少年提供具實徵證據支持的介入（Kazdin, 2018; Kazdin et al., 1987），其目標在提升兒童的利社會行為，降低干擾行為。方案設計理念來自強制性親子互動後果相關的研究和應用行為分析的作法，強調引發因素（antecedents）、行為和後果三大要素。所謂引發因素，指的是以提示、清楚的說明、愉悅的語氣等方式，提升兒童遵從指示的意願；而行為要素，則是以行為形塑（shaping）和遊戲扮演的方式，逐步建立兒童的行為技巧；在後果強化上，主要是以適當的讚美、正增強等強化兒童的正向行為。此方案分別針對兒童與其家長設計介入內容。家長親職團體的內容請見「問題解決訓練——家長部分」。

兒童問題解決訓練，每週一次，每次 30 至 50 分鐘，共 12 次，主要

是教導問題解決步驟，使兒童能使用自我陳述，引導自己的行為，解決人際衝突。問題解決步驟共有五個程序：(1) 我應該怎麼做；(2) 和 (3) 我需要搞清楚要怎麼做和後果是什麼；(4) 我需要做出決定；(5) 我需要知道自己做得怎樣（Kazdin, 2018, p. 147）。12 次的主題包括：介紹問題解決步驟的概念；透過紙盤遊戲，運用這些步驟；逐步應用此步驟至複雜的情境，並進行角色扮演；針對兒童生活中遭遇的問題情境，進行個別化的練習，並應用至真實生活情境中。其中一次晤談會邀請家長加入，在治療師的引導下，讓家長能於兒童應用問題解決步驟表現利社會行為時，給予正向的注意和讚美（Kazdin, 2018）。Kazdin 等人（1987）研究發現此訓練方案具良好成效。

除了以上系統性的介入模式外，亦有其他臨床介入方式被探討，例如：針對過度的情緒反應，採用暴露治療（Kircanski et al., 2019）、自我暗示放鬆訓練（Goldbeck & Schmid, 2003），或者是運用遊戲（鍾巧鳳，2020；Ray et al., 2009）、閱讀（Shechtman, 2017）等媒介的治療方式。最後，隨著科技設備的普及化和相關軟體設計能力的提升，採用互動性虛擬實境方式，針對攻擊性兒童進行認知行為治療，亦是可能的發展趨勢（Alsem et al., 2021）。多樣化的介入方式都值得學習，以符合攻擊性兒童的個別需求和偏好，達成滿意的輔導成效。

二、針對個案周遭環境和重要他人提供訓練與諮詢

（一）父母管教訓練

攻擊行為的發生和持續常與強制高壓的父母教養方式有關，父母管教訓練或父母效能訓練多強調提升正向教養技巧，例如：鼓勵、監控、問題解決、建立紀律（Barkley, 1997; Kazdin, 2005; McMahon & Forehand, 2003）。許多研究都發現，針對攻擊行為兒童的父母進行親職訓練，具顯著效果（徐儷瑜等人，2019；Dretzke et al., 2009; Lochman & Wells, 2004; Michelson et al., 2013）。以下簡述具實徵證據支持的方案內涵：

1. 因應力方案——家長部分

如前所述，此方案的家長團體共有 16 次，每次 60 至 90 分鐘，其目標在教導家長適當的教養策略，以促進家庭關係、管理目標兒童的行為，並促進兒童的社會學習技巧之運用；其主題包括：促進學習技巧、建立清楚的規則和期待、管教和處罰、父母壓力管理，以及家庭成員間的溝通和問題解決。家長學習到使用明確的操作性用語，為孩子訂定增進利社會行為和降低干擾性行為的具體目標。在兒童表現適宜行為時，給予酬賞並適時參與孩子的活動，給予正向注意。此外，能給予孩子有效的指示，建立符合孩子年齡的規則與期待，並且在孩子出現干擾性行為時，有效地執行後果。最後，透過每週的家庭會議，促進親子溝通，以提升家庭凝聚力和親子關係。除了這些技巧，父母亦學習到可用來支持孩子在兒童方案中所習得的社會認知和問題解決技巧之方法（Powell et al., 2018）。

2. 問題解決訓練——家長部分

Kazdin（2018）認為，透過治療師訓練家長發展新的教養行為，以行為改變原則，例如：示範、提示和提示褪除、行為形塑和正增強等強化兒童正向行為，以及消弱或是輕微處罰等降低負向行為，可達到改善干擾行為的目的。訓練剛開始是從較為簡單、與問題行為無關的行為開始，例如：訓練兒童整理房間、協助家中雜務等。當父母習得新的教養技巧，可以確實運用讚美、給予正向注意等技巧後，才進行與轉介原因有關的行為改變（Kazdin, 2018）。此訓練共包括 12 個主題，約需 5 至 10 週，每週一次，每次 45 至 60 分鐘。每次的結構為治療師先說明要討論的教養技巧之基本概念和重點，再進行技巧應用的練習，含治療師示範、家長進行角色扮演和預演（Kazdin, 2018）。

（二）系統合作

由於學童的攻擊行為常涉及整個學校和家庭系統，家庭和學校間的合作亦是重要的。多系統治療（multisystemic therapy）即是針對已經出現反社會行為兒童的有效介入方式（Henggeler et al., 2013; Stouwe et al., 2014）。Henggeler 與 Schaeffer（2018）說明此治療模式採用 Bronfenbrenner 的生態系統觀點看待兒童青少年問題，針對兒童個人、所

屬的環境系統（如家庭、學校、社區等）和系統之間的交集，對問題行為的影響與其中涉及的危險因子，提供具實徵支持的全面性介入，例如：若兒童的反社會行為源自個人因素，如認知偏誤，則針對其認知偏誤進行介入；若問題涉及家長的教養方式、家長和學校之間的溝通，或是居住的社區環境，則依照其情境，進行個別化介入。

在此模式中，每位治療師通常負責 4 至 6 個家庭，在 3 至 5 個月的密集介入期間，提供一週七天，一天 24 小時的服務，總介入時數至少 60 小時以上，其目的是在個案需要的時候，能以對個案最方便的方式，及時提供服務（Henggeler & Schaeffer, 2018）。此介入模式涵蓋的範圍很廣，所提供的專業服務相當密集，大多是為了嚴重反社會行為的青少年與其家庭所設計，以避免其問題惡化導致入獄，或是需離家安置到居住型的治療場域，造成更大的社會負擔。

針對校園內系統合作，研究發現導師在兒童攻擊行為的輔導上，扮演重要角色；輔導人員若能與導師、家長密切合作，有助降低兒童的攻擊行為（杜淑芬，2015，2018；Peets & Kikas, 2017）。王麗斐等人（2008）探究駐校諮商心理師提供教師與家長諮詢的有效諮商策略，包括：協助生態系統的重要他人了解兒童的心理和需求、同理並取得對方合作、促進其覺察和改變，並提供支持、鼓勵和賦能等。這些努力都說明跨系統合作在減輕兒童問題行為上的重要性，其提出的有效諮商策略可供借鏡。

三、預防性方案

除了針對攻擊性兒童提供各式輔導介入外，建立正向課堂氣氛、在校園中促進兒童社會情緒的學習，以預防攻擊行為的發生，亦是重要的介入手段，例如：美國兒童福利委員會（Committee for Children, 2008）發展規劃的「第二步：透過預防導向學生成功之中學學校方案」（Second Step: Student Success Through Prevention Middle School Program, SS-SSTP），即頗負盛名。這是一套 15 週的課程，旨在提升學生的社會情緒學習技巧。此課程由受過四小時訓練的教師進行，內容包括：辨識與因應霸凌、情緒管理、同理心、人際問題解決技巧。每節課 50 分鐘，每週一次；或是，分成兩個 25 分鐘課程，每週兩次。其特性為互動性高、著重

小團體討論與活動和配對練習，此外包括全班上課與個別指導。另有搭配課程主題的影片，內容為與主題相關的學生訪談和技巧示範。在課程執行中，教師會根據學生的技巧表現，給予即時的提醒和回饋。嚴謹的實徵研究發現，此方案在降低肢體攻擊上具顯著效果（Espelage et al., 2013）。

　　綜上所述，兒童攻擊行為的輔導方案眾多，主要採用認知行為學派的作法，針對兒童和其主要照顧者進行技巧訓練。此外，對於有嚴重攻擊行為的兒童，需格外注意系統合作；而為了預防攻擊行為的發生，在班級中進行社會情緒學習方案，亦是可行的方式。除了妥善規劃介入方案內容，輔導歷程中尚需注意以下幾個重點：

1. 完整評估以規劃適性化的介入方案

　　有鑑於攻擊行為背後的影響因素眾多，且攻擊行為的嚴重程度、持續時間長度，以及攻擊性兒童的心理特質有許多差異，進行完整的評估後，方能依照兒童的需求規劃適合的介入方案。

2. 建立信任的諮商關係

　　由於攻擊性兒童和成人互動的經驗通常較不順利，關係較為緊張，輔導人員要特別重視諮商關係的建立。Friedberg 與 McClure（2015）提出和干擾性兒童互動時，可利用合作、肯定、目標設定、正向回饋和建立信用等方式，建立信任關係。此外，建立清楚的界線並確實執行規則，同時也要適時保持彈性。最後，輔導人員保持透明並找出個案在意的是什麼，形成諮商目標的共識等，都有助於達成諮商成效。

3. 避免偏差同儕傳染現象（deviant peer contagion）

　　進行攻擊性兒童團體輔導時，須考量成員組成、特質和領導者經驗。若團體中全是偏差行為兒童、成員具衝動特質、高風險、家庭支持不足，以及領導者經驗不足等，可能造成偏差同儕傳染現象（Dishion et al., 2008）；意即，原本問題行為較不嚴重的兒童，因為參與團體，接觸了問題行為嚴重兒童，習得了偏差價值觀或是因為和對方的情感連結，涉入對方的偏差行為中，因而無法產生期待的正向成效。據此，可以考慮以異質團體的形式，以人際互動議題進行團體輔導活動內容的規劃，同時混合少數攻擊性兒童和其他不同人際互動議題兒童，一起進行輔導。

4. 強化輔導人員的自我覺察和自我照顧

進行攻擊性兒童輔導時，輔導人員可能因為自身的價值觀、兒童行為造成的校園壓力，以及兒童身處環境難以撼動等因素，對於個案產生不耐、憤怒或無助等情緒。輔導人員需有良好的自我覺察和自我照顧，方能有穩定的內在，協助個案降低問題行為，發展適應性行為。

第二節　遭受性侵害兒童的輔導

王文秀

壹、性侵害兒童之定義、相關統計與法令

性侵害受虐兒童（childhood sexually abused, CSA）是指：「未成年的青少年參與某些他們不完全了解，或是與其發展階段不吻合，或是非其所自願的性活動」（CDC, 2019）。Hodge（2021）統整各家定義後認為，兒童性侵害蘊含三個要素：對信任的背叛、濫用權力，以及由於權力不對等，兒童無法提供知情同意。迄今對未成年性侵害或性虐待的定義共通點，都是施虐者對於未成年兒童或青少年在其發展階段難以理解，且非基於其自由意願的情形下，對其所做的性舉動。

性侵害（或性虐待）之形式包括兩種：接觸的性侵害，例如：愛撫、意圖性或真實的性交、口交、肛交、生殖器官接觸、強姦，以及將毒打當成性行為的一部分等；非接觸的侵害，例如：暴露狂、戀童症、出示色情刊物給兒童、故意讓兒童看見或聽見性交的行為，或是利用兒童從事猥褻之行為以牟利等。近年來，網路的性騷擾或性侵害更是不容忽視的社會問題（Caffo, 2021）。

「性」在我國社會文化中，一向是個禁忌的話題，再加上許多人持著「家醜不可外揚」的心態，因此許多兒童遭受性猥褻或性侵害之後，不是求助無門，就是受到來自家庭、學校或社會的壓力，隱忍他們所遭受的重大創傷。但是，或許意識層面可以硬壓抑下來，而其身體的記憶或潛意識

的經驗卻是無可逃避，往往會轉化成其他的身心症狀，或是行為、學業、人際等方面的困擾問題，許多受害者終其一生都受到這些經驗的影響。

　　兒童性侵害是跨文化、跨種族，甚至跨歷史的複雜現象，究竟普遍的程度如何？不同歷史種族文化或社會背景，有不同定義和看待方式，因此歷來盛行率的統計數字都莫衷一是，也無法避免一定會有未報案的統計黑數。Stoltenborgh 等人（2011）以後設分析法分析從 1980 至 2008 年之間 217 個國際出版刊物，共有 331 篇研究，研究參與者將近 100 萬人，在統計出來的盛行率中，由受害者自陳報告的研究，比例是 127/1,000，報導性的研究則是 4/1,000；自陳報告中有 18% 的女性與 8% 的男性曾是兒童性侵害的受害者；亞洲地區的比例最低（女性 113/1,000，男性 41/1,000）；女性和男性最高的比例分別在澳洲（215/1,000）和非洲（193/1,000），整體平均的盛行率是 12%。此外，身心障礙者或是在機構內（宗教團體、球隊、育幼院、住宿學校等較為封閉的情境）的兒童青少年遭受性侵害的風險（韋愛梅，2022；Bryce & Glasby, 2020, p. 140），以及男性兒童青少年遭受性侵害的現象（李明峰，2016），均是不容忽視。

　　由表 12-1 我國 2005 至 2022 年的歷年性侵害受害者（0 至 65 歲以上）統計數字來看（衛生福利部保護服務司，2023），2005 年（4,900人）到 2012 年（12,066 人）是年年攀升，之後有往下降（2022 年是8,401 人）的趨勢，這或許可歸因於立法與政策宣導有效，讓更多人知道如何保護自己或是協助周遭人士免於受害，以及更多家長、學校和社福機構積極關注此現象。但是從表 12-2 的 2005 至 2022 年每五年的統計數字來看，無論受侵害的總人數多寡，18 歲以下受害者的比例均高於 55%，甚至在 2015 年還占 64.96%；而男性未成年人的受害人數也是逐年增加。另就表 12-3 的 2005 至 2022 年每五年通報單位的統計數字觀之（衛生福利部保護服務司，2023），歷年來通報單位最大宗的均是醫院、警政和教育，因此持續加強教育、醫事和警政人員的知能實屬必要。

表 12-1　2005 至 2022 年我國性侵害受害者統計

年代	2005	2006	2007	2008	2009	2010	2011	2012	2013
人數	4,900	5,638	6,530	7,285	8,008	9,320	11,121	12,066	11,091
年代	2014	2015	2016	2017	2018	2019	2020	2021	2022
人數	11,096	10,454	8,141	8,214	8,499	8,160	9,212	7,787	8,401

註：1. 單位：人。

　　2. 引自衛生福利部保護服務司（2023）。

表 12-2　性侵害事件通報被害概況

性別 年齡	2005 年				2010 年			
	男	女	不詳	N	男	女	不詳	N
0 至未滿 6 歲	15	169	4	188	28	228	6	262
6 至未滿 12 歲	42	319	5	366	140	665	17	822
12 至未滿 18 歲	70	2,094	68	2,232	443	4,045	58	4,546
總數	127	2,582	77	2,786	611	4,938	81	5,630
0 至 65 歲以上總數	4,900				9,320			
18 歲以下人數（%）	2,786（56.86%）				5,630（60.41%）			
性別 年齡	2015 年				2022 年			
	男	女	不詳	N	男	女	不詳	N
0 至未滿 6 歲	31	200	4	235	35	167	1	203
6 至未滿 12 歲	234	646	23	903	157	450	1	608
12 至未滿 18 歲	1,022	4,500	131	5,653	850	3,023	25	3,898
總數	1,287	5,346	158	6,791	1,042	3,640	27	4,709
0 至 65 歲以上總數	10,454				8,401			
18 歲以下人數（%）	6,791（64.96%）				4,709（56.05%）			

註：1. 單位：人。

　　2. 引自衛生福利部保護服務司（2023）。

表 12-3　2005、2010、2015、2022 年性侵害通報單位統計

| | 通報件次（複選） | | | | | | | | | | | | | |
| | 通報單位別 | | | | | | | | | | | | | |
	合計	113	防治中心	教育	社政	勞政	警政	司（軍）法	衛政	診所及衛生所	醫院	憲兵隊	移民業務機關	矯正機關	其他
2005 年	7,188	419	49	809	219	12	2,805	41	10	13	2,768	－			43
2010 年	13,434	1,895	84	3,473	608	85	3,087	54	19	42	3,902	6			179
2015 年	16,630	739	102	5,765	942	67	4,326	172	2	10	2,967	－			173
2022 年	17,201	563	219	4,262	1,205	24	6,064	236	80	223	3,891	6	2	63	361

註：引自衛生福利部保護服務司（2023）。

　　我國的兒童保護工作，起步較歐美國家晚，目前所訂定的《兒童及少年福利與權益保障法》、《性侵害犯罪防治法》、《犯罪被害人保護法》、《兒童及少年性交易防制條例》、《家庭暴力防治法》等，均強調公權力的介入，以保護性侵害之受害者。

　　為了保障兒童的福祉，響應聯合國的《兒童權利公約》（聯合國，2023）以及我國的《兒童權利公約》（法務部，2014）（如第 19 條第 1 項：「締約國應採取一切適當之立法、行政、社會與教育措施，保護兒童於受其父母、法定監護人或其他照顧兒童之人照顧時，不受到任何形式之身心暴力、傷害或虐待、疏忽或疏失、不當對待或剝削，包括性虐待」），我國近年來亦致力於立法保障與保護兒童免於遭受性侵害或其他形式的迫害或不當對待。目前有關之立法如下。

一、《中華民國刑法》

在《中華民國刑法》（法務部，2023）中，「妨害性自主罪」之規定如下：

第221條：「對於男女以強暴、脅迫、恐嚇、催眠術或其他違反其意願之方法而為性交者，處三年以上十年以下有期徒刑。前項之未遂犯罰之。」

第222條：「犯前條之罪而有左列情形之一者，處無期徒刑或七年以上有期徒刑：……2.對未滿14歲以下之男女犯之者。」

第224條：「對於男女以強暴、脅迫、恐嚇、催眠術或其他違反其意願之方法，而為猥褻之行為者，處六個月以上五年以下有期徒刑。」

第224之1條：「犯前條之罪而有第222條第1項各款情形之一者，處三年以上十年以下有期徒刑。」

第227條：「對於未滿14歲之男女為性交者，處三年以上十年以下有期徒刑。對於未滿14歲之男女為猥褻之行為者，處六個月以上五年以下有期徒刑。對於14歲以上未滿16歲之男女為性交者，處七年以下有期徒刑。對於14歲以上未滿16歲之男女為猥褻之行為者，處三年以下有期徒刑。第一項、第三項之未遂犯罰之。」

第228條：「對於因親屬、監護、教養、教育、訓練、救濟、醫療、公務、業務或其他相類關係受自己監督、扶助、照護之人，利用權勢或機會為性交者，處六個月以上五年以下有期徒刑。……」

二、《兒童及少年福利與權益保障法》

《兒童及少年福利與權益保障法》（衛生福利部，2021）第49條：「任何人對於兒童及少年不得有下列行為：……二、身心虐待。三、利用兒童及少年從事有害健康等危害性活動或欺騙之行為。……九、強迫、引誘、容留或媒介兒童及少年為猥褻行為或性交。……十一、利用兒童及少年拍攝或錄製暴力、血腥、色情、猥褻、性交或其他有害兒童及少年身心健康之出版品、圖畫、錄影節目帶、影片、光碟、磁片、電子訊號、遊戲軟體、網際網路內容或其他物品。十三、帶領或誘使兒童及少年進入有礙

其身心健康之場所。……」

第 53 條：「醫事人員、社會工作人員、教育人員、保育人員、教保服務人員、警察、司法人員、移民業務人員、戶政人員、村（里）幹事及其他執行兒童及少年福利業務人員，於執行業務時知悉兒童及少年有下列情形之一者，應立即向直轄市、縣（市）主管機關通報，至遲不得超過二十四小時：……三、遭受第 49 條第 1 項各款之行為。……」

三、《性侵害犯罪防治法》

《性侵害犯罪防治法》（衛生福利部，2023）第 9 條：「高級中等以下學校每學期應實施性侵害防治教育課程，至少二小時。……」第 11 條：「醫事人員、社會工作人員、教育人員、保育人員、教保服務人員、警察人員、勞政人員、司法人員、移民業務人員、矯正人員、村（里）幹事人員、私立就業服務機構及其從業人員，於執行職務時，知有疑似性侵害犯罪情事者，應立即向當地直轄市、縣（市）主管機關通報，至遲不得超過二十四小時。……」

上述各項法令之訂定，均在運用公權力介入，讓未成年兒童及青少年享有安全無虞的成長與就學環境，對於有責任照顧或保護兒童之家庭、學校與社會大眾，亦規範其作為。

貳、兒童遭受性侵害之症狀與影響

一、兒童遭受性侵害之症狀

幼年受創的經驗會形成兒童生理、心理、情緒、認知、人際與行為等各層面的壓力源，若未能及時妥善介入與處理，將對這些受害的倖存者造成短期或長期的負向影響（Harvey & Taylor, 2010; Hébert et al., 2017; Langevin et al., 2017）。

性虐待通常分為「家庭內」與「家庭外」兩種。前者是指亂倫，包括兒童的親生父（母）或繼父（母）或親戚在內，對兒童所從事的性行為

（包含性交或口交等活動）。由於兒童和施虐者之間存有不可抗拒的權威關係和需要，且施虐者常常假藉「我特別愛你」之名義進行此活動；再者，家中其他人或是知道但不揭發，甚至警告受害者不得聲張，或是均被矇在鼓裡，未能適時適當地保護受虐者，故此類的受虐兒常遭遇最衝突、曖昧之情緒（何長珠，1995）。他們一方面易有憂鬱、焦慮和不良的自我概念；另一方面亦有極大的憤怒、不安全感或罪惡感，對人難以信任，對親密關係也有很衝突的感受。

受虐兒童常見的問題行為，大致上分為內隱性與外顯性問題，前者如退縮、怕黑、恐懼怪獸魔鬼或特定的人或地方、缺乏自發性與玩樂的能力、過度順從、對突來的闖入者有恐懼、警覺與焦慮之反應、睡眠困擾、退化（如吸吮手指、尿床）、身心症狀（Gil, 1991; Hodge, 2021）、藥物濫用、解離現象、自傷行為。至於外顯性行為則涵蓋攻擊、敵意、毀滅、暴力、虐待或殺死動物、要求其他小孩做性動作、怪異、複雜、不尋常的性知識、談論新的年長朋友或新秘密，或一些性誘惑行為（李建璋，2011）。整體而言之徵兆，包括：行為兩極化（過度好動或退縮）、情緒暴躁易怒、低自尊、同儕關係不佳、覺得自責與羞恥、身體形象扭曲、假冒成熟的行為、對人有恐懼感、上課無法集中注意力、課業退步；有些兒童為了怕他人發現他／她有異樣，學業表現反而特別傑出，永遠不必讓師長擔心；飲食習慣改變、對手足有異於常態的過度關心或擔心、有挑逗性的性行為、不由自主的手淫、性虐待手足或比其年幼的孩童、濫交、懷孕、逃家或自殺等。性侵害的受害者或許因為太強烈的負向自我概念，因而也容易成為家庭或校園事件的受害者（如校園霸凌）。

正如成人在遭遇重大創傷事件後，身心會有一段時間的不適應期，兒童亦會在身心方面呈現如 Fredrick（1985）整理出來的五個非口語指標：(1) 持續幾天的睡眠障礙、做惡夢；(2) 有分離焦慮；(3) 對某些事物有強烈恐懼（如電視畫面、某些人物或學校建築）； (4) 在家庭中或學校裡之行為困擾；(5) 對自己身體形象、價值感等之自我懷疑而有退縮之情形。

《精神疾病診斷與統計手冊》（第五版）（DSM-5）（APA, 2013）亦納入兒童被診斷為創傷後壓力疾患（posttraumatic stress disorder, PTSD）時，所呈現的一些特定症狀，像是 6 歲以下兒童的 PTSD 有可能

出現下列的侵入性症狀：不斷發生、不由自主和侵入性地被創傷事件的痛苦回憶所困擾；不斷出現惱人的夢，夢的內容和／或受情緒與創傷事件有關；或出現解離性反應等。

學校教育人員可以注意的面向，包括：兒童的生理反應（Finkelhor et al., 2005），例如：行走或坐下的姿勢異於平常，身上有不尋常的傷口，下體的衣物有血跡，生殖器官周圍有（紅）腫脹、撕裂、癢或疼痛，尿道感染，傳染性病或有懷孕的跡象等；或是前頁提及的各種內、外向行為。

綜觀這些徵兆，有些不見得只出現在性侵害受虐兒童身上，但是有些行為徵兆，例如：與性有關的表現或是身體界線的模糊，以及解離或自傷行為等，較常出現在性侵害受虐兒童身上，導師或輔導教師要能對學生較為異常的各方面表現多加注意，若能及早發現並適時通報以及適當地介入，對受害兒童而言，或許將是跨出治療的第一步。

二、兒童遭受性侵害對身心及社會適應之影響

綜合學者之整理（Briere, 1992, 1996; Caffo, 2021; Estes & Tidwell, 2002; Gil, 1991），影響性侵害受虐兒童身心程度之中介變項，包括：兒童受虐年齡（愈年幼，造成的傷害愈大）、受虐的持續時間（持續愈久，傷害愈大）、受虐的嚴重程度（愈嚴重，如生殖器官的插入，影響愈大）、與加害者間的關係（愈親密，傷害愈大）、對兒童的威脅程度（愈帶有威脅、強迫或暴力之虐待行為，會愈惡化）、家庭情緒氣氛（愈失功能，愈易產生問題）、罪惡感之有無（在性接觸過程中，若受虐兒童有經驗到愉悅感受，更可能因罪惡感而陷入困境），以及父母對孩子受虐之反應（愈支持、同理與關懷，愈有助於受虐兒童復原），但是在下這些結論之前，務必要將兒童的個別差異性放在心上（Reyes et al., 1996）。

Felitti（2009）的童年逆境經驗（adverse childhood experiences, ACE）研究指出，童年時期的所有不良經歷，例如：疏忽、虐待、性侵害等，對其日後身心健康的影響至巨。性虐待事件對兒童之影響可分成生理與心理層面，如圖 12-1 所示（謝淑貞，2001），雖然其中因為受虐情形及其他中介變項的差異而有所不同，但是無可否認，對兒童之傷害可能既深且廣。

圖 12-1　性侵害受害事件對兒童之影響關係圖

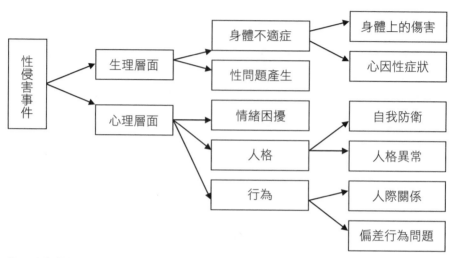

註：引自謝淑貞（2001）。

　　有關性侵害的後遺症，有的是從倖存者的因應機制，有的是從其後續反應來探討，例如：Finkelhor 與 Browne（1985）的創傷基因動力論（traumagenic dynamics），以四個引發創傷經驗的因素來分析創傷造成的後遺症，分別是：創傷性的性化、汙名化、背叛、無能感，每項均有其深遠的影響。這些動力過程一旦出現，將會干擾並改變兒童對周遭世界的認知與情緒感受，甚至因為扭曲其自我概念、世界觀及情緒感受的能力，因而造成創傷經驗，長此以往，對兒童各方面的影響均極其深遠。亦有學者從依附關係理論來探討，由於兒童早期遭受性侵害，將影響其與人接觸或是信任感的建立，亦難與人建立親密關係（Banyard et al., 2001）。

　　Feiring 等人（2009）針對 160 位不同種族但是確定幼年有受到性侵害經驗者，以縱貫性研究探討其受創經驗對日後親密關係的影響，分別在其被發現有性侵害事件時、8 至 15 歲時，以及在一至六年後接受訪談。結果發現，汙名化（與性侵害有關的羞恥與自責感）以及內化的症狀（PTSD 與憂鬱症狀），比受虐的嚴重性，更能解釋這些倖存者的性困擾以及約會的攻擊行為。

性侵害可視為是權力的展現，一般的社會文化視男性為擁有較多權力者，因此若是男性遭受性侵害，其所承受之壓力或傷害，或許與女性受害者不同。Valente（2005）及李明峰（2016）發現，男童受到性侵害之後的心理反應，包括：焦慮、否認、自我催眠、解離、自我傷害等，其因應策略包括：變成憤怒的復仇者、被動的受害者、豁出去無惡不作、鋌而走險或純然順從。其性受虐的經驗可能導致其逃學、逃家、不斷請假、學業成績或工作表現差，常常必須出入醫療、急診或心理衛生單位，甚至自覺不值得活在世上，因而尋死。這些後遺症有許多與女性受害者的相似。

從另一觀點來看，由 Salter 等人（2003）對 224 位幼年是性侵受害者的男性，進行 7 至 19 年的追蹤調查，發現其中有 26 位（約 10%）長大之後成為加害者，且加害對象均是兒童。促成其適應惡化，終至成為加害者的因素，包括：幼年時母親的疏忽、乏人照顧與監督、曾目睹家中亂倫事件，以及受到女性性侵害。這也是教育與心理衛生工作者極力透過教育與心理衛生、醫療及司法體系，試圖遏阻此惡性循環的主因。

參、性侵害兒童的理論模式與介入策略

歷來對性侵害兒童的理論探討包含從犯罪學、社會學、文化學或心理學的角度切入，對於性侵害之原因，有從精神病理模式、社會情境模式、社會學習論、生態觀點、依附論、交換論等觀點（黃玲喬，2002；Stubenbort et al., 2002），以及客體關係論（Hajal, 1999）等加以探討。較常被引用的理論包含：情境性的犯罪預防模式、Finkelhor 的四項先決條件模式、Ward 的路徑模式（Bryce, 2020）。情境性的犯罪預防模式強調天時地利與適合的人才會促成犯罪（Wortley & Smallbone, 2006），此理論又基於理性選擇論（個體會選擇犯罪，是因為評估會得到的好處多於壞處，且會被逮到的機率很低），以及日常活動論〔犯罪之所以會發生，是因為有一位（些）人有犯罪動機、有適合的受害者出現，以及沒有保護的人在現場〕。Finkelhor 的四項先決條件模式是第一個將兒童性侵害的視角跨出家內亂倫或陌生人性侵害的模式，認為會有兒童性侵害是因為加害

者和兒童有性接觸能滿足其情緒需求（情緒的一致性）、兒童是性喚起的來源（性喚起）、無法尋求其他更為社會所接受的性伴侶（阻礙），以及加害者解除抑制，因而表現出平常不會出現的行為（去抑制）。前三者說明為何一些人會以兒童為性對象，第四個因素則是說明為何有的人會轉變成性凌虐。這四個因素和以下四個先決條件有關：意圖性侵兒童、克服內在的抑制、克服外在的抑制、處理兒童對性侵害可能的抗拒。

　　Ward 與 Siegert（2002）所發展的路徑模式，探討刻意與兒童（有時也包括其家人）建立良好關係，以降低兒童或其家人的戒心，進而達到性虐待或性誘拐的加害者所採取的策略。他們認為一些路徑會助長加害者性侵兒童，且這些路徑是源自於成年加害者心理層面的一些問題「群」，包含：難以辨識與掌控情緒狀態、社交孤立、孤單與抑鬱寡歡、助長侵犯的認知，例如：「每一個人都會性侵兒童」、「兒童都享受被性侵」、偏差的性幻想。這些問題「群」都或多或少顯現在兒童性侵害的加害者身上，並會經由五個路徑顯現：多重的失功能機制、偏差的性腳本與關係基模、親密關係的缺陷、情緒調節功能失常、反社會的認知思考。

　　介入的策略可分個別、家族與團體的治療。Bryce（2020）統整出針對不同對象的預防方案，例如：由教師或專家針對全校學生或由家長針對兒童提供的性侵害防治教育、針對身處高風險的機構兒童進行的情境式犯罪防治、針對已展現偏差性行為高風險兒童進行的治療性介入、針對因為性犯罪已經進入司法體系的兒童青少年進行預防再犯的介入，或是針對已遭受性侵害兒童的諮商介入方案等，兼顧三級預防的概念。

　　邱意婷（2013）歸類勵馨基金會、新北市政府家庭暴力暨性侵害防治中心、兒童性侵害防治國民小學教師在職進修網中的性侵害預防基本原則，包括讓孩子知道：(1) 身體是屬於自己的，身體的隱私處不能隨意讓他人觸摸，自己也不能隨意碰觸他人的隱私部位；(2) 當受到侵犯時，一定要趕快告訴可以相信的大人，犯錯的是侵害他人的大人，不是自己；(3) 加害人可能會以威脅或哄騙的手法引導兒童不能將事件說出去；(4) 就算是熟識的人也有可能會做出傷害自己的事；(5) 教導兒童辨別危險情境，避免單獨前往學校及住家附近比較少人經過的地方；若有陌生人甚至認識的長輩提出邀約，最好趕快找一個信任的大人一同前往或直接拒絕。

Hetzel-Riggin 等人（2007）針對 28 篇有關兒童與青少年性侵害受害療效的研究進行後設分析，發現整體而言在性侵害事件後有接受心理處遇的效果均比沒有接受任何處遇來得好。遊戲治療對改善兒童的社會性功能最具療效；針對性虐待以及支持性的認知行為治療處遇，不管是個別或團體的方式，對於降低外化行為或減低困擾行為，均是最為有效的。

　　賴姵臻（2016）針對 7 名遊戲治療師進行半結構式深度訪談，並以紮根理論進行資料分析，結果發現，兒童療癒歷程為生態觀點與各系統整合的合作機制。在治療室內，物理與心理療癒條件俱足的治療室；擁有良好態度、特質與專業知能的治療師；生理和心理狀態、依附關係與自我強度高的兒童；在治療過程中產生的療癒歷程，均可增進療癒。在治療室外，若兒童能離開受害環境、擁有正向功能的照顧者，且治療師能與具專業性的系統進行整合性團隊合作，即可在治療室外創造利的療癒空間。

　　在團體治療方面，Ovaert 等人（2003）發現團體治療對於降低兒童的 PTSD 症狀極為有效。因為透過團體經驗，團體成員得以分享他們類似或不同的受創經驗，且在分享的過程中，因為大家都有類似的創傷經驗，而感受到自己被了解；或是如 Anderson 與 Hiersteiner（2008）針對 27 位幼年遭遇性侵害的成人倖存者，以團體敘事治療的方式，協助其走出陰影，這些倖存者的治療契機在於得以將過去受虐的事件揭露出來、對自己的創傷經驗重新賦予意義，以及和整個團體及治療師建立起支持性的關係。這樣的研究雖然是針對成年的倖存者，但是對於喜歡聽故事或說故事的兒童而言，亦是可行的途徑之一。

　　另外，像是改變兒童謬誤歸因與認知的認知行為學派（Ovaert et al., 2003, p. 294），讓兒童藉由說故事，述說其所遭遇的主觀經驗，再重新建構所經驗的事件（Pynoos & Eth, 1986）；或是透過 Jungian 學派的沙遊分析，讓兒童身處在沒有批判的治療關係中，透過象徵性的方式，體驗與統整自己與受創經驗有關的各種情緒衝突，逐漸達到自我療癒（Green, 2008）；或是透過各種媒材、畫圖、遊戲、隱喻與戲劇演出，讓兒童能以間接較不具威脅性的方式重新經歷創傷事件，並從過程中發洩情緒、撫慰失落的一切，以及重新掌有對自己的控制感（Feiring et al., 2009）。

　　Karp 與 Bulter（1996）發展的復原階段分為四階段：第一階段治療

師透過提供安全與滋養性的環境，和兒童建立起正向的治療關係，藉此增進其信任感。通常受到創傷的兒童很難信任別人，且常很難與人建立適當的界線，因此這階段對治療師而言通常充滿挑戰；第二階段是探索受創的不同面向，亦即結合 Gil 的治療目標：兒童的矯正性及修復性經驗，包含：讓孩子確認讓其覺得不安全的特定人事地物，以及找出與受創經驗有關的「祕密」、記憶、惡夢與「怪物」，這也是非常困難且耗時的過程。

當兒童開始回憶有關創傷的種種，有時會退回到治療的第一個階段。第三階段即是修復自我概念，這包含去經歷源自於創傷經驗而造成和罪惡感及羞恥感等有關的不同面向，必須處理卡住的感覺，以及培養適當的技巧，以因應接著產生的各種感覺；最後一個階段，是協助孩子能帶著新的希望與更多的自信及因應技巧，展望未來。

不論何種策略，這些介入策略均在讓遭受性侵害的兒童慢慢有機會與勇氣揭開創傷經驗，重新理解其所遭遇的事件，重新賦予意義，或慢慢學習到如何因應這些創傷經驗，帶著結痂的疤痕繼續往自己未來的人生旅途邁進。治療師要做到的，即是對兒童的「賦能」（empowerment）（Putman, 2009）、重建其自尊、改變其錯誤的認知歸因，以及學習正向因應。若有需要，亦可透過藥物治療協助兒童克服一些生理或心理的症狀，例如：睡眠品質不佳或是過度焦慮、憂鬱等。

第三節　目睹家庭暴力兒童的輔導

田秀蘭、刑志彬 ///

家庭暴力，在傳統的中國社會是個禁忌的議題。但家庭暴力對兒童所造成的影響，就心理學中所謂的早期經驗觀點而言，是相當重要而深遠的。近年來，隨著輔導與諮商觀點的介入，對於兒童應有的照顧及輔導、其生長環境的安全也逐漸受到重視。以下就家庭暴力相關法令、目睹家庭暴力兒童的定義分類，以及診斷與處遇策略分別說明。

壹、目睹家庭暴力兒童輔導的實施背景及相關法令

　　《家庭暴力防治法》（衛生福利部，2021）於 1998 年 6 月 24 日公布並實施（最新修正於 2020 年 12 月 30 日），在該法第二章民事保護令，施行「保護令」措施，此後公權力得以正式介入家庭暴力行為。家庭暴力行為並非僅是「家務事」，而是整個社會所關心的議題，對於家庭成員間的身體及精神虐待、暴力等行為，皆有法可管。然而，此法令所約束的比較是以成人的家庭暴力行為為主，對處於家庭暴力之下的兒童心理問題，相形之下較容易受到忽視。但無論如何，對於兒童應有的成長環境，不論是心理或生理上的安全保障均應受到重視，畢竟從精神分析的觀點而言，早期經驗對兒童日後的成長，其影響力是相當大的。而《家庭暴力防治法》的公布與實施，就成為處於家庭暴力之下兒童的輔導依據，對於目睹家庭暴力兒童的心理狀況、諮商輔導、社會福利、醫療機構、警政等單位，也得以有適當的管道對他們進行關心。

貳、目睹家庭暴力兒童的定義與分類

一、目睹家庭暴力兒童的定義

　　所謂的家庭暴力，依據《家庭暴力防治法》（衛生福利部，2021）第 2 條：「指家庭成員間實施身體、精神或經濟上之騷擾、控制、脅迫或其他不法侵害之行為。」也有些文獻強調從廣義的角度來看家庭暴力，除直接涉入家庭暴力的事件外，也包括以看到或聽到的形式目睹家庭暴力。因此，家庭暴力的意義幾乎就涵蓋了目睹家庭暴力兒童的定義。Jaffe 等人（1990）對目睹婚姻暴力兒童之定義是指：常常目睹雙親之一方對另一方施予虐待之兒童，包括：(1) 直接看到威脅、毆打；(2) 沒有直接看到，但聽到毆打或威脅行為；(3) 沒看到、沒聽到，但看到毆打之後的結果，像是第二天看到毆打之後的傷痕等。所謂的兒童定義，雖然世界上並無統一的標準，但國際上保護人權的《兒童權利公約》以及我國的《兒童及少年福利與權益保障法》中規定，所謂的兒童是指未滿 12 歲之人。

　　過去的相關文獻指出，目睹家庭暴力兒童長大後也有較多的心理健康問題，如焦慮或壓力等。這些影響是長期的，若在兒童階段不進行適當的處遇，長大成人之後，也都極有可能成為家庭暴力或社會暴力的加害者（Grych & Kinsfogel, 2010; Jennings et al., 2011; Luthra & Gidycz, 2006; Taft et al., 2008）。Straus（1991）指出，目睹家庭暴力兒童長大之後酗酒的比例較高，在組成家庭之後，婚姻關係中也會有較多的口頭及肢體暴力；他們在家庭之外的暴力犯罪行為也比其他一般男性高出二至三倍；此外，女性亦有類似情形，經常目睹母親受毆打的女孩，長大之後也有較高比例的暴力犯罪行為。從這些現象不難看出目睹家庭暴力兒童處遇的重要性，針對這些兒童做適當的處遇，可以減少他們未來成為加害者的機率。

二、目睹家庭暴力兒童的分類

　　依照 Rosenberg 與 Giberson（1991）的分類，目睹家庭暴力兒童大致分為兩類：(1) 目睹且直接受傷的兒童：這類兒童通常也捲入父母或家人間的爭執或毆打等暴力行為，通常會是大人出氣或洩憤的對象，也就是所謂家庭中的代罪羔羊；(2) 目睹但並未直接受傷的兒童：這類兒童雖然未直接受到身體上的傷害，但在行為或心理上可能會有明顯改變，例如：攻擊行為不知不覺地增加等；此外，也可能會有退縮的行為，或是做惡夢、害怕接觸陌生的環境等。除了上述的兩類之外，童伊迪、沈瓊桃（2005）採用更細緻的十大分類（Holden, 2003）：(1) 目睹胎兒，是指懷孕的母親受到婚姻暴力而影響腹中的胎兒；(2) 在父母爭執中，試圖以言語或肢體介入阻止暴力進行的兒童；(3) 在父母的衝突中受到傷害而成為受害者的兒童；(4) 在父母爭執中被迫介入或願意主動參與戰局的兒童；(5) 親眼見到暴力攻擊行為的兒童；(6) 沒有見到，但親耳聽到吼叫、哭喊、威脅，或物品摔破的聲音；(7) 看到暴力行為之後的瘀傷、警車、救護車、毀壞的家具或緊張的氣氛等；(8) 不見得目睹，但經驗到暴力的後果，例如：母親的憂鬱、教養方式的改變、分居、搬遷等；(9) 聽父母一方或親友訴說家庭暴力事件；(10) 暴力發生時，兒童不在家或已熟睡，因而並不知情。

參、目睹家庭暴力兒童的發現及其臨床診斷

學校教師或輔導教師該如何發現目睹家庭暴力兒童呢？除了平時對兒童的家庭背景有所認識外，也應了解目睹兒童處於家庭暴力情境可能受到的影響、清楚他們可能會出現的臨床症狀，以及可能的反應類型。在發現兒童有生理或行為上的改變時，應予以關心，再會同輔導室（處）或相關單位進行輔導工作。

一、目睹家庭暴力兒童所受到的影響

曾慶玲（1998）曾經整理 Fantuzzo 與 Lindquist（1989）所討論的目睹家庭暴力兒童問題，他們認為這些兒童所受到的影響大致可分為五個方面：第一是外在行為方面的問題，他們會出現較多的攻擊行為；第二是情緒問題，最普遍的是焦慮，此外也包括：害怕、失眠、沮喪，或這些情緒所引起的尿床，甚至是自殺等行為；第三是社會功能的降低，通常是指在一些角色能力的表現方面，會比一般兒童要低一些；第四是在學業問題方面，容易有上課不專心的情形出現，因而會有課業退步的情形；最後是身心障礙方面，這些孩子在語言發展或認知學習方面都比一般兒童要低。沈瓊桃（2005）則認為，婚姻暴力對兒童的發展是有著立即性及長期性的影響。立即性的影響包括：生理傷害與生命安全、外顯性的攻擊行為、內隱性的情緒行為問題，以及學校的學習及社會能力問題等；長遠性的影響則包括：長大之後的潛在不安、低自尊、人際技巧較差，甚至是暴力行為的代間傳遞或犯罪行為等。林妙容（2014）在整理國內外文獻之後，歸納目睹家暴兒童會出現：(1) 學校與社會適應；(2) 情緒功能；(3) 認知功能；(4) 家庭關係或動力等問題，所以目睹家暴的影響不僅是在家庭內，可能擴及到兒童的發展、能力，甚至擴及到學校生活。

以上所描述的影響是普遍見到的狀況，對來自不同背景因素的兒童會有不同的影響程度，例如：目睹家庭暴力事件的男孩，其攻擊行為可能較女孩明顯，而女孩通常在懷疑及不信任的表現方面會較男孩明顯。此外，也會因為孩子在家中的出生序不同而有所不同。沈慶鴻（1997）的研究發現，家中的老大比較會被迫捲入父母或是其他重要成人之間的暴力行

為，而成為目睹家庭暴力的受害者。其他相關因素，例如：兒童本身的認知及情緒調節能力、對衝突的知覺與評估能力、目睹家庭暴力事件的次數及嚴重程度、親子關係等，都與目睹兒童可能會受到的影響程度有關。

除了較為明顯的生理或情緒反應之外，兒童也可能會有被忽略的感覺，認為自己是不受到重視的。他們也可能認為自己是糟糕的，因為是自己的表現有問題而讓父母之間有嚴重爭吵。而面對父母的嚴重爭執，兒童也可能出現矛盾的情緒，甚至感到絕望，想結束生命。

二、目睹家庭暴力兒童會出現的臨床症狀

目睹家庭暴力對兒童來說是壓力相當大的事件，這些家庭暴力事件對兒童所產生的影響，包括：直接的影響與間接的影響。直接的影響，包括：兒童人身安全、心理上的威脅感受、情緒問題、行為問題、對暴力行為的錯誤認知，以及對攻擊行為模式的錯誤學習（Wolak & Finkelhor, 1998）；間接的影響則是更為長久且根深蒂固的影響，包括：兒童對親職功能的懷疑、兒童對於自我認同的懷疑等。

處於目睹家庭暴力的兒童，有時會出現類似於創傷後壓力症候群（PTSD）的症狀。也就是說，當兒童在面對威脅其生存的事件經驗時，心情上可能會出現像是緊張、害怕、無助、恐懼等感受。這些強烈的感受，可能讓兒童出現混亂或激動的行為（APA, 2000）。若平時在家庭之外的學校或社區生活中，遇到類似於家庭暴力的壓力事件時，兒童也可能會有強烈的心理壓力或生理反應。詳細的臨床診斷指標，有興趣的讀者可參考美國精神醫學會（APA）所編訂的《精神疾病診斷與統計手冊》（第五版）（DSM-5）（APA, 2013）。

對於創傷後壓力症候群的具體內容，一般教師或輔導教師究竟能如何藉由兒童所呈現出的症狀，來發現其可能遭遇家庭暴力問題呢？林英欽等人（2006）曾經整理 Hornor（2005）所歸納的資料，如表 12-4 所示。表中呈現目睹家庭暴力兒童經常會出現的臨床症狀及異常行為，其有助於學校教師及相關人員發現可能的目睹家庭暴力兒童。

表 12-4　目睹家庭暴力兒童經常出現的臨床異常行為及心理症狀

異常行為	心理症狀
1. 睡眠問題	1. 自卑
2. 飲食問題	2. 社會技巧低落
3. 頭痛、胃痛、氣喘、關節炎、消化性潰瘍	3. 攻擊性
4. 尿床或退化到早期發展階段	4. 退縮
5. 過度擔心危險、擔心被傷害或被殺害、過度警戒	5. 憂鬱
6. 常有打架行為、傷害別的兒童或動物	6. 被動
7. 退縮、無精打采、沮喪、沒有活力、注意力不集中	7. 經常性焦慮
8. 感到孤單、孤立與自卑	8. 害怕、恐懼、壓力疾患
9. 濫用藥物（學習抽菸、喝酒等）	9. 罪惡感
10. 偷竊行為	
11. 企圖自殺或從事危險的活動	
12. 害怕上學、害怕與母親分離、逃學	

三、目睹家庭暴力兒童的反應類型

　　童伊迪與沈瓊桃（2005）曾經將目睹家庭暴力兒童對目睹家庭暴力後的情緒或行為反應，區分為幾個類別：(1) 害怕躲避型：面對父母之間的暴力，感到不知所措，只覺得害怕，想要躲起來；(2) 不知所措型：目睹兒童就算沒有逃離現場，但置身於暴力之中，不知能做什麼，只覺得恐懼而不知所措；(3) 挺身介入型：目睹兒童不但沒有逃離現場，而且會用所有可能的方式阻止暴力的持續發生，兒童在當下的勇氣超越了心中的恐懼或憂慮；(4) 尋求援助型：這類型的兒童無法直接介入父母或成人之間的暴力行為，但會求助於可能的親友或社政單位；(5) 無動於衷型：多半是第一次見到家庭暴力的場面，可能會出現驚恐害怕的感覺，但不知自己能做些什麼，久了之後也就不以為意，甚至能預知可能的後果。

肆、目睹家庭暴力兒童的處理策略

面對目睹家庭暴力兒童所呈現的症狀，不論長期或立即性的處理策略，輔導人員若能注意可能的保護／危險因子，將有助於問題症狀的改善。這些保護／危險因子，包括：與家庭相關的因素，諸如父母婚姻暴力的嚴重程度與持續性、是否有酒精或藥物濫用情形，或是家境貧窮等。有些保護／危險因子與兒童本身的背景有關，例如：目睹家庭暴力情境的年齡大小、目睹次數、目睹情境的嚴重性、最近一次的目睹時間點，或者是否平日就經常目睹暴力事件或暴力影片等。

一、處遇機構及求助管道

如前所述，在《家庭暴力防治法》（衛生福利部，2021）的實施過程中，比較容易看到的是受到暴力對待的成人，而非目睹家庭暴力的兒童，除非兒童也是家庭暴力的受害者。因此，對於目睹家庭暴力兒童的心理治療或輔導策略，需要更有系統的處遇。目前國內針對目睹家庭暴力兒童的處遇方式，包括：家庭暴力暨性侵害防治中心、婦女保護中心、婦幼庇護中心、兒童保護服務、婦女福利服務、家庭服務中心、兒童福利服務、地區社會福利中心、兒童心理諮商中心、家庭心理諮商中心，以及醫院的精神科或心智科等，其他也包括相關的保護熱線或基金會等。陳怡如（2001）曾經對目睹婚姻暴力兒童的處遇狀況進行調查，發現在處遇機構方面，以婦幼庇護中心居多，其次為家庭暴力暨性侵害防治中心與家庭服務中心，再其次方為婦女保護中心及地區社會福利中心。雖然相關機構看似頗多，但實際上是分散且無法以兒童的輔導或諮商服務為焦點。

至於在求助管道方面，主動由家長帶來求助的情形並不多見，多數為機構進行轉介。這主要是因為目睹家庭暴力兒童的心理創傷隱而不易為外人道，就連自己的家人也不易覺察到兒童的心理創傷；即使知道，也不見得清楚能夠使用的資源。在上述所提的家庭暴力暨性侵害防治中心、家庭服務中心、婦女保護中心，以及各地區的社會福利中心之外，也還是有諮商心理機構對目睹家庭暴力兒童提供特定且持續性的處理。

二、處遇項目及可應用之人力

　　在目睹家庭暴力兒童的處遇方面，採用心理輔導工作直接模式協助通常是必要的，尤其是心理諮商與治療。而比這直接服務更為迫切的，應當是家庭暴力事件發生後的通報及必要的安置作業。若進一步分類，對於目睹家庭暴力兒童的處遇，陳怡如（2001）將之分為四個取向：(1) 個案管理取向：包括安置寄養、生活服務、協助轉學、兒保通報、轉介服務等；(2) 直接處遇取向：包括個別諮商、支持團體或兒童教育等；(3) 心理治療：包括遊戲治療、藝術治療、家族治療等；(4) 父母親職教育。

　　針對目睹家庭暴力兒童的處遇人力，陳怡如（2001）的研究發現，多數機構，例如：兒童保護、婦幼保護、心理諮商等，多半是以機構內的人力為主。而一些社會福利機構則由於專業上的需要，也會應用機構外的人力，尤其是諮商或心理治療等。

三、具體的處遇策略及其內涵

（一）危機介入策略

　　在家庭暴力事件發生的當下，目睹兒童所需要的可能會是安置問題。相較於安置在其他親屬家中，也可能會將兒童安置於機構中。安置的流程通常會是跟著家庭暴力受害的一方暫時進入庇護中心生活，例如：媽媽受到嚴重的家暴，兒童目睹過程，很有可能基於安全或其他考慮，兒童會與媽媽進入安置機構進行庇護；進入庇護中心之後，兒童需要接受個別諮商，以減緩其可能出現類似於創傷後壓力症候群的症狀，尤其是對他人的害怕及不信任，並讓他／她感受到周圍環境的安全。

　　配合對兒童的危機介入，輔導人員通常需要採取適合於兒童的處遇方式。因為兒童不同於成人，口語表達能力常常不夠完整，且心中尚有相當的疑慮，或是不知如何表達心中的恐懼，甚至是長期以來所積壓的害怕。因此，輔導人員可參考遊戲治療、藝術治療或讀書治療等輔導策略，讓兒童能透過遊戲過程中的不同角色來表達內在，以繪圖方式表達心中感受，或是閱讀適當的書籍，以表達出對於目睹家庭暴力的恐懼與害怕或憤恨，

並學習如何因應。這些情緒上的問題處理，較著重於對事件發生之後的立即性處理，讓兒童的情緒及壓力能安頓下來。

（二）個別介入策略

目睹家庭暴力兒童在家庭暴力事件發生之後，可能會出現創傷後壓力症候群的症狀，如前節所述。定時且長期的個別諮商可協助兒童處理導致這些症狀的潛在因子，讓兒童能覺察自己在情緒上的狀況，以免影響兒童在學校課業學習上的專心度。由於目睹家庭暴力兒童在情緒上相當不穩定，且表達能力受限於不穩定的情緒，因而需要藉由其他媒介作為心理治療之工具，常用的個別介入處遇策略，包括：遊戲治療、藝術治療、讀書治療等。其中，在沈瓊桃（2010）對 6 位曾遭受雙重暴力（目睹暴力同時遭受到暴力）兒童的實證性研究裡，發現擁有脫離暴力環境的決心、努力和機會，是多數受訪者可以扭轉目睹婚姻暴力和受虐雙重生命逆境的關鍵因素，個人特質也視為是個人復原保護因子重要的一環。

遊戲治療是指有系統地引用某種理論模式，與兒童建立適當的人際歷程，並運用遊戲所具有的治療力量，以協助兒童解決或預防心理方面的困難（Gil, 1991/2005）。遊戲室的環境通常是安全、受信任的，能讓兒童卸除防衛而進入遊戲世界中，並藉由中立的玩具或器材，兒童得以表達或宣洩其個人情緒。常用的遊戲材料與活動，包括：玩偶、戲劇、角色扮演、娃娃屋，或是棋盤遊戲等。對於需要到法院出庭的兒童，也可以使用法院場景的組合遊戲。

除了遊戲之外，藝術、繪畫等美勞器材，也是協助目睹家庭暴力兒童跨越心理障礙的治療策略；藉由繪畫或藝術媒材，兒童得以表達出內心的不安或擔心，進一步透過心理治療人員的催化而覺察自己的內心世界。當兒童清楚自己的情緒及其緣由，也自然較能釋放而進一步學習適當的因應方式，以完成其成長階段應當完成的發展任務。藉由繪畫及藝術等媒材，兒童更能精確地表達與發洩其內在情緒。

（三）團體介入策略

針對目睹家庭暴力兒童，團體介入方式也是相當普遍使用的策略。通常團體進行的目標在於：(1) 提供兒童在危機階段的支持；(2) 協助兒童覺

察並表達情緒；(3) 協助兒童學習問題解決技巧；(4) 讓兒童能學習適當的壓力因應行為。此外，在團體處遇的其他主題方面，還可以包括：對憤怒情緒的處理、對家庭期望的適當表達、對異性交往及男女互動的正確態度、對社交能力及自我概念的提升等。

團體介入策略之所以有用，也在於目睹家庭暴力兒童在團體中得到足夠支持的氣氛之下，能分享類似經驗。而這些害怕或恐懼焦慮的經驗，在團體中分享的結果，得以有機會讓這樣的負向情緒正常化，讓兒童覺得自己並不孤單（Morrel et al., 2003）。此外，在團體的腦力激盪之下，兒童也能構思出因應家庭暴力的有效對策。行為取向的團體輔導策略，能增進其正向的行為反應；而認知行為取向的團體輔導策略，將有助於目睹家庭暴力兒童重新建構正向的認知思維模式。在面對童年有目睹家庭暴力創傷經驗的成人時，也有學者實證採用夢團體工作的形式具有療效（汪淑媛，2008）。呂俊宏（2019）甚至認為，在遊戲治療中透過食物作為媒介可達到增能兒童，並協助其自我調節、社會化，以及蛻變的歷程。

（四）家族治療策略

家族治療策略（family therapy strategy）在庇護中心內也是用來協助案家的普遍策略之一，但通常不會全員到齊，故此一策略的適用性也受到質疑。某些家族治療學派就不認為這是真正的家族治療，例如：結構取向學派。只要是一位家庭成員缺席，整個結構將無法完整地進行探討，則家庭暴力問題就無法解決。然而，若我們以兒童的適應問題為主要目標，則以家族成員受害者為主的家族治療，也不失為可以採用的一項輔導策略。

除了上述這些處理策略之外，也有研究顯示兒童與父母之間的連結、依附關係，或認同學習的經驗不同，對其目睹家庭暴力所受的影響也會有所不同（吳秋月、吳麗娟，1999；沈慶鴻，2000）。因此，在應用輔導策略的同時，也需要顧及這些因素在不同兒童身上所形成的影響。若能協助兒童重新詮釋目睹的成人家庭暴力經驗，較能協助兒童重新檢視個人與父母或成人之間的關係。

四、教師如何觀察並協助處理目睹家庭暴力兒童所面對的問題

　　面對目睹家庭暴力兒童，適當的諮商技巧是有必要的；此外，與兒童接觸過程中的敏感度更是重要。學校教師並不一定具備足夠的專業知識或諮商技巧，但較為一般的晤談技巧，例如：簡述語意及情感反應等同理心技巧則是適用的。教師切忌隨意猜測兒童的反應心態，因為兒童某些行為背後的原因，有時是連兒童本身也沒有覺察到的，需要適當的催化技巧，以去除兒童的擔心及防衛，之後方能有正確的診斷。

　　教師在面對目睹家庭暴力兒童的處理時，也需要具備與父母或其他家人的溝通能力。基本上，針對目睹兒童的深度個別諮商或心理治療，可由諮商專業或輔導教師進行；一般教師在現行學校輔導工作分工之下，可以辨識目睹家庭暴力兒童的擔心或害怕經驗，並與其他輔導專業人員進行合作，但基本的同理心是有必要的。此外，華人文化中的傳統概念，例如：父權至上、嚴父慈母、孩子要孝順父母等，這些概念也可能讓目睹家庭暴力兒童感到矛盾。面對父母之間的暴力相向，是否應該介入？介入過多或是偏袒某一方，就是不孝順？父親一向就是會比較嚴厲？這些傳統文化在面對家庭暴力事件時，剝奪了兒童的成長權益，此時的傳統文化是不應該受到尊重的。兒童在受教過程中所面對的孝順或嚴父慈母等傳統概念，與這些目睹經驗相違背，因此不論是教師或輔導諮商人員，都應當小心覺察兒童細膩的心思並適時釐清。

　　此外，重要的法律觀念也十分重要。如本節一開始提及，對於目睹家庭暴力兒童的處遇是有相關法律規定的，教師必須清楚類似於此的事件是需要配合學校或社區等相關單位進行通報。學校在處理此類兒童所召開的會議，一方面要進行適當地記錄，另一方面也必須注意兒童個人的隱私保護。由於年紀愈小的兒童受到目睹家庭暴力的影響會愈大，且愈為深遠，因此不論是幼兒園或國小的低年級兒童，不要以為他們年紀還小不懂事，沒什麼關係。兒童所受到的影響是潛在而深遠的，切不可因為年紀小而忽略他們所受到的影響。再者，在現行的法規制度之下，目睹兒童的因應是仰賴各系統之間的合作，例如：Lehmann 與 Rabenstein（2002）歸納出三

個相互影響的保護因子系統，包括：兒童的內在資源、家庭支持、社區支持的外在資源，皆可以提供目睹兒童復原的協助。

關　鍵　詞

+ 主動性攻擊
+ 回應性攻擊
+ 社會訊息處理模式
+ 問題解決訓練
+ 童年逆境經驗
+ 路徑模式
+ 兒童福利
+ 家族治療
+ 創傷後壓力症候群

+ 因應力方案
+ 家長管教訓練
+ 偏差同儕傳染現象
+ 性侵害受虐兒童
+ 情境性的犯罪預防模式
+ 目睹家暴
+ 機構安置
+ 家庭危機

問題討論

1. 攻擊行為的發生與個人和環境因素皆有關聯。你認為一般教師和輔導教師可以分別提供什麼協助，以預防並降低兒童的攻擊行為？
2. 請說明「因應力方案」的內涵，以及採用此方案的注意事項。
3. 家庭內性受虐兒童與非家庭內性受虐兒童受到影響的主要差異何在？
4. 性受虐兒童較明顯的內隱性及外顯性問題各包括哪些？
5. 兒童遭受性侵害對身心及社會適應的影響各為何？
6. 目睹家庭暴力對兒童的身心影響如何？
7. 目睹家庭暴力兒童會有什麼可能的異常行為與心理狀態？
8. 可以協助目睹家庭暴力兒童的心理專業方式有哪些？
9. 如何建構兒童、家庭、學校的家庭暴力防治呢？

第十三章

特殊處境兒童的輔導

　　社會變遷涉及國際局勢、國內政治、經濟、文化及教育等方面，目前兒童的成長環境和以往有如天壤之別。本章分別從隔代教養、新住民及安置機構兒童等三個角度說明身處此情境中的兒童之特色、較為適應困難之處，以及學校輔導工作者能扮演的角色與可協助之處。

第一節　隔代教養兒童的輔導

王文秀 ///

　　近百年因為醫療、居住環境衛生及人民教育水準提高，對飲食、營養與運動的衛生保健知識都頗充沛，人類壽命不斷延長。依據 2021 年的簡易生命表，國人的平均壽命為 80.86 歲（男性 77.67 歲、女性 84.25 歲），與 2019 年同為歷年次高；與聯合國公布 2019 年全球相較，我國男、女性平均壽命分別高於全球平均水準 7.5 歲及 9.3 歲（內政部，2023）。

　　近年來社會變遷，家庭結構從傳統的大家庭轉變成核心家庭，甚至更多元化；社會結構也由傳統農業轉為工業，再到工商業服務與科技時代。不管怎樣的家庭結構或時代背景，祖孫三代多半密不可分，歷來若是三代同堂，祖輩往往頂多承擔部分教養之責，然而近年來，父母基於許多原因無法肩負起照顧子女之責，而將孩子交給（曾）（外）祖父母代為照顧。

　　人類壽命延長加上家庭結構改變，造成愈來愈多「隔代家庭」或「隔代教養」（skipped grandparent families 或 skipped generation family）的社

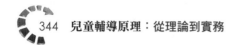

會現象，在此情形下，原本父母或祖父母的角色與功能都被重新定位。本節分別從隔代教養的定義及相關統計數字、形成原因、對三代的影響，以及學校輔導人員的輔導介入等方面加以說明。

壹、隔代教養的定義及相關統計數字

所謂隔代教養，是指由（外）祖父母（以下以隔代教養者、祖父母或祖輩代稱）負擔起照顧（外）孫子女（以下簡稱孫子女或孫輩）的角色與責任。根據隔代教養者涉入的程度，照顧的形態包括：擁有監護權的隔代教養者（custodial grandparent）、沒有監護權但與孫子女住在一起的隔代教養者（living-with grandparent）、提供日間照顧的隔代教養者（day-care grandparent）（鄭凱芸，2011）。

陳麗欣等人（2000）將隔代教養區分為廣義與狹義。廣義的隔代教養包括祖父母輩，甚至是隔代其他親友於任何適當時機對孫子女的教養與照顧均屬之，其形態如：白天由祖父母照顧，晚上由父母照顧，或是由其他親友（可能包含或不包含祖父母）照顧。狹義的隔代教養則指祖父母甚至曾祖父母擔負孫子女（重孫子女）大部分的教養與照顧責任，其形態如：日夜均由祖父母照顧，父母甚少回家；平常由祖父母照顧，週末或逢年過節才由父母照顧；或是主要由祖父母照顧，父母不定時回家照顧。本節採廣義的觀點，但主要仍是以祖父母為主要照顧者。

亞洲地區的隔代教養比例最高的國家是泰國和中國（Bengtson, 2016）；奈及利亞的一項調查顯示，有 37.2% 在學青年是來自隔代教養家庭（Ijadunola et al., 2017）；香港的一個研究（Chan & Hung, 2015）整理出，在低收入戶的 0 至 12 歲孩童中，有 20% 是隔代教養。

我國隔代教養家庭有逐年增多的趨勢，祖孫二代家庭占總戶數比例由 1988 年的 0.8% 上升至 2004 年的 1.2%，其中八成六是以祖父（母）為經濟戶長；戶內成員為 65 歲以上祖輩與 18 歲以下孫輩占祖孫家戶比例，也由 1988 年的 26% 升到 2004 年的 35%（行政院主計處，2006）。

另外再以行政院主計總處（2020）的「人口及住宅普查」資料顯示，

2010 年的總戶數為 7,414,371，除了核心家庭的家戶共計 4,028,505 戶，主幹家戶共計 1,216,691 戶，占所有戶數的 16.41%；而其中「祖父母、父母及未婚子女」之三代同堂共計 814,515 戶，占 10.99%，「夫婦及已婚子女」共計 300,550 戶，占 4.05%，隔代教養的「祖父母及未婚孫子女」共計 101,626 戶，占 1.37%。及至 2020 年，總戶數為 8,033,191，除了核心家庭的家戶 4,123,461 戶〔含夫婦、配偶或同居伴侶、父母與未婚子女、父（或母）與未婚子女（單親）〕，主幹家戶共計 1,278,796 戶，占所有戶數的 15.92%；其中「祖父母、父母及未婚子女」共計 843,729 戶，占 10.50%，「夫婦及已婚子女」共計 331,619 戶，占 4.13%，而隔代教養的「祖父母及未婚孫子女」共計 103,448 戶，占 1.29%。亦即從 2010 年到 2020 年，隔代教養（祖父母及孫子女）的比例大約在 1.37% 與 1.29%，相差不大，但這些數字和前述奈及利亞或香港的比例似乎差異極大，這應是定義的不同，但即使是將近 1.4% 的比例（10 萬戶左右），此族群帶給未婚孫子女各方面的影響仍須加以關注。

貳、隔代教養之形成原因

　　歷來學者從歷史、文化、政治、經濟或社會等角度來探討隔代教養之社會現象成因，歸納為下列幾點（駱俊賢、邱道生，2013），有的隔代教養是基於單一因素，有的則是綜合許多因素所致。

一、經濟因素

　　當父母無經濟能力照顧子女，必須遠赴外縣市或他鄉工作，甚至是因為躲避債務而遠離家中，祖父母不管有無意願，都有可能順理成章擔負起照顧孫子女之責。若是經濟考量，等於祖孫二代都依賴中間這一代的照顧，這樣的隔代教養等於是「愛的勞務」的「代間交換」。

二、女性參與就業

　　「男主外，女主內」的傳統觀念，受到社會變遷和職業結構改變影

響，女性受教育進而工作已是常態，職業婦女分身乏術，若再加上上述的經濟因素，因此有可能請祖父母承擔照顧子女之責。

三、雙親分離或死亡

父母的狀況，例如：雙親死亡、離婚、分居、再婚、遺棄或一人在遠地等，單親的一方無力照顧子女，也會導致隔代教養的出現。

四、父母身心狀況不佳、無行動力或無意願

父母藥物濫用、身陷囹圄、有心理或情緒困擾問題、身患疾病，或是身心障礙者，甚至無意願而疏忽、虐待等無心無力或無能照顧子女，都會促使祖父母成為主要教養者。

五、未婚懷孕

母親因未婚懷孕，自己本身仍在就學或無經濟能力照顧子女，祖父母在自願或非自願的情形下，也有可能負起照顧孫子女的責任。

六、傳統文化與傳統生活形態

華人文化強調父慈子孝、兄友弟恭的倫常，以及「家和萬事興」、「家醜不外揚」等價值觀，也深信基於血緣關係，若父母無法照顧自己的子女，祖父母似乎責無旁貸要接手照顧。許多祖父母也不忍孫子女流離失所、乏人照顧，因此不管是否是自己能力所及的情況下，皆會扛下照顧之責。此外，早期農村生活是三代或四代同堂的大家庭形式，白天男主人出門工作，女主人操持家務或協助田裡工作，祖輩在家照顧孫輩，這是一種「合作教養」的形式（邱珍琬，2010），亦屬隔代教養之一環。

七、父母缺乏照顧子女之社會資源

由於父母住家或工作場所附近缺乏托嬰托幼的設施，或是無法負擔托育的費用，再加上上述之工作或其他因素，亦有可能形成隔代教養之現象，這與社會福利政策有關。

參、隔代教養對三代之影響

依照人生的發展階段，祖父母歷經自己辛苦奮鬥的前半生，好不容易到人生的這個階段，多半想含飴弄孫，或是想要享受自己的退休生活；也有的祖父母經濟困窘、身體羸弱，期望下一代能負擔照顧之責，讓自己能安享晚年。雖然有些祖父母很高興自己能對這個家庭還有些貢獻，願意也享受照顧孫輩，也覺得能照顧孫輩讓自己更有活力，但是更多祖父母卻沒想到自己到頭來還得在經濟或生活上照顧孫輩，一旦面臨這個情況，不僅生活形態得重新調整，空閒時間被剝奪，身心及經濟上的負擔更可想而知。若孫輩不好管教，更讓祖父母心力交瘁、力不從心，也有可能覺得對不起子女，沒有把他們的孩子照顧好（Hongthai & Jongudomkarn, 2021）。有時祖父母在法律上不具備撫養權或監護權，對於爭取各方資源不利；有時祖父母也會覺得很羞愧，當初沒能盡到為人父母之責，將子女教育好，連帶讓孫輩無法處在「正常」的家庭，甚至認為自己前輩子欠孩子的債，只好逆來順受，扛下照顧孫子女之責（Hung et al., 2021）。任何家中成員的變動均會影響到整個家庭，以下分別就成年子女對上下兩代的影響，以及隔代教養對祖孫的影響加以說明。

一、成年子女對上下兩代的影響

父母理應肩負起照顧子女之責，但是一旦必須將此責任委託給自己的父母或其他家人，意味著隔代教養不僅會重組原有的家庭關係、得重新分配家庭資源與家事分工，更改變傳統的家庭關係與角色期待。有的父母會自責有愧上下兩代，但又莫可奈何，也有的則是無心無力於照顧自己的上下兩代，這些都會影響三代的互動和關係。

不穩定的成年子女對隔代教養之祖孫二方可能造成的影響因素，包含以下數端（鄭凱芸，2010）。

（一）祖父母懷疑自己的親職能力

由於父母無法肩負起照顧子女之責，讓祖父母不得不扛起這個重擔。有的祖父母自責年輕時沒有把自己的孩子教好，以至於如今要承擔苦果，

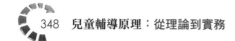

繼續照顧孫子女，或是對此境遇心懷怨懟又不得不扛起責任，這些狀況會讓有些祖父母對自己的親職能力不夠有自信，甚至還會受到成年子女的否定或批判。若是只能沿用以往的教養方式，一旦又遭受挑戰（例如：來自孫子女學校教師的抱怨），可能更增加自己管教孫子女的挫折感。

（二）資源使用的爭奪

　　孫子女的醫療服務、保險、就學、校方補助及社會安全福利等，都會影響照顧者的負擔程度，尤其當祖父母照顧身心障礙的孫子女，擁有監護權與否特別容易影響隔代教養者能否使用醫療或教育方面的資源。但是，有時成年子女可能會因為各種原因而不願意放棄自己的監護權（例如：也想領取子女的補助金），因而影響三代的關係。

（三）權威競爭或情緒糾結

　　有的成年父母一旦返家，會質疑祖父母的管教方式或是堅持以自己的方式來管教子女，讓三代都無所適從；孫子女也會面臨「要聽誰的（父母或祖父母）才對」，或是「誰才是我父母」的困境，有的則會選擇性地聽從父母或祖父母的管教，讓另一方很挫折。

　　隔代教養者不再只是單純扮演原本祖父母的角色，而是承擔孫子女生活／情緒／行為主要照顧者的替代性父母。隔代教養家庭也常被標籤上：弱勢、教養功能不佳、青少年易產生偏差行為、親職化兒童（孫子女因照顧年邁祖父母，分擔親職功能）等負面的形象，但是隔代教養亦有其正面意義，以下分別說明隔代教養對祖父母及孫子女的正負面影響。

二、隔代教養對祖父母的影響

　　駱俊賢與邱道生（2013）、陳燕慧等人（2014），以及羅惠玉（2016）歸納隔代教養對祖父母的正向影響，包含：(1) 還老返童及生命的延續：參與孫子女的學校活動，覺得自己又變年輕，不會覺得無聊；(2) 有自信與價值感：很高興自己還有能力照顧家人；(3) 由孫子女來達成某種成就，甚至完成自己年輕時無法達成的夢想；(4) 新的體驗及學習：自己年輕時忙於事業，錯過自己孩子的成長階段，現在等於重新體驗為人

父母的角色；(5) 協助照顧孫子女，可減輕自己子女的負擔，讓子女無後顧之憂；(6) 相較於為事業忙碌的父母，祖父母有較多的時間陪伴小孩，能給予孫子女較多的安全感；(7) 祖父母較有耐心與包容性，允許孫子女犯錯及從做中學；(8) 孫子女和其父母對立時，祖父母是兩代間溝通的橋樑；(9) 家有祖父母，可以讓孩子對老年人及文化傳承有正確的看法。上述這些正向影響也會影響到孫子女。

另外，郭李宗文（2011）訪談 10 位隔代教養長大的原住民成人，發現長者除了生理照顧之外，文化傳遞亦是正向因素；亦即隔代教養的優勢，除了祖父母可做為不稱職親職的一個替代外，也分擔雙親親職工作的負擔，做為孫輩的角色模範，促進代間的和諧與親密，也提供孫輩較多陪伴與安全感，甚至拯救一（數）個孫子女免於被虐待或被遺棄；而孫輩有可能會因不想辜負祖父母的用心，而在學業與行為表現上都較為負責自主（邱珍琬，2013）。李玉冠（2000）歸納隔代教養的助力有信仰、親友協助與社福服務等，祖父母的宗教信仰或來自親友及社會福利的協助，可減輕隔代教養者的身心及經濟負擔。

隔代教養對祖父母之負向影響則包含：(1) 身體健康及心理壓力過大：由於年事已高，再加上是別人（雖然是自己子女）的孩子，在管教與照顧上的身心壓力都相當沉重；(2) 代溝及溝通困難：祖輩與孫輩相差數十歲，溝通落差可想而知；(3) 經濟壓力過大：若祖父母本身經濟不寬裕，所有的教育與養育費用對祖父母均是沉重的負擔，若孫子女或祖父母自身有健康困擾，醫療費用更是壓力源；(4) 管教角色混淆不清：有的祖父母會溺愛或縱容孫子女，或是過度嚴格管教孫子女，會讓孫子女愈來愈失控或是不服氣祖父母憑什麼管教他們，讓祖父母在慈愛與管教之間無所適從；(5) 語言溝通及價值觀差異問題：祖父母重視的價值觀（如守成或女大當嫁），對孫子女而言覺得匪夷所思，雙方都覺得對方難以理解；(6) 文化刺激的問題：有的祖父母受限於自身的學歷或經歷，難以提供孫子女豐富而多元的文化刺激；(7) 祖輩對孫輩的家庭教育著力在行為約束、交友限制、勸阻不良習慣等，但是往往由於上述因素而事倍功半，讓祖孫關係更疏離（邱珍琬，2010）；(8) 要承受社會標籤和輿論壓力：雖然現在的社會已趨多元，但是仍有人會覺得隔代教養非常態，因而讓祖

孫雙方感受到被另眼看待（李玉冠，2000）；(9) 社會孤立：有的祖父母忙於照顧孫子女，無力無暇投入自己原本的社交圈，因此更覺孤立無援。

亦即從廣義的社會脈絡和生命歷程觀點來看隔代教養的困境，包含：時間失序的角色、隔代教養者的身心壓力與負擔、社會孤立、教養問題、資源的不可獲得性與不可近性（鄭凱芸，2011）。

三、隔代教養對孫子女的影響

如果父母基於各種原因無法好好照顧自己的子女，隔代教養對孫輩的正向影響，例如：(1) 提升生活品質，不至於流離失所：原本孫子女的父母在外打拚，無能力或意願照顧他們，現在有祖父母協助，生活穩定度提高；(2) 提供孫子女安全穩定的感情依附：除了生活照顧，祖父母亦能擔負起孫子女情感依託的責任，讓孫子女安心成長；(3) 讓孫子女有發揮天賦或更寬廣的學習機會：有的祖父母對孫子女的期待不像一般父母要求成績與成就，而是允許孫子女做自己喜歡的事，讓孫子女能自由發展；(4) 可直接傳承到上一代的文化：孫子女耳濡目染祖父母這一代的文化傳統，更能延續；(5) 若祖父母處理得宜，可以讓孫子女理解到生命教育的生命循環，以及坦然面對死亡（Freeman & Elton, 2021）。

至於隔代教養對孫子女的負向影響，則包括：(1) 無法從祖父母處直接學習：祖父母的人生經驗非常豐富，但是科技發達，許多知識日新月異，例如：3C 產品對幼兒而言就不陌生，但是對長者而言，要跟上頗為吃力，因此祖父母在教導孫輩的課業學習會愈發吃力；(2) 孫子女的課業壓力或生涯抉擇，祖父母無能為力理解與處理；(3) 孫子女不知道應歸屬何處，例如：侯玫杏（2012）訪談 6 位隔代教養兒童的內心世界，受訪者表示「我和阿公阿嬤經常吵嘴，課業壓力讓我很無助，我做錯事會被阿公阿嬤責打，我有好多個家，我需要更多的愛」。一些孫子女眼見同學與其父母關係融洽，自己的父母卻遙不可及甚至失聯，「回家」的定義和同學不同而覺得難受；(4) 隨著孫輩年齡漸長，祖輩的管教效力就大打折扣，若是沒有親密關係做媒介，祖輩的無力感會增加（邱珍琬，2013）。

肆、輔導人員對隔代教養家庭的介入

為了提高隔代教養的家人關係及提升兒童的各項功能和生活品質，降低隔代教養可能衍生的問題，學校輔導人員與政府有關部門對隔代教養家庭祖孫二代的協助應包含以下數端（侯玫杏，2012；陳燕慧等人，2014；鄭凱芸，2010，2011）。

一、學校方面

校方可先透過導師了解班上隔代教養學生的家庭狀況，評估須協助之兒童，由單一窗口（如學校護理師或輔導組長）進行個案管理，主動定期電話訪談祖父母以了解祖孫互動現況、提供學童健康狀態評估與健康諮詢功能、對祖父母處理孫子女問題提供諮詢，以減低養育孫子女的心理壓力，或是每學期的班親會，安排講師演講隔代教養者之「親子」關係與教養主題，讓祖父母覺得有被關照到，也能理解到有哪些資源可以運用。

二、教師方面

隔代教養學童在課業上的表現，有可能不如一般家庭的孩子，即使像是聯絡簿簽名，或是準備彩色筆這樣簡單的事，都可能經常無法達到教師的要求，這涉及祖父母的教育程度或行動力或忙於生計，不是不願意，而是有困難。所以教師除了在顧及公平性的原則下嘗試放寬學童完成任務的時間及品質外，更可試著多了解他們的想法，即使是利用短暫的下課時間去和孩子聊天，也會讓他們倍覺溫馨。與這些孩子建立關係後，再來要求他們在學業上的用心，將會比強制要求更能達到效果。此外，教師於上課或下課言談間，亦要顧及到隔代教養學童的處境，例如：規劃母（父）親節活動時，提醒同學廣義的照顧者概念，讓同學能尊重多元家庭。

三、輔導室（處）方面

輔導教師可以巡迴入班進行班級輔導活動，宣導尊重多元家庭的觀念，也可以進行隔代教養學童的小團體輔導，讓這些有相同背景的學生，在團體中有普同感，能分享彼此與祖父母共同生活的酸甜苦辣，也能學習

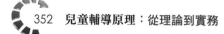

到同儕的祖孫相處之道。

四、專業間的連結與整合

Kelley 等人（2007）在隔代教養祖父母健康計畫的研究中，藉由社工及個案管理護理師，定時提供祖父母支持團體與父母教室、法律諮詢等措施，結果發現可對祖父母的心理壓力、家庭資源、社會支持與家庭適應上有良好的預測能力，因此校方可連結校外醫療、司法與社政資源，減輕祖父母的照顧負擔。

五、政府提升服務輸送的敏感度

政府可運用長照資源提供祖父母喘息服務，以緩解其照顧孫子女的壓力。各地衛生所（或健康服務中心）或當地醫院可在祖父母就醫時，安排志工提供「短暫日間幼兒托育」，同時提供祖父母喘息機會，也解決因為時間受限無法就醫的問題。公共衛生護理人員定期的居家訪視與提供健康相關訊息，對祖父母來說也是一項極大的社會支持。

六、政府創造與訓練符合隔代教養家庭需求之方案及員工

舉例來說，家庭教育中心推展「隔代教養學習型家庭」工作；學校行政單位擴充資源，讓學童有更多的學習設備與資源；學校教師創造一個家校同心的情境，引領學童進入學習殿堂（林瓊芸，2004）。

第二節　新住民兒童的輔導

田秀蘭、刑志彬

　　依據教育部（2022）統計，在 2016 至 2021 年間，新住民子女在各級學校的學生數約為 30 萬人左右，其中 12 歲以下兒童的學生數，幼兒園和國小從 2016 年的 15.4 萬人降至 2021 年的 9.5 萬人，雖然人數是下降的，但所占學生數也是不小的兒童學生族群，其中又以中國籍最多，越南籍次之，印尼籍再次之。而新住民在入住臺灣後容易遇到許多限制，包括：教育程度較低、身心狀況欠佳、經濟情況較差、人際網絡較為狹窄、文化風俗不同於臺灣、語言溝通容易出現障礙（黃富順，2006）。在兒童教養方面，主要的親子互動也是以生物層面為主，其次方為經濟、社會層面，心理層面則最為欠缺（楊小梅，2014）。因此，隨著目前兒童輔導發展的走向愈趨專業，新住民兒童族群的輔導工作亦是值得關注。

壹、新住民兒童家庭的概述

　　新住民兒童家庭面臨許多衝擊，例如：家庭中的子女教養、家人溝通與相處、休閒生活等問題（黃馨慧、陳若琳，2006）。陳孟鈺等人（2020）也認為，新住民家庭的父母能夠投資在兒女教育的資源相對較為貧瘠，特別是對新住民母親而言，在經濟、教育與社會等多重的弱勢因素，還要再加上臺灣文化對女性的角色限制、對女性在教養幼兒上的期待等，都可能與其原生文化有相當大的差異。總體來說，新住民兒童家庭從現實的經濟因素、生活條件，到成長環境資源的父母功能、文化適應，皆會面臨許多的挑戰，也反映出新住民兒童家庭的不利條件。

　　根據呂美紅（2001）的調查，新住民家庭經濟收入未達二萬元者占 11.59%、未達四萬元者占 68%，此兩者皆屬中低收入戶者；六萬元以上占 3.04%，則是屬於中高收入。而新住民工作形態，則是以無工作／家管所占比例最高，為 39.9%，可見新住民家庭的經濟收入普遍較低，進而導

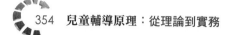

致新住民兒童能享有的教育資源有限，同時新住民兒童的父母可能為了增加家庭收入，而從事較長工時的工作來支撐家庭的開銷（陳孟筳等人，2020），也進而影響親子相處與互動關係。

　　另外，新住民兒童家庭父母間的互動關係也值得關注，新住民遭受親密關係暴力的情形也顯著高於本國籍配偶。以 2014 年的臺中市家暴通報案件為例，外籍人士遭受親密關係暴力比例為本國籍的 6.03 倍（蘇金鳳，2015），而刑志彬（2022）在一份國內的官方研究報告中，認為新住民親密關係暴力的成因是非常複雜且多元，有屬於個人行為的因素，也有文化性的因素，形成極為複雜且交錯的個人與社會影響。性別、文化會影響個體在家庭的位置與角色，且經濟也可能造就施暴者的行為，而現有家庭防治模式在新住民族群卻較無法展現成效。此外，新住民遭受親密關係暴力在求助行為上是有一定的考量（Acevedo, 2000; Ahmad et al., 2009; Bui, 2003; Jang et al., 1990; Perry et al., 1998; Raj & Silverman, 2002; Reina et al., 2014; Yoshihama, 2002），換句話說，新住民遭受親密關係暴力在求助上會遇到許多考量因素的阻礙，而身處於其中的子女，更可能是長年目睹家暴的兒童，而衍生後續兒童輔導的相關需求。

　　可以想見新住民兒童成長的環境，無論是在經濟、語言、家庭功能、父母親關係等面向，皆可能存在較高的風險因素，甚至影響新住民兒童的就學適應等問題，亟待輔導專業人員的介入，例如：國內針對一名新住民幼兒就學情形的個案研究（謝瑩慧、鄭沛緹，2019），發現新住民兒童對新環境與國語不熟悉，初期拒絕上學、退縮自閉、表達不通順等，而教師從「心理」、「社會」、「學習」三個面向介入輔導，可以協助該生適應幼兒園學習生活。換句話說，從輔導的觀點或專業的介入對於新住民兒童心理調適、生活適應皆具有一定的成效。

貳、新住民兒童的發展與適應議題

　　新住民兒童涉及文化調適，以及兒童當前心理社會發展的任務議題，通常比起原國籍兒童更需要適應，在發展過程中也容易遇見特定的阻礙，

舉例來說，語言的學習可能會需要較長的適應時間。根據新住民在臺灣使用華語的調查研究（林璣萍，2003），新住民不會說任何華語者占42.1%，因此當兒童在學習華語之際，新住民在母親角色上並無法提供太多的協助。

一、家庭照顧議題

研究中也指出，在照顧與陪伴孩子的家庭責任方面，相較於臺灣的家庭，新住民家庭更多僅由太太（即新住民）負責（王宏仁，2001）；父母的中文能力進而影響新住民兒童的學習適應與學業成就，指導與家庭功能的發揮也受到侷限。家庭照顧議題的影響是跨世代的、深遠的，臺灣對於從國外回臺的跨國婚姻子女或移民子女進入學校後，尚無整合性系統協助，僅在遇到學習上的問題後才加以介入，不僅加深語言、學習等困難，也無法讓這些孩子認同自我文化與增加他們的自信，發揮他們的文化優勢與潛能，甚至造成新住民第三代將持續地處於弱勢的地位（洪麗卿、劉美惠，2018）。更具體來說，新住民家庭在照顧議題有極複雜且多元的干擾因素，朱莉英（2019）曾整理新住民家庭的教養現況與困境，發現有口語刺激較少、文化差異與親職教養觀不同、父母忙於生計而無法提供即時學習上的幫助等現況。綜而論之，新住民家庭因為照顧的議題可能影響新住民兒童的教養與學習。

二、學習適應議題

黃詩媛等人（2022）的研究發現，新住民幼兒與本地幼兒在認知能力上有差距，可能是因新住民幼兒之學習刺激與學習材料較本地幼兒不足；而在語言、社會、情緒能力的差異，可部分歸因於學習刺激、學習材料與環境多樣的缺乏所致。另外，新住民家長對於教育概念或用詞不了解，亦會影響其與教師或教學單位的溝通（Brandon, 2007），造成孩子可能無法有好的學習適應。陳建州（2010）則認為，影響新住民子女能力發展的因素主要與家庭教養和教育方式有關，並非是新住民母親的身分。因此，新住民兒童因為家庭資源、文化環境等因素，可能會產生學習適應議題，需要專業人員進一步的協助。事實上這些年來，政府對多元文化的重

視也讓新住民逐漸能呈現其優勢，例如：在語言的學習方面，除在地的本土語言，像是客家語、閩南語、原住民語之外，也增加兒童在新住民語言的學習選項（葉芳伶等人，2020）。這讓東南亞語系的新住民子女能感受到尊重，並增加在學校與同學的互動自信。惟新住民兒童在自我認同的發展以及語言和文化價值的學習方面，仍須得到學校教師的關注。

三、行為與情緒適應議題

　　Ladd（1990）指出，學生的學習適應不再僅是侷限於學業表現，還包含：人際互動、需求滿足、自我概念發展、情緒管理等。因著前述學習適應的議題，新住民兒童可能會促發後續情緒和行為等議題。首先，語言能力問題對新住民子女的生活適應帶來影響，例如：特殊口音容易被同儕取笑、排斥等人際問題，也因本身無法正確發音而有自卑等心理問題（莫藜藜、賴珮玲，2004）。而前述生活適應與學習議題，應該讓這些孩子認同自我文化與增加他們的自信（洪麗卿、劉美惠，2018），換言之，他們本身在文化差異與生活適應上會造成自信不足等問題。而謝瑩慧、鄭沛緹（2019）則是提及，因新住民兒童在就學的環境適應會受到不同文化適應上的影響，剛到學校就讀時會出現許多排斥的情緒與行為，導致請假次數愈來愈頻繁。

　　總體來說，在多元文化的氛圍下，新住民兒童面臨的問題與家庭有密切關係。家庭在兒童教養方面所碰到的問題，包括：(1) 親子互動方面，口語表達較少，也許年輕的新住民母親對嬰幼兒的言語刺激較少，因此子女的語言發展也較慢，但隨著進入幼兒園或國小之後情況會逐漸改善；(2) 家長忙於生計，無形中也減少了親子互動的時間。由於新住民的工作形態多為餐廳、美容美甲、養生按摩、清潔打掃等服務業，工時長且需要夜間或清晨值班，因此容易忽略孩子生活習慣的培養；(3) 家長對孩子在學校的學習，可能難以提供即時協助，例如：家長不一定看得懂聯絡簿內容，無法掌握孩子的學習等（朱莉英，2019），加上文化的隔閡或是經濟弱勢，若疏於家庭和諧關係的建立，則容易影響孩子在學校的學習及人際互動，諸如語言溝通、環境刺激等，進而影響到新住民兒童的情緒與行為表現，像是自信、排斥情緒等，當然，也隨著情緒與行為的出現會持續

影響到學習適應與人際關係，而形成一個迴圈，因此需要適時地由專業人員提供必要的輔導措施與作為。

參、介入輔導策略

新住民兒童輔導工作因涉及語言、家庭系統，以及兒童個體的行為與情緒等層面，以下針對不同面向提出具體的輔導策略。

一、親職教育

欲提升正向的親子互動，需要補強新住民父母的語言溝通能力，並可藉由親職教育課程或團體增加親子互動中的心理內涵，包括：表達對彼此的關心、提升教養能力與關係品質等，像是可以藉由親子遊戲治療提升且具有許多實證性研究的支持。舉例來說，曾仁美、高淑貞（2005）的文獻整理後歸納發現，親子遊戲治療的效果有：(1) 父母的自我改變：照顧者的自信及能力感增加，對個人期待及壓力的自我覺察、自我接納增加，主動與其重要他人修復關係，更多積極的自我指導；(2) 兒童的改變：兒童自我控制增加，在生活上展現更多的自主性及控制感，情緒更穩定，溝通增加，對行動的責任感增加，減少退縮及攻擊行為；(3) 家庭互動改變：親子關係、夫妻關係皆獲得改善；(4) 父母教養策略改變：父母自己更同理、更堅定設限，並訂定更合理、更實際的期待。而 Sweeney 與 Skurja（2001）則是認為，親子遊戲治療是以關係做為介入的焦點，適用多元文化的背景，也相較其他親子遊戲治療不受文化的影響。

二、親師互動

至於在親師互動方面，魏珠容（2016）發現在親師互動關係中，教師通常扮演主動角色，家長則是被動的接收者。若要增進溝通效果，則最好是面對面的正向溝通，且是平日就常溝通，而非孩子出問題時才做溝通，如此較容易建立互信、互賴、互相尊重的關係，對兒童的成長也較能有實質的幫助。新住民子女可以掌握的另一項優勢是近年來政府重視的國際教

育。政府於 2011 年提出《中小學國際教育白皮書》，揭櫫中小學推行國際教育的願景、目標、策略及施行原則。此項政策彰顯了所有不同文化背景學生的平等性，大家共好，且一同邁向國際交流，增進不同國家學生或教師的彼此了解與學習（Crossley & Watson, 2003）。因此，親師溝通不僅是當前教育的重要措施，也是落實國際教育最佳的實踐關係與場域。

三、輔導處遇與實務建議

　　從前面對於新住民兒童家庭的描述，可以發現新住民兒童的輔導，建議多著力於家庭諮商（家庭互動與親職能力）或團體輔導（人際互動與情緒因應能力），針對新住民兒童的輔導，在了解及處遇方面，皆需要從生態系統觀點著眼（謝瑩慧、鄭沛緹，2019）。兒童問題的產生，不是個人問題；問題的呈現，與兒童所處的家庭、學校、社區，乃至整個國家教育制度及國際氛圍都可能有所關聯。除了家長與導師在家庭生活、學校生活對新住民兒童的觀察反映、溝通討論的發展性輔導之外，輔導教師也可能要因應特殊需求兒童的情況，並提供適當的輔導專業服務，這部分可以概分為對新住民父母與新住民兒童的介入方向。

（一）新住民父母的心理諮詢服務

　　當不同專業人員跨域協力合作，便必須仰賴心理諮詢的實務能力（Erchul & Martens, 2010; Falender & Shafranske, 2020）。Falender 與 Shafranske（2020）整理目前心理諮詢的模式，大致分為：「以個案為中心的諮詢與跨專業實務」（client-focused clinical case consultation and interprofessional practice）、「以求詢者為中心的諮詢」（consultee-focused clinical case consultation」、「以求詢者為中心的專業發展」（consultee-focused professional development）、「以個案為中心的社區組織諮詢」（client-focused community organizational consultation）、「以求詢者為中心的社區組織諮詢」（consultee-focused community organizational consultation）、「同儕諮詢」（peer consultation）等六種，無論何種心理諮詢的提供模式皆具有實證效果的基礎（Derisley et al., 2005）。雖然國內心理諮詢的研究相較不多，但是也被實證為有效

的個案處遇模式（杜淑芬，2018；邱獻輝、鄔佩麗，2004），並列為心理諮商或輔導專業人員的基礎能力之一（林家興、黃佩娟，2013）。美國密蘇里州立大學的中小學教育學系和生涯教育中心（Derisley et al., 2005; Missouri Department of Elementary and Secondary Education and the Missouri Center for Career Education, 2015）定義學校心理諮詢是：學校諮商員與校內外學生、家長、教師、行政人員及其他助人專業人員協同工作。而林美珠（2002）也提到，在有限的資源與時間下，諮詢是可以發揮諮商輔導功能的最大效益，因此是值得採用的服務方式；杜淑芬（2018）則是認同學校心理專業人員是可以透過心理諮詢與教師合作處理學生的問題；而吳怡慧等人（2018）也提到，家長所感受到的情緒性與資訊性的社會支持，會影響其親職效能。

　　此外，學校也可以連結相關社會資源，包括：社工輔導服務、法律諮詢服務。家庭諮商及社工服務有助於改善或穩定親子關係。其他學習輔導方面，包括：親子共讀、母語或外語的學習，都是不錯的方案。若以團體輔導方式進行，則可參考相關媒材，例如：桌遊或親子律動團體，讓親子雙方藉由共學互動過程傳遞愛與關心，並將正向的互動經驗傳遞到學校及社區的人際互動關係裡。

（二）新住民兒童的輔導注意事項

1. 語言溝通與自信建立

　　吳美瑤與詹秀美（2010）從特殊教育觀點出發，強調學校更應注意對新住民特殊需求兒童的關懷。在原有的語言及文化隔閡之下，特殊需求兒童需要更強而有力的社會支持。教師不妨在平日就與新住民身心障礙子女的家長建立友好關係，讓他們相信教師是積極地在為孩子付出。此外，教師也應積極聆聽家長的情緒，同理其心情，讓他們知道孩子的心理成長及學習是同樣重要的。在多元的溝通下，新住民家長及孩子的溝通和學習能力都能有所進步，親師合作對特殊需求兒童而言更是重要。另外，在國家鼓勵國際化教育的同時，新住民子女其實也擁有一定的優勢。移民署甚至也開始辦理相關活動，鼓勵新住民子女利用寒暑假回到原生國體驗多元文化（葉郁菁，2019）。透過國際體驗以及多元文化的涵容，新住民子女

的自信心在無形中也隨之提升，足夠的自信有助於他們在人際上的互動。

2. 環境偏見與文化包容

面對新住民子女，輔導教師可能會付出更多的關心與照顧，但也可能容易在不經意之間對新住民子女投以刻板印象，並形成沒有覺察到的偏誤，例如：在讚美學生時不經意地誇大其中文說得很標準、在飲食方面一定比較喜歡辛辣的食物、媽媽工作忙碌你一定十分獨立等。這也提醒教師，在輔導新住民兒童時，最好還是秉著個別差異的原則，暫時擱置刻板印象，以客觀態度理解學生家庭背景與其可能持有的文化價值。輔導教師也需要覺察自己所持的主觀價值，並承認自己是可能出現盲點。整體而言，輔導教師在協助學生心理調適時，需要了解兒童的文化背景，同時不受這些文化上刻板印象的影響。此外，曾貝露（2021）特別提及校園歸屬感對兒童的重要性。在輔導過程中，輔導教師平等看待兒童的原鄉文化與主流文化，會是很好的示範。當兩種文化兼容並蓄，兒童在家庭與在學校中都能擁有自信，則孩子在校園中的人際互動及學習也會更為順暢。

在新住民兒童輔導工作中可以著重的另一項重點是「永續發展目標」（Sustainable Development Goals, SDGs）所重視的理念，例如：良好健康與社會福利、性別平等、減少國內及國家間不平等。在此多元文化背景下，輔導教師要鼓勵兒童重視社會平等，並學習互相尊重的價值信念。換言之，協助新住民兒童自身所處環境的認同成為一個非常重要的議題，包含內在認同與外在認同，需要營造包容的學習場域，例如：新住民兒童可能因為探親會請假一段時間，老師應該要降低其特殊性，並對於班級進行相關的教育與說明；反之，若環境無法提供包含讓新住民兒童有認同的機會與空間，往往會造成許多不適應。

3. 兒童優勢與資源合作

楊瑞珠等人（2021）在教育部國民及學前教育署的委託下針對多元文化新住民兒童編寫《多元文化學生生活關懷工作手冊》，目的在提升新住民兒童的學習能力，並啟發其特殊潛能。手冊中討論許多多元文化兒童的生活需求及教師關懷角色，建議教師在輔導學生時，宜了解兒童的多元文化背景，鼓勵兒童建立生活上的關鍵素養，學習社會情緒管控能力，不斷學習並探索自我。該手冊也提供具體的文化知情課程及活動設計，供教

師及輔導人員參考,例如:「看見自己:優勢力實作」活動,兒童可藉由故事敘說的歷程,自然而然地發現自己的優勢力,並在團體中與同儕分享,彼此讚賞、鼓勵!

除了校園輔導工作,輔導教師也可以提供兒童及家長相關社區資源,例如:各縣市政府也設有新住民照顧與輔導專屬網站,新住民兒童及家長可以在網站中找到符合其需求之相關資源,包括:家庭服務中心、家庭暴力暨性侵害防治中心、發展遲緩早療服務、特殊境遇家庭服務、兒童父母親就業服務,以及必要之經濟支持等。由於近年來多數新住民主要來自東南亞國家,新住民兒童的家庭背景也多屬於經濟弱勢或帶有重男輕女的價值觀念,因此在輔導措施方面,宜提升兒童的自信心及自我價值感。此外,支持性的團體輔導亦會是不錯的活動,教師在班級團體中能以身作則,尊重新住民兒童,也能帶動班級兒童對多元文化價值平等的學習。協助新住民兒童發現自己的優勢,提升自信,肯定自己,與同儕平等互動,並發揮潛能,將會是重要的輔導目標。

第三節　受安置兒童的輔導

王櫻芬 ///

當父母無法提供年少的子女適當照顧時,兒童極可能透過社會福利系統進入安置機構,例如:寄養家庭或住宿型機構。現在臺灣有 1,581 名兒童接受寄養家庭的照顧(衛生福利部,2020),另有 2,662 名居住於政府辦理或核可的公私立安置機構(行政院主計總處,2021)。這群兒童可能因為先天條件的限制,加上後天環境的不足,而面臨許多困境,產生心理困擾,需要輔導介入。了解這些兒童面臨的情境和相關輔導策略,有助於第一線輔導教師和相關人員提供更適切的服務給居住於安置機構(含寄養家庭)的兒童,以促進其心理健康,預防未來行為與情緒問題的發生。

壹、寄養家庭／住宿型機構之現況與挑戰

　　一般來說，兒童可能因為家庭發生重大變故，而需要接受安置，以健康成長；亦可能因為遭受虐待或是本身違反法律，而被法院裁定安置。在臺灣，涉及兒童與青少年安置的法規包括：《兒童及少年福利與權益保障法》、《兒童及少年性剝削防制條例》、《少年事件處理法》，也就是可能接受安置服務的兒童，除了因其父母無力照顧或是虐待兒少之外，也可能因為兒童遭受性剝削、觸犯刑法，或是有遭受性剝削、觸犯刑法之虞，因此被安置到安全的住所。安置處所大致可分為親屬家庭、寄養家庭和機構安置，近年來亦有社區中的家庭安置或治療性團體家園出現（簡永達，2018；Smith et al., 2014），但是屬於實驗性質，範圍較小。

　　對於安置機構的設置、照顧者資格條件和照顧內容，政府已制定各項法規進行規範。以《臺北市兒童及少年寄養家庭管理自治條例》第 4 條為例，無論在年齡、學歷、經濟收入、家庭氛圍、居住空間上皆有所規定。此外，優先考慮具有兒童及少年福利機構專業人員資格，或是具有照顧兒童及少年經驗者，且照顧者和家庭成員過去均不得違反《兒童及少年福利與權益保障法》、《性侵害犯罪防治法》、《性騷擾防治法》、《兒童及少年性交易防制條例》或《兒童及少年性剝削防制條例》中所定犯罪行為。除了資格條件的規範，各縣市政府亦明定安置服務內容，包括：協助安置兒童的就學和生活所需、促進其生活適應和身心健全發展等（例如：高雄市政府，2021）。此外，根據衛生福利部（2022）的規定，在安置的理由消失或安置期滿時，主管機關需要協助兒少與其家庭為返家或獨立生活做準備，例如：強化原生家庭的親職能力、建立兒少的支持網絡、生涯規劃、財務和生活管理等。

　　雖然政府制定各項法規，盡力保護兒童權益，並提供適當的照顧，但是安置系統遭遇的挑戰不勝枚舉（徐瑜、廖士賢，2019；陳毓文，2008；彭淑華，2014；葉靜倫，2017a，2017b；鄭敦淳等人，2005；Dozier et al., 2014）。首先，安置機構的人事與運作問題讓實務工作者擔憂，例如：鄭敦淳等人（2005）指出，美國安置機構工作人員的高離職率和難以招募到勝任的寄養父母，使得兒童難以得到適當照顧。國內媒體

報導亦提到，安置機構低薪、密集勞動、地處偏僻、機構人員背負高度的照顧壓力，以及機構內兒少常出現的行為、情緒和性議題等現實與專業困境，使得保育員和生活輔導員的離職率相當高，而難以維持適當運作（徐瑜、廖士賢，2019；葉靜倫，2017a，2017b）。其次，Dozier 等人（2014）主張，機構式照護對所有年齡的兒童之健康發展都有害，並非適當的居住安排，不應以此替代家庭環境式的照護。在機構內長大的孩童出現的一些刻板行為，例如：身體前後擺動、自我刺激、退縮憂鬱，或是無差別地依附、友善行為，更讓許多學者和實務工作者憂心（Bakermans-Kranenburg et al., 2011; Dozier & Rutter, 2016）。2017 年，臺灣首次接受《兒童權利公約》的國際委員會審查，結果發現目前安置於機構的兒少人數過多，因此建議政府應積極推動提供更多家庭式照顧方案，讓兒童能得到良好的照顧。

　　不管是接受寄養安置或住宿型機構安置，在安置前、安置期間和結束時，兒童分別會遭遇不同困境和情緒經驗（黃錦敦、卓紋君，2006；Dozier & Rutter, 2016），例如：安置前會面臨與原生家庭、過去的同儕和熟悉環境的分離，可能感到失落和不捨；亦有對未來不確定性的憂心。安置期間需適應新的居住環境和學校，可能感到缺乏歸屬感、孤單或無助；若無法順利與原生家庭連結，則可能感到被遺棄、傷心或憤怒。安置結束時，若原生家庭的環境沒有改善，兒童可能因為失去安置機構的支持，面臨經濟和生活上的困境（王思涵，2014；Eilertson, 2002）；亦可能因為感到自己的處境和安置之前相同，而產生更深的無助感（黃錦敦、卓紋君，2006）。

　　即使如此，部分研究發現經歷過一開始的震驚、抗拒或測試階段後，在家外安置中得到良好照顧的兒童，仍可安然渡過沒有親人照顧的生命階段（吳東彥，2015；陳慧女，2019；Bakermans-Kranenburg et al., 2011）。舉例來說，Bakermans-Kranenburg 等人（2011）綜覽過去文獻，指出在 1 歲之前被領養的孩子，經過兩年左右，可與領養父母形成安全依附，與其他同齡者無異；此外，在適當的照顧之下，生理和認知層面也可快速地趕上其發展軌跡。陳慧女（2019）研究受虐少女在安置機構的改變經驗，亦發現機構的生活穩定，使少女感受到家庭的溫暖，機構內外的

同儕支持也給予少女力量；他們因此開始規劃未來，而能夠更好地適應社會。

　　綜上所述，安置機構是家庭教育不彰，或是兒少身心狀況無法於一般家庭環境獲得適當照顧時，政府和社會所能提供的照護手段，雖然有其限制，但若能和學校系統合作，亦有機會提供安穩的環境，讓兒童順利成長。

貳、受安置兒童的發展與適應議題

　　身處安置機構的兒童常具有生理與發展議題，此外通常經歷過受虐、被忽略或創傷等歷史，或是因為家外安置照顧者轉換等因素，產生依附、情緒和行為適應與學習問題。若兒童曾經歷性侵害，更可能出現性語言或不當性接觸等行為。本書另有專節探討此議題，此處不贅述，僅針對其他常見議題加以說明。

一、生理與發展議題

　　過往研究發現，被安置的兒童有較高比例的生理和發展問題，例如：Vasileva 與 Petermann（2018）的後設分析研究發現，約 40% 的寄養兒童有生理和認知發展遲緩的問題。Tarren-Sweeney（2008）研究發現，接受寄養照顧的兒童罹患生理疾病（如癲癇、神經動作問題等）之比例偏高；此外，出現語言和閱讀障礙比例也高於一般兒童。這些議題可能是他們的父母無力或未能適當照顧他們，導致他們會被安置的原因，也可能是因為他們在安置機構中未能得到適切的認知和社會刺激所致。

二、依附關係議題

　　幼兒與其主要照顧者之間的情感連結（即依附關係），與後續的心理健康、情緒調節和人際關係發展皆有關聯。安置機構中的兒童可能於生命早期，即經歷依附關係的扭曲或干擾。此外，在安置機構中常缺乏穩定的照顧者，或是照顧者未具足夠的敏感度、未能提供一致性的回應等因素，

而有較高的比例發展出不安全依附。Muzi 與 Pace（2021）及 Zaccagnino 等人（2015）的研究都發現，居住於安置機構的青少年有較高比例發展出不安全或混亂型依附（disorganized attachment），因此與照顧者互動時，呈現不一致的反應（例如：表現出想靠近對方的態度，卻又在對方靠近時，表現出抗拒）。此外，與依附關係極有關聯的反思功能（reflective function，指個體理解他人和自己行為中潛藏的感受、想法、信念和渴望等心理狀態的能力）亦較低，進而對情緒調節和人際能力產生負向影響（Zaccagnino et al., 2015）。

　　雖然大部分兒童可能在被安置前，即發展出不安全依附，但 Dozier 等人（2014）認為，仍有部分安置機構的兒童來自充滿關愛的家庭，只是照顧者因為疾病、死亡或貧窮等因素，無法繼續提供穩定的照顧，使其依附關係無法持續。Smyke 與 Breidenstine（2009）也指出，學齡兒童被安置到寄養家庭或機構時，可能因與父母之間的感情深厚，即使無法與父母共同居住，仍會記掛父母；因此對親近寄養父母或機構照顧者或是與其建立和諧的關係會感到猶豫、掙扎，可能視其為背叛自己父母的行為。

　　在此狀況下，若寄養父母本身為安全自主型依附（autonomous attachment states of mind），有利受安置兒童與其發展出安全依附關係（Dozier et al., 2001; Raby et al., 2017）。若寄養家長和孩童之間能形成正向的互動關係，孩童後續的適應狀況會較為理想（Dubois-Comtois et al., 2015）。另一方面，Bakermans-Kranenburg 等人（2011）研究發現，天生氣質較多正向情緒、社會技巧較佳的幼兒，較能開啟與照顧者間的互動，使得他們在接受機構照顧的情況下，仍能夠獲得照顧者的注意、與其互動，以利安全依附的形成。

三、情緒和行為適應問題

　　在適應家庭外安置的過程中，兒童會採取各項因應策略，有些策略可能有助適應，另外一些則可能使其陷入更嚴重的負向情緒和行為問題中。研究發現，寄養系統中的兒童與少年出現心理健康議題的比例相當高，包括：注意力不足／過動症、行為規範障礙、創傷後壓力症候群、憂鬱症、焦慮症等（陳毓文，2008；Conn et al., 2016; Modi et al., 2016; Ogg et al., 2015; Scozzaro & Janikowski, 2015; Wiik et al., 2011）。舉例來說，Wiik 等人（2011）研究發現，幼年時從安置機構中被領養的兒童，在兒童中期的外向性問題（含過動／注意力不足）高於一般兒童；Conn 等人（2016）的研究發現有 71% 的受安置兒少出現心理健康問題，包括：注意力不足／過動症、行為問題和情緒問題；在臺灣的研究可發現高比例的憂鬱（陳毓文，2008）和違規行為（林鴻智、許華孚，2020）。高比例的心理和行為適應議題，使得他們常需要接受精神醫療和／或心理健康服務（Scozzaro & Janikowski, 2015）。

四、學校表現和同儕關係問題

研究發現安置機構兒童的學業表現較差（Muzi & Pace, 2021; Rus et al., 2017; Vorria et al., 1998），相較於非安置機構兒童，他們學習成就低落的比例較高。其原因除了因為安置機構兒童較常出現認知能力缺損，或是語言遲緩、閱讀障礙之外（Tarren-Sweeney, 2008），研究發現安置機構中的相關刺激較少，可能影響孩童執行功能的發展（Merz et al., 2016）。此外，安置兒童在課堂上較難維持專注力，會出現較多無關學習任務的行為（off task behavior）（Vorria et al., 1998），也可能影響學習成效。

除了學習方面的相關問題，受安置兒童的社交能力較差，常出現同儕互動問題或師生衝突（林鴻智、許華孚，2020；Conn et al., 2016; Muzi & Pace, 2021; Pitula et al., 2019; Tarren-Sweeney, 2008）。舉例來說，Pitula 等人（2019）研究發現，相較於未被領養的一般兒童，曾被安置於機構或被寄養的兒童，會出現較多的同儕相處問題，包括：同儕拒絕、社交退縮、攻擊或欺負等負向人際互動狀況；Vorria 等人（1998）觀察安置機構兒童於下課時間與同儕互動的狀況，發現他們較常獨自一人、較多攻擊行為、較少參與團隊的遊戲。

上述研究結果顯示家庭外安置兒童的心理健康和適應議題，值得關注。面對這些問題，研究發現對機構規範的感受愈負向、感知的工作人員支持與同儕支持低，則兒少的憂鬱情緒會愈高（陳毓文，2008）。此外，多次轉換安置機構是後續兒童行為問題的危險因子（Lehmann et al.,

2013; Simmel, 2001）。黃錦敦與卓紋君（2006）指出，有利於兒童適應家庭外安置的因素，包括：安置前對寄養家庭有所了解，且此安置符合兒童的主觀需求；安置期間感受到正向經驗、同儕支持、基本物質資源的滿足、獲得寄養家人的正向評價和明確教導；在寄養結束後，親友的協助、寄養家庭後續支持、同儕持續支持、對於未來抱持希望與使命感等。輔導人員若能對這些因素有所認識，當有助於協助受安置兒童的適應。

參、輔導介入策略

　　由於安置兒童心理議題的複雜度，提供輔導介入有其必要性。目前有許多針對安置兒童本身和針對其照顧者提供的介入方案廣被採用，部分方案並獲得實徵證據支持。以下摘要說明。

一、以兒童為核心的介入方式

（一）情緒與行為議題的心理諮商

　　無論是針對一般兒童或是協助身處安置系統的兒童，均常運用遊戲治療的形式。Gil（2011）針對曾遭遇創傷、受虐、目睹家暴的兒童，提出整合取向（integrated treatment）遊戲治療。她認為這些兒童可能出現創傷後遊戲，其特徵為重複固著、高度結構、兒童沉浸其中忽略周遭的人。過程中顯得缺乏樂趣、無明顯外露情緒，這和一般遊戲中，兒童可透過遊戲消化情緒、釋放能量，並獲得「有能感」（sense of mastery）有所不同，因此在治療時，應結合非指導性與指導性的作法。其治療目標除了一般性目標，例如：建立互相尊重和信任的治療關係、協助兒童辨識自己的內在狀態、協助兒童表達感受與想法、促進兒童的情緒和行為自我調節，以及提升兒童的自我尊重與有能感之外，尚且包括創傷經驗處理的相關目標，例如：透過語言和遊戲將特定創傷記憶帶至意識層面；促進創傷相關情緒和能量的釋放；鼓勵整合創傷記憶，擴展因應策略，並消化創傷帶來的傷害；與其家人合作，發展並強化家庭的支持性關係。可採用的治療模式，包括：個別兒童治療、團體治療、家族治療、特定家長—兒童治療、

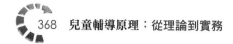

家長支持團體等。

　　除此之外，由於安置在機構的兒童常經歷過創傷，以創傷為焦點的認知行為治療（TF-CBT）也常被用於協助他們減輕身心症狀、增強情緒覺察和調節能力、促進親子溝通和提升社交技巧，以增進幸福感。其治療內容包括：暴露治療、認知介入、壓力管理、父母處遇（Cohen et al., 2000）。最後，融合心理動力、依附、創傷、認知行為和社會學習理論的概念所發展的兒童與父母心理治療（child-parent psychotherapy, CPP），亦常被採用（Lieberman et al., 2006; Weiner et al., 2009）。此治療方式聚焦於提升兒童和照顧者的情感調節能力、改變兒童與其照顧者的不適應性行為，以及兩人互動時的不適應性行為。此外，也協助兒童進行符合其年齡水準的人際互動和活動，並促進親子關係中的希望與信任感。Weiner等人（2009）的研究發現，針對接受寄養照顧、具有情緒和行為問題的兒童與青少年，TF-CBT 和 CPP 皆可有效降低其症狀，改善其功能。

　　此外，一些富創意的治療方式，亦可能有益兒童的心理健康，例如：研究發現親子遊戲治療對於減輕寄養父母的親職壓力、提升其親職功能和促進其與兒少的互動有顯著成效（張高賓，2012）。或是，表達性藝術治療團體在促進安置機構青少女的自我概念、降低其負向情緒與違規行為上，曾獲致良好成效（盧鴻文，2015）。此外，Song 等人（2020）針對居住於團體之家的青少年，發展了一項融入森林治療理念的心理健康促進方案，研究發現有助於青少年消除壓力，使其變得較有活力和放鬆。

　　筆者與受安置兒童工作時，曾修改家庭動力畫的進行方式，自創「兩個家庭動力畫」活動，協助兒童分享自己在原生家庭（或是願意讓安置兒童在假日時拜訪的親屬家庭）之生活狀況，並將此家庭與現在安置機構中的生活做呼應。透過繪製動力畫過程的提問和討論，讓個案覺察雖是不同的生活情境，卻有相仿的家庭功能和人際互動，例如：兩個環境都有扮演照顧者角色的成人，以及可一起玩樂的同伴。亦讓兒童覺察在這兩個環境中，其所擁有的內在與外在資源，以及自己的主體性，以提升兒童的控制感。

（二）環境適應輔導

居住於長期安置機構的兒童，常已經歷多次居住環境和照顧者的轉換，每一階段的環境轉換，皆會帶來不確定性和壓力。在機構環境的適應上，蔡群瑞與高淑貞（2017）提出初入安置機構兒童的定向遊戲治療模式。他們透過行動研究法，發展出一套以遊戲治療為手段的「定向輔導模式」，其主要目標在協助兒童認識機構環境、了解自己被安置的緣由、探索對於進入機構和對原生家庭的感受、提升適應機構的因應能力、認識自己的優勢，並且建立新的人際支持網絡。此模式共包括四大單元，以結構遊戲，例如：我的心情日記、用漫畫說故事、投射性牌卡和優點大轟炸等做為媒介，創造較為輕鬆、自在的互動情境。此外，採用問題解決、因應式自我對話、增強和類化等認知行為遊戲治療的技巧，引導兒童習得新的認知和行為技巧。有鑑於安置在機構的兒童常經驗被遺棄、惶恐不安，甚或憤怒不滿的強烈負向情緒，此模式提供機構照顧者完整的輔導程序，協助兒童走過這段適應的歷程。

此外，筆者在與安置機構兒童工作時發現，居住於機構期間，面臨學校的班親會活動或是其他邀請家長參與的班級／全校性活動，受安置兒童對於是否邀請院內的社工或生輔員等工作人員參與活動，或是活動中如何介紹對方身分，常感到猶豫與不安。若能對受安置兒童的擔憂有所理解，校方和院方可提前與受安置兒童溝通介紹與會院方工作人員的方式，當有助受安置兒童在此類活動中稍感自在與控制感。此外，有經驗的安置機構通常會提前詢問學校行事曆的安排，在活動前主動告知受安置兒童將採用何種方式參與此類活動。甚或是在國語課撰寫「我的母親」、「我的父親」等作文主題時，教師即引導兒童思考現代家庭的多元樣貌，並鼓勵兒童以像母親或像父親一樣的照顧者為對象，進行撰寫（曾惠雪，2023）。

最後，結束機構安置，重返家庭或邁向獨立，亦是重要的輔導任務（Modi et al., 2016）。衛生福利部（2022）訂定的「直轄市、縣（市）主管機關辦理兒童及少年結束家外安置後續追蹤輔導與自立生活服務作業規定」，說明結束安置前，相關單位和人員需如何訂定服務計畫、協助兒童適應返家生活、維繫家庭關係，並／或順利進入社會自立生活。輔導人

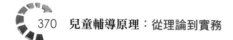

員宜清楚此歷程，以及和安置機構合作，促進兒童順利渡過此轉換歷程。

二、對照顧者提供訓練

　　身處安置系統的兒童，多有受虐或創傷經驗，因而發展出不適應的人際行為。寄養家長、保育員和生活輔導員等替代照顧者，肩負安置兒童的生活照顧和管理，常需提供情緒支持。吳東彥（2015）呼籲，照顧者應理解兒童的心理需求和適應歷程，提供一致的照顧，並與兒童建立安全信任關係，方能協助兒童調節自己的情緒和行為。國內外研究皆發現，替代性照顧者與孩童之間的正向關係，對孩童適應有正面影響，在提供臨床服務時，需要特別關注促進替代性照顧者和孩童的關係品質（林鴻智、許華孚，2020；Dubois-Comtois et al., 2015）。因此，除了針對兒少問題行為的處理策略，提供專業訓練之外（鄭期緯、梁芮瑄，2018），提升照顧者的關係互動能力，實有其必要性（Becker-Weidman & Hughes, 2008）。

　　此外，協助原生家庭父母重建／恢復親職功能亦是重要的方向。筆者從個人於安置機構提供心理諮商服務時的經驗發現，即使原生家庭父母無法提供受安置兒童適切照顧，甚至曾經帶給他們身體或心理的傷害，他們仍會企盼回家團聚。因此，協助原生家庭父母提升親職教養能力相當重要（Weiner et al., 2009）。在相關訓練中，最廣為人知的包括：依附關係重建治療（dyadic developmental psychotherapy）、依附與生理行為提升方案（attachment and biobehavioral catch-up）等。

　　依附關係重建治療是一個基於依附理論，強調互動中的非語言歷程，並採用多樣化策略（例如：認知行為、心理劇的重演、角色扮演等）協助兒童發展出具一致性的自傳式敘說，以修改負向內在運作模式的方法（Becker-Weidman & Hughes, 2008; Hughes, 2018/2019）。一次治療通常為二小時。除了進行兒童治療，並會處理照顧者的依附議題，教導他們可重建依附關係的親職教養方式。在治療兒童時，使用三類介入：情感性調和（affect attunement）、認知性重構、心理劇重演。核心態度為「PACE」，即玩樂（playful）、接納（accepting）、好奇（curious）、同理（empathic）。針對照顧者的治療主要有兩類介入：第一，教導有效的親職技巧，幫助照顧者避免權力拉扯；第二，維持適當的 PLACE 態

度，即玩樂、愛（love）、接納、好奇、同理（Hughes, 2018/2019）。

最後，Dozier 與 Bernard（2018）提出的依附與生理行為提升方案是個手冊化的親職介入方案，共包括 10 次晤談，由父母教練（parent coach）在個案的家中進行，其目標在協助出生 6 個月至 3 歲幼兒之父母（親生父母或養父母），採用具滋養性的方式與其子女互動。治療目標有三項：在孩子情緒不佳（如害怕、苦惱、擔憂等）時，提供安慰；以愉快的心情，跟隨孩子的引導；避免尖銳或駭人的行為。所有過程會進行錄影，以供父母回看影片，了解自己在介入行為目標上的優勢和需要調整之處。十次的介入內容，摘要如下。

第一次和第二次晤談，是和照顧者討論滋養孩童的重要性，並提供研究證據挑戰傳統的教養觀念。第三次和第四次晤談，說明跟隨孩童的引導之重要性，並透過影片提供示範。第五次和第六次晤談，討論讓孩童不悅（甚至是讓人害怕）的干擾性行為，並觀看影片，學習與孩子玩耍時如何注意孩子的反應，而不會出現干擾或讓孩童害怕的行為。第七次和第八次晤談，是幫助照顧者思考其成長經驗如何影響現在的教養方式。第九次和第十次晤談，鞏固前幾次所討論的觀念和技巧，照顧者將收到剪輯過的影片，呈現他們提供滋養並追隨孩童引導的互動片段。值得注意的是，教練在參與親子互動時，每分鐘至少會提供照顧者一個回饋，使他們及時得到回饋。總之，針對受安置兒童與其照顧者的介入方案，多有深厚的理論基礎和基於實證的作法，輔導人員可接受相關訓練，增進專業知能，以能有效地提供協助。

肆、結語

在安置系統中的孩童，面臨環境轉換和／或早期不利生活環境的影響，努力適應生命中的各項挑戰。教師和輔導教師在過程中提供的協助，當有助其適應歷程。以下提出教師和輔導人員可採取的作法：

1. 增進對於安置機構兒童之心理狀態的了解，並採取具敏感度和回應性的互動方式。輔導人員若具有創傷知情的相關知能，將過往依附

經驗對於受安置兒童現今人際互動模式之影響納入考量，當更能適當地回應其需求，引導其行為。

2. 安置機構的兒童對於未來有許多不確定感，多些同理與支持會讓兒童感受到被歡迎和被接納。此外，協助受安置兒童建立校內的人際支持網絡，並維持日常活動的穩定性和可預測性，亦有助於適應。

3. 和機構的工作人員密切合作，適時召開安置前中後的會議，以規劃符合受安置兒童的輔導策略。同時，安置期間確保彼此資訊流通。輔導人員及時了解受安置兒童在安置機構的生活與同儕互動狀況、安置狀況的可能改變，或是原生家庭的變化等資訊，有利正確地解讀與回應受安置兒童在學校中出現的情緒起伏或行為變化。

4. 學校教師和輔導人員通常對於受安置兒童的適應狀況和心理狀態，有豐富的觀察與了解，可擔任兒童權益的倡導者，幫助其他專業人員或政府代表了解其需求，為受安置兒童謀求最大福祉。

5. 對於照顧者的壓力和情緒有所理解，以同理、支持的態度和其一起合作，甚至為其倡導，爭取相關資源，使其更有心理空間協助受安置兒童，亦可使受安置兒童間接受益。

關 鍵 詞

- 隔代教養
- 多元文化諮商
- 心理諮詢
- 親職教育
- 依附關係重建治療
- 以創傷為焦點的認知行為治療
- 整合取向遊戲治療
- 新住民
- 文化適應
- 親子遊戲治療
- 文化語言
- 依附與生理行為提升方案
- 混亂型依附

問題討論

1. 隔代教養的形成原因有哪些？

2. 隔代教養對三代的影響各為何？

3. 你可以描述目前臺灣新住民兒童的概況嗎？

4. 新住民兒童可能會出現的文化適應與發展議題有哪些？

5. 如何協助新住民兒童進行學校適應？

6. 與新住民兒童的家庭互動有哪些需要多了解的面向？

7. 你能提出新住民兒童有哪些優勢嗎？

8. 若你的班上轉來一名受安置兒童，身為導師的你會採取哪些策略協助其適應新環境？

9. 受安置兒童過往的生命經驗，使其有較高機會發展出不安全依附。一般教師和輔導教師如何以更具敏感度和回應性的方式，與受安置兒童互動，以促進其反思功能，進而建立安全依附關係？

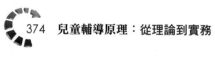

第十四章
兒童輔導工作之評鑑

王櫻芬 ///

　　兒童輔導工作的推動，有賴校內所有輔導人員的努力，透過三級輔導體制，促進學生的福祉。《學生輔導法》（教育部，2014a）第 18 條敘明各級學校「應定期辦理輔導工作自我評鑑，落實對學生輔導工作之績效責任」；此外，各級學校的主管機關「應就學校執行學生輔導工作之成效，定期辦理評鑑，其結果應納入學校校務評鑑相關評鑑項目參據；評鑑結果績優者，應予獎勵，成效不佳者，應輔導改進」。然而，多數輔導人員對於評鑑的意義、內涵和辦理方式，並不熟悉。本章說明輔導工作評鑑的具體作法和可用工具，以利輔導人員在回應績效責任的要求時，能提供實徵證據，呈現其戮力完成之輔導工作成效。

第一節　評鑑的定義與內涵

壹、評鑑的定義

　　教育部（2017）《異體字字典》將「評」定義為「議論、判定」，而「鑑」則是指「審察、觀照或具其能力」。綜合來看，評鑑即是審察、觀照，以進行議論或是判定。而《國語辭典簡編本》進一步將「評鑑」定義為「評審及鑑定事物的計畫和施行結果，以為改進的參考」（教育

部，2021）。在諮商輔導領域中，Dimmitt（2010）定義其為「以井然有序的、計畫性的方式，蒐集與分析服務方案或是介入活動的資訊，以做出決定」（p. 45）。他強調評鑑所得的資訊，應被運用於了解已經採取的介入活動有哪些和這些行動是否有效，以便讓利害關係人能做出較好的判斷和後續的決策。美國教育評鑑標準聯合委員會（Joint Committee on Standards for Educational Evaluation, 2018）提出完整的評鑑定義：「系統性地調查方案（program）、次方案（subprogram）、提案（project）和次提案（subproject）之品質，以及／或合併看待，或單獨檢視它們的要素。其目的是為了做決定、判斷、形成結論、發現、新知識、組織發展和建構能力，以回應被認定的利害關係人之需求。其結果可促進使用者的方案和系統之提升與責任績效。最終能對組織或社會價值有所貢獻」（Yarbrough et al., 2010, p. 50）。

最後，Trevisan 與 Carey（2020）指出，「方案評鑑是系統性的工作，需基於清楚敘明的評鑑計畫，包括嚴謹的資料蒐集程序。評鑑的結果應被運用於提升服務品質、做為決定方案價值的參考，或是提供績效責任數據，供社會大眾參酌」（p. 2）。這些定義強調出評鑑的幾項特質：是一項具計畫、系統性的工作；需進行資料蒐集；所得結果應被呈現給利害關係人；評鑑結果應有助於判斷方案的有效性和修正方案的進行方式。亦即，評鑑工作並非單純的資料蒐集，而需具有清楚的意圖，採取有效的方式，並將其結果回饋至方案的改善上，並做為績效責任的佐證。

貳、評鑑的類別與內涵

關於評鑑的類別和內涵，有的學者根據評鑑涉及的人員，將其分為自我評鑑和外部評鑑（Gysbers & Henderson, 2012），例如：王麗斐（2020）將輔導工作績效評鑑，分為內部評鑑和外部評鑑。內部評鑑是指在輔導工作執行完畢，由校內人員自行進行成果檢核；外部評鑑是指由校外人員進行輔導工作評鑑，例如：校務評鑑和其他評鑑（如教育部友善校園獎、台灣輔導與諮商學會表揚推行輔導工作績優學校等）。

另有學者依評鑑之目的和執行時間，分為形成性評鑑和總結性評鑑（Kettner et al., 2012/2013）；或是過程評鑑和成果評鑑（林建平，2020）。所謂形成性評鑑（或稱過程評鑑），是在方案執行過程中進行資料蒐集，以檢視所執行的各項方案活動符合原先規劃的程度；通常包括調查全校性輔導活動的辦理情形和每位輔導人員完成的工作事項。總結性評鑑（或稱成果評鑑）則是在方案完成後，蒐集學生的表現情形，以評估方案的成功程度。輔導方案執行和評鑑任務之關係，如圖 14-1 所示。

圖 14-1　輔導方案執行和評鑑任務關係圖

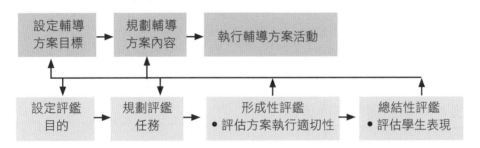

　　Gysbers 與 Henderson（2012）則認為，學校輔導方案評鑑之內涵包括方案評鑑、成果評鑑與人員評鑑三大面向。方案評鑑是指依照州政府或專業學會制定的方案執行指標，評鑑學校輔導方案的執行狀況。成果評鑑分為兩大類：第一類旨在評估學校輔導方案對於校內所有學生的成功表現之貢獻；第二類則聚焦於評鑑特定的介入方案對於指標學生行為之影響。最後，人員評鑑是指評鑑學校輔導人員（含學校諮商師和協助學校諮商師的工作人員）之工作表現（p. 353）。本章融合上述學者對於評鑑的分類，分別說明人員評鑑、成果評鑑（分為活動成果和學生成果）與方案評鑑之定義和作法。

參、評鑑的規劃

　　由於評鑑工作耗時費力，進行前需周詳規劃，方能適切地達成評鑑目

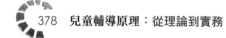

的。Dimmitt（2010）建議要預先選擇評鑑設計方法、思考評鑑之目的，以及評鑑成果要提交呈現的對象，依此決定要蒐集的資料類型和分析。Studer 等人（2006）則建議根據評鑑之目的，以及評鑑結果所要提交的對象（如教育局官員、校內外利害關係人等），規劃評鑑設計的方法（如量化、質性或是混合設計），並據此衡量資料蒐集的類型（如人數、場次、學習表現成果、量表填答結果等）、時機和地點，且邀請可提供重要資料的對象（如學生、家長、教師等）參與。執行時的原則說明如下。

一、所蒐集的資料能回應評鑑目的

所蒐集的資料應是有意義的，有助達成評鑑目的，例如：若評鑑目的在於了解方案執行方式的合宜性，會主要蒐集方案執行歷程中涉入的工作人員之意見、參與者的回饋等資料；若只是蒐集參與者的改變情形之資訊，將無法回應評鑑目的。

二、邀請適當的參與者提供資料

在輔導方案執行時，涉入的人員通常相當多樣，除了參與的學童和主要服務提供者，也包括與學童互動密切的教師、家長和協助活動的工作人員。若能依照評鑑目的，邀請可提供有意義的資料之對象填答問卷或接受訪談，則可從多樣資料來源，更全方面地評估方案成效。

三、資料蒐集和彙整方式應簡易可行

由於輔導人員平日的工作即相當繁重，為達評鑑目的所需的資料蒐集程序和資料彙整方式，應容易執行、花費時間短，才不致增添資訊提供者和輔導人員之負荷。

四、結果呈現具簡明性

評鑑結果的呈現應讓閱讀者容易理解。報告中的用語需要簡潔清晰，佐以圖表，讓資料視覺化，使其更容易理解評鑑結果。

綜上所述，評鑑工作涉及許多人事物，需要依其目的選擇進行的方式

和時機，並完善規劃評鑑程序。由於許多輔導人員在受訓階段並未曾修習過相關課程，本章受限於篇幅只能概述各評鑑面向，讀者可參閱本章所參考的文獻，例如：Kettner 等人（2016/2018）、Gysbers 與 Henderson（2012/2015），以及 Trevisan 與 Carey（2020）等評鑑相關書籍，增進執行評鑑工作所需的知能。

第二節　人員評鑑

學校輔導人員的工作質量，是輔導方案能否成功的重要關鍵。針對人員評鑑之目的和可以使用的評鑑工具，分述如下。

壹、人員評鑑之界定與目的

針對輔導人員工作表現所進行的人員評鑑，旨在了解輔導人員提供的服務項目、完成的工作事項，以及專業能力的展現。透過蒐集這些工作表現上的資料，得以檢核輔導人員的服務項目是否符合預定的職務要求、工作時間是否適切地花在重要輔導工作上、其產出的工作成果對整體輔導方案的貢獻，以及其能力的優勢和待成長的區域。依照評鑑結果，可做為調整輔導人員的工作內容，或是各項任務的工作時間分配之參考。此外，這些資訊也可能做為安排個別輔導人員職務的參考，使其能處於最能發揮其專長和興趣的位置；或者是，讓輔導人員更能聚焦需要提升的專長領域，接受相對應的專業訓練，以促進專業發展。

首先，針對輔導人員的工作項目之界定，可參考《學生輔導法》中對於學校輔導人員的職責說明，或是參考王麗斐（2020）WISER 模式中的說明，一一檢核校內輔導人力進行的工作項目。舉例來說，校長的職務包括：擔任各校學生輔導工作會議的主任委員或主席；領導各處室分工合作，推動各項輔導工作；面對校園性別平等或危機事件，帶領輔導團隊，整合校內外資源，適當因應；爭取經費和人力資源，提供輔導工作所需等。又或者專任輔導教師的任務，包括：輔導專業工作（如個別諮商、小

團體輔導、心理測驗等）、輔導行政工作（如各項紀錄建置、心理健康資訊蒐集、輔導評鑑與資料準備等）、專業訓練與成長（如參加在職訓練、接受督導等）。

其次，針對輔導人員專業能力的評鑑，可以參考輔導專業學會的能力指標，進行規劃。舉例來說，「ASCA 學校諮商師專業標準與能力」（ASCA school counselor professional standards and competencies）（ASCA, 2019）清楚列出諮商人員應具備的心態和行為準則，如附錄.1所示，可供專任輔導教師和專業輔導人員自行評估在各準則上是否具有相關知能。

值得注意的是，人員評鑑通常會讓輔導人員感覺受到評價，而需要特意呈現工作表現的壓力。因此，在進行之前、進行過程中和進行之後，都需留意和輔導人員溝通，使其了解評鑑目的在於提升專業品質，是自我精進的一部分，盡量減輕其心理壓力。而在方法上，也可以多採用自我評鑑的方式，並提供督導機會，使其在安全、安心的環境下，與督導討論自我評鑑結果，了解自己的優勢和劣項，以擬定自我精進計畫。之後，再視其準備狀態，安排可實際觀察其能力展現之評鑑方式，例如：班級團體輔導課程之觀課、小團體輔導之觀察督導等。

貳、人員評鑑之工具與具體作法

人員評鑑涉及評估輔導人員的專業能力、態度與工作執行成果，可以採用正式標準化的量表、輔導人員自我檢核和工作紀錄表，或是自行設計服務接受者的滿意度評量調查表等方式。舉例來說，部分縣市政府教育局（處）會依照專任輔導教師的工作職掌，擬定輔導工作自我檢核表，供輔導人員和所屬單位主管檢視工作成果。通常會納入的評核項目，分為三大項，條列如下。部分評核項目同時有明確規定的具體指標，例如：每學年須主講至少兩場針對學生的班級輔導、一場針對家長或是教師的輔導知能講座、帶領至少一團的小團體輔導等。

一、專業資歷與增能

1. 資格與經歷。
2. 職前訓練和在職訓練等增能情形。

二、專業工作執行

（一）直接和間接專業服務

1. 提供和參與發展性輔導之情形（含授課情形、班級團體輔導、親師生輔導知能宣導等）。
2. 執行介入性輔導和處遇性輔導之情形（含心理測驗、個別輔導、團體輔導、危機介入等）。
3. 提供學生、教師和家長專業諮詢之情形。
4. 進行個案管理工作之情形（含參與個案會議、連結輔導網絡、特殊需求學生之家庭訪視等）。

（二）專業輔導行政執行情形

1. 建構全校性三級輔導工作體制，擬定工作計畫。
2. 建構校內專業輔導團隊之合作機制，並掌握校內外跨專業輔導資源網絡。
3. 撰寫個別輔導和團體輔導紀錄，並統整輔導工作報表。
4. 檢視工作成效，做為調整輔導工作之執行方向和方式的參考。

三、專業態度與其他特殊表現

1. 與服務對象建立良好工作關係的情形。
2. 與單位主管、同事和督導有效溝通與合作的情形。
3. 其他特殊表現（如爭取資源，完善輔導環境設施；規劃與執行學校特色輔導方案；進行個案研究與發表等）。

除此之外，筆者認為各校輔導室（處）可以設計「個別輔導工作成果紀錄表」，請輔導人員個別統計自己每學期的輔導工作成果，例如：辦理

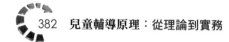

全校性宣導活動和入班宣導的場次；個別諮商、家長諮詢、教師諮詢的人數和人次；校外資源連結的聯繫次數；出席校內外輔導會議場次；承辦／協助專案之案件數；參與專業訓練時數等，並加以記錄。再者，全校的綜合活動課程亦可視為輔導方案的一環，可納入輔導工作成果統計中。

　　同時，輔導人員在記錄個別諮商人次時，可以個案一覽表的方式，登記個案的性別、年級、障礙別、來談／轉介議題、服務形式、累計晤談次數、目前狀態，以及是否涉及性別平等相關議題等，如表 14-1「個別諮商服務人次與議題統整表」所示。每學期末將所有輔導教師的個案一覽表進行統整後，即能了解各年級的個案人數是否有所差異、來談／轉介議題是否有年級差異、各輔導教師的平均晤談次數是否相近等。據此規劃後續輔導工作的重點，例如：若發現中年級個案的來談議題，以人際困擾為大宗，可安排進行人際關係小團體輔導或班級團體輔導。或是，若個別輔導教師發現自己的平均晤談次數，較其他教師的次數還要多一些，可以反思自己的諮商理論取向、個案議題的複雜度或是其他什麼因素可能導致此結果，或可依此調整自己的諮商介入方式，而能更加精進。

表 14-1　個別諮商服務人次與議題統整表（參考範例）

個案一覽表

服務期間：○○○學年度□上學期　□下學期

填表人：＿＿＿＿＿＿＿＿＿＿　　　填寫日期：＿＿＿＿＿＿＿＿＿＿

流水號	案主簡稱	性別	年級	性平相關議題	障礙別	議題	服務形式	累計晤談次數	目前狀態
1	○明	男	三	無	無特教類別	行為困擾	個別諮商	3	穩定晤談中
2	○華	女	三	無	肢體障礙	行為困擾	初談	1	已排定晤談時間
3	○美	女	五	無	無特教類別	學業困擾	心理測驗	2	即將結案
4	○琳	女	六	無	無特教類別	情緒困擾	個別諮商	6	結案，日常關懷
5	○霖	男	六	無	無特教類別	生涯困擾	個別諮商	8	達成目標結案
6	○嘉	女	四	有	無特教類別	情緒困擾	個別諮商	12	達成目標結案

　　此外，Gysbers 與 Henderson（2012）指出，透過詢問校內其他人員

對輔導人員的服務經驗和滿意度，亦可提供專業表現的資訊，供輔導人員參考。筆者參考相關資料，分別針對一至三年級學童和教師／行政人員自編題項，以了解他們和輔導教師互動的經驗和未來尋求服務的意願，如附錄2和附錄3所示，讀者可參考這些題項自行編擬適用的回饋單。透過這些工作表現回饋單，輔導人員同時可為自己的職務性質和在學校輔導體系中的角色，進行宣導或行銷。

在專業能力評量部分，韓楷檉等人（2015）編製的「國中小專任輔導教師諮商能力量表」，亦是方便使用的評鑑工具。此量表從諮商專業、諮商歷程和系統合作三個向度，讓專任輔導教師自評諮商能力，每個向度有五至八個題項不等，共20題。採用李克特式五點量表，1分代表「非常不同意」，5分代表「非常同意」，得分愈高，表示填答者自認具備該諮商專業能力愈高，其題項如表14-2所示。最後，Gysbers與Henderson（2012/2015）在《學校輔導與諮商方案的設計、實施與評鑑》（*Developing & Managing: Your School Guidance & Counseling Program*）一書的附錄M「關於評鑑向度細項的說明」（pp. 631-650）中，針對學校諮商師在教學、學生個別規劃、回應式服務（即個別諮商、團體諮商、諮詢與轉介等）、系統支持（即評估需求、規劃輔導方案、進行方案評鑑任務等）、建立有效專業關係和履行專業責任上，應具備的技能與知識，提供詳細的說明，非常具有參考價值。

第三節　成果評鑑

在本節中，筆者將學校輔導方案的成果分為學生成果和活動成果。學生成果是指輔導方案評鑑時檢核學生的認知、情緒和行為表現是否符合預定目標。在參考Hatch與Hartline（2022）的看法後，筆者認為學生成果可再分為全校性成果和目標學生成果兩個層次。全校性成果是指發展性輔導工作之成果，可與整體教育目標（核心素養）做結合，因為學校輔導工作不僅是提供個別學生服務，更是透過提供全校性的發展性輔導服務所有學生，因此在檢視成果時，亦應涵蓋全校性指標。目標學生成果通常指第

表 14-2 「國中小專任輔導教師諮商能力量表」題項內容

諮商專業	1. 我知道如何評估學生的問題（例如：自傷、偏差行為、精神官能症、學習障礙等）。
	2. 我能依照專業評估結果，決定輔導目標的先後順序。
	3. 我有足夠的專業能力進行特定議題的介入（例如：自傷、偏差行為、精神官能症、學習障礙等）。
	4. 我有能力執行不同的介入模式（例如：遊戲治療、認知行為治療、哀傷輔導等）。
	5. 我知道如何篩選團體成員。
	6. 我有能力依據學生的需求，設計適當的團體方案。
	7. 我有能力帶領各式主題的諮商團體（例如：情緒管理、自我探索、人際關係團體等）。
	8. 我能夠針對班級或是校園的特定議題（例如：霸凌、性平事件），進行適當的班級輔導活動。
	9. 我能掌控保密例外的處理。
諮商歷程	10. 我知道如何撰寫輔導紀錄。
	11. 我能夠判斷學生是否應該結案。
	12. 我有一套評估輔導成效的標準。
	13. 我知道轉介學生的相關流程。
	14. 我能夠與老師進行諮詢，提供輔導技巧或班級經營策略，滿足學生的特殊需求。
系統合作	15. 處理學生衝突時，我能夠拿捏輔導老師的立場。
	16. 我能有效地和學校其他處室的人員，針對學生的議題進行溝通。
	17. 我能有效對學生的家庭進行介入。
	18. 我能夠協調老師與家長之間的衝突。
	19. 我能適時引進校外資源（例如：學諮中心、社福機構、警政、司法單位等），協助處理學生議題。
	20. 我能夠與其他專業人員合作與溝通，協力處理學生議題。

註：引自韓楷檉等人（2015），已取得同意授權使用。

二級（介入性輔導）和第三級（處遇性輔導）個案的輔導成果。活動成果指的是輔導方案中執行的活動種類和數量。

壹、學生成果

一、發展性輔導工作之成果

　　發展性輔導是針對全校學生提供服務，預期可在全校學生身上觀察到服務成果。常被提到的成果指標，包括：全校學生的成績／升學表現、學生的生涯企圖心、學習習慣、記過／行為偏差事件次數、進入下一個教育階段或是職場的適應狀況等。王麗斐（2020）認為，檢視全校關心的議題（例如：中輟學生人數、自傷自殺人數、校安事件等）之發生頻率／人數，亦可納入成果評鑑。

　　此外，全校學生都需達成的能力，亦很重要。若根據教育部《十二年國民基本教育課程綱要總綱》，國民小學階段的學習重點為：培養生活習慣與品德，協助學生在生活與實作中主動學習，並奠定語言與符號運用的基礎（教育部，2014b）。《總綱》中所列的核心素養、核心素養項目與具體內涵，可做為發展性輔導工作的成果指標。輔導工作為學校整體教育的一環，在促進學生核心素養的養成上，恰能有所貢獻。輔導人員可檢視藉由輔導工作能夠有所提升的核心素養具體內涵有哪些，再發展素養導向評量標準與評分指引，以評量學生表現，呈現發展性輔導的工作成果。

　　若是以目前已有的全校性學生資料呈現工作成果，則可以納入學生輔導資料紀錄表中的資訊。舉例來說，臺北市的學生輔導資料紀錄表之生活學習適應項目，包括：生活習慣、人際關係、學習表現、焦慮行為、個人特質五大部分，可供導師勾選並輸入電腦系統中（王麗斐，2020）。輔導室（處）可以考慮每年度分析這些數據，以了解不同性別、年級、家庭狀況的學生，在不同層面的適應狀況是否有差異。之後，將結果與輔導方案實施後的結果做比較，或可呈現輔導方案在哪些層面產生效益。

　　除了上述方式，Whiston 與 Aricak（2008）認為在提供方案成效的數據時，採用心理計量品質優良的工具相當重要。他們編製「學校諮商方案評鑑調查表」（School Counseling Program Evaluation Survey），讓高中生自評在學業發展、生涯發展和個人／社會發展三大領域之能力表現。全量表共 64 題，分為「學業發展」分量表（例題：「我感覺自己是個有能

力的學習者」）、「生涯發展」分量表（例題：「我設定合理的生涯目標」），以及「個人／社會發展」分量表（例題：「我相信自己是一個獨特而且有價值的人」）。該調查表採李克特式五點量表形式填答，分數愈低，表示自評能力愈高。研究發現該調查表具良好的信效度，且能區分與學校諮商師談話的時間與生涯能力之間的差異性（即，未曾與學校諮商師談過話的學生，其自評生涯能力較低），頗具啟發性。就筆者所知，目前臺灣尚未有學者發展類似的工具，來評估學校輔導方案的成效；若能有更多研究投入，提供學校輔導人員有用的工具，當有助此領域的發展。

二、介入性與處遇性輔導工作之成果

　　針對介入性輔導和處遇性輔導個案的工作成效，可透過呈現兒童的認知、情緒或行為之改變情形，做為證據，例如：針對具攻擊傾向兒童所規劃的介入性輔導方案，可用實際的攻擊事件發生次數、自評和他評攻擊傾向量表得分等資料，呈現方案成效。若能採用標準化測驗結果，呈現量化成果，再搭配來自服務對象和其周遭重要他人的質性回饋，多樣化資料來源更能有力地表明輔導工作之效果。除了本書第九章提及的「國小兒童自我概念量表」、「文蘭適應行為量表」和「行為困擾量表」之外，以下幾項測驗的信效度優良，也適合用於提供量化的輔導成果資料。

（一）行為與情緒議題之測量工具

　　針對兒童的內向性和外向性問題，目前已有信效度良好的量表可用於評估，例如：陳怡群等人翻譯的「阿肯巴克實證衡鑑系統」（Achenbach System of Empirically Based Assessment, ASEBA）（Achenbach & Rescorla, 2000/2009）在國外廣被使用，學齡階段使用的「兒童行為檢核表」（Child Behavior Checklist, CBCL）（pp. 6-18），分為兒童自評版和教師評量版。此量表包含八個症候群量尺：焦慮／憂鬱、退縮／憂鬱、身體抱怨、違反規範行為、攻擊行為、社會問題、思考問題、注意力問題。可採用此量表評量接受輔導後，兒童在各項症狀的降低程度。

　　此外，Wang 等人（2016）編製的「內外向性行為量表」（Internalizing and Externalizing Problems Scale, IEP），題數較少亦相當

適合。此量表共有「內向性問題」（共 6 題）和「外向性問題」（共 6 題）兩個分量表，可以由兒童自評或是由教師評量。

（二）適應狀況之測量工具

　　針對學習、同儕互動和生活適應狀況，亦有相當優良的測驗工具可以運用。首先，李坤崇（1996）編製的「學習適應量表——增訂版」（Learning Adjustment Inventory），可用於評估個案各方面學習適應的情況。此量表適用於四至九年級學生，施測時間為 25 至 30 分鐘，屬於自陳量表。全部共 60 題，包括：學習方法、學習習慣、學習態度、學習環境、身心適應五個分量表。

　　而「國小學童同儕適應量表」（羅品欣、陳李綢，2016）則是從正向關係與負向關係二向度，評估兒童的同儕適應情形。此量表共 43 題，分為互動交流、信任依附、競爭敵意、衝突支配四個分量表。適用於四至六年級學童，施測時間為 20 分鐘。

　　最後，「生活滿意度量表修訂版」（陳坤虎，2010）修訂自 Diener、Emmons、Larsen 與 Griffin 的「生活滿意度量表」。全量表共 8 題，分數愈高，表示受試者愈滿意自己的生活。此量表雖非正式出版的測驗，但是陳坤虎與周芸安（2015）以 303 名國中生進行的研究發現，此量表的 Cronbach's α 值為 .90，而生活滿意度與憂鬱之間，呈顯著中度負相關，顯示此量表信效度良好。筆者在一項國科會的研究中，將此量表施測於國小族群，亦發現其具有可接受的信效度（王櫻芬，2020）。

　　上述測驗的施測時間不長，施測和計分方式簡單，且施測人員所需的資格條件不高（大學心理、輔導相關科系畢業且修習過心理測驗與教育統計，或是具有該測驗研習證書即可），適合於國小使用。輔導人員若能在執行輔導服務前、中和後，進行施測，即可檢視個案接受輔導服務後，其負向情緒和行為（如憂鬱、焦慮、攻擊、退縮）是否減少，以及正向的認知、情緒和行為（如自我概念、生活滿意度、適應狀況等）是否增加。輔導人員可採用相依樣本 t 檢定、無母數考驗等統計考驗方式，測試改變的幅度，是否達到統計顯著性；或者是，呈現前、中、後測量分數的折線圖，以視覺圖表方式，讓評鑑人員和校內人員看到改變的趨勢。圖 14-2 為一虛擬個案的填答結果折線圖和說明文字之範例，供參考。

圖 14-2　個案輔導成效之測量分數變化折線圖和結果說明範例

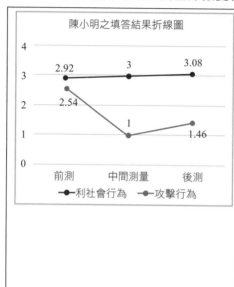

結果說明：小明此次填寫兩份量表。利社會行為量表，主要測量兒童平時人際互動中出現關懷、分享、幫助和合作行為的狀況。攻擊行為量表，主要測量兒童出現攻擊行為的頻率。得分範圍為 1～4 分。

整體而言，綜合兩份量表的三次得分，顯示小明的利社會行為落於中度至中高度的範圍；攻擊行為落於中度至低度的範圍。細看三次分數變化，利社會行為的得分無太大變化；攻擊行為得分則是下降後，再略為提升，但仍明顯低於接受輔導之前的水準。結果顯示小明的攻擊行為在接受輔導之後，有降低的趨勢。

　　除量化結果之外，質性結果可以透過開放式問題、未完成語句的方式，蒐集個案、導師和家長的回饋意見。設計問題時，可以考慮從知識、情意和行為三個層次，並分為成果和回饋意見進行意見蒐集。舉例來說，在給個案的問卷中，可以「在今天的活動中，我學到_____」題項，了解其學到的知識或態度；或是，以「在下次同學做錯事時，我會_____」題項，了解個案的行為傾向。在給家長和導師的問卷中，可以「您觀察到○○參與小團體之後，有哪些改變？」題項，了解重要關係人觀察到的行為改變；或者是，「未來輔導室若欲辦理此項活動，您會建議調整哪些部分？例如：時間長度、活動次數、場地、活動內容等」。透過質性意見回饋，做為支持輔導工作成效的證據，或是修改活動安排的參考。

貳、活動成果

　　所謂活動成果，指的是蒐集輔導工作項目、服務人次等量化資料，以呈現輔導工作所產出的服務。此外，活動參與者的滿意度和回饋意見，亦可同步呈現。在蒐集輔導工作項目與服務人次的量化資料上，可善用各縣市政府學生輔導諮商中心採用的個案管理系統之統計功能，方便又省力，例如：臺北市學生輔導諮商中心（2012）編擬的《專任專業輔導人員實務工作手冊》中說明，其個案管理系統能夠統計服務的個案量、個案議題、晤談次數、轉介／引入的外部資源等資訊。

　　此外，王麗斐（2020）提出的「三級輔導工作自我評估參考問卷」，條列各校經常辦理的發展性輔導、介入性輔導和處遇性輔導工作項目，由輔導人員自行勾選是否執行，亦簡便可行。此問卷列出了 13 項發展性輔導工作項目，例如：「規劃與推動促進友善校園之全校性活動」、「依課程綱要安排之綜合活動領域或輔導相關課程」等；10 項介入性輔導工作項目，例如：「提供介入性小團體輔導」、「依受輔學生輔導需求辦理個案會議」等；10 項處遇性輔導工作項目，例如：「依據處遇性或危機個案輔導需求與家長合作（如溝通聯繫、提供諮詢、進行家庭訪視）」、「建立與實施校園危機事件處理機制」等（頁 289）。項目相當詳細，涵蓋學校輔導工作重要內容，值得參考。

　　各校可自行依照需求和活動性質，設計適合的資料蒐集表格，於輔導活動執行過程中，蒐集活動資訊，也有利呈現輔導工作成果，例如：每次活動後花 10 分鐘左右登錄單次輔導活動紀錄表。如此，期末時可用 Excel 統整這些紀錄表中的活動資訊和各輔導人員填寫的「個別輔導工作成果紀錄表」，製成「全校輔導活動成果統整表」，如表 14-3 所示。每次辦理活動後，針對活動屬性、主題類別、參與對象與人數等資訊，快速進行統計。

　　除此之外，輔導人員可以設計滿意度調查表、活動回饋單等表單，請學生、家長或導師填寫，以利了解服務對象對於輔導服務的看法。筆者在過去執行研究案時，曾採用的回饋單，如附錄 4「小團體輔導之單元回饋單」可供參考。這些表單的設計通常包括 5 至 10 題李克特式四點或五點

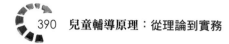

表 14-3　全校輔導活動成果統整表（參考範例）

期間：○○○年○○月○○日～○○○年○○月○○日

（○○○學年度上／下學期）

年級 場次／人次 服務類型	一年級／ 二年級	三年級／ 四年級	五年級／ 六年級	合計
1.全校性宣導活動，例如：性別平等、反霸凌等	＿＿＿場， ＿＿＿人次	＿＿＿場， ＿＿＿人次	＿＿＿場， ＿＿＿人次	共＿＿場， ＿＿＿人次
2.綜合活動課程	＿＿＿節課， ＿＿＿人次	＿＿＿節課， ＿＿＿人次	＿＿＿節課， ＿＿＿人次	共＿＿節課， ＿＿＿人次
3.專輔教師入班宣導	＿＿＿節課， ＿＿＿人次	＿＿＿節課， ＿＿＿人次	＿＿＿節課， ＿＿＿人次	共＿＿節課， ＿＿＿人次
4.個別諮商	＿＿＿人， ＿＿＿人次	＿＿＿人， ＿＿＿人次	＿＿＿人， ＿＿＿人次	＿＿＿人， ＿＿＿人次
5.家長諮詢	＿＿＿人， ＿＿＿人次	＿＿＿人， ＿＿＿人次	＿＿＿人， ＿＿＿人次	＿＿＿人， ＿＿＿人次
6.教師諮詢	＿＿＿人， ＿＿＿人次	＿＿＿人， ＿＿＿次	＿＿＿人， ＿＿＿人次	＿＿＿人， ＿＿＿人次
7.校外資源連結（電話聯繫或是個案會議）	＿＿＿次	＿＿＿次	＿＿＿次	＿＿＿次
8.教職員輔導增能講座				＿＿＿場， ＿＿＿人次
總計	學生＿＿＿人次 家長＿＿＿人次 教師＿＿＿人次	學生＿＿＿人次 家長＿＿＿人次 教師＿＿＿人次	學生＿＿＿人次 家長＿＿＿人次 教師＿＿＿人次	

量表，可針對活動內容（例如：我可以正確地做到「問題解決」的六個步驟）或是活動歷程（例如：我喜歡團體中的氣氛）來編擬提項。此外，可加入 1 至 3 題未完成語句或開放式問句，例如，「本次團體帶給你最大的收穫是什麼？」務使填答者能在 3 分鐘內填答完畢。若題項過多，或是題

項敘述過於冗長，可能讓活動參與者謝絕填寫。

　　最後，在呈現調查結果時，可以圓形圖、長條圖或折線圖等視覺化數據的方式呈現。若有多次的資料蒐集，欲呈現分數變化情形，可以採用表格形式，呈現各次測量的平均數、標準差，抑或像是前述學生成果中的「個案輔導成效之測量分數變化折線圖和結果說明範例」（如圖 14-2 所示），讓評鑑人員或其他閱覽者能快速掌握數據代表的意涵。圖 14-3 和表 14-4，呈現圓形圖和表格形式之成果範例以供參考。

圖 14-3　輔導活動意見回饋結果統整：呈現人數百分比（參考範例）

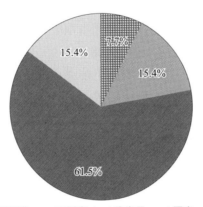

表 14-4　輔導活動意見回饋結果統整：呈現分數變化（參考範例）

	期初平均數 （標準差）	期中平均數 （標準差）	期末平均數 （標準差）
1. 課堂討論氣氛融洽。	4.46（0.66）	4.31（0.63）	4.58（0.61）
2. 授課教師鼓勵學生分享想法。	4.69（0.48）	4.77（0.44）	4.84（0.37）
3. 我能夠投入在課程的討論中。	4.08（1.04）	4.15（0.90）	4.05（0.97）
4. 我能自在地分享想法。	3.69（1.32）	3.62（1.12）	3.89（0.94）
5. 此課程對我很有幫助。	4.46（0.66）	4.69（0.48）	4.53（0.61）

註：題項以五點量表進行評量，5 表示非常同意，1 表示非常不同意。

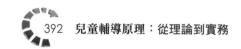

第四節　整體方案評鑑指標

　　輔導方案的整體評鑑指標，需要概括各個層面。林建平（2020）認為：「專業輔導人員和學生的比例、輔導人員的資格、適宜的學生資料蒐集、最新的教育和職業資訊提供、妥用各種衡鑑資料、輔導人員能自我評鑑及具研究取向、計畫具概括性及連續性、良好的硬體設備、經費充足等九項外在指標，以及輔導計畫符合學生需求、輔導計畫兼具矯治、預防和發展的功能、輔導方案具明確的目標、輔導工作內容具均衡性、輔導工作推展具穩定性、輔導方案具變通性、輔導人員團結合作、善用校內外資源、能向校內其他人員溝通輔導人員的角色和功能、重視輔導過程和成果等十項內在指標」（頁 186-190），皆相當重要。

　　現行國小輔導工作評鑑多涵蓋在校務評鑑中，其評鑑指標多會納入當下政府推動的重要政策，例如：中輟生輔導、適性教育和霸凌防治等。以臺南市政府教育局（2021）的校長辦學績效評鑑為例，其評鑑項目三「校長與學生／學生的學習與成長」，與輔導工作評鑑的關聯性最大，其評鑑指標和細項條列如下。評量量尺分為「優良」、「良」、「普通」、「不足」和「待改善」。

　　指標一：具備學校輔導工作領導能力
　　　　細項 1：具備啟動學校團隊，結合網絡資源，推動中輟預防工
　　　　　　　　作，並協助高關懷學生。
　　指標二：維護學生學習權益
　　　　細項 1：關心學生行為，並提供積極輔導管教措施。
　　　　細項 2：關心學生學業並提供補救措施，以提升學生學習成就。
　　　　細項 3：提供學生適性學習機會，以激發潛能。

　　又如：臺北市政府教育局（2017）公布的「臺北市 102 至 106 學年度公私立國民小學校務評鑑實施計畫」之評鑑項目六「學生輔導與支持網絡」，其中包括五大規準和細項，條列如下。各個項目依其性質，採用文

件、訪談、校園觀察或教室觀察的方式，評鑑其成果。各向度的評鑑結果，可分為「一等」、「二等」、「三等」、「四等」和「五等」。

規準一：建構完善有效的學生輔導機制
　　項目1：學生輔導計畫擬定與執行。
　　項目2：學校輔導設施與設備。
　　項目3：學生輔導的需求與個別化差異。
　　項目4：規劃整合各項輔導資源。
規準二：整合專業適性的輔導資源網絡
　　項目1：專業輔導人力與專業研習。
　　項目2：學校行政與教學之支援機制。
　　項目3：校內外輔導資源與支持網絡之統合。
規準三：活絡團隊合作的輔導系統運作
　　項目1：學校輔導團隊運作與執行。
　　項目2：推展學生輔導的多元措施。
　　項目3：落實三級輔導的具體計畫與執行。
規準四：營造溫馨關懷的友善校園文化
　　項目1：結合友善校園計畫的推動。
　　項目2：辦理學生身心輔導與相關活動之成效。
　　項目3：防治校園霸凌、中輟生輔導之執行成效。
規準五：展現正向適性的輔導成效
　　項目1：弱勢學生學習輔導之成效。
　　項目2：執行生涯輔導之實施成效。
　　項目3：學生輔導檢核與回饋機制的建立。
　　項目4：親職教育的推動成效。

此外，國內的諮商輔導專業學會，例如：台灣輔導與諮商學會每年皆辦理「表揚推行輔導諮商工作績優單位暨輔導諮商人員」活動，其評量向度如下（台灣輔導與諮商學會，2021）：
1.規劃及執行發展性輔導工作，展現專業知能，成效卓著。

2. 規劃及執行介入性輔導工作，展現專業知能，成效卓著。

3. 規劃及執行處遇性輔導工作，展現專業知能，成效卓著。

4. 提升輔導人員和設施的專業化，落實輔導理念，成效卓著。

5. 從事學生輔導相關研究與發展，對於輔導工作績效顯有提升。

6. 其他推行輔導工作成效卓著。

最後，陳志賢與徐西森（2016）彙整相關文獻並基於個人評鑑經驗，提出學校輔導工作的評鑑指標，應包括：輔導組織與行政（含學生輔導工作委員會的設立、輔導單位的行政層級等六個項目）、專業服務與運作（含學生個別諮商、團體諮商之運作等九個項目）、空間設備與經費（含個別諮商室、團體諮商室、心理測驗室及資料室等五個項目）、訓練發展與特色（含內部工作會議、參加專業研習等五個項目）等四大指標、25項評鑑項目。針對各評鑑項目訂出「優」、「良」、「待改進」和「劣」四等級的評量量尺，最後並可計算總分。總分90分以上，評鑑結果為「優等」，75至89分為「通過」，50至74分為「待觀察」，49分以下為「不通過」。這些評鑑項目和標準相當具體可行，值得參酌。

輔導工作評鑑被涵蓋在校務評鑑中，雖然可能因為校務評鑑的範圍過大，而無法充分彰顯輔導工作的特色與成果。但另一方面，由於評鑑資料的準備耗費心力，融入校務評鑑中，有助學校行政單位所有人員合力規劃、準備相關資料。此作法或許能避免輔導教師獨力承擔輔導評鑑的業務，不失為一可行作法（徐嘉蔓，2021）。

第五節　結語

輔導工作評鑑的理念很崇高，亦具有必要性，但實際執行時可能遭遇一些阻礙，說明如下。

壹、評鑑工作的重要性不被認同

輔導人員可能因為未能充分理解或認同評鑑的意義，視評鑑工作為行

政負擔。雖說評鑑結果有助於提升實務工作的成效，但由於資料準備通常繁瑣費時，輔導人員平時忙於日常事務，無暇留下相關資訊為評鑑之用，當面臨評鑑時，龐大的資料蒐集工作難免增添負荷，而視評鑑為畏途。

貳、輔導方案目標不夠具體，難有速效

由於輔導方案的目標通常涉及不易評量的心理特質（如提升自我覺察、增進做決定的能力等），或是屬於較遠大的目標（如促進心理健康、增進人際關係等），而影響目標的因素相當繁多（如父母管教態度、班級動力等），並非單純針對學生進行介入，即可觀察到成效。因此，進行評鑑工作時，難以找到適合的測量工具或難以看到成果，易增輔導人員的挫折感，有礙評鑑工作的執行。

參、選取評量工具的困難

由於輔導工作多樣化、學生的議題多元，可能缺乏適當的測驗工具來評估特定輔導工作的成效，故需自編問卷，增加評鑑工作的困難度。另外，輔導教師可能不熟悉有哪些評量工具可以使用，或是不熟悉欲採用的測驗工具施測或結果解釋方式，因此無法適切地使用測驗來評估工作成效。

肆、缺乏專業人力或人員流動頻繁，無法經驗傳承

有些規模較小或地處偏僻的學校，可能無專任輔導教師，而由非輔導專業的熱心教師兼任輔導教師，或是輔導人員缺乏學校諮商輔導方案評鑑的相關知能，因此在進行評鑑時，力有未殆。又或者因為人事不夠穩定，輔導工作的執行缺乏連續性，因此難以經驗傳承。

針對上述的困境，筆者提出以下幾項可能的解決之道，盼能使評鑑工作的執行更具可行性。

壹、逐步到位

輔導人員可規劃一年完成一部分的評鑑工作，逐年推動、完備評鑑程序（含資料蒐集的安排），並編擬或搜尋適用的評估工具。舉例來說，第一年先評估已有較多適用評估工具的小團體輔導工作成效，第二年再針對輔導活動課程的成效進行評估等。透過將每年完成的評鑑成果回饋到輔導方案的執行上，讓輔導人員逐步建立對於評鑑的信心和意義感。

貳、提前規劃

若能使輔導工作評鑑融入平時的工作中，則可降低輔導人員的行政、文書工作負荷。此作法的前提是提前規劃欲蒐集的資料、建構良好的資料架構，則平時只需按表操課，進行資料蒐集，期末時再統一進行彙整。在期初的輔導工作會議時，即可報告、展現上學期的工作成果。

參、以簡御繁

輔導人員可善用科技將輔導資料數位化，以利後續的整理和分析（陳君邁，2021）。亦可諮詢校內資訊專長教師，運用現有的線上問卷資料蒐集平臺，例如：Google 表單、SurveyCake，設計問卷題項。接著，使用 QR code 讓學生以平板填答，即可簡化資料蒐集程序。唯以此方式進行時，需注意資訊安全和個人資料保護，盡量不要輸入名字或其他敏感訊息。新北市政府教育局和臺灣師範大學合作的「教育報告與創新支持系統」（新北市政府，2023），即是透過建置雲端資料系統，協助各校追蹤和蒐集辦學資料，並分析與產出成果報告，其作法和後續成效值得期待。

肆、設定漸進式具體目標

以操作型定義撰寫輔導方案的目標，有利評鑑時，檢核目標的達成狀況，例如：原本設定的目標為「增進人際關係」，可修改為「在國小學童同儕適應量表上的前後測得分，有顯著差異」或是「可說出至少三名平日會固定互動、相處和諧的同儕」。或是將較長期的目標細分為階段性的小目標，例如：針對有中輟之虞的學生，其輔導最終目標為「穩定就學」，短期目標可訂為「每天出席至少一堂感興趣的課程，且參與學習活動至少10分鐘」。透過訂定實際可行的目標，評鑑時方能了解輔導方案有助益或是無法發揮效益之關鍵為何。

伍、提升評鑑知能

Astramovich 等人（2005）研究發現，輔導人員雖認可評鑑的重要性，但認為缺乏足夠的訓練和相關知能，因此難以執行評鑑工作。若相關單位能辦理評鑑相關訓練，不管是融入師培訓練課程中，或是涵蓋在職前／在職訓練中，當有助輔導人員強化知能，以利評鑑工作的進行。另一方面，各校具評鑑經驗的輔導人員也可以透過適當地留存評鑑資料，甚至是將評鑑準備過程拍攝成說明影片，以傳承經驗。

總之，輔導工作評鑑雖然耗費人力、時間和經費，但其長遠的效益仍值得輔導人員投入心力。為了輔導方案的永續性，輔導人員可接受相關訓練或透過閱讀相關書籍自學，以提升評鑑相關知能，發展出適合服務學校和自身工作風格的評鑑程序。透過全校輔導人員的群策群力，終能展現輔導工作的專業性，使校內外人員了解輔導方案在促進學生的學習和適應上，為學校整體教育不可或缺的一環。

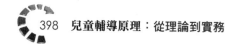

關 鍵 詞

+ 人員評鑑　　+ 方案評鑑
+ 成果評鑑　　+ 評鑑指標

問題討論

1. 請說明成果評鑑需包括哪些內涵。
2. 請針對你目前正在進行的一項輔導工作，進行評鑑的規劃。
3. 若需要接受人員評鑑，你會呈現哪些資料展現你的工作成果？
4. 針對本章列出的進行評鑑工作所面臨之阻礙和解決之道，請說說你的看法。就你的經驗，還有哪些未被列出的困難？你會如何克服？

附錄 1　ASCA 學校諮商師專業標準與能力

心態上 諮商師相信……
M1 每名學生都能夠學習，每名學生都能成功
M2 每名學生都應該能接觸到並有機會獲得高品質的教育
M3 每名學生都應該能從高中畢業，為中學後的生涯做準備
M4 每名學生都應該能使用學校諮商方案
M5 有效的學校諮商是一個涉及學校諮商師、學生、家庭、教師、行政人員、其他學校職員和教育利害關係人的合作歷程
M6 學校諮商師是學校、學區、州和國家的領導者
M7 學校諮商方案提升和促進學生的學習，以及生涯和社會／情緒的成果

行為層面 學校諮商師在設計執行和評估學校諮商方案時，展現下述的行為準則：		
專業基礎能力	直接和間接學生服務	計畫和評估
B-PF 1 應用發展性、學習、諮商和教育理論	B-SS 1 設計和執行與美國學校諮商師學會學生標準一致之教學，無論是在大團體、課堂、小團體或是個別的情境中	B-PA 1 擬定與學校和學區一致的學校諮商方案之理念、願景和任務說明
B-PF 2 展現出對教育系統、法律議題、政策、研究和教育趨勢的理解		B-PA 2 辨識出在成就、出席、紀律、機會和資源之間的落差
B-PF 3 應用學校諮商專業的法律和倫理準則	B-SS 2 於大團體、課堂、小團體和個別情境中，提供評估和建議	B-PA 3 根據學生資料，發展年度學生成果目標
B-PF 4 應用學校諮商專業準則和能力	B-SS 3 於小團體和個別情境中，提供短期諮商	B-PA 4 發展和執行與學生的年度成果目標及學生數據一致的行動計畫
B-PF 5 使用美國學校諮商師學會的學生標準：促進學生成功的心態和行為，引導學校諮商方案的執行	B-SS 4 轉介／引進適當的學校和社區資源	
	B-SS 5 提供諮詢以支持學生的學習成就和成功	B-PA 5 評估並向學校社群報告方案成果
B-PF 6 展現出對於文化、社會和環境對學生成功和機會的影響之了解	B-SS 6 為學生的學習成就和成功，與家庭、教師、行政同仁、其他	B-PA 6 根據全國的建議和學生／學校的數據，適當地運用時間

專業基礎能力	直接和間接學生服務	計畫和評估
B-PF 7 透過發展和執行學校諮商方案展現領導能力 B-PF 8 展現出對學校諮商方案的倡導 B-PF 9 透過執行學校諮商方案創造系統性的改變	學校職員和教育利害關係人合作	B-PA 7 與校長和其他行政人員，針對學校諮商方案建立共識 B-PA 8 建立和召開學校諮商方案委員會 B-PA 9 運用適當的學校諮商師表現評估歷程

註：譯自 ASCA（2019）。

附錄 2　輔導教師工作表現回饋單
（一年級至三年級版）（參考範例）

我的輔導老師
（一年級至三年級適用）

我的名字：＿＿＿＿＿　年級：＿＿＿＿＿　性別：□男 □女

1. 學校輔導老師的名字： □陳美美 □鄭依琳 □李俊彬
2. 你知道輔導老師是做什麼的嗎？
　□幫助小朋友解決問題
　□教小朋友功課
　□協助小朋友遵守規則
3. 你和輔導老師談過話嗎？ □有(請回答下一題) □沒有
4. 如果你曾經和輔導老師談話，你們談了什麼？
　□學習的方法　　　　　□讓心情變好的方法
　□交到朋友的方法　　　□聽導師的話
　□其他，請說明：
5. 和輔導老師談話的感覺怎樣？ 請圈選可以代表你的
　感覺的數字。
　　1　　　　2　　　　3　　　　4　　　　5
　很緊張　　不喜歡　　還好　　很愉快　　很喜歡
6. 和輔導老師談話對你有多大的幫助？ 請圈選可以代
　表你的感覺的數字。
　　　　1　　　2　　3　　4　　5
　沒什麼幫助…………還好…………非常有幫助
7. 你以後還會想和輔導老師談話嗎？ 請圈選可以代表
　你的想法的數字。
　　　　1　　　2　　3　　4　　5
　非常不想要…………還好…………非常想要

附錄3　輔導教師工作表現回饋單
（教師／行政人員版）（參考範例）

輔導教師工作表現回饋
（教師／行政人員適用）

我的名字：_____　　（可以空白）　　性別：□男 □女

職稱：□_____　年級導師／科任　□主任／組長____處____組

1. 請寫出學校輔導教師的名字，若學校內有多位輔導教師，請寫出您接觸最多的那位的名字：

2. 您曾經和他談過話嗎？□有（請回答下面題項）　□沒有

3. 您們的談話是在什麼情況下發生的呢？
   □我轉介學生參與輔導教師辦理的小團體輔導、個別輔導
   □輔導教師到班上提供班級輔導　□我諮詢輔導教師的建議
   □陪同輔導教師和學生談話　　□陪同輔導教師和家長談話
   □陪同輔導教師和校外轉介資源談話，例如：社工師
   □其他，請說明：_____

4. 您們談話的主題是什麼呢？
   □學生的課業學習　　□學生的人際關係議題
   □學生的情緒議題　　□學生的行為問題
   □學生的家人關係問題 □兒虐、家暴、性平通報
   □心理測驗施測結果　□相關資源、資訊提供
   □其他，請說明：_____

5. 對輔導教師的專業表現，您的評價為何？請圈選可以代表您想法的數字。

   　　　1　　　　　　2　　　　　3　　　　　4　　　　　　5
   不是那麼專業…………………………還好………………………非常具專業性

6. 輔導教師提供了多大的幫助？請圈選可代表您想法的數字。

   　　　1　　　　　　2　　　　　3　　　　　4　　　　　　5
   沒什麼幫助…………………………還好………………………非常有幫助

7. 未來若再有學生的情緒、心理議題，您會考慮找輔導教師討論嗎？請圈選適合的數字。

   　　　1　　　　　　2　　　　　3　　　　　4　　　　　　5
   完全不考慮…………………………還好………………………絕對會找他討論

8. 請寫一句想對輔導教師說的話。

   _____。

附錄 4　小團體輔導之單元回饋單（參考範例）

單元回饋單

1. 經過今天的活動，我知道遇到問題時，要怎樣尋求解決…………□是　　□否
2. 經過今天的活動，我會判斷不同的問題解決方式的優缺點………□是　　□否
3. 我可以正確地做到「問題解決」的六個步驟……………………□是　　□否
4. 以後當我遇到問題時，我會試著用這六個步驟解決問題…………□是　　□否
5. 我喜歡今天進行的活動…………………………………………□是　　□否
6. 今天我學到了＿＿＿＿＿＿＿＿＿＿＿＿＿＿＿。
7. 今天的活動中，我印象最深刻的是＿＿＿＿＿＿＿＿＿＿＿＿＿。
8. 今天讓我不喜歡的是＿＿＿＿＿＿＿＿＿＿＿＿＿。

註：引自王櫻芬（1997，頁160）。

筆記欄

國家圖書館出版品預行編目（CIP）資料

兒童輔導原理：從理論到實務 / 王文秀, 田秀蘭,
王櫻芬, 刑志彬著. -- 初版. -- 新北市：心理出版社
股份有限公司, 2023.10
　　面；　公分. --（輔導諮商系列；21139）
　ISBN 978-626-7178-77-5（平裝）

　1.CST: 兒童心理學　2.CST: 心理輔導　3.CST: 心理
諮商

173.1　　　　　　　　　　　　　　112014917

輔導諮商系列 21139

兒童輔導原理：從理論到實務

作　　　者：王文秀、田秀蘭、王櫻芬、刑志彬
總 編 輯：林敬堯
發 行 人：洪有義
出 版 者：心理出版社股份有限公司
地　　　址：231026 新北市新店區光明街 288 號 7 樓
電　　　話：(02) 29150566
傳　　　真：(02) 29152928
郵撥帳號：19293172　心理出版社股份有限公司
網　　　址：https://www.psy.com.tw
電子信箱：psychoco@ms15.hinet.net
排 版 者：辰皓國際出版製作有限公司
印 刷 者：辰皓國際出版製作有限公司
初版一刷：2023 年 10 月
Ｉ Ｓ Ｂ Ｎ：978-626-7178-77-5
定　　　價：新台幣 500 元